高职高专新商科系列教材

国际营销

刘 旻 赵建辉 主 编
李 娅 孙东亮 副主编

清华大学出版社
北 京

内 容 简 介

本教材是高职高专财经商贸类专业课程教材。国际营销是各跨国公司在全球经营中的重要环节,国际营销知识对于正在走出国门的企业来说是必须掌握的知识。本教材从基础理论入手,再依次展开国际营销策略布局、融媒体营销方式和跨境电商的营销,最后介绍国际营销和人工智能技术、虚拟现实技术、区块链技术的融合,并选用了"一带一路"倡议、跨境电商、留学生创业等国际市场营销的实践案例,旨在使本教材达到理论联系实际、与时俱进、深入浅出的教学效果。

本教材适合高职高专市场营销专业、电子商务专业及经济管理类各专业作为教材使用,也可供一般社会读者阅读参考。

图书在版编目(CIP)数据

国际营销/刘旻,赵建辉主编. —北京:清华大学出版社,2020.12

高职高专新商科系列教材

ISBN 978-7-302-57082-0

Ⅰ.①国… Ⅱ.①刘… ②赵… Ⅲ.①国际营销-高等职业教育-教材 Ⅳ.①F740.2

中国版本图书馆 CIP 数据核字(2020)第 251126 号

责任编辑:刘士平
封面设计:傅瑞学
责任校对:赵琳爽
责任印制:宋 林

出版发行:清华大学出版社
  网 址:http://www.tup.com.cn,http://www.wqbook.com
  地 址:北京清华大学学研大厦 A 座   邮 编:100084
  社 总 机:010-62770175   邮 购:010-62786544
  投稿与读者服务:010-62776969,c-service@tup.tsinghua.edu.cn
  质量反馈:010-62772015,zhiliang@tup.tsinghua.edu.cn
  课件下载:http://www.tup.com.cn,010-83470410
印 装 者:三河市铭诚印务有限公司
经 销:全国新华书店
开 本:185mm×260mm 印 张:20.5 字 数:496 千字
版 次:2020 年 12 月第 1 版 印 次:2020 年 12 月第 1 次印刷
定 价:59.00 元

产品编号:088215-01

经济全球化是当代世界的主要特征之一，也是世界经济发展的重要驱动。在全球经济一体化进程不断加快的背景下，商品、技术、服务等生产要素跨国、跨地区流动，"中国制造"已经深深地嵌入在全球供应网络中。与此同时，近年来，越来越多的中国企业实施"走出去"战略。从早期的国际贸易到"绿地投资"、直接对外投资开始，中国企业的国际化步伐日渐加快，涌现出华为、小米、大疆、海尔等优秀企业，他们的商品研发、销售和服务遍布全球。企业需要大量具备国际营销技能的人才，以使企业在激烈的国际市场竞争中占据一席之地。国际营销人才需要建立国际营销专业知识体系，了解当前国际市场挑战，熟悉海外消费者多元化的消费需求和习惯，具备宽广的国际视野，顺应全球贸易发展的潮流，形成满足国际市场的创新能力。本书就是为顺应时代发展，满足企业对人才的渴求，培养时代需求的人才而编写的教材。

国际营销是一门基于市场营销理论，结合国际营销知识，具有较强综合性、实践性的经济管理学课程。本书是适应高等职业教育的发展趋势，贯彻"工学结合、任务驱动、双证（学历证书和职业资格证书）接轨"精神，实现"教、学、做"一体化，结合国际营销专业的教学特点而编写的。本书增加了很多国内外的新鲜案例，强调教程的可操作性，突出学生应用能力的提高，目标是培养具备专业知识、应用能力、综合素质高的人才，可供高等职业教育国际营销专业使用，也可供其他经济管理类相关专业教学使用。它有丰富的理论知识，不仅涉及了许多市场营销的专业知识，而且帮助学生积累了国际政治、环境、经济、跨文化等方面的知识，拓宽了学生的视野。同时，它还包含了更丰富的实践内容。丰富多样的案例介绍和实践活动使课程学起来更加生动有趣，充分调动学生的学习热情，进一步提高国际营销的实践能力和综合应用能力。

本书将国际营销课程按照项目化模块进行设计，以任务为导向，将教学内容分为五个项目，十九个任务。首先介绍国际营销入门、阐述国际营销的起源等基本概念。逐步展开，对国际市场进行分析，开展前期国际市场调研，目标市场进入，进入模式选择，继而对国际市场营销策略进行分析，最后结合国际市场前沿技术，对国际营销未来发展进行预测分析。各个部分按照国际营销实施的时间顺序，前后贯穿、彼此呼应、有机结合。

在本书编写过程中，我们把握"学习目标"，以"知识目标"和"技能目标"展现，帮助学生了解该学习任务的教学要求。通过"任务驱动，做中学""情境导入""情境延伸"等内容，引导学生深入课程的学习。任务的结尾安排了"小结"，并配以丰富的"思考与练习"，"实训课堂"的"思维训练"和"案例分析"扩大了学生的视野，丰富了其实战经验。

Preface

前言

在本书编写过程中,编者团队深入研究和充分吸收近年来国内外高职教育课程改革、教材建设的成果和经验;尝试改革课程体系和知识结构,联系生产实际更新课程内容;努力培养学生的专业技能、务实精神、创新精神和创业能力;努力采用新标准、新名词,反映成熟的新理论、新技术、新方法、新工艺;着力体现本课程综合性、实践性和创新性的特征。

本书由多所高校教师联合编写,参加本书编写工作的有:天津工业大学刘旻、李娅、谢晴,天津职业大学赵建辉、孙东亮,天津市电子信息技师学院王佳佳,天津铁道职业技术学院闫莹娜,宁夏大学杨亚雄,国网英大融资租赁有限公司蒋维宇。全书由刘旻和赵建辉主编。限于作者的能力和水平,书中可能存在缺点和疏漏,欢迎使用本书的读者提出宝贵意见。

编 者

2020 年 11 月

目

录

Contents

项目一

国际营销项目入门

任务1 国际营销初步认知

学习目标

- **知识目标**

(1) 了解国际营销起源与发展；

(2) 掌握国际营销的概念与特点；

(3) 了解国际营销研究对象；

(4) 掌握国际营销研究方法；

(5) 掌握国际营销研究内容。

- **技能目标**

通过对国际营销认知的学习，能够运用国际营销研究方法进行国际营销。

任务驱动，做中学

创办于1907年的欧莱雅集团是法国的著名化妆品生产厂商。欧莱雅集团经营化妆品、高档的消费品，以及制药和皮肤病研究，主营业务是美妆品。欧莱雅集团主营美妆品，是美妆品全球行业中的领导者，经营范围遍及130多个国家和地区，在全球拥有283家分公司、42家工厂、100多个代理商，以及5万多名的员工，总部设于法国，是《财富》全球500强企业之一。

2020年2月7日，欧莱雅集团发布了2019年度销售业绩，销售额2286亿元，同比增长8%。排除汇率等因素影响，同比增长10.9%。这是欧莱雅集团自2007年以来取得的最强劲增长。根据集团财务报表显示，欧莱雅集团的所有事业部均实现增长。高档化妆品部的销售额突破110亿欧元。新兴市场创下了超过10年来最高的增速，亚太成为集团中排名第一的区域，2019年度，以中国为代表的亚太区继续领涨，销售额为739亿元，同比增长25.5%，排除汇率等因素影响，同比增长30.4%。东欧保持其持续的增长速度，销售额同比增长9%；西欧则表现出恢复增长的态势，销售额同比增长1.8%；北美市场受到化妆品市场表现不佳的影响下滑2%。财报还显示，电商和旅游零售业务作为强大增长引擎，也为集团的成功作出巨大贡献。电商业务实现了52.4%的大幅增长，已占总销售额的15.6%。旅游零售保持强劲势头,增长 25.3％。

欧莱雅集团表示公司均衡的业务模式卓有成效。正是欧莱雅遍布全球美妆市场的普及化布局,加上世界各地的人才团队,使其能够不断实现盈利和可持续增长,也再次巩固了欧莱雅作为美妆市场领导者的地位。

资料来源:王晓然,孔瑶瑶.电商增 52.4％ 欧莱雅 2019 财年销售增幅创 12 年最高[EB/OL].(2020-02-07)[2020-02-09]. http://finance.ifeng.com/c/7tvM7SYRD2Q.

思考:欧莱雅是如何布局国际营销的?

1.1 国际营销起源与发展

📖 情境导入

Beyond Meat——人造肉国际营销之路

随着全球肉类短缺危机、健康与环保的消费风潮、食品创新推动等因素带动人造肉产业发展,资本市场开始关注人造肉产业。

Beyond Meat 是美国最早成立的一批植物人造肉公司之一,公司成立于 2009 年。肉类不必源自动物,却同样富含营养,这是人造肉初创企业 Beyond Meat 的创业理念,它正式使用专利技术和植物产品生产人造肉。目前其旗下人造肉产品主要有植物人造肉汉堡、香肠和肉碎等产品。

Beyond Meat 于 2019 年 5 月 1 日在美国纳斯达克上市,在该公司上市之前,其产品已经在美国 25000 个地点出售;2020 年 3 月,该公司产品在美国大约有 58000 个销售点出售。公司 2020 年的指引销售额为 4.9 亿～5.1 亿美元。

2020 年 1 月 14 日,Beyond Meat 与麦当劳扩展合作的"素食汉堡"试点计划,将加拿大人造肉汉堡的试点门店从 28 家扩大至 52 家,并将试点周期继续延长 3 个月。

2020 年 2 月进军欧洲市场,在 Casino Group 旗下遍布法国全国的 500 间餐厅提供其产品。市场对人造肉整体需求增长迅速,令 Beyond Meat 于 1 月与豌豆蛋白供应商 Roquette Frères 签订一项数年交易,此举将在未来三年内"显著增加"采购额。

此外 2020 年 4 月 20 日,肯德基中国推出了一款名为"植培黄金鸡块"的人造肉"炸鸡"新品,该产品采用的就是 Beyond Meat 的原料。Beyond Meat 将计划在 2020 年年底之前进入中国市场并启动生产。

资料来源:刘文轩. Beyond Meat 的人造肉产品将在盒马鲜生销售[EB/OL].(2020-07-01).https://www.sohu.com/a/405049843_100106801?f＝index_pagefocus_1&_trans_＝000014_bdss_dklzxbpcg.

国际营销首先起源于市场营销,是市场营销的分支。现代意义上的市场营销思想始于20 世纪初,理性营销活动始于 1823 年美国人 AC.尼尔森创建的专业市场调查公司。市场营销思想最初的产生是自发的,是人们在解决各种市场问题的过程中逐渐形成的。直到 20 世纪 30 年代,人们才从科学的角度来解释这门学科。

随着 20 世纪科学技术的飞速发展,国际生产力不断得到提升,当各国生产的商品能够自给自足甚至有剩余的情况时,需要将多余的商品去交换需要的产品或者换取货币留待未来消费,因此诞生了营销学理论,营销学中对消费者行为研究分为定性与定量研究,有助于制造商更好地理解消费者的生活方式与态度,从而将产品销售给需要的顾客。现代意义的市场营销理论于20世纪初诞生于美国。1900—1920年出现了几位被当代视为市场研究先驱的人物,其中最著名的有阿克·肖、拉尔夫·斯达·巴特勒和韦尔德。最初在几所美国大学开设的有关市场营销的课程,当时较多的称为"分销学",而不是"市场营销学"。在美国早期的教学研究活动中,还没有人使用"市场营销"这一术语,用得最广泛的是"贸易""商业""分销"等。在1900—1910年,观念产生了变化。尽管"分销学"的研究分别在美国几个不同的地方进行的,而且学者们相互之间联系很少,但他们几乎同时都感到需要一个新名称来称呼他们所讲授的课程,于是便出现了"市场营销"这个名词。1905年,克罗西在宾夕法尼亚大学讲授以"产品市场营销"为名的课程,标志着市场营销首次进入大学课堂。

国际营销这门学科是20世纪50年代,在市场营销学研究的基础上延伸发展而来的。营销学从传统的经济学转入管理学研究,标志着正式进入了营销管理时代。美国宾夕法尼亚大学克莱默教授于1959年首次提出了"国际市场营销"术语。自此以后国际营销逐渐从市场营销学中分离出来,成为市场营销学的重要分支。

🔍 情境认知

第二次世界大战后,美国的众多产品市场由卖方市场转化为买方市场这一新的市场形势下,美国市场学家温德尔·史密斯(Wendell R.Smith)于20世纪50年代中期提出了市场细分理论(Market Segmentation Theory)。20世纪60年代,威廉、莱泽提出了比市场细分更理想的方法,即消费者的价值观念与人生态度比其所处的社会、阶层更准确地解释消费者的消费方式。自此,市场研究强化了消费者态度与使用的研究,从态度与习惯判断生活方式。1960年杰罗姆·麦卡锡提出著名的4PS理论。20世纪70年代末,随着服务业的兴起,服务营销为服务业提供了思想和工具,也推进了制造业开拓了新的营销竞争领域。在20世纪80年代中期,菲利普·科特勒在4P理论的基础上,创立了"大市场营销"理论,即6P营销策略。6P分别代表产品(Product)、价格(Price)、渠道(Place)、促销(Promotion)、公共关系(Public Relationship)、政治权力(Political Power),与4P相比,6P具有时代性。讲究的是国际化、全球化。了解政治、经济政策的规定和变动,也是企业在营销中应给予重视的问题。积极与政府配合,了解国家政策,可以根据现状作较快的决策。

👥 情境延伸

路易·威登品牌创立于1854年,现隶属于法国专产高级奢华用品的Moet Hennessy LouisVuitton集团。

拿破仑二世登基的时候,法国版图的扩大激起了乌婕妮皇后游历欧洲的兴趣。但是,旅行的乐趣却常常因为一些小问题而大打折扣——那些华美的衣服总是不能稳妥地待在行李箱中。穷小子路易·威登凭借自己的手艺,把皇后的衣装巧妙地绑在旅行箱内。就因为这个,从乡下来的年轻人路易很快得到了乌婕妮皇后的留意和信任。为皇后服务的过程中,旅行者们的苦乐引起了路易·威登的注意。当时交通工具的革命方兴未艾,乘坐火车成为旅行者最时髦的选择,然而这也给他们带来了很大的麻烦:不是旅行箱把衣服弄得皱巴巴,就是旅行箱在火车的颠簸中一次次碰撞、倾倒。

　　路易·威登认为自己能为更多的人免除旅行之忧,便于1854年结束了为宫廷服务的工作,在巴黎创办了首间皮具店,主要产品就是平盖行李箱。这个用"Trianongrey"帆布制成的箱子很快便成为巴黎上流社会喜欢出行的贵族们出行的首选物品。

　　1885年,路易·威登已于伦敦Oxford Street开设了一间分店。1898年该公司深信美国市场的发展潜力,遂与大型百货连锁店老板John Wanamaker签订分销协议,首先在纽约及费城销售品牌的行李箱,其后版图扩大至波士顿、芝加哥、华盛顿及洛杉矶等地。

　　19世纪末至20世纪初,该公司便在纽约开办了分店。许多大明星还专门到巴黎购买箱包。各种用途的箱包也纷纷问世。

　　第一次世界大战时,路易·威登为适应当时的需求,改为制作军用皮箱即可折叠的担架。战后,他又专心制作旅行箱,并获得不少名人的垂青,订单源源不绝。

　　到路易·威登的孙子家斯腾(Gaston)的时代,产品已被推至豪华的巅峰,创制出一款特别用途的箱子,有的备有配上玳瑁和象牙的梳刷及镜子,有的缀以纯银的水晶香水瓶。路易·威登公司还会应个别顾客的要求,为他们定制各式各样的产品。

　　1992年,闻名世界的路易·威登登陆中国。首间专卖店在北京王府饭店开业。

　　截至2018年,路易·威登在中国区总共开设了18家门店。

　　2018年7月15日,路易·威登正式入驻中国官方线上旗舰店,全国所有城市的消费者可以享受该品牌的优质"店铺"服务,包括送货服务和7天退货政策,而此前只对北京、上海、重庆和广州等12个主要城市开放。

　　资料来源:[法]博维希尼.路易·威登:一个品牌的神话[M].北京:中信出版社,2006.

1.2　国际营销概念与特点

　　国际营销是一门研究企业如何在生产国以外开展市场营销活动的学科。现代营销学之父菲利普·科特勒在其《营销管理》中提到"国际营销是指对商品和劳务流入一个以上国家的消费者或用户手中的进行计划、定价、促销和引导,以便获取利润的活动"。国际营销是运用营销学原理的概念、理论和方法,研究跨国营销问题的专门学科。国际营销定义区别于国内营销在于国际营销活动是在一个以上国家进行的。"在一个以上国家",字面差别不大,但是国际营销活动因为要跨越国境,因此增加了营销的复杂性和多样性。

　　国际营销的目标对象是国际消费者和用户,由于各国情况不相同,因此呈现出多样化的市场。国际营销主要有以下几个特点。

　　(1)国际营销环境差异化。国际营销面临的是国际环境,各国由于不同的政治制度、经济结构、社会文化、法律环境以及消费习惯,使国际营销比国内营销面临更复杂的营销环境。

　　(2)市场营销组合策略组合多样化。由于国际营销面临的纷繁复杂的国际环境,因此从事国际营销的企业在制定产品策略、定价策略、分销策略以及促销策略上需要考虑的相关因素比较多,因此国际营销策略组合需要多样化。

　　(3)国际营销面临较大的风险。与国内营销相比,国际营销涉及的风险主要包括政治风险、法律风险、金融风险以及其他一切风险,这些风险主要由各国不同的政治制度、法律制度、经济体制、货币和货币制度以及各主权国的经济目标差异造成的,还有政局动荡,汇率变动,法规更改和贸易壁垒等因素使国际营销中面临较大的风险。

（4）国际营销的营销管理协调难度较大。国际营销系统的参与者来自不同的国家，既有东道国，也有来自第三方国家的，因此国际营销系统更为复杂，同时市场上有众多的竞争对手，竞争相对于国内市场来说更激烈，因此国际营销的营销系统呈现出复杂化。

👥 情境延伸

1996 年，通用公司曾在其年度报告中大胆宣称："单一所有权是必不可少的，因为它可以协调、控制我们遍及全世界的运作，保证我们这种世界范围内的公司取得有效的绩效。"

如今通用公司已明显地改变了这种想法，随着全球化的不断增强，战略联盟和战略网络已在全世界蔓延，通用公司前 CEO 韦尔奇说："赢得全球范围竞争的最没有吸引力的方法就是认为自己可以通过单打独斗同世界较量。"

通用电气公司现在的焦点集中在通过程序简化、程序权限、集权化和自由外包各种资源进行创新。通用电气公司在它的价值网络中的角色定位是一个协调者，一个显著的例子是通用电气医疗集团的卓越健康保健中心。但是，从另一个角度而言，通用电气公司又不仅是一个协调者，在医院里的远程监控扫描仪、轮船上的轮、铁路服务上增加的实时操作都是由它开创的。除了在自己的网络中进行协调以外，通用电气在其他企业的价值网络中也扮演着一个服务者的角色。

1990 年，美国 1000 家顶级上市公司的总收入只有 7% 来自联盟和网络，但到 20 世纪 90 年代末，其中 1/4 的企业 50% 的收入来自联盟和网络。

资料来源：冯宗智. 当"控制"让位于"协调"[J]. 经济管理文摘，2009(2)：26-28.

1.3 国际营销研究对象

国际营销的研究对象包括国际市场需求、国际营销规律与国际营销活动。

按照经济学定义，需求是指人们在某一特定的时期内在各种可能的价格下愿意并且能够购买某个具体商品的数量。国际市场需求是指国际市场消费者愿意购买并且能够购买的商品的数量。研究国际市场需求是以研究国外消费者需求为中心，通过国际市场调研来预测国外消费者的需求并制订营销策略满足其需求。

研究国际营销规律是指研究国际市场上企业之间价值规律、供求规律、竞争规律、产品发展变化规律和国际产品生命周期规律等。

国际营销活动研究国际企业在参与国际市场竞争时所采取的竞争策略，包括产品策略、定价策略、分销策略和促销策略。

1.4 国际营销研究方法

国际营销研究方法以克服市场交换活动的障碍，促使市场交易顺利实现为研究目标，系统研究与营销活动有关的：需要产生和满足、产品开发与价值、参加交易的组织和个人行为及其影响因素、交易的过程与规律以及促使交易成功的各种策略组合。国际营销研究方法主要有微观分析法、宏观分析法、静态分析与动态分析相结合、定量分析与定性分析相结合、理论分析与实证分析相结合。

1. 微观分析法

微观分析法是从营销分析的微观层面分析,主要包括产品开发、产品定价、产品分销和产品促销等问题。微观分析法主要采用 SWOT 分析方法,即态势分析法,20 世纪 80 年代初由美国旧金山大学的管理学教授韦里克提出,经常被用于企业战略制定、竞争对手分析等场合。SWOT 分析法包括分析企业的优势(strengths)、劣势(weaknesses)、机会(opportunities)和威胁(threats)。国际营销微观分析采用 SWOT 分析是将对企业内外部营销条件各方面内容进行综合和概括,进而分析组织的优劣势、面临的机会和威胁,通过 SWOT 分析,可以帮助企业把营销资源和营销策略聚集在自己的强项和有最多机会的地方。

2. 宏观分析法

国际营销从宏观层面进行的分析,主要采用 PEST 分析方法,P 是政治(politics),E 是经济(economy),S 是社会(society),T 是技术(technology)。PEST 分析是战略咨询顾问用来帮助企业检阅其外部宏观环境的一种方法。对宏观环境因素作分析,不同行业和企业根据自身特点和经营需要,分析的具体内容会有差异,但一般都应对政治(political)、经济(economic)、社会(social)和技术(technological)这四大类影响企业国际营销的主要外部环境因素进行分析。

3. 静态分析与动态分析相结合

所谓静态分析和动态分析是相对而言的。静态分析侧重于分析经济变量的均衡条件以及某一经济现象的均衡状态。动态分析是在静态分析的时间因素的影响下,随着时间的推移过程来研究各种经济因素影响经济发展变化的进程。国际营销研究中静态分析与动态分析相结合,既要对微观层面的企业内部资源做细致的分析,又要考虑到目标市场国的宏观环境条件,从而制定出相应的国际营销政策。

4. 定量分析与定性分析相结合

定量分析是根据企业获得的具体的数据进行的量化分析。定性分析是依据预测者的主观判断分析能力来推断事物的性质和发展趋势的分析方法。在国际营销中,只有定量分析与定性分析相结合才能对国际营销作出全面准确的分析。

5. 理论分析与实证分析相结合

理论研究侧重于从国际营销理论层面回答所要研究的问题。实证研究就是通过运用数据,采用客观中立的立场,解释和预测国际营销的问题。国际营销研究中采取理论分析与实证分析相结合,对国际营销现状和趋势做准确的预测。

1.5　国际营销研究内容

国际营销研究内容主要有国际营销环境、国际市场选择、国际营销规划与组织及国际营销策略。

1. 国际营销环境

国际营销环境包括国际市场的自然、政治、经济、文化、科技和法律与环境。企业要成功地打入国际市场,就必须认真分析目标市场国的营销环境及其特征,制订出符合实际、行之有效的营销方案。国际市场营销环境包括国际市场营销宏观环境和微观环境。宏观环境是指企业在从事国际营销活动中企业难以控制也较难影响的营销大环境;微观环境是企业在不同目标市场进行营销活动中企业所构建的处于不同国家和不同地域的分支机构的组织结构,以及与当地社会文化特征相结合的企业文化特征等环境。

2. 国际市场选择

满足顾客需求是营销活动成功的关键,全世界有 200 多个国家和地区,各国和各地区政治、经济、文化、自然环境和科学技术差异很大,导致了各国顾客的需求也呈现了多样性,无论企业实力有多雄厚,也必然难以同时兼顾全世界市场,即使在同一个国家,例如美国和中国,由于各地区之间差异企业也不可能完全满足所有顾客的需求,因此企业应在国际营销中,对众多的国家和地区进行分类筛选,从中选择需求缺口最大,同时也是竞争对手容易忽略的国家和地区作为目标市场国,有计划、有步骤地开拓市场,占领市场。只有这样才能使企业在国际市场竞争中取得优势,获得更好的经济效益。目前主要的国际市场为国际区域市场、北美市场、东亚市场、欧盟市场和非洲市场,中国的“一带一路”倡议开拓了新的国际市场即“一带一路”市场。国际营销市场选择方法主要有 STP、波士顿矩阵、利兹克拉三维度评估法、企业销售潜力评估法、投资报酬率评估法等方法。

国际营销策略主要介绍了国际营销的产品、价格、分销渠道、促销、公共关系和政治权利策略。国际营销前沿动态主要介绍了近年国内外几个与国际营销密切相关的知识点,例如,留学生创新创业、融媒体、跨境电商和前沿技术发展与国际营销的相关知识,以加深大家对国际营销的理解。

情境延伸

2018 年,大众(奥迪)在欧洲的销量为 246 万台,而 PSA 集团的销量达到了 250 万台,其中标致销量 97 万台,雪铁龙销量 60 万台,欧宝销量达到 88 万台。而雷诺以及达西亚两大品牌完成了 162 万台的年销量。法系车一年在欧洲销量可以达到 410 万台之多。

在欧洲市场,法系车的销量是碾压大众的,不过在中国市场却截然不同:在 2019 年上半年,PSA 集团在欧洲卖出了 167 万台,但是在国内市场却不到 7 万台,远远不及欧洲销量的零头,PSA 这个销量大众朗逸只需要两个月即可超越。

法系车进入中国市场的时候可谓是占据了天时、地利、人和,曾经在国内市场与大众齐名的法系车,为何落得如此下场?

首先是德国人更懂中国市场,德系车比法系车更适合中国人,为了迎合国内市场,大众的车型都会进行相应的加长,并且还会打造“中国特供车”来迎合国人的需要。

其次,早在 1984 年起,大众就把中级车引入国内市场,同时还把奥迪带进中国,迅速打开了国内的高端市场,帕萨特、奥迪 A6 这些“官车”的形象深入人心,德国车就是“高档车”的想法已经潜移默化地进入国内消费者脑中“德系车就是比法系车高级”。基于这种消费观念,国内的消费者在选择的时候会更偏向德系车型。

基于消费者品牌形象之外的在定价上,法系车的定价比较高,比如标致 508 直接对标大众迈腾,有目标是好事,但是法系品牌却没有考虑过其在国内市场的品牌溢价以及知名度、保有量等,以至于其保值率根本支撑不起高昂的售价。

再次,在新能源的布局上,法系车同样乏力,现在全世界的车企都在向电气化转型,中、美、日、德都制定了关于新能源汽车的发展规划,但法国车企包括标致、雷诺等关于新能源的发展都不清晰。在未来,如果法系车不能找到合适的定位,极有可能被市场淘汰。

资料来源:崔东树. 车市扫描 [EB/OL]. (2018-11-07). http://www.yidianzixun.com/article/0KSKocYB1

3. 国际营销规划与组织

国际营销规划与组织主要介绍国际市场营销战略规划制定、目标市场国选择、进入目标市场国模式及全球竞争组织。国际营销规划是对企业与国际市场有直接关系的各项经济活动加以规划和安排,以便能充分挖掘和利用企业的资源,组织好企业的国际营销活动,协调好与此相关的企业各项工作,以实现企业的国际营销目标的过程。国际营销规划可分为短期规划、长期规划、产品营销规划、投资规划和执行方案规划。国际市场营销组织是组织中的一种具体形式,是指按照一定的宗旨和系统建立起来的从事国际市场营销活动的集合体。它主要包括组织形式和组织内部关系,以及组织的运行机制等内容。企业组织工作的根本目的就是保证战略目标的实现,国际市场营销组织有一个不断发展、不断完善的过程,至今仍在不断优化和发展。

4. 国际营销策略

20世纪60年代,杰罗姆·麦卡锡提出了4P国际营销组合策略包括产品策略、定价策略、分销策略和促销策略。20世纪80年代中期,菲利普·科特勒在4P理论的基础上,创立了"大市场营销"理论,即6P营销理论,增加了公共关系(public relationship)和政治权力(political power),6P国际营销策略具有时代性。讲究的是国际化、全球化。

小　结

本任务介绍了国际营销起源与发展,国际营销的概念与特点,国际营销的研究对象、研究方法和研究内容。

思考与练习

一、填空题

1. 国际营销是指对_____和_____流入一个以上国家的消费者或用户手中的进行_____、_____、_____促销和_____,以便获取利润的活动。

2. 国际营销的目标对象是_____和_____。

3. 国际营销的研究对象包括_____、_____与_____。

4. 国际营销规律是指研究国际市场上企业之间_____、_____、_____、_____和_____等。

5. 国际营销研究内容主要有_____、_____、_____和_____。

二、单项选择题

1. 下列有关国际营销起源的内容不正确的是( )。
   A. 国际营销首先起源于市场营销,是市场营销的分支
   B. 国际营销理论起源于英国
   C. 营销学从传统的经济学转入管理学研究,标志着正式进入了营销管理时代
   D. 在 20 世纪 80 年代中期,菲利普·科特勒在 4P 理论的基础上,创立了"大市场营销"理论,即 6P 营销策略
2. 美国市场学家温德尔·史密斯(Wendell R. Smith)于 20 世纪 50 年代中期提出了( )理论。
   A. 市场细分   B. 交叉营销   C. 4P   D. 4C 营销
3. 满足( )需求是营销活动成功的关键。
   A. 零售商   B. 民众   C. 供应商   D. 顾客

三、多项选择题

1. 国际营销特点主要有( )。
   A. 国际营销环境差异化   B. 市场营销组合策略组合多样化
   C. 国际营销面临较大的风险   D. 国际营销的营销管理协调难度较大
2. 国际营销研究方法主要有( )。
   A. 微观分析法   B. 宏观分析法
   C. 静态分析与动态分析相结合   D. 定量分析与定性分析相结合
   E. 理论分析与实证分析相结合
3. 国际营销研究内容主要有( )。
   A. 国际营销环境   B. 国际市场选择
   C. 国际营销规划与组织   D. 国际营销策略

四、判断题

1. 国际营销起源于市场营销,是市场营销的分支。 ( )
2. 产品市场是在由买方市场转化为卖方市场这一新的市场形势下,美国市场学家温德尔·史密斯于 20 世纪 50 年代中期提出了市场细分理论。( )
3. 国际营销的研究对象包括国际市场需求、国际营销规律与国际营销活动。 ( )
4. 国际营销研究内容主要有国际营销环境、国际市场选择、国际营销规划与组织、国际营销策略。 ( )

🧑‍💼 实训课堂

一、思维训练

自 2014 年小米、OPPO、vivo、一加等手机厂商进入印度市场以来,中国手机厂商已经在印度市场深耕了 5 年多。经过 5 年的较量,中国手机品牌已经在印度市场占了"半壁市场"。

2019年第二季度,小米以28%的市场占有率牢牢掌控着印度手机中低端市场;OPPO和vivo分别以8%和12%的市占率在印度手机中高端市场站稳了脚跟。一加手机虽然没有进入印度手机市场前5的行列,却占领了印度高端手机市场1/3的份额。2019年第二季度,一加手机在印度高端手机市场占比30%,其次为三星(28%)和苹果(25%)。

2017年第四季度,一直在印度市场傲视群雄的三星手机被小米抢走了"老大"的位置。这一季度,三星智能手机市场占有率为23%,而小米手机市场占有率比其高了两个百分点,为25%。自此,小米手机一直稳居印度智能手机市场"老大"位置。

要求:从国际营销角度考虑本案例。

讨论:分享一下企业为何必须要做国际营销。

二、案例分析

2020年3月10日,宜家家居(IKEA)正式入驻天猫,开设全球首个第三方平台的线上官方旗舰店。3月10日,瑞典家居品牌IKEA宜家家居正式上线天猫旗舰店,这也是宜家在全球开出的首个第三方平台官方旗舰店。此外,宜家官方购物APP也在同日推出。

据悉,此次宜家天猫旗舰店上架3800余款产品,不过仅服务上海、江苏、浙江、安徽的消费者,之后将逐步拓展至全国其他省市。同时宜家旗舰店与线下实体店已打通会员体系,且价格一致。

电商一直是宜家的短板。在宜家的布局和策略中,电商业务并不是重心,甚至曾十分排斥。但近几年,宜家面临一边扩张,一边增速放缓的尴尬处境,昔日"城市地标性建筑"时代早已终结,而加速电商布局就成了宜家"唯一的选择"。宜家突然加速电商布局,不免被理解为疫情门店营收受损下"亡羊补牢"的自救手段。事实上,2018年宜家就曾独立开发APP和第三方合作,只是未激起任何浪花。

分析:从以上案例中宜家家居的国际营销策略变化,发表自己对国际营销的理解。

任务2 国际营销人力资源及商业道德

学习目标

- **知识目标**
  (1) 理解国际营销人力资源的定义,了解国际营销人力资源的模式;
  (2) 理解国际营销人员的培训机制,了解国际营销人员的职业素养;
  (3) 了解国际营销人员应该遵守的商业道德。
- **技能目标**
  (1) 熟悉国际营销人力资源招聘方法;
  (2) 掌握国际营销人员的培训方式。

任务驱动,做中学

假如你作为公司人力资源总监,参与建立海外分公司,公司管理层一致认为聘任本地营销人员是最佳选择,你同意吗? 如果不同意,你认为应如何选拔更优秀的营销人员?

📖 情境导入

印度管理人员的"崛起"

尼康和索尼已任命印度人领导他们的当地业务,这些业务最初由日本人管理。如今,亚洲消费电子产品制造商越来越多地信任印度高管,并期望印度高管扮演更重要的角色。在大金印度公司,印度高管已取代了七个关键职能部门的外派人员,例如副厂长、高级副总裁(技术支持)、人力资源和研发总经理。在松下日立空调印度高管看来,海外分支机构已经开始意识到当地人对业务的了解,并已开始将主要角色如营销团队移交给他们。海外分支机构派遣了来自各个部门的代表,以分享最佳实践经验,全球各地的分公司都在遵循这些实践经验。优秀的工作流程和经验由本地公司和全球团队负责制定,对这些流程进行监控和管理,更快地制定决策以促进增长(生产和销售),并为客户提供定制产品。

2011 年,印度信息技术公司通过收购 IT 公司、直接投资,为美国提供了近 28 万个工作岗位。印度在外国直接投资了近 50 亿美元,印度顶级 IT 企业,例如 TATA、HCL 技术、印度第四大软件出口公司 Infosys 和 Wipro 进入美国成立了子公司,并从拥有本地知识和专业领域技术如大学、研究院等招聘了大量美国公民。因为当地员工对特定地区的文化和人员具有必要的专业知识,从而能够完成公司分配的年度销售指标和业绩。

资料来源:印度人在亚洲公司担任高级职务[N/OL].经济学网,2018-07-10. https://economictimes. indiatimes.com/jobs/indians-popular-choice-for-senior-roles-at-asian-companies/articleshow/64925335.cms.

讨论:印度高管聪明在什么地方? 他们的国际营销用人机制主要侧重在哪方面?

2.1 国际营销人力资源

一、国际人力资源定义

国际人力资源被定义为"由业务国际化引起的人力资源管理问题,以及企业为应对业务国际化而采取的人力资源管理战略、政策和实践"。在全球环境中,全球化和信息技术的发展以及现代商业的进步,使世界以国际人力资源管理的形式创建和采用新的人力资源管理方法和概念。在跨国贸易和商务往来的过程中,国际人力资源包括招聘和雇用具有一定销售能力的市场销售人员,在一定条件和指标下完成跨国贸易的前期销售工作,如图 2-1 所示。

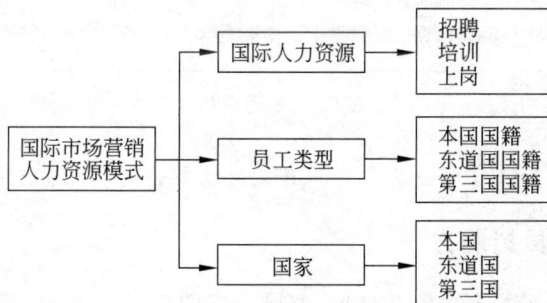

图 2-1　国际市场营销人力资源模式

🔍 情境认知

国际营销人员招聘标准

在为国际业务招募营销人员时,人力资源经理必须在招募过程中确定申请人的基本素养如英语水平、销售能力和技巧、国际化视野等,国际组织的员工必须了解国际业务的细微差别。公司必须在招聘和选拔过程中将国际知识和经验作为准则,人力资源部门必须对全球不同劳动力市场中的技能和人力资源的可用性有一个较好的了解。国际营销人员必须满足国际化环境工作中的应聘标准(招聘标准),即熟练的英语口头和书面表达能力;良好的沟通和销售技能;忠于组织的团队合作能力;能够快速适应不同环境和文化的能力;较强的学习能力,如熟知公司销售的产品、技术、服务等内容;具有一定的抗压力,并且能够及时跟踪客户,完成公司分配的销售指标等任务。

一个组织应该有一个销售部门,通常是市场部。该部门协同人力资源部负责处理从招聘、面试到最终就业的销售人员的招聘。该部门如销售经理和区域销售经理必须与人力资源部门一起参与整个过程。在招聘过程中必须包括所有这些方面,因为这通常是一个动态过程,并且需要具有良好销售业绩的人员。一些相对较小的公司也可能选择招聘外包服务,以帮助他们确定适合其需求的最佳人才。首先,公司在招聘销售团队时通常使用两种方法:内部方法和外部方法。内部方法即从内部招聘,这意味着雇用现有员工担任空缺职位。通常,这是组织内许多人认可和推崇的方法,因为它使员工有可能从内部成长,攀登自己的职业高峰。这种方法的另一个好处是,它可以帮助组织在整个过程中使用很少的资源和时间。外部方法,即从组织外部雇用潜在员工。填补这些职位的候选人是从其他公司招聘来的,可以填充所需的销售职位。这也是一种理想的招聘方式,但被认为是一个成本高且耗时的过程。招聘标准还必须包括对招聘人员进行必要的工作考核,从而决定是否最终被录用。招聘流程如图 2-2 所示。

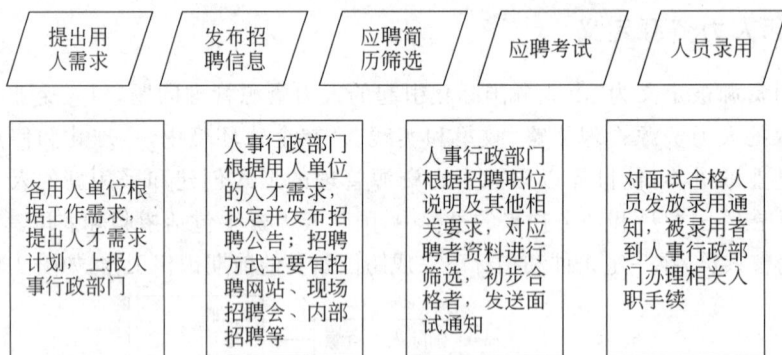

提出用人需求	发布招聘信息	应聘简历筛选	应聘考试	人员录用
各用人单位根据工作需求,提出人才需求计划,上报人事行政部门	人事行政部门根据用人单位的人才需求,拟定并发布招聘公告;招聘方式主要有招聘网站、现场招聘会、内部招聘等	人事行政部门根据招聘职位说明及其他相关要求,对应聘者资料进行筛选,初步合格者,发送面试通知	对面试合格人员发放录用通知,被录用者到人事行政部门办理相关入职手续	

图 2-2　招聘流程

讨论:你认为国际营销人员除了需要具有良好的英语能力,还应该具备哪些工作能力?

二、国际营销人员招聘方法

跨国企业或者机构按照人力资源计划,遵循一定的程序和方法,召集、挑选、录用具备资格条件的求职者担任海外公司工作职务或者与国外产生业务往来的岗位。尤其对此类公司的国际营销人员,在员工招聘需求和方法上,按照国籍中心化、招聘本地化和"地心战略"等原则进行。

(一)国籍中心化

在国外设有分支机构的企业必须决定如何选择管理级别的员工。"国籍中心化"人员配备是指聘用与母公司国籍相同的管理人员。通常,较高级别的外国职位由来自母国的雇员担任。因为来自母国的工作人员将有效代表总部的利益,并与母国建立良好的联系。这种方法的招聘过程包括四个阶段:自我选择,创建候选人才库,技术技能评估以及作出决定。自我选择涉及雇员在国际舞台上对其未来行动方针的决定。首先,员工数据库是根据公司对国际运营的人力要求而准备的。其次,分析数据库以选择最佳和最合适的人来执行全球任务,此过程称为技术技能评估。最后,确定最佳人选,并经本人同意外派到母公司具有业务往来的目的地国家。

(二)招聘本地化

当公司采取将招聘仅限于东道国(本地人)的策略时,称为招聘本地化。采用这种方法的目的是逐步降低国外业务的成本。将管理移交给当地人的主要目的是确保公司更好地了解当地市场状况、文化和法律要求。采用这种方法的公司通常设有本地化的人力资源部门,该部门负责管理目的地国公司的人力资源。这种聘用方法使用东道国的本地人来管理其所在国家和地区的业务,并使用母国的本地人来管理其内部办公室。

(三)"地心战略"

当公司采取招募最合适的人担任其可用职位的战略时,不论其国籍如何,都可看成唯"人才至上"。本质上真正全球化的公司采用这种方法,因为它采用了全球集成的业务策略。由于人力资源业务受到当地国家文化、习俗、法律等多种因素的限制,大型国际公司通常都采用这种方法,即地心战略,并且取得了相当大的成功。为了进行国际招聘,尤其是在外国,跨国公司通常会使用具有国际关系的人力机构或顾问,并且除了传统资源外,还会对资源候选人进行调研。为了有效利用内部招聘资源,跨国公司需要开发内部员工数据库和有效的跟踪系统,以识别最适合全球化工作的人员。"地心战略"是国际通用招聘方法,其中跨国公司招聘最适合的员工,不限制其国籍。以区域为中心的方法适用于公司和产品策略。需要区域专业知识时,可以雇用该地区的本地人。如果产品知识至关重要,则聘用可以随时访问公司信息源的母国公民。这种以区域为中心的方法的缺点是,该地区的管理人员可能不了解总部管理人员的意图。以区域为中心的方法将来自不同国家和地区的经理、销售人员等置于企业的区域管理之内。

情境重现

雇用国际员工常见的问题

以下介绍 5 个最常见的招聘陷阱。

1. 语言技能优先于核心技能

招聘人员通常聘用以其目标市场的语言为工作语言的职员。这将造成对候选人的语言技能的过分强调,以至于忽略一些更基本的技能。如果没有合格的当地人来招聘,最好的办法是聘请对本地语言有相当了解的外国人才,然后通过专门设计的管理发展计划帮助他们发展语言技能。

2. 不遵守既定的雇佣法律

在涉及遵守雇佣法律方面,大多数情况下,跨国公司要比本地公司受到更多的监管。例如,在外国的中资企业必须遵循比其本地竞争对手更严格的规章制和管理协议。为了避免将来出现雇佣和劳动纠纷,最好的办法是在招聘过程之前、之中和之后理解并遵守所有规定。

3. 避免与新员工进行不愉快的交谈

将本地企业推向国际舞台时,一些雇主选择与新员工保持安全距离。他们掩盖了对某些员工表现的不满,使解决问题的过程节奏变慢。全球化专家表示:"与员工进行坦率的讨论,以评估他们的能力和对所分配任务的奉献程度。如果员工不能达标,请不要回避解除合同。"

4. 忽略"强制性"员工福利

在大多数欧美国家,劳动法没有规定雇主有义务给员工提供带薪年假。是否授予此类福利的决定取决于个人雇主。亚洲的就业法规定了病假、带薪休假以及雇主必须每年给予员工的许多其他福利。一些雇主犯的错误是假设他们的国际雇员,应遵守适用于美国或欧洲的雇佣法。为避免将来与主管部门发生摩擦,雇主必须熟悉要雇用的国际市场上的雇员福利,然后完全遵守其中的内容。请务必了解休假的管理方式、休假期间的报酬、"病假"的定义等内容。

5. 仓促招聘

众所周知,当涉及国际招聘时,招聘过程烦琐、冗长,有时还会带来不便。真实客观地了解国际雇佣关系,尤其是国际营销人员的实际水平变得异常困难。

所以,获取合适的国际营销人力资源和制定恰当的招聘标准显得十分重要。

资料来源:Rilind Elezaj.雇用国际员工常见的错误.美国金融博客,2019-09-12. http://www.valuewalk.com.

2.2　国际营销人员培训

情境导入

国际营销人员培训

1. 掌握基础知识

好的销售员具有良好的销售知识,他们必须掌握谈判的技巧和充分了解自己公司生产和售卖的产品、技术、服务等。此外,基础知识无论是用于会议准备、面试的跟进还是客户管理软件的使用,都是营销人员需要了解的销售工作的内容。并且,运用关键绩效指标(KPI)[①]考核,将使他们有机会不断改进其工作方式,这将为其供职的组织和部门带来更好的结果。

---

① 关键绩效指标(Key Performance Indicator,KPI)是通过对组织内部流程的关键参数进行设置、取样、计算、分析,衡量流程绩效的一种目标式量化管理指标,把企业的战略目标分解为可操作的工作目标的工具,是企业绩效管理的基础。

2. 培养好奇心

国际营销人员必须了解他们的产品和客户。必须不断寻找新的发展,了解行业和活动领域的变化,而且他们应该了解竞争对手提供的产品。

3. 提高沟通技巧

语言是销售员日常工具的组成部分。他们必须能够轻松、高效地使用。在言语的运用上,优秀的销售人员必须使用适合本产品的、正确且适当的词汇进行交流。理想的状态是他们的说话会更有说服力,好的销售人员必须能够轻松地以他们的语言与客户交流,国际通用销售语言为英语,部分跨国公司会招聘小语种销售人员,以满足不同的当地客户的需求。销售代表必须具备出色的沟通技巧,意味着他们必须能够听取客户的意见,因为客户会为销售人员销售的产品或服务提供和反馈有用的信息。销售人员还必须学习如何阅读客户的肢体语言,因为它还可以揭示很多信息。销售人员必须意识到自己肢体语言的重要性,同时还要注意自己的表现方式,如毅力、顽强、乐观、挑战和适应能力等。在整个产品、技术和服务等的销售过程中,毅力可以始终带来投资回报。这就是为什么对销售型的跨国公司而言,最重要的是要确保员工由销售和技术部组成,这些销售人员将在更加困难的时期努力地工作,他们将为应对繁忙的情况作出必要的努力,并始终以乐观地追求成功为目标。

4. 提高抗压性和挑战性

好的销售人员必须喜欢挑战。他们将超越自己,并在面对更加困难和充满挑战的环境中保持乐观。他们必须对压力有很高的适应和抵抗能力。销售代表必须能够根据不同的销售情况和不同的客户进行调整。销售人员还必须对客户考虑周到,并且必须根据客户的个人资料和行为调整其策略。比如,销售代表会采用非正式的语气,有时会采用更为精致的语气,必须确保客户感到舒适,必须为他们提供能够激发他们完成销售的环境。

一、国际营销人员培训机制

国际营销人员培训是国际人力资源的重要组成部分,具体是指跨国公司(企业)或者在他国开展跨国贸易的主体,对于参与当地商务活动尤其是销售活动的新聘用员工进行销售相关的培训。具体可分为与公司业务相关的培训和提高个人、团队"软实力"的培训。个人和团队销售培训包括:入职培训。使新入职人员熟悉工作要求和程序,部门目标和绩效考核标准,以及部门的价值观和规范。个人和团队"软实力"培训包括:为销售人员提供所需销售产品、设备、技术、咨询服务等知识和技能,并拓宽他们的视野;为满足办公需求而开发的客户管理系统、报销系统、基本计算机技能等专业知识和技能;为适应当地国家社会文化需要,提供销售人员英语或其他语种和当地如民族习俗、文化等方面的培训内容。

培训的目的是发现和开发员工内部的潜力,维护现有的技能水平,并使员工在职业生涯中承担更大的责任。销售管理意味着对所有营销活动的管理,人员的计划,方向和控制,业务部门的销售活动,包括招聘、选拔、培训、分配、评估、监督、支付、激励,因为所有这些任务都适用于国际营销人员队伍的建设。

随着跨国公司向国外转移,培训和发展的复杂性不断增加。培训和发展的类型取决于许多因素:管理的集中程度、在子公司或合资企业中受雇的销售人员类型、品牌塑造的重要性以及员工了解品牌的程度;培训的品牌文化期望,在一些跨国公司中,培训很可能是集中的,以便供应商、员工和分销商了解需要传达的品牌形象。例如,在福特公司,培训计划是集中设置的,然后翻译并交付给所有主要供应商、子公司和分销商。

最后,对于国际营销人员在专业营销知识方面的培训内容是必不可少的,比如海外市场的国别特征、产品特征、客户特征、渠道终端化决策与品牌的核心价值;建立企业海外团队管理模式、正确处理客户关系、解决方案、交付、融资与支持体系。

员工的培训和发展应着重于部门的目标和宗旨以及员工实现目标的能力。战略方针具有以下特点:致力于培训和发展人才、定期分析业务需求和人员能力、将培训和发展与部门目标联系起来、培训的国际营销人员定期评估。国际营销人力资源部门负责确定和满足销售人员培训需求,针对不同情况和内容的各种培训和发展其多元方法论。

二、国际营销人员职业素养

国际营销人员处于不同国家跨文化的工作场景,职业素养具体体现在:职场上较高的个人素质和道德修养。在努力提高职业技能和个人修养时,要建立和完善国际营销人员职业道德,如爱国守法、爱岗敬业、谨守商业机密。在工作中,建立强烈的责任感和使命感、有较强的执行力和学习能力,时刻保持激情,善于与人沟通,培养独立思考的能力,善于发现和解决问题等。

情境重现

法国女性萨宾在芝加哥工作了两年,在获得积极的绩效评估后,她认为工作进展顺利,于是她想延长在美国的逗留时间。同时,她的老板杰克对她有非常不同的印象。他以为萨宾的工作根本没有实质性进展,尽管她有无限的精力和热情,但她的工作常常是草率的。杰克已经和她谈过了,但是她似乎没有理会。除非她的表现有所提高,否则杰克将不得不放手。两个人怎么可能对同一情况有如此巨大的分歧?一位法国商学院教授说:"在这种情况下,这归结为跨文化的沟通错误。"文化上的不当行为阻碍有效的工作场所沟通。这些不当行为还会破坏遍布全球的公司与客户之间的关系。美国经理人经常强调积极的一面,最小化消极的一面,喜欢多说鼓励的语言以减轻打击。相比之下,法国管理者倾向于掩盖积极之处,并提供直接、直观的反馈。近年来,对于防止跨文化交流和敏感度的有效培训计划的需求激增,以防止此类误解并提高企业在全球市场上的竞争力。不幸的是,尽管专家们对以下两点达成了共识,但对于如何有效地进行这种培训还没有达成共识。

致力于改善内部和外部跨文化交流的内容必须成为公司文化的一部分,并平等地适用于所有人,从首席执行官到一般员工。现有的许多培训仅提供文化礼节培训,例如是否应鞠躬或握手,而无法解决影响沟通的更深层次的问题。

该公司还安排"午餐和学习"文化讲座,员工轮换计划,以允许海外员工在美国工作9～18个月,并在美国每年举行两次多元化峰会。跨国公司的绝大多数培训都是关于文化差异的。布兰迪斯大学(Brandeis University)国际商学院组织行为学副教授安德鲁·莫林斯基说:"这并没有解决如何解决文化冲突引起的问题。核心挑战是如何根据他们的差异来适应和调整他们的行为,这需要学会在文化舒适区之外采取行动。"

再来看看波音公司的做法。波音公司是全球最大的航空航天公司,在28个国家和地区拥有33万名员工,领导者使用内部和外部培训师,以及从在线模块到线下研讨会,再到一对一培训的多种方法和工具,帮助员工提高文化素养,所有员工都使用GlobeSmart进行培训

(GlobeSmart 是由位于波特兰的 Aperian Global 开发的在线资源,对执行海外任务的员工及其家人进行的文化定向培训)。

2.3　国际营销人员商业道德

一、国际营销人员商业道德要求

(1) 勤奋好学,富有责任心。国际营销充满挑战性,要进行不同国度之间的跨文化交流,每天应对的工作场景和对方国家的文化习俗存在差异,因此营销人员要善于学习;需要承受的压力巨大,要勤奋刻苦,变压力为动力;对工作有激情,对顾客有热情,这样才有目标;对自己所销售的产品负责,对公司海外业务负责。

(2) 通晓业务,优质服务。国际营销人员是"万金油",从事某种特定的营销行业工作,要把握好市场行情,把需要掌握的业务学会、学熟、学透。要学识广泛,更要术业有专攻。在国际营销中,始终要牢固树立服务至上的理念,灵活运用各种营销手段和技巧,拉近客户距离,进行有效沟通,对顾客有耐心,发现并满足其需求,给予顾客满意的服务。

(3) 平等互惠,诚信无欺,实事求是,信用至上。国际营销活动中,虚假宣传、商业欺诈,不仅给母公司产品和声誉带来毁灭性打击,而且影响同行业本国从业者进一步发展,对国家信誉造成不良影响。有些国家建立了广泛的征信系统,买卖欺诈者会被列入"黑名单",永久不得再次踏入该国进行跨国贸易。

(4) 当好参谋,指导消费。国际营销是生产者与消费者之间的媒介和桥梁,营销人员在与消费者沟通中了解不同对象的不同需求,引导消费者接受新的消费观念和消费产品。同时,又能将消费者需求信息传达给母公司以助于企业改进和调整生产。

(5) 公私分明,廉洁奉公。国际营销人员作为高级管理者,具有一定的职权,要经得起外界的诱惑,公私分明,不带个人情绪到工作中;不赚取规定之外的私利,不进行转手倒卖等各种谋私活动。

二、国际营销人员道德缺失

管理的核心是人的管理。部分国际营销人员道德欠缺的原因,概括为营销人员自身素质、企业管理以及消费者三大问题。

(一)营销人员自身素质

(1) 国际营销人员自身道德品质和思想素质不高。在营销过程中,以自己利益为中心,没能把消费者摆在首位,没能坚持服务至上理念,通过各种不合理手段获取利益。

(2) 国际营销人员业务能力不够强,工作态度不够端正。现代营销工作不仅要求营销人员具备一定的专业知识,还要求有丰富的各种其他方面的知识。然而现阶段,国际营销人员的学习能力不够,过分地追求眼前的短期利益。

(3) 国际营销人员的营销观念过于陈旧,缺乏现代营销理念。单纯地还在以为营销就是把产品"推销"出去,并没能跟随时代进步的步伐更新观念。

(4) 国际营销人员面对外界诱惑的自制力不够。国际市场营销人员长期在外跑业务,对母公司的归属感普遍弱化,再加上外界的利益诱惑太多,逐渐违背商业道德、谋取私利。

（二）企业管理

（1）企业的管理机构不够健全，管理制度不够完善。企业的内部机构设立的不够或是冗杂，运作流程不流畅，责任分工不明确，监控稽查体系的缺乏，都会让国际营销人员感到有机可乘，有缝可钻，进而影响到自身职业道德的建设。

（2）企业的薪酬制度不够合理。国际营销工作是属于既要长期出差，而且面临跟单、成交的巨大压力，如果薪酬制度分配不合理，出现不公平问题，会严重影响国际营销人员的工作积极性，甚至会因此抱怨公司，导致国际营销人员人心涣散，人浮于事。

（3）企业的奖罚体系不够完善。一些企业的领导不重视和国际营销人员沟通，不了解基层工作人员的想法，会使国际营销人员的存在感不够强，从而会影响对企业的忠诚度。业绩好得不到表扬，工作效率低下，对薪酬也没有多大影响。长此以往，会严重影响国际营销人员的工作积极性。

（三）消费者

消费者方面的问题是：消费者对营销产品和营销行为缺乏鉴别能力。消费者在选择购买产品时对产品的知识主要都来源于国际营销人员的讲解，正因为对产品相关知识的匮乏而更相信营销人员，容易失去了鉴别营销人员行为对与错的判断。

三、国际营销人员职业道德提升

国际营销人员缺乏职业道德的行为产生的原因是多方面的，其主要表现在企业内部和企业外部两方面。所以要辩证分析、有的放矢地解决问题，才能取得好的效果。

（一）企业内部建设

培训国际营销人员的业务能力。国际营销工作是一个重视结果的活动，营销人员的业务能力娴熟，适应不同背景国家的销售工作，以结果为导向，重责任，有利于在消费者心里建立企业良好的专业形象。

开展国际营销人员的道德教育，加强员工对企业文化的认同感。完善企业各种机制，营造一个好的工作环境。对于同时为其他企业服务的、为一己私利出卖商业机密的营销人员，应给予严厉的惩罚，要建立较为完善的奖罚制度，使有损企业利益的问题得到最大限度的控制。企业要不断地完善内部管理制度，使各部门机构分工合理，责任明确，加大监管稽查力度。建立合理的薪酬机制，给予营销人员合理的薪酬，做到公平、公正。把企业自身打造成一个道德高尚的楷模，可以针对自身企业的营销人员出现的职业道德问题制定相关的道德培训准则。

（二）企业外部建设

政府层面：面对现如今比较混乱的国际营销市场，政府应采取宏观对策。完善法律，加强市场法规建设，使企业的营销行为有法可依。让企业意识到营销失范行为会带来严重后果，从而促使企业自觉规范自身的营销行为。这就要求政府相关部门执法时要秉着公平、公正、公开的原则打击企业国际营销失范行为。

消费者层面：消费者是国际营销人员职业道德建设的重要力量。消费者要时刻保持清醒，有分辨是非好坏的理智，增强抵制不良消费行为。从维护国家、社会、企业及自身利益出发,做好社会、企业的监督者,充分行使监督权力。坚决反对企业从事的一切不良营销活动。增强法律意识,善于用各种正确的方式和手段维护好自己的合法权益。

小　结

中国企业走出去最重要的是企业人才梯队的建设,尤其是生产制造类的跨国企业在当地国家提高生产、销售收入,更离不开国际营销人才的引入。本任务内容围绕国际市场营销人员招聘方法和培训机制,通过案例来说明招聘和培训过程中应该注意的具体问题,并且强调跨国企业营销人才提高职业素养和加强道德建设的重要性。

思考与练习

一、填空题

1. 国际营销人力资源是指＿＿＿＿＿＿＿＿＿＿＿＿＿＿＿＿＿＿＿。
2. 国际营销人员招聘方法遵循＿＿＿＿ 、＿＿＿＿和＿＿＿＿三原则。
3. 国际营销人员招聘标准(不少于三项):＿＿＿＿＿＿＿＿＿＿＿＿＿。
4. 国际营销人员商业道德有(不少于三项):＿＿＿＿＿＿＿＿＿＿＿。
5. 列举常见国际营销人员道德缺失的表现(不少于两项):＿＿＿＿＿＿＿。

二、单项选择题

1. 下列不属于国际营销人力资源内容的是(　　　)。
   A. 员工语言培训　　　　　　　　　B. 员工绩效考核
   C. 跟踪客户　　　　　　　　　　　D. 公司产品培训
2. 下列不属于国际营销人员的工作内容的是(　　　)。
   A. 英语交流　　　B. 客户拜访　　　C. 订单跟踪　　　D. 强身健体
3. 国际营销人员商业道德不体现在(　　　)。
   A. 团队合作　　　B. 泄露商业机密　　C. 爱岗敬业　　　D. 勤奋好学

三、多项选择题

1. 国际市场营销人力资源的组成要素是(　　　)。
   A. 人才招聘　　　B. 人才培训　　　C. 薪酬制定　　　D. 产品推广
2. 属于跨国公司人力资源招聘内容的是(　　　)。
   A. 提出用人需求　　　　　　　　　B. 发布招聘信息
   C. 制定销售指标　　　　　　　　　D. 确定最终录用
3. 国际营销人员道德提升可以采取(　　　)。
   A. 企业内部建设　　　　　　　　　B. 企业外部建设
   C. 诉诸法律解决　　　　　　　　　D. 强化集体意识

四、判断题

1. 国际营销人力资源指的仅是为国外公司招聘合适的员工。　　　　　　(　　　)

2. 国际营销人员培训不能忽视员工职业素养的培养。　　　　　　（　　）

3. 国际营销人员的商业道德直接关系到跨国公司的命运。　　　　（　　）

4. 国际营销人员培训内容不包括对英语语言的培训。　　　　　　（　　）

实训课堂

一、思维训练

假设你是某国企驻海外（非洲地区）分公司人力资源总监，根据母国和当地国家文化特点，思考和简要设计该分公司销售人员的招聘方法，并且通过何种方式来考核销售指标的完成情况。

二、案例分析

某公司国际展会英语翻译招聘需求

岗位职责：

1. 根据公司提供的具体资源进行沟通，开发客户；

2. 负责海外及国内展会项目的推广、销售工作，包括通过电话、网络、邮件、传真等形式进行市场推广并促成成交；

3. 维护老客户的业务，挖掘新客户；

4. 定期与合作客户进行沟通，建立良好的长期合作关系；

5. 公司日常文章的翻译，撰写，编辑，及发布各公众号；

6. 展会现场协调，调度，派发资料及展会后期收集展会相关文件；

7. 熟悉行业市场，展会现场与知名企业建立长期稳定的关系，达成媒体合作；

8. 展会现场文字报道及翻译；

9. 负责和国外主办方联系沟通，建立良好关系；

10. 带领参展企业赴国外参展，负责向参展企业提供服务；

11. 协助部门主管完成展会后的控制工作，包括参观、参展的意见反馈等；

12. 展会期间了解展商需求，积极开拓海外客户；

13. 客户签证的操作。

分析：根据该公司国际展会英语翻译招聘需求，制作一份个人简历，要求突出个性、满足此工作要求。

国际营销市场分析

任务3 国际营销自然环境分析

- **知识目标**

(1) 掌握国际营销自然环境概念;

(2) 了解欧、美、日等主要发达国家自然环境特点;

(3) 了解欧、美、日等主要发达国家自然环境对国际营销的影响;

(4) 了解"一带一路"主要发展中国家自然环境特点;

(5) 了解"一带一路"主要发展中国家自然环境对国际营销的影响。

- **技能目标**

通过对国际营销自然环境分析的学习,能够进行国际营销的自然环境分析,针对自然环境采取适合的国际营销方法。

任务驱动,做中学

澳大利亚的泰利森锂业(Talison)地处西澳,是全球最大的锂矿石供应商,其产出约占全球锂矿石产量的65%,在全球锂资源供应中占到约35%的份额,供应了中国约80%的锂精矿,拥有世界上储量最大、品质最好的锂辉石矿——西澳格林布什(Greenbush)矿藏。

天齐锂业的前身为国有企业射洪锂业,2007年完成股份制改造,更名为"四川天齐锂业股份有限公司"(简称天齐锂业)。2010年8月,天齐锂业A股深交所上市。2012年8月23日,美国洛克伍德宣布以每股6.5加拿大元的对价收购泰利森全部股权,为摆脱未来生产原料受美方控制的不利局面,天齐锂业于2012年12月通过其在澳大利亚的全资子公司文菲尔德(Windfield)和天齐香港经过3个月时间,成功持有泰利森19.99%的普通股股权并对洛克伍德的并购设置障碍,同年12月6日,文菲尔德以每股7.5加拿大元为对价收购泰利森剩余80.01%的普通股股权。12月12日,泰利森发布公告终止与洛克伍德签署的并购协议。2016年9月,天齐锂业又通过全资子公司天齐澳洲,投资建立了具有世界领先水平的电池级氢氧化锂工厂(Kwinana Lithium Plant),直接利用泰利森的锂矿为电动汽车和高品质电池生产氢氧化锂,工厂建成后成为全球规模最大,工艺最精湛的生产基地。

天齐锂业的崛起得益于我国新能源战略发展的大背景,凭借对国内外资源的整合,发挥了协同效应,已经成为世界级的锂业巨头。

资料来源:张彤. 天齐锂业凭什么澳洲成功投资?[EB/OL].(2018-02-25). http://www.escn.com.cn/news/show-500533.html.

讨论:自然环境对于国际营销有什么影响?自然环境对于天齐锂业有什么影响?

3.1 国际营销自然环境

情境导入

中国汽车行业"国五、国六标准"切换,市场整体调整

2019年5月13日,中国汽车工业协会公布了2019年4月中国汽车工业产销情况。2019年前4个月的汽车销量合计834.9万辆,较2018年同期下降12.13%;汽车产量合计838.9万辆,同比下降11.0%;汽车市场供需均缩减。市场低迷的重要原因之一是汽车市场面临"国五、国六标准"切换,消费者观望情绪蔓延。

"国六"排放标准全称为"国家第六阶段机动车污染物排放标准",是国家根据国内情况对《轻型汽车污染物排放限值及测量方法(中国第五阶段)》进行升级后的标准。与汽车排放"国五"标准相比,"国六"排放指标严格得多。中国汽车排放标准从国一汽车排放标准到如今的国六标准用了短短十几年的时间,从国一排放到国二排放用了5年的时间,而国二排放到国三排放用了3年时间,从国四排气到国五仅用了7个月的时间,而现在国内又将迎来国六排放标准。

按照此前确定的时间表,国六排放标准将于2020年7月1日正式实施。然而迫于环保压力,不少省份已将这一时间提前至2019年7月1日,甚至有城市还宣布,在2019年7月1日一步到位实施"国六"的第二阶段"国六b",这比国家原定实施"国六b"时间又提前了4年。"国六"的切换过于突然,各厂家新产能无法及时跟上,必然带来经销商进车趋缓和有换购需求的消费者观望情绪蔓延。

资料来源:朱琳慧. 2019年中国汽车行业发展现状 面临"国五、国六标准"切换,市场整体低迷[EB/OL].(2019-05-21). https://www.qianzhan.com/analyst/detail/220/190520-490d8c54.html.

国际营销的自然环境是指一国或者地区的自然资源、地形、气候条件和环境状况等,这些因素作为国际营销的外在物质条件,可以影响企业的国际营销决策。

自然资源包括矿产资源、森林资源、土地资源和水力资源等,是天然存在的。自然资源的发现经常是跨国企业国际营销的动因。比如,我国的跨国公司天齐锂业为获得生产新能源车的锂资源,就在澳大利亚和智利通过投资和并购在当地开办企业。

地形是一国或地区领土的表面特征,由平原、山脉、河流、湖泊、森林和沙漠等因素组成。它主要通过对物流运输、通信条件以及消费习惯等因素施加影响制约国际营销。

气候条件是指国家或地区的气温、干湿度以及刮风、下雨和降雪等条件。有时它直接影响着市场的商品需求。如在热带地区的非洲,羽绒制品销量几乎为零,而在俄罗斯短袖T恤衫基本没有销路。

环境状况是指人们生活环境的状况,主要表现在水土流失、垃圾污染、大气污染和噪声

污染等方面。环境污染问题一直是世界性的话题。由于现代工业的发展,对自然环境的破坏日趋严重。水源、空气、土壤的大量化学污染,废弃包装材料的处理等,已经成为当代社会的严重问题。公众对环境保护的关心,一方面限制了某些污染工业的发展;另一方面也为企业形成了营销机会。

情境延伸

为保护海洋发声　阿迪达斯发布环保跑鞋

2015 年,阿迪达斯和海洋环保组织 Parley for the Oceans 合作,推出了一款几乎完全以海洋塑料垃圾为原材料的环保概念鞋,并命名为"adidas x Parley"。该款鞋在 2016 年上市,当年销量就突破 100 万双。

据悉,阿迪达斯这双环保概念鞋的鞋面材料,是由回收的海洋废弃物,以及非法偷猎船上收缴的渔网加工而成的。这些球鞋平均每双耗费 11 个塑料瓶,而鞋带、鞋垫、鞋跟、鞋舌等部分也都是由回收而来的废弃塑料加工制成的。

阿迪达斯跑步产品战略总监马赛厄斯·安姆(Mathias Amm)表示:"作为全球运动品牌,我们有责任使世界变得更好。"

资料来源:魏晓娟. 阿迪达斯与海洋环保组织携手发布首款高性能球衣[J]. 现代塑料加工应用,2017(1):22-22.

本项目将国际环境按照各国发展程度和环境保护程度分为欧美、日、澳等主要发达国家和"一带一路"等发展中国家。

3.2　主要发达国家和地区自然环境分析

发达国家(developed country)又称已开发国家和先进国家,是指那些经济和社会发展水准较高,人民生活水准较高的国家。根据联合国 M49 标准分类,发达国家目前主要是指分布在欧洲、北美、澳洲以及亚洲的部分国家,包括欧盟、美国、日本、澳大利亚等 66 个国家和地区。在此主要介绍欧洲、美国、日本和澳大利亚等主要发达国家和地区的自然环境。

欧洲位于亚洲的西面,是亚欧大陆的一部分。它的北、西、南三面分别濒临着北冰洋、大西洋、地中海和黑海,东部和东南部与亚洲毗邻,是欧亚大陆伸入大西洋的大半岛。欧洲地形以平原为主,南部耸立着阿尔卑斯山脉。欧洲大部分地区处在北温带,气候温和湿润。欧洲的矿产资源以煤、石油、铁矿比较丰富,石油和天然气资源不能自给。相比其他各大洲发展,欧洲国家最早进入发达国家行列,也更早地尝到环境破坏的恶果,因此欧洲人也最早地意识到环保的紧迫性。欧洲人在大刀阔斧地进行污染治理的同时,还通过立法、教育等各种方式,将环保的理念深深地灌输到每一个欧洲人的心中。

北美洲大部分面积属于发达国家,主要有美国和加拿大。北美洲是典型的大陆地形,基本特征是南北走向的山脉分布于东西两侧与海岸平行,大平原分布于中部。地形明显地分为三个区,东部高原山地区,中部平原区和西部高原山地区。北美洲地跨热带、温带、寒带,气候复杂多样。美国以温带大陆性气候为主和加拿大以亚寒带针叶林气候为主。北美自然资源丰富,矿产资源中已探明煤的储量居世界首位。其中美国矿产资源总探明储量居世界首位,其中煤、石油、天然气、铁矿石、钾盐、磷酸盐、硫黄等矿物储量均居世界前列,加拿大有丰富的林业资源、水资源,矿产资源中钾、铀、钨、镉、镍、铅等居世界前列,原油储量仅次于沙特居世界第二。美国和加拿大的环境保护起步较早,拥有较为成熟完备的环保体系与实践经验。

日本是一个高度发达的资本主义国家,位于亚欧大陆东部、太平洋西北部。日本是一个多山的岛国,山地呈脊状分布于日本的中央,将日本的国土分割为太平洋一侧和日本海一侧,日本国土森林覆盖率高达67%。日本属温带海洋性季风气候,终年温和湿润,是世界上降水量较多的地区。日本自然资源贫乏,除煤炭、天然气、硫黄等极少量矿产资源外,其他工业生产所需的主要原料、燃料等都要从海外进口。日本是亚洲最发达的工业国家,其环境保护的力度与国民的环保意识非常高,拥有尖端的节能环保技术。日本无论是国家层面还是民间的企业层面,从上至下都对环境保护相当重视。政府积极制定有利于环境保护、有利于可持续发展的法律及相关政策。

澳大利亚位于南太平洋和印度洋之间,四面环海,是世界上唯一国土覆盖整个大陆的国家,因此也称"澳洲"。澳大利亚的地形很有特色,东部山地,中部平原,西部高原,澳大利亚是世界上最平坦、最干燥的大陆。澳大利亚约70%的国土属于干旱或半干旱地带,中部大部分地区不适合人类居住。澳大利亚跨两个气候带,北部属于热带,南部属于温带。澳大利亚的矿产资源、石油和天然气都很丰富,矿产资源有70余种。其中,铝土矿储量居世界首位,占世界总储量的35%。澳大利亚是世界上环境最好的国家之一,澳大利亚的环境保护得益于政府设立专门的环保机构,并制定了一系列完善的关于环境保护的法律法规。同时,政府还十分重视环保教育,提高全民的环保意识。

3.3　主要发达国家和地区自然环境对国际营销的影响

发达国家和地区的经济条件相对优越,但是大多数发达国家都经历了环境恶化到环境治理的过程。从18世纪下半叶起,经过整个19世纪到20世纪初,首先是英国,而后是欧洲其他国家、美国及日本相继经历和实现了工业革命。在这些地方,伴随煤炭、冶金、化学等重工业的建立和发展,以及城市化的推进,发生过烟雾中毒事件,河流等水体也严重受害。20世纪40年代初期,世界范围内工业生产和家庭燃烧所释放的二氧化硫每年高达几千万吨,煤烟和二氧化硫的污染程度和范围较之前一时期有了进一步的发展,由此酿成多起严重的燃煤大气污染公害事件。20世纪50年代起,世界经济由战后恢复转入发展时期。西方大国竞相发展经济,工业化和城市化进程加快,经济持续高速增长但却造成了环境破坏和环境污染的巨大危机。

1972年6月,联合国在瑞典的斯德哥尔摩召开了"人类环境会议"。这次会议是世界环境保护工作的一个重要里程碑。随着发达国家的环境保护主义运动日益高涨,发达国家的民众消费理念日益成熟,由此催生了绿色营销和可持续发展理念。"绿色消费"是指崇尚自然、健康、安全、环保、节能的消费理念和消费方式。

现在很多发达国家的消费者开始关注自己赖以生存的环境,关注自己的消费行为是否造成环境污染,自觉使用以可再生资源所做的产品,使用带有环保标志的绿色产品;各国政府也采取积极措施,制定各种严格的环保政策,并强制要求企业购买设施和采取措施解决环境问题。在开展国际营销活动时,必须密切关注当地政府和市场消费者对环境保护的关注程度,否则,即使再好的产品也可能因不符合消费者的环保意识,导致产品营销活动的失败。采取营销活动时要特意宣传产品使用了多少再生资源,而且要强调对环境污染非常小,以迎合消费者环保观念;更重要的是,进行国际营销活动时,必须了解和遵循当地有关环保的法令和条规,否则产品可能遭到封存和禁止销售的处罚。

欧美、日、澳等主要发达国家和地区几乎都有自己的或者国际公认的环保认证标准,在对发达国家开展国际营销活动时,产品通过各国的环保认证是必须要达到的首要条件,有该国认可的环保标志的产品可以在市场免除与环境相关问题的检查,这样既可以节省时间,也可以确立企业的环保品牌意识。由于发达国家环保标准相对较高,国际营销的产品在进入发达国家市场以后,可以相对容易地进入其他发展中国家。

在发达国家和地区开展国际营销时,选择的产品应是销售所在地所缺乏的或缺乏竞争力的,区别于当地市场的产品,避开发达国家的正面竞争,同时创造自己的竞争优势,以提高产品国际营销的成功率。发达国家市场成熟,市场竞争激烈是国际营销面临的巨大挑战。从产品质量角度看,发达国家的消费者经历了长时间的市场教育,对产品是比较挑剔的,同时发达国家市场中有许多强有力的竞争对手。但是只要创新得法,一样可以获得发达国家消费者的青睐。

情境延伸

另辟市场蹊径,鳍源科技打开水下无人机市场

成立于 2016 年 6 月的初创科技公司鳍源科技,是一家集水下机器人研发和产品销售为一体的新技术企业。该公司的一款水下无人机 FiFish P3 一经推出就受到发烧友的狂热追捧,首周便获得了 Top Seller,成为北美水下无人机的销售冠军。在商业拍摄领域,在海外与《国家地理》杂志、Discovery 探索频道、Fox News Channel 等专业机构深度合作,提供专业水下视频拍摄支持;在专业纪录片领域,参与中国国庆献礼系列纪录片《水下中国》录制;在自媒体领域,与中国潜水大 V、影视制作团队开展内容深度合作,完成水下直播、旅游真人秀、网络综艺等水下内容策划拍摄,在全球各大互联网视频平台引发全民热议。FiFish P3 从 2018 年年初在海外上市以来,不断从欧美、日本、澳大利亚、新西兰等国家和地区的代理商、经销商获得高度评价,截至目前已获得超过数千万的订单。

鳍源科技利用国外特殊户外运动的水下休闲活动为契机,开辟了行业创新和领先的技术,在行业建立技术壁垒,形成领先行业的护城河。用技术开拓市场,建立全球品牌和全球销售网络,凭借扎实的品质和良好的口碑在发达国家市场上得到了很高的评价。

资料来源:佚名. 鳍源科技"FiFish 飞行鱼"亮相[J]. 机器人技术与应用,2016(6):8.

3.4 "一带一路"沿线主要发展中国家自然环境分析

"丝绸之路经济带"和"21 世纪海上丝绸之路"简称"一带一路"。截至 2019 年 3 月底,中国已通 125 个国家和 29 个国际组织签署了 173 份合作文件,共建"一带一路"国家已由亚欧延伸至非洲、拉丁美洲、南太平洋等区域。目前"一带一路"参与国中发展中国家占了绝大

多数,因此本部分主要介绍"一带一路"中的主要发展中国家自然环境。"一带一路"发展中国家涵盖了发达国家之外的大多数区域,主要包括非洲、拉丁美洲、亚洲的大部分以及南太平洋的一些岛国。

非洲由北非、西非、东非、南非四大部分共 60 多个国家和地区组成,面积 2571 万平方千米。非洲位于东半球的西南部,地跨赤道南北,西北部的部分地区伸入西半球。东濒印度洋,西临大西洋,北隔地中海和直布罗陀海峡与欧洲相望,东北端以狭长的红海与苏伊士运河紧邻亚洲。非洲为一高原大陆,地势比较平坦,明显的山脉仅限于南北两端,全洲平均海拔 750 米。非洲有"热带大陆"之称,其气候特点是高温、少雨、干燥,气候带分布呈南北对称状。赤道横贯中央,气温一般从赤道随纬度增加而降低。非洲已探明的矿物资源种类多,储量大。石油、天然气蕴藏丰富;铁、锰、铬、钴、镍、钒、铜、铅、锌、锡、磷酸盐等储量很大;黄金、金刚石久负盛名;铀矿脉的发现,引起了世人瞩目。

长期的殖民统治,使非洲成为世界上经济发展水平最低的大洲。非洲国家在政治上取得独立以后,民族经济取得不同程度的发展,但大多数非洲国家在发展过程中,出现了环境危机,虽然近年来非洲环境取得很大改善,但不同于工业化国家的环境公害,环境退化与贫困化、经济危机和社会政治不稳定共同作用,使非洲陷入以欠发展为特征的"发展陷阱",只有把治理贫困与环境保护、经济发展、社会稳定和政治变革结合起来的可持续发展战略,才能遏止非洲环境的恶化。

拉丁美洲是指美国以南的美洲地区,主要包括墨西哥、中美洲、西印度群岛和南美洲,共有 33 个国家和若干未独立地区。拉美地区林业资源丰富,是森林覆盖面积较大的大陆。拉美地区的农业也具有巨大的发展潜力。拉美地区矿业资源丰富,现代工业所需最基本的 20 多种矿物资源的绝大部分都有,有些矿物储量居世界前列。例如,墨西哥已探明石油储量达 103 亿吨,委内瑞拉的石油储量为 80 多亿吨,均居世界前列。拉美地区铁矿储量约 1000 亿吨,巴西的铁矿储量居世界前列,其产量和出口量均居世界第 2 位。拉丁美洲地区铜储量约在 1 亿吨以上,居各洲之首,智利铜储量居世界第 2 位,秘鲁居世界第 4 位。

虽然拉丁美洲生态环境资源最丰富,但是由于急于发展经济,缺乏可持续发展的理念,在发展经济的现代化进程中造成了很多生态环境问题,亚马孙森林大面积损毁、淡水资源紧张、土壤污染、空气污染、固体废物堆积等环境困境,严重影响了社会经济发展和人民的生产生活。20 世纪中后期,以人为本与可持续发展理念在拉美国家得到广泛认可。保护森林资源、把握全球化的契机为拉美社会经济与生态环境的和谐发展提供了可能。

亚洲是世界上七大洲中面积最大,人口最多的一个洲,亚洲面积占全球陆地总面积的29.4%。亚洲绝大部分地区位于北半球和东半球。亚洲地势起伏很大,崇山峻岭汇集中部,山地、高原和丘陵约占全洲面积的 3/4,其中有 1/3 的地区海拔在 1000 米以上,亚洲是世界上除南极洲外地势最高的一洲。全洲大致以帕米尔高原为中心,向四方伸出一系列高大的山脉,最高大的是喜马拉雅山脉。在各高大山脉之间有许多面积广大的高原和盆地。在山地、高原的外侧分布着幅员广阔的平原。亚洲的大陆海岸线绵长而曲折,海岸线长 69900 千米,是世界上海岸线最长的大洲。海岸类型复杂。多半岛和岛屿,是半岛面积最大的一洲。阿拉伯半岛面积约 300 万平方千米,是世界上面积最大的半岛。亚洲大陆跨寒、温、热三带,气候特征主要是气候类型复杂多样、季风气候典型和大陆性显著。东亚东南半部是湿润的温带和亚热带季风区,东南亚和南亚是湿润的热带季风区。中亚、西亚和东亚内陆为干旱地区。亚洲矿物种类多、储量大,石油、镁、铁、锡等的储量均居各洲首位。亚洲森林总面积约占世界森林总面积的 13%,亚洲的人工造林面积也有了大幅度的扩展。

亚洲各国中,除日本、韩国、新加坡、以色列为发达国家外,其余均是发展中国家。由于亚洲各国和各地区工业发展水平和部门、地域结构差异比较大,大多数国家工业基础薄弱,20 世纪 70 年代以来亚洲各国经济发展很快,但是由于发展过程中忽视了环境保护,由此导致了亚洲很多国家都面临日趋严重的环境危机。近年来,各国政府与企业面临了来自各社会各界有关要求改善环境呼声的压力,工业和绿色运动也正朝着这个可持续发展的方向倾斜。

南太平洋岛国是指分布在南太平洋的岛屿国家,南太平洋岛国都属于发展中国家。南太平洋地区幅员辽阔,除澳大利亚和新西兰外,共有 27 个国家和地区,其中包括巴布亚新几内亚、斐济、萨摩亚、汤加、瓦努阿图等。这些国家和地区由 1 万多个岛屿组成。南太平洋岛国环境优美,拥有得天独厚的旅游资源。此外,南太平洋岛国拥有丰富的水产资源和矿产资源。这里的金枪鱼产量占世界总产量的一半以上,世界大约有 55% 的金枪鱼罐头产自南太平洋地区。

🧑‍🤝‍🧑 情境延伸

"一带一路"朋友圈扩大,中国帮助南太平洋岛国

20 世纪 70 年代以来,中国陆续同 8 个太平洋岛国建立外交关系,双方友好合作关系发展进入了快车道。2014 年习近平主席访问斐济并会晤太平洋建交 8 国领导人后,中国与太平洋岛国的关系定位又提升为"战略伙伴关系"。南太平洋岛国普遍经济基础薄弱,在发展道路上面临不少困难。近年来,中国援建了岛国港口、道路、学校、医院等 100 多个成套项目,资助了 1300 多位岛国学生来华留学。中国在岛国实施的菌草、旱稻栽培,水产品养殖等项目,增强了岛国自主发展能力。中国面向岛国实施的小水电、示范生态农场、沼气技术等项目,助力岛国应对气候变化和实现可持续发展,受到岛国人民热烈欢迎。

资料来源:王婧楠. 太平洋岛国投资环境分析[D]. 北京:对外经济贸易大学,2014.

3.5 "一带一路"沿线主要发展中国家自然环境对国际营销的影响

"一带一路"沿线主要发展中国家在全球范围占据的面积比较大,幅员辽阔,自然环境多样化,气候多样化,自然资源相对较多,在进行国际营销时需要尽量结合所在国当地的优势自然环境条件,因地制宜,国际营销才能成功。例如,俄罗斯的大部分地区属于温带和亚寒带大陆气候,冬季严寒漫长,夏季非常短促,因此羽绒服和貂皮大衣等御寒服装非常畅销,相比之下,处于热带和亚热带的东南亚地区,常年炎热高温,从来不需要御寒服装,顾客需求是短袖 T 恤衫。

🧑‍🤝‍🧑 情境延伸

中国助力,莫桑比克水稻丰收

非洲南部国家莫桑比克是农业国,也是联合国宣布的世界最不发达国家和重债穷国。

莫桑比克虽然已经引进了很多水稻生产者,全国有 30 万公顷的土地可以用于水稻种植,但是国产水稻仍然不能满足需要,需要靠进口来解决。

2011 年,中国民营企业万宝粮油有限公司与莫桑比克政府合作,开启水稻种植项目,开发农田水利设施,打造规模化粮食种植和加工产业基地。经过多年建设,如今,万宝农业园所在地由原来的荒草地、灌木丛变成了万亩良田。2018—2019 年种植季,万宝农业园种植水稻 2400 公顷,合作农户 500 户,水稻种植产量由原来的 1.5 吨/公顷提高到 7 吨/公顷,实现了"种植面积、平均亩产、受益农户数"三个历史新高。

资料来源:刘小丽,钱伟聪. 绿色"一带一路"助力企业走出去——中莫两国签署林业谅解备忘录[J].国际木业,2018(4).

20 世纪 80 年代以来,经济全球化作为一个确定趋势不断加强了世界各国的联系。然而,全球化在推动世界经济一体化的同时也暴露了许多问题,尤其是发达国家与发展中国家之间经济发展不平衡日益明显。从目前的全球分工来看,国际分工的收益在发达国家和发展中国家之间的分配严重失衡。发达国家拥有先进的技术、充足的资金和高素质的技术管理人员;而发展中国家只有大量闲置的素质技能较低的劳动力和自然资源。发达国家处于国际分工产业链的顶端,而发展中国家只能处于产业链的底端。发展中国家要实现本国经济发展不得不与发达国家进行国际分工,经济全球化加剧了发展中国家的生态危机,最突出的表现就是:污染转嫁,表现在两个方面:一是废物垃圾直接出口,即有害废弃物的贸易;二是污染严重的工厂开设在发展中国家,给当地环境带来了严重的污染。大多数"一带一路"等发展中国家已经意识到环境保护的重要性,因此在进行国际营销时,必须考虑到产品或者营销方式要符合发展中国家的环保要求,遵守发展中国家的环保法律法规,并有目的、有意识地进行环保宣传。针对发展中国家的环保相对较低的现状,布局所在国营销的产品环保标准可以高于当地环保标准,从而在营销宣传上突出自己的环保优势。

针对发展中国家的不同地理环境,国际营销可以开展差异化的产品营销策略(differen-tiated marketing),所谓差异化营销是指面对已经细分的市场,企业选择两个或者两个以上的子市场作为市场目标,分别对每个子市场提供针对性的产品和服务以及相应的销售措施。企业根据子市场的特点,分别制定产品策略、价格策略、渠道(分销)策略以及促销策略并予以实施。差异化营销核心思想是"细分市场,针对目标消费群进行定位,导入品牌,树立形象"。差异化营销关键是积极寻找市场空白点,选择目标市场,挖掘消费者尚未满足的个性化需求,开发产品的新功能,赋予品牌新的价值。

情境延伸

消费升级　波司登突出重围

近些年,羽绒服产品在国内消费开始变得活跃,并且产品单价不断攀升,消费升级趋势明显,因此加拿大鹅、优衣库和 Zara 等海外四季服装品牌开始涌入中国羽绒服市场同场竞技。这些"洋品牌"实力强大,给中国羽绒服企业带来较大压力。

波司登从 2017 年以"全球热销的羽绒服专家"为竞争战略方向,整合全球资源、系统升级品牌。波司登开始将羽绒服由单纯保暖性向时装化、休闲化、多功能绿色环保方向发展,先后推出抗菌、蓄热升温等健康功能型羽绒服,抢占了中国黄河以南长江以北广大地区,这些地方秋冬季普遍存在一个情况,既没有北方的暖气,但是温度又很低,湿度高,冬天寒冷得让消费者特别难受,但是购买传统的厚重的羽绒服会把自身裹得严严实实,很不舒服,轻薄羽绒服刚好适合该地区的消费者。2018年9月,波司登亮相纽约时装周,引发200多家中外媒体热议。

自2018年以来,波司登品牌销售增长强劲,截至2019年12月31日的2019/2020财年前9个月的零售同比大涨逾30%,彻底实现了自我突破,并在和国际品牌的竞争中占据了主动。

资料来源:梁莉萍.波司登:引领中国服装品牌走向世界[J].中国纺织,2019(1):96-97.

小　结

国际营销离不开自然环境,自然环境对国际营销有直接影响,本任务从自然环境概念入手,分析了欧、美、日、澳等发达国家和“一带一路”发展中国家的自然环境,并分析了自然环境对国际营销的影响。国际营销必须结合当地自然环境,因地制宜开展国际营销。

思考与练习

一、填空题

1.国际营销的自然环境是指一国或者地区的 _____、_____、_____ 和 _____ 等。

2.自然资源包括 _____、_____、_____、_____ 和 _____ 等,是天然存在的。

3.环境状况是指人们生活环境的状况,主要表现在 _____、_____ 和 _____ 等方面。

4.1972年6月联合国在瑞典的斯德哥尔摩召开了“_____”。这次会议是世界环境保护工作的一个重要里程碑。

5.国际认可的环保标志是 _____。

二、单项选择题

1.欧洲地形以( )为主。
　　A.沙漠　　　　　　B.山地　　　　　　C.丘陵　　　　　　D.平原

2.北美洲是典型的( ),基本特征是南北走向的山脉分布于东西两侧与海岸平行,大平原分布于中部。
　　A.大陆地形　　　B.半岛地形　　　　C.岛屿地形　　　　D.极地地形

3.亚洲面积占全球陆地总面积的( )。
　　A.35.4%　　　　B.29.4%　　　　　C.30.5%　　　　　D.41.3%

三、多项选择题

1.地形是一国或地区领土的表面特征,由( )等因素组成。

A. 平原　　　　　B. 山脉　　　　　C. 湖泊

D. 森林　　　　　E. 沙漠

2. 北美洲的发达国家,主要有(　　　　)。

A. 美国　　　　　B. 加拿大　　　　C. 墨西哥

D. 古巴　　　　　E. 波多黎各

3. 和中国共建"一带一路"的国家分布在(　　　)等区域。

A. 亚洲　　　　　B. 欧洲　　　　　C. 非洲

D. 拉丁美洲　　　E. 南太平洋

四、判断题

1. 根据联合国 M49 标准分类,发达国家目前主要是分布在欧洲、北美以及非洲的部分国家,主要有欧盟、美国、日本、澳大利亚等 66 个国家和地区。　　　　　　(　　　)

2. 澳大利亚的矿产资源、石油和天然气都很丰富,矿产资源有 70 余种。其中,稀土矿储量居世界首位。　　　　　　　　　　　　　　　　　　　　　　　(　　　)

3. 亚洲各国均是发展中国家。　　　　　　　　　　　　　　　　　(　　　)

4. 经济全球化加剧了发展中国家的生态危机,直接表现就是污染转嫁,表现在两个方面:一是废物垃圾直接出口,即有害废弃物的贸易;二是污染严重的工厂开设在发展中国家,给当地环境带来了严重的污染。　　　　　　　　　　　　　　　(　　　)

📊 实训课堂

一、思维训练

成立于 2008 年 8 月,总部设在美国旧金山市的爱彼迎是一个提供环球旅居体验的住宿预订平台。平台在 191 个国家、65000 个城市为旅行者们提供超过 600 万套特色房源,满足不同客户的入住选择,不论是挪威森林树屋还是法国城堡,加州房车还是巴厘岛别墅,甚至树屋。Airbnb 被时代周刊称为"住房中的 EBay"。

预订一个家,遇见一个世界! 让旅行故事从一个独特的住宿开始,不论到哪里,都像当地人一样体验这个世界。

要求: 思考爱彼迎如何进行国际营销?

讨论: 自然环境对国际营销有何影响?

二、案例分析

"马尔代夫,那是坐落于印度洋的世外桃源,蓝天白云,椰林树影,水清沙幼,七彩缤纷的珊瑚,目不暇接的热带鱼群,充溢着赤道生机的原始海洋,远离烦嚣……"这是麦兜心中的马尔代夫。当你随便翻看有关马尔代夫度假的宣传册,那颜色层次分明的海水、洁白剔透的沙滩、葱郁碧绿的椰林、绚烂夺目的阳光等几乎构成了人们对马尔代夫印象的全部。

2018 年 11 月前,马尔代夫共有 143 个度假村在运营。根据 2019 年 11 月马尔代夫旅游部的最新数据,目前全马尔代夫有 154 个度假村,10 家酒店,579 家民宿和 154 艘船宿在运营中,共可提供 49337 个床位,涉及 140 个岛屿。随着知名度的不断增大,来自经济型游客的需求也随之增多。为了欢迎更多的经济型游客前往马尔代夫享受假期,马尔代夫迅速发展居民岛民宿设施,如今已有多达 500 家民宿在运营中,为经济型游客提供更多选择。

2018 年马尔代夫创纪录地迎来了 140 万名游客,比 2017 年同期增长了 6.8%。2019 年 11 月,马尔代夫迎接了第 150 万名游客,提前实现 2019 年游客人数目标。为此,马尔代夫旅游部设立了全新的 2023 年目标,期望届时可以吸引到 250 万名游客。

分析:思考马尔代夫如何利用自身优势发展旅游业,并如何实现可持续发展。

任务4 国际营销社会文化环境分析

学习目标

- **知识目标**

(1) 掌握社会文化在国际营销中的重要地位及要素构成;

(2) 理解"一带一路"沿线国家的社会文化对国际营销的影响;

(3) 了解企业伦理与社会责任对国际营销的影响;

(4) 了解移民与国际人口迁移对国际营销的影响;

(5) 掌握国际营销中的商业习惯。

- **技能目标**

(1) 能够运用所学理论进行国际市场社会文化环境分析;

(2) 能够运用所学对世界主要国家社会文化环境进行综合分析。

任务驱动,做中学

公司决策层一致决定进军俄罗斯市场,并任命你来负责相关工作。请首先对俄罗斯的社会文化环境进行综合分析,为后续国际营销工作的展开做好准备。

4.1 国际营销社会文化环境分析概述

国际市场营销对社会文化环境的分析一般是基于国家层面的研究,主要研究不同国家之间社会文化差异,并根据这种差异制定相应的营销策略。

4.1.1 社会文化在国际营销中的重要地位及要素构成

📖 情境导入

汽车品牌的文化内涵

美国通用汽车公司生产的"Nova"牌汽车,在美国很畅销,但是销往拉丁美洲却无人问津,原因是拉美许多国家都讲西班牙语。而"Nova"一词在西班牙语中译为"不动",试想一下,谁愿意买"不动牌"汽车呢? 相反,"Benz"和"BMW"这两个汽车品牌在翻译成中文时却翻译得恰到好处,"Benz"译为"奔驰","BMW"译为"宝马","奔驰"和"宝马"都给人一种快的感觉,这种品牌的汽车,让人听起来就舒服。

资料来源:徐雪峰.文化差异在国际市场营销中的影响分析[D/OL].天津:天津师范大学津沽学院. https://www.docin.com/p-1502335462.html.

讨论:试分析同一汽车品牌在不同国家为何热销程度不同,其影响因素有哪些。

一、文化与社会文化

任何一个群体或社会都拥有文化,文化是人类的全部社会遗产,是人类社会环境中由人类自身形成并流传下来的那一部分它涉及人类生活的一切方面。广义的文化指人类创造的一切物质、制度和精神,即包括物质文化、制度文化和精神文化,而狭义的文化则主要指精神文化,又称社会文化,是一个特定社会中,所有成员共同拥有,代代相传的种种行为和生活方式的总和。在不同国家和地域,文化可能存在很大的差异。

文化的基本特征可以概括为以下几点。

(一)文化的继承性

文化是通过后天学习习得的,而不是与生俱来的。也就是说,文化具有继承性,但和遗传又有区别,是需要不断习得、实践和理解的。而文化的形成就是以长期的共同生活为基础的。

(二)文化的共有性

文化是某个社会中的成员所共有的。社会中的每个成员都理解该社会文化的含义并受其影响,也就是说,不同社会的文化具有明显的差异性。由于现代社会的地理界线以国界为主,正规的教育和经营活动也都采用主导文化的语言,因此,文化的差异缩小也就主要反映在国与国之间。但这并不是绝对的,比如,在政治边界可能存在文化边界,可能是一个文化群体也可能是两个及两个以上的文化群体。以新加坡为例,新加坡公民由多民族组成,比如华人、马来族、印度裔和欧亚等。必然就会存在文化差异。而这些差异则会影响商业交易等行为。

(三)文化是由诸多要素综合组成的

文化的各个不同要素相互影响和依存。触动任何一个要素,都可能会影响到其他所有方面,比如物质文化、社会组织、语言教育、宗教信仰等要素。

(四)文化是不断演化的

文化在世代相传的过程中,总是随着经济技术环境的变化、随着不同国家之间文化的交流而变化,它总是在不断地吸收其他社会文化中的有效要素,从而推动一个国家或地区的文化变迁。

大量案例表明,在众多环境因素中,文化环境正逐渐成为影响国际市场营销的核心因素。

首先,文化渗透于营销活动的各个方面。例如,产品要根据各国文化特点与要求设计,价格要根据各国消费者不同价值观念及支付能力制定,分销要根据各国不同文化与习惯选择分销渠道,促销则要根据各国文化特点设计广告等。

其次,国际营销者的活动又构成文化的一个组成部分,这些活动推动着文化的发展。在适应现有文化的同时,也创造了新文化,诸如创造新需求、新的生活方式等。

最后,跨界文化差异不仅存在于国与国之间,更多地体现在组织机构和公司内部。

营销的目的是通过满足不同地域消费者需求和欲望来实现利润。人类的消费方式,需求或欲望以及满足需求或实现消费的途径都属于文化范畴。同时,市场是动态的而非静态的,它是不断变革的,会随着营销、经济环境及其他文化因素的变化而不断变化。对应地,市场及市场行为也就成为特定地区或国家文化的组成部分。如果不掌握市场的社会文化特征,就很难真正理解市场的发展以及市场对营销的影响。在国际营销中,社会文化对市场的影响更为重要。要想成功开发国际市场,营销者必须掌握不同国家或地区间的各种社会文化差异。

二、社会文化的要素构成

社会文化没有对错,只有差异。在国际市场营销中尤为如此。每一种文化的存在都是独一无二的。在国际市场营销中,每个国家或地域都有着和营销者所属国家市场不同的文化,它对国际市场营销的影响是全面的。不同的文化背景,人们的沟通方式不同,消费方式不同,采取的营销策略也不同。影响社会文化的因素会涉及风俗习惯、文化禁忌、价值观念、语言文字、消费观念、民族亚文化、地理亚文化、思维方式、社会阶层和饮食习惯等。我们在众多影响社会文化的要素中选取部分进行分析,如图 4-1 所示。

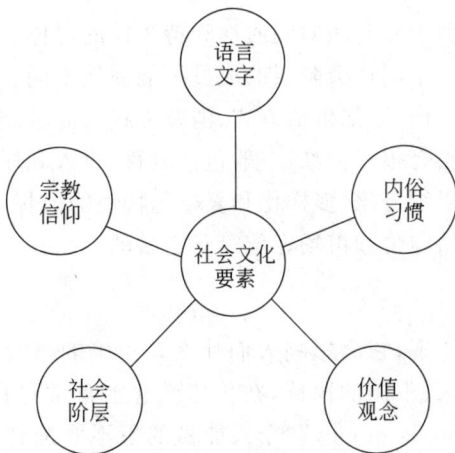

图 4-1　社会文化要素构成

(一)语言文字

语言文字是文化的核心组成部分,语言是以语音为物质外壳、以词汇为建筑材料、以语法为结构规律的一种符号系统。而文字是记录语言的音、形、义统一的书写符号系统。它们都是人类最重要的交际载体。

目前世界上共有 7000 多种语言,其中主要包括印欧语系、汉藏语系、闪含语系、乌拉尔语系、阿尔泰语系、爱斯基摩—阿留申语系、非洲语言、马来—波利尼西亚语系等。如果没有适合通畅交流的语言及文字,人与人之间的沟通就会十分困难。企业要进行跨国界跨地域的经营活动,就必须与外国的政府、团体及个人等进行沟通。企业开展国际市场营销活动的过程,实质上就是与目标市场过的消费者沟通的过程,利用广告、人员推销、公关关系和营业推广策略与消费者保持沟通。只有了解并适应目标市场国及地区的语言文字环境才能实现有效沟通,企业从事国际营销活动,才可以拿到想要的结果。所以语言文字对国际市场营销的影响是直接和巨大的。

(二) 风俗习惯

风俗是特定社会文化区域内,历代人们共同遵守的行为模式或规范。它对社会成员有一种非常强烈的行为制约作用。比如,在泰国文化传统中,黄色深受泰国人喜爱,而在马来西亚,除了皇室成员外,一般不穿黄色衣服饰品。即使在同一个地方,也会出现"百里不同风,千里不同俗"的现象。而这些都会影响国际营销的顺利展开。

(三) 宗教信仰

宗教信仰是社会文化重要的一个方面,对国际市场营销具有不可低估的影响。不同宗教和宗教团体都有自己的教规、教义、礼仪及生活习俗。有些国家种族、民族比较单一,有些国家则有多民族,在这些多民族国家中,还可能存在不同程度的种族、民族歧视和矛盾。所以营销者在进行国际营销过程中,要考虑并尊重目标市场上不同民族和不同宗教信仰,在不触犯相关禁忌的前提下进行市场营销活动。

(四) 社会阶层

社会阶层是指一个社会中具有相对同质性和持久性的群体。一个社会在等级制度基础上会分成若干个社会阶层。不同社会阶层的成员可能截然不同。相同社会阶层人员的价值观和行为方式很多方面是相似的,如生活方式、消费方式及需求结构等方面。这就容易形成特定的市场。确定社会阶层有很多标准,一般包括教育、收入和职业等方面。在国际市场营销中营销者在注意社会阶层细分化、多样化和复杂化特性的前提下,应根据各国及地区不同社会阶层有差异地进行产品定位和市场定位等营销活动。

(五) 价值观念

价值观是一种信仰的体现,它会影响人们什么是正确的,什么是错误的,或引领一种总的偏爱。不同的国家和地区、不同的民族,在价值观念上常常存在着较大的差异。例如,在时间观上,德国人崇尚"Time is money""今天能做的事不要推到明天",因而他们谈生意时行程安排得很紧密也很精确,经常是一见面就谈,不喜欢等待和拖沓。掌握世界各国的时间观念有利于国际市场营销决策的制定,从而把时间观念和办事效率结合在一起。企业在国际市场营销过程中,尤其在产品设计、开发及决策过程等方面应区别并准确理解、把握各国各地区消费者的价值取向。

国际市场营销活动是否适应目标市场文化决定着营销活动的成败,因此,国际市场营销从业者必须认真学习,积极地分析和适应不同的社会文化环境。使决策在实施过程中不但不触犯当地的风俗习惯、宗教信仰等,而且能比竞争对手更好地满足当地消费者的需求,从而取得竞争优势。

当然,我们不应忽视,社会文化是动态的,而不是静态的,在漫长的时间长河中,它会不断演变、变革。虽然有时会遭遇阻力,比如受到当地人们的抵制或者受到战争的影响。但这些都是社会寻求解决该社会因某种文化存在而产生问题结果的必然途径。

💻 情境重现

欧洲迪士尼乐园的困境

1992 年 4 月,欧洲迪士尼在法国巴黎市郊区开业,但在最初的两年却一直亏损。造成失败的原因很多。比如欧洲迪士尼乐园耗巨资兴建豪华餐厅,认为欧洲人游园时,必定舍得花钱吃大餐,可是大多数游客都自带速食食品,草草解决口腹之饥渴,而不去光顾豪华餐厅;美国人认为要标榜纯真、梦幻的迪士尼一定要禁酒,可吃饭喝酒是欧洲人的饮食习惯,跟纯真或堕落不相干,欧洲人发现无酒可饮,也找不到啤酒的影子,相当失望,再度光临时兴致大减等。从文化角度看,欧洲传统文化的优越感对美国文化的代表——迪士尼乐园有着较大的排斥心理,导致乐园从建立到开业都受到了来自当地部分居民的各种阻挠,代表美国文化的宣传推广也受到抵制。

资料来源:工业旅游酒庄旅游设计.别再说巴黎迪士尼是最失败的乐园了[EB/OL]. (2018-09-30). https://www.sohu.com/a/257155998_100051959.

4.1.2 　"一带一路"沿线国家的社会文化对国际营销的影响

📖 情境导入

加入"一带一路"后意大利的旅游业契机

意大利在 2019 年 3 月 23 日与中国签署"一带一路"倡议谅解备忘录,被广泛视为标志性事件。同时也对意大利的旅游业带来积极影响。"一带一路"连接了全球主要旅游客源地与目的地,目前沿线国家的国际旅游规模占到全球旅游的 70% 左右。意大利加入"一带一路"倡议后,有望进一步推进中国游客赴意旅游。同时,为进一步吸引中国游客赴意旅游,意大利政府还推出了《2017—2022 国家旅游战略规划》,鼓励地方政府挖掘自身旅游资源,开发更具特色和更适应中国游客消费习惯的旅游路线和旅游文化活动。

资料来源:北京商报.意大利加入"一带一路"倡议赴意游继续升温[EB/OL]. (2019-03-29). http://www.lvjie.com.cn/brand/2019/0329/11476.html.

讨论:中意两国旅行社在设计旅游产品时应考虑哪些因素?

"一带一路"(The Belt and Road,B&R)是"丝绸之路经济带"和"21 世纪海上丝绸之路"的简称,在 2013 年 9 月和 10 月由中国国家主席习近平分别提出建设"新丝绸之路经济带"和"21 世纪海上丝绸之路"的合作倡议。丝绸之路经济带战略涵盖东南亚经济整合、涵盖东北亚经济整合,并最终融合在一起通向欧洲,形成欧亚大陆经济整合的大趋势。

"一带一路"在推动全球再平衡的过程中,为沿线相关企业创造更广阔的发展空间和更雄厚机遇的同时,也带来一系列挑战。不同国家的企业在进入"一带一路"沿线国家后,对当地的语言、宗教、就业以及人文交流等方面都带来了影响,当然也加速了各国文化之间的竞争。企业在进行国际营销的过程中,面对不同接受度和成熟度的目标市场,采取营销策略完全不同。全面了解企业的国际营销环境,是跨国营销者开展国际市场营销活动的前提。企业在进行国际市场营销过程中,需要充分了解沿线国家的经济、政治、文化、宗教等因素。避免因此错失良机。在"一带一路"背景下,我国各型企业"走出去"的机会越来越多,但同时也意味着如果不了解他国习俗,一概而论,就会在企业营销中给他国企业或人民留下刻板甚至不好的印象,影响国际营销效果。

情境重现

"一带一路"倡议的文化传递

在"一带一路"倡议的背景下,中国在国外进行的项目有很多属于基础设施,如医院、体育场、供水、道路。项目的建设一方面改善了当地民生,另一方面是企业展示中国文化、企业文化的最前沿的窗口。此外,企业融入"一带一路"建设对沿线国的就业也起到促进作用。

资料来源:中国新闻网.陕西企业借"一带一路"出海"扎根"沿线国促协同发展[EB/OL].(2019-01-15). http://tradeinservices.mofcom.gov.cn/article/news/gnxw/201901/76212.html.

4.1.3 企业伦理与社会责任对国际营销的影响

情境导入

菜鸟物流,防疫有担当

2020年1月25日,菜鸟联合中通、申通、韵达、圆通、百世、德邦等中国主要快递物流企业,以及Air City国际物流集团、辛克物流、丹马士物流、4PX递四方、宏远物流、斑马物流等海内外物流企业联合发布公告,开通国内及全球绿色通道,免费从海内外各地为武汉地区运输社会捐赠的救援物资。该绿色通道面向各地政府、企事业单位、社会团体、公益组织、商业机构和医疗用品生产企业开放,优先确保口罩、消毒液、护目镜、防护服等防护用品第一时间送达。各地捐赠机构如有物资运输需求,可以随时拨打菜鸟武汉物资捐赠免费运输热线。

资料来源:快科技.菜鸟联合全球物流:开通免费向武汉运输救援物资的绿色通道[EB/OL].(2020-01-26). http://news.eastday.com/eastday/13news/auto/news/finance/20200126/u7ai9050756.html.

讨论:菜鸟防疫过程中的行为给您哪些启示?

"企业伦理"是20世纪80年代末进入公众视野的,它在国际营销中尤为重要,涵盖伦理和道德两大方面。"伦理"中,"伦"是指人、群体、社会、自然之间的利益关系。"理"是道理、规则和原则。"伦"与"理"合起来就是处理人、群体、社会、自然之间利益关系的行为规范。而"道德"中,"道"是原则、规范、规律。"德"则指人们内心的情感和信念。企业伦理(伦理与道德)会受到社会舆论、传统习俗、内部信念和内部规范的影响。具有良好企业伦理的企业,会在市场营销过程中自觉地承担社会赋予的使命和社会责任。而这不但能提升企业社会形象和良好的企业内部工作关系,更容易获得进入国际市场的通行证,提升企业进行国际市场营销的成功率。

在经济全球化背景下有良好伦理的企业将更容易适应包括企业社会责任在内的商业规则,更容易开展有效的国际营销活动,从而实现更强的商业竞争力。反之,将会被排斥在商业游戏之外。

💻 情境重现

车标调整助力"隔离社交"

2020年，全球都在采取前所未有的措施，以减少新型冠状病毒的传播，减少感染人数。世界卫生组织要求在疫情期间公众保持距离，做好社交隔离等措施。为响应这一号召并发挥自身应有的社会影响力，大众、奥迪和奔驰都作出迅速响应，暂时调整车标，以提醒人们在疫情中保持距离，做好社交隔离等措施，如图4-2所示。

大众调整车标　　　　　奥迪调整车标　　　　　奔驰调整车标

图4-2　大众、奥迪、奔驰调整车标

资料来源：搜狐网. 继大众和奥迪后！奔驰也修改车标 呼吁人们在疫情中做好社交隔离[EB/OL]. (2020-04-01). https://www.sohu.com/a/384807523_100041123.

4.1.4　移民与国际人口迁移对国际营销的影响

📖 情境导入

移民在美国

截至2020年4月4日，美国人口总数达3.26亿。美国是一个移民国家，美国人有不同的文化传统和风俗习惯。在美国的移民，既习惯于使用本民族及传统的商品，也对世界上其他民族的商品很有好奇心与新鲜感，所以在美国市场，消费者对各种商品的接纳性很强，极少排斥。

资料来源：新华08网. 把握美国消费市场五大特点 有的放矢促进商品出口[EB/OL]. (2011-12-06). http://www.likelic.com/news/viewnews-9758.html.

讨论：跨国企业在美国应该如何进行市场营销活动？

移民是人口在不同地区之间的迁移活动的总称，作为名词，是指人或人的集合（人群），即迁移人口的集合。移民是重要的人口地理现象和社会现象，经济、战争、自然灾害、政治、宗教、生态、环境、工程建设等因素是促使移民产生的原因。移民会导致生产生活、公共服务、公共设施、资源利用、生态和环境服务需求变化。移民带来的积极影响包括扩大人类生存空间，促进生产地理空间的扩大，人类文明的传播，人种、民族的同化、融合，社会、经济、文化的发展，人的自我追求与自我完善，地区经济增长，人民生活质量提高，改善人与自然关系等。当然，如果移民不当则可能会导致族群、社会群体冲突，导致社会排斥和分裂，产生次生贫困，引起社会的不稳定，增加国家与地方经济负担，恶化生存环境等。这都会在一定程度上影响国际营销活动的顺利开展。

国际人口迁移是指人口从一个国家迁移到另外一个国家的活动。人口流动不属于国际迁移，也不能称为移民。流动与迁移虽然相似但又有区别，人口流动与迁移人口虽然都进行空间的位移，但迁移是在永久变更居住地意向指导下的一种活动。国际迁移对迁出国和迁入国的人口、政治、经济、社会文化都带来了很大影响。因此也会在一定程度上影响国际营销活动的顺利开展。比如，1947 年的印巴分治，就出现了规模空前的国际人口迁移，进而造成对涉及国家包括营销活动在内的多方面影响。

4.1.5　国际营销中的商业习惯

情境导入

产品包装的重要性

美国人非常讲究包装，它和商品质量的本身处于平等的地位。所以在美国从事市场营销活动时，凡涉及包装问题均要体现出名称易记、印刷醒目简明、良好信誉、颜色悦目、创新意识等特征。之前，中国的许多工艺品就是因包装问题一直未能打入美国的超级市场，如宜兴紫砂壶，其单只用黄草纸包装，80 只装在一个大箱子中，内以杂纸屑或稻草衬垫，十分简陋，在顾客心目中被排在低档货之列，只能在小店或地摊上销售。

资料来源：福步外贸论坛网. 美国买家购买心理和习惯［EB/OL］.（2015-01-08）. https://bbs.fobshang-hai.com/thread-5531104-1-1.html.

讨论：分析上述案例体现出中美营销过程中的哪些问题。

商业惯例也是构成社会文化的因素之一。企业要在国际市场营销中取得成功，就应当了解目标市场国家的商业文化、管理理念和经营方式，并能适应不同环境。但现实中，很多企业虽然可以遵守当地文化与商业惯例，但是，他们判断的基本标准和原则却依然植根于本国的文化习俗。这样文化差异就会在国际市场营销活动中的行为和作风中显现出来。如果不了解北美的个人主义、日本的集体主义，而中欧或南欧则是精英及阶级式的认知主义，那么就会在国际营销活动中招致不满和误解，如果双方不能正确看待这些差异并作出恰当反应，最终可能导致失去商机。

要在国际市场营销中取得成功，就应当了解他国的商业文化、管理理念和经营方式，并能适应不同环境。除非经营者保持灵活的经营方针，采用各种不同的经营形式，承认诸如思维、当地的商务节奏、宗教习俗、政治结构和对家庭的信任等基本模式存在着差异，否则就难以得出令人满意的交易。

当然，适应他国商业惯例并不意味着要抛弃自己原来的经营方式，而是要不断了解，对他国的习俗在保持本国特点的同时，尽可能缩小那些可能引起误会的差异。

4.2　世界主要国家社会文化环境分析

在国际营销过程中，要尊重目标市场国家的社会文化，并表现出灵活的态度，这样做不但可以有效避免一些误会的产生，同时也能大大促进国际营销的成功率。下面就一些主要国家的社会文化环境进行分析。

4.2.1 主要发达国家社会文化环境分析

📖 情境导入

匹克在美国

匹克是以篮球专业装备为核心产品的品牌。在进入美国市场的最初阶段,更是将篮球文化进行了彻底的发挥。"从最初牵手火箭队,到成为 NBA 联盟的官方合作伙伴,和匹克签约的现役 NBA 球星达到 16 名。"匹克在充分考虑两国消费者偏好,习惯和市场竞争存在的巨大差异等情况下,最终决定打入美国市场前期的主要产品为匹克的 16 个代言球星的签名战靴、极具冲击力的 TEAM 款和受到球星认可的非签名球鞋。

资料来源:服饰新闻网. 匹克高调进军美国市场,产品国际化开业界先河[EB/OL].(2012-01-04). http://www.ef43.com.cn/data/2012-01-04/93379.html.

讨论:匹克运动进入美国市场初期案例给你带来哪些启示?

一、德国社会文化环境分析

德国全称德意志联邦共和国,首都柏林。位于欧洲西部,东邻波兰、捷克,南接奥地利、瑞士,西接荷兰、比利时、卢森堡、法国,北与丹麦相连并邻北海和波罗的海与北欧国家隔海相望。德意志民族是一个埋头苦干,讲求踏实,重实惠而不尚浮夸的民族。德国人忌讳茶色、黑色、红色和深蓝色,比较注重礼节形式,如有商务活动,一般是在两周前发出请帖,并注明活动的目的、时间和地点。他们严谨守时,不守时是很大的失礼。在商务交往中,他们讲究男士穿三件套西装,女士穿裙式服装,对发型较为重视。德国人注重以右为上的传统和女士优先的原则。商务交往中,尽量说德语,也可以说一些英语。切记不要问德国人的年龄、职业、婚姻状况、宗教信仰、政治面貌甚至个人收入。

在进行国际营销活动时,企业要尊重德国独有的社会文化环境。

二、美国社会文化环境分析

美国全称美利坚合众国,1776 年建国,首都华盛顿。位于北美洲中部,东临大西洋,西濒太平洋,北面是加拿大,南部和墨西哥接壤。美国的官方语言通用英语,个别州通用西班牙语。主要信奉的宗教包括新教、天主教、摩门教和犹太教。美国人的性格热情开朗,随和友善,喜欢幽默。他们见面时,不一定会握手,只要笑一笑,打个招呼就行了。但是如果握手,就要遵循一定的礼节。美国从来不用行政职务如局长、经理、校长等头衔来称呼别人;另外,在与人交谈时,切不可谈及个人的私事,诸如年龄、婚姻、收入、信仰、体重等。美国人忌"13""3""星期五"和"老"字。

美国人做交易,往往以获取经济利益作为最终目标,所以他们更多考虑的是做生意所能带来的实际利益,而不是生意人之间的私人交情,同时他们注重"合约精神",秉承依法办事的观念在商务谈判过程中,喜欢把每一个细节都法律化,用法律用语起草合同,注意企业的财务指标。

三、日本社会文化环境分析

日本首都东京，是位于亚洲东部、太平洋西北部的岛国。以大和族为主体民族，通用日本语。在商务交往、政务活动以及对外场合中男子和大多数中青年妇女多穿西服，男子穿西装时通常都系领带。与日本人约会要提前5～10分钟到达，不能失约；日本人通常的见面礼节是深深地弯腰鞠躬而不握手；切不要以名字称呼日本人。日本人时间概念极强，重视交易对方的个人信用，他们不过分追求短期利益，往往着眼于发展长期关系，所以他们在商务谈判过程中，往往作出决定的速度相对缓慢。

四、加拿大社会文化环境分析

加拿大"一带一路"沿线的北美洲国家之一。西抵太平洋，东迄大西洋，北至北冰洋，东北部和丹麦领地格陵兰岛相望，东部和法属圣皮埃尔和密克隆群岛相望，南方与美国本土接壤，西北方与美国阿拉斯加州为邻。官方语言有英语和法语两种，是典型的双语国家。其人口主要为英、法等欧洲后裔，主要信奉天主教和基督教。在加拿大进行市场营销活动时，要穿保守样式的西装。谈判时要因任重而灵活调整。比如和英国后裔谈判费时费力，但一旦有了契约就一切顺畅。而与法国后裔进行磋商时，他们不守时间，虽然过程同样费时费力，但签订契约后，依然会存在不安定因素。

📺 情境重现

百度进军日本市场

百度进军日本以失败告终，但是在2008年进军日本市场时，也作了完整的市场调研。百度选择日本作为首站的一个主要的原因就是语言。因为他们认为，中文和日文有着很高的相似度。比如中文和日文使用了同样的字符，而且一些字符在中文和日文中含义相同。这意味着百度只需对其中文搜索引擎稍作修改，就可以为日本消费者提供服务。

资料来源：天气预报网.百度进军日本市场失败的原因？［EB/OL］.(2015-04-23). http://www.tian-qiyubao.cn/guoneixinwen/view-39088/.

4.2.2 "一带一路"沿线主要国家社会文化环境分析

📖 情境导入

俄罗斯的海尔冰箱

海尔在俄罗斯的征程是一个从适应到改变的过程。适应，主要是迎合俄罗斯消费者的生活习惯；而改变，则是对当地投资环境和产业结构的改变。比如，海尔在俄罗斯市场销售的冰箱很多都有两米高，这是为了适应俄罗斯人厨房空间狭窄；冰箱内有折叠搁物架，是为了方便俄罗斯家庭主妇放置大汤锅；海尔空调具有双向新换风功能，这是因为俄罗斯许多住宅通透性差。生活在一个能源充足又廉价的国家，俄罗斯人并不太在乎家电是否节能环保，但对于家电的智能化则比较关注。

资料来源：新华社.改变俄罗斯,这家中国企业竟然只用了不到 20 人[EB/OL].(2017-07-04). http://www.china.com.cn/news/world/2017-07/04/content_41148843_4.htm.

讨论：俄罗斯消费习惯对海尔进入该市场的影响有哪些？

一、新加坡社会文化环境分析

新加坡是东南亚的一个岛国,是"一带一路"沿线国家之一。新加坡北隔柔佛海峡与马来西亚为邻,南隔新加坡海峡与印度尼西亚相望,毗邻马六甲海峡南口。新加坡是一个多语言的国家,拥有 4 种官方语言,即英语、马来语、汉语和泰米尔语,官方文字为英文。新加坡为多宗教国,提倡宗教与族群之间的互相容忍和包容精神,实行宗教自由政策。商场上基本遵循是国际标准。

二、印度社会文化环境分析

印度位于南亚,是南亚次大陆最大的国家,是"一带一路"沿线国家之一。东北部同孟加拉国、尼泊尔、不丹和中国接壤,东部与缅甸为邻,东南部与斯里兰卡隔海相望,西北部与巴基斯坦交界。东临孟加拉湾,西濒阿拉伯海。是一个由 100 多个民族构成的统一多民族国家,主体民族为印度斯坦族。印度的语系主要有印欧语系、汉藏语系、南亚语系、德拉维达语系,语言复杂,其官方语言是印地语。在印度从事市场营销活动时,印度人时间观念不强,要做他们的生意,就要与当地人建立良好的人际关系,同时做好长时间讨价还价的准备。

三、俄罗斯社会文化环境分析

俄罗斯位于欧洲东部和亚洲北部,是"一带一路"沿线国家之一。官方语言为俄语,懂英语者不多,而德语、法语较为普及。在进行国际市场营销活动时,我们要注意俄罗斯企业或商人愿意建立长期合作关系,而且他们非常注重合作方的举止细节。但由于他们的思维方式相对古板、固执不易变通,因此做生意的节奏相对缓慢,很难做到速战速决。

💻 情境重现

AliExpress 在俄罗斯

AliExpress 是阿里巴巴旗下跨境电商平台"速卖通"的英文名。速卖通早在 2012 年正式进入俄罗斯。从 2014 年起,速卖通已经成为俄罗斯最大、最受欢迎的电商平台,每 6 个俄罗斯人中,就有 1 个,是速卖通的"铁杆粉"。几乎每年双 11,俄罗斯都会夺得速卖通的"剁手状元"荣誉称号。之所以如此成功,其中一个很重要的原因就是速卖通植根于本地业务,让物流时间大大缩短,提升了用户体验。同时,它还满足了俄罗斯人那种深深的本土情结:一家中国公司在售卖"俄罗斯制造",这是攻破有着强烈民族主义的俄罗斯消费者心理防线的最好方式。

资料来源：新浪网.阿里巴巴成立新公司,用社交电商深耕俄罗斯市场[EB/OL].(2019-06-13). http://finance.sina.com.cn/stock/relnews/us /2019-06-13/ doc-ihvhiews 85618 16.shtml.

4.2.3   其他国家社会文化环境分析

情境导入

新希望集团在东南亚

新希望集团海外发展的战略是先迈步东南亚再辐射全球。新希望集团在用了3年的时间对周边国家的市场和产业、产品情况进行大量调研的基础上,才制订了企业的对外发展战略,并开始在越南建厂投资。新希望集团在越南调研时发现,越南与中国有相似的市场环境;越南本国的企业规模总体都很小竞争力不强,真正在当地大展拳脚的多是外国公司和外资品牌,而且他们所聘用的管理者不少是中国国内的人员。新希望集团对这些外资企业的情况比较熟悉,在定位投资目标时,深入研究了项目的可行性,不仅考虑投资项目对本国产业发展的重要性,还考虑在海外的实际操作性。

资料来源:商会信息部. 新希望集团"走出去"经验谈[EB/OL].(2012-12-25). http://www.ciccps.org/News/Shownews.asp?id=120.

讨论:该案例给你哪些启示?

一、韩国社会文化环境分析

韩国位于东北亚朝鲜半岛南部,三面环海,西濒临黄海,与胶东半岛隔海相望,东南是朝鲜海峡,东边是日本海,北面与朝鲜相邻。其官方语言为韩语。其主要宗教是佛教,除此之外,也有一些人信奉儒教、天主教、圆佛教等。在韩国进行国际营销活动时,最好穿着保守样式的西装,商务活动、拜访必须预约。韩国人很守时,与对方见面时,最好持英文、韩文对照的名片。当然最好首先通过你相关联系人,再由其向公司汇报从而作出最终决定的方式来完成业务。在韩国进行商务往来,不仅要对风俗习惯有所了解,还要对他们的做事风格有所了解。一般而言,不要直接表达自己不愿接受的事情,更不能直接说"不",而是委婉表达自己的观点。

二、泰国社会文化环境分析

泰国是东南亚国家之一,位于中南半岛中部,其西部与北部和缅甸、安达曼海接壤,东北边是老挝,东南是柬埔寨,南边狭长的半岛与马来西亚相连。泰国是佛教国家。泰国全国共有30多个民族,以泰族为主要民族。在泰国进行市场营销活动时,要注意泰国人十分注重人际关系,也十分重视别人对自己的外观看法,一般来说,他们十分谨慎,不喜欢冒险,总要考虑很久才能作出决定,所以与他们打交道要有耐心。

三、波兰社会文化环境分析

波兰是欧洲国家之一,东与乌克兰及白俄罗斯相连,东北与立陶宛及俄罗斯的飞地加里宁格勒州接壤,西与德国接壤,南与捷克和斯洛伐克为邻,北面濒临波罗的海。该国人口中,波兰族为主要民族,大部分人信奉天主教,官方语言为波兰语。在波兰从事市场营销活动时,各种场合都需穿保守式样的西装。会见政府官员,必须提前预约,还应注意当地的办公时间。

四、希腊社会文化环境分析

希腊地处欧洲东南角、巴尔干半岛的南端。主要人口为希腊人,少部分为土耳其人。希腊人多信仰东正教及伊斯兰教。其中希腊正教(东正教)为国教。

在希腊从事市场营销活动时,宜穿着保守式样的夏季薄料西装。在拜访政府机关或工厂时,须事先预约。谈生意时,如果主人先请客人选择喝浓厚的希腊咖啡或希腊烈酒,不要贸然拒绝。

世界各国都有其独特的社会文化,都是商业发展历史的沉淀。因此,企业要开拓国际市场,必须先了解目标市场国文化,尊重当地文化,"入乡随俗"才能理解和掌握其商业习惯,才能更好地开展国际市场营销活动。

情境重现

上汽集团:并购双龙

2004 年 10 月 28 日,上汽集团以 5 亿美元的价格高调收购了韩国双龙 48 股权。此次收购,上汽的本意是借此迅速提升技术,利用双龙的品牌和研发力。但并购之后主要遭遇了两个问题:首先,对并购的收益估计过高,双龙汽车虽然拥有自己的研发队伍,在技术和研发上较好,但缺少市场;其次,上汽在收购双龙之前对自身的管理能力和对方的工会文化认识不足,以至于在收购后两个企业的文化难以融合,合作与企业经营拓展无法真正展开。

资料来源:人民网.吉利式并购[EB/OL].(2010-04-05). http://paper.people.com.cn/zgjjzk/ html/ 2010-04/05/content_488879.htm?div=-1.

小 结

社会文化对于国际企业在目标市场国家开展国际市场营销活动十分重要。国家不同,就意味着文化可能存在差异。因此,国际企业必须"入乡随俗",根据该国的社会文化展开市场营销活动,并采取对应的营销策略。否则就不能顺利打开该国市场。本任务主要介绍国际营销社会文化环境的构成、影响等内容,同时对世界主要国家的社会文化环境进行分析。

思考与练习

一、填空题

1._____是特定社会文化区域内,历代人们共同遵守的行为模式或规范。

2."_____"是"丝绸之路经济带"和"21 世纪海上丝绸之路"的简称。

3.企业伦理涵盖_____和_____两方面。

4._____是人口在不同地区之间的迁移活动的总称。

5.企业要在国际市场营销中取得成功,就应当了解_____国家的商业文化、管理理念和经营方式,并能适应不同环境。

二、单项选择题

1.在国际社会文化环境中,确立人们的社会角色与社会关系形态的是(   )。

    A. 民风民俗   B. 社会结构   C. 宗教信仰   D. 教育水平

2. 以下国际营销方式错误的是(　　)。

    A. 在韩国,在售卖的产品上标注数字"4"

    B. 在以色列出售不加奶酪的三明治

    C. 在印度不出售牛肉汉堡包

    D. 在泰国出售黄色的衣饰

三、多项选择题

1. 文化的基本特征包括(　　)。

    A. 继承性   B. 共有性

    C. 由诸多要素综合组成   D. 可以不断演化

2. 国际社会文化环境中,除价值观念外,还包括(　　)。

    A. 语言文字   B. 宗教信仰   C. 风俗习惯   D. 社会阶层

3. 无形的社会文化环境会影响不同国家不同地域人们的(　　)。

    A. 欲望   B. 行动   C. 态度   D. 旅游

四、判断题

1. 格特·霍夫施塔德认为个性化色彩较浓的国家包括美国、英国和荷兰等。   (　　)

2. 相同社会阶层人员的价值观和行为方式完全一致。   (　　)

3. 正确的国际市场营销策略须建立在对包括社会文化在内的国际营销环境深入分析的基础上。   (　　)

4. 美国人做交易,往往以获取经济利益作为最终目标,所以他们更多考虑的是做生意所能带来的实际利益,而不是生意人之间的私人交情。   (　　)

实训课堂

一、思维训练

在米兰,国际米兰与 AC 米兰每年都火拼得不可开交,狂热的球迷们也各自为政,见到对方则分外眼红。对此,可口可乐提出"友谊第一,比赛第二"。一个代表和平主义的可口可乐贩卖机在圣西罗球场亮相了。贩卖机分别放置在球场两侧的入口处,只有这一方按下去,另外一方才会吐出可口可乐,通过贩卖机上的视频和音频连接,能直接与对方球迷对话。

要求:发散思维,多角度思考此案例。

讨论:请分析在米兰可口可乐是如何展开市场营销的。

二、案例分析

案例 1:有一个美国商人要到东京与一家日本公司谈判签约。他的行程安排仅有一个星期的时间,要在一周内签订合同,然后返回美国。星期一,他抵达东京的第一天,日商邀请他去打高尔夫球,结果,他赢了日商两杆。星期二,他想该谈判了吧,但日商还要打高尔夫球,于是,他们又去了高尔夫球场,并且他又赢了。星期三,当日商再次提出打高尔夫球时,他有些不满了,随口说道:"我们什么时候才能干正事呢?"日商大吃一惊,回答说:"我们一直在谈正事呀!"在他的坚持下,星期三他们坐在会议室开始了会谈,并于星期六签订了合同。但是,由于他急于达成协议,随着他自己确定的期限临近,不得不在几个方面作出了让步,签订了一个他并不满意的合同。

分析:请结合国际营销社会文化环境分析中所学知识,分析美国商人为什么没有拿到令他满意的合同。

案例2:芭比娃娃的联合促销活动总是与时俱进,紧跟社会热点,如麦当劳芭比娃娃、哈利·波特芭比娃娃、Burberry 芭比娃娃、PS2 芭比娃娃。20 世纪 60 年代是"芭比娃娃"开拓国际市场的阶段。为了应对竞争对手的强劲势头,芭比娃娃变化着自己的应对策略,最经典是芭比娃娃的金字塔模式。为了满足不同客户对产品风格、颜色等方面的不同偏好,以及个人收入上的差异化因素,从而达到客户群和市场拥有量的最大化。

分析:请分析芭比娃娃成功的原因。

案例3:在 20 世纪 70 年代,日本经济蓬勃发展,雀巢希望可以用咖啡打开日本市场。于是,雀巢在进入之前首先向各个年龄段的消费者进行了测试,询问他们对雀巢咖啡的看法。反馈显示消费者非常喜欢他们咖啡的味道。为此雀巢公司马上投入巨额的营销费用,但最终结果,令人大失所望。日本人确实表示喜欢咖啡的味道,但是却坚决不买。后来在经过反复调研后,公司发现日本消费者从根本上没有和咖啡建立连接,而喝茶是日本人一直以来的生活习惯。为了构建日本人和咖啡的链接,雀巢公司在日本引入了咖啡糖,而目标客户就是日本儿童并逐步推广向日本全国。从咖啡糖开始,雀巢最终转向含糖的咖啡味饮料,然后自然而然地转向了雀巢咖啡。结果,作为一个之前完全不喝咖啡的国家,日本的咖啡销售额逐年上涨,现在已经稳定排在前列了。

分析:请结合国际市场社会文化内容,分析雀巢咖啡开始进军日本失败的原因,以及雀巢咖啡是如何转危为安的。

任务5　国际营销政治法律环境分析

学习目标

- **知识目标**

(1) 了解欧、美、日、澳等发达国家政治法律环境;

(2) 了解"一带一路"等发展中国家政治法律环境;

(3) 了解其他国家的政治法律环境。

- **技能目标**

通过对国际市场政治法律环境的学习,能够作出适合该国的国际营销方案。

任务驱动,做中学

新冠疫情与口罩生产

2020 年 4 月 2 日晚特朗普在白宫做每日例行新冠疫情简报时称,将动用《国防生产法》,

让 3M 公司为美国提供更多的 N95 口罩。

特朗普在社交媒体上写道："看到他们（3M 公司）向国外出售口罩的所作所为之后，今天我们重重地打击了 3M 公司。他们的做法让政府里的很多人备感吃惊，他们要付出巨大的代价！"

特朗普当天在疫情简报中还表示将动用《国防生产法》确保国内企业为美国生产急缺的呼吸机。他向卫生与公众服务部长授权，帮助确保通用电气等美国国内生产企业有足够的原料来生产美国大量需要的呼吸机。他说："感谢这些企业，还有其他国内生产商在现在的困难时期加大生产呼吸机。现在的订单将消除供应链中威胁呼吸机快速生产的障碍，从而挽救生命。"

据了解，美国 20 世纪 50 年代通过的《国防生产法》可以让总统有权在紧急情况下要求私营企业生产国防相关产品，并控制这些产品的销售。

讨论：讨论一下政治法律环境对国际营销的影响，试分析如果特朗普动用《国防生产法》将会对 3M 公司带来什么影响。

情境认知

随着世界各国之间贸易活动变得越来越频繁，国际市场营销也获得了快速的发展，二者之间是相互促进的关系，国际贸易为国际市场营销的发展提供了环境，而后者则为国际贸易活动的开展提供了更加完善的保障。在世界经济发展新形势下，我国企业在拓展国际市场时，应精准把握二者的关系，有针对性地制定市场营销策略，提高国际贸易实务所取得的成果。

情境导入

欧盟最高法院裁定，Facebook 的 Like 插件让网站承担法律责任

2019 年 7 月 30 日，据欧盟最高法院称，安装 Facebook"Like"插件的第三方网站，需要承担将用户数据传输到 Facebook 的责任。"Like"是 Facebook 开发的插件，用户只要在第三方网站上单击"Like"按键，其个人信息就会被发送给 Facebook。法院称，第三方网站对通过"Like"插件，帮助 Facebook 数据收集和传输负有责任。

之前一家在线时尚零售商被控嵌入了一个类似的插件，违反了欧盟法律。一家当地消费者协会表示，该插件允许这家社交媒体公司收集网站用户的数据。卢森堡一家法院周一在一项裁决中表示，网站所有者可能要共同负责"收集并向 Facebook 传输其网站访问者的个人数据"。

这起案件可以追溯到欧盟（EU）通过其《一般数据保护条例》（General Data Protection Regulation）制定更为严格的隐私规定之前。不过，布鲁塞尔 CMS DeBacker 的技术和数据保护律师汤姆·德·科迪尔（Tom De Cordier）表示，出于数据保护的原因，两家公司被视为联合控制器的概念，在新规中仍然适用。他说，大公司很有可能使用这种技术，以某种形式在他们的网站上跟踪用户的数据。

资料来源：胡小静. 鼠标话语权 当受宪法保护[J]. 法庭内外，2014(11).

5.1 欧、美、日政治法律环境分析

政治法律环境是企业境外营销过程中面临的政治形势、法律法规和政策等多种因素的组合。政治环境是企业境外营销活动方向的指南针,是企业进入该国的决定性因素。政治体制是指一个国家政权的组织形式及相关的政治制度。各个国家不同的政治体制共同影响着国际社会的政治环境。当今国际社会政治环境的主题是和平与发展,各国都希望加入到世界和平与发展的大环境中谋求发展,同时也希望自身的发展对国际社会产生影响。世界多极化的影响越来越深刻,欧洲一体化的进程,东盟的积极参与,上海经济合作组织作用不断显现,各国发展模式多样化,都在探索适合本国发展的新模式。国际舆论环境日益复杂,领土之争,势力范围的口角,国家威胁论等不断影响着世界格局。尤其是近期美国挑起的贸易战,特朗普为了中期选举的胜利、对中国崛起产生的恐惧和忧虑、遏制中国 2025 制造计划的实施、迫使中国更大程度的放松金融管制等,从而肆意破坏已经建立起来的国际贸易秩序和全球价值链分工,逐渐显现出单边主义和贸易保护主义的行径。

5.1.1 欧、美、日政治法律环境

1. 欧洲

欧洲位于大西洋的东岸,北邻北冰洋,南邻地中海和黑海,大部分地区受大西洋暖流影响,气候宜人,环境优美,非常适合居住生活。因此在绝对面积不算大的欧洲,人口数量为7.28 亿,是人口密度比较高的经济体。欧洲是工业革命的发源地,历经百年的经济发展,为欧洲打下了良好的经济基础。目前欧洲地区依然保持着较好的经济发展水平,欧洲人民生活水平普遍较高,欧洲人均 GDP 在 2016 年就已经超过了 2.5 万美元,是世界范围内最富裕的经济体之一。

德国是世界上第四大经济体,也是欧洲第一经济大国。在贸易管理方面,德国最重要的法律是《对外经济法》和相关的《对外经济条例》。《对外经济法》强调对外经济往来原则上是自由的,应该尽可能地减少对于对外经济活动的干预和限制。当出现影响到国民经济、国家安全、世界和平等情况时,国家有权干预对外经济活动。2013 年 9 月 1 日起,新版《对外经济法》开始实施。修订后的经济法进一步提高了德国对外经贸的自由度,也增强了德国企业在竞争中的优势。新规取消了对"两用"商品的特别许可要求,进一步明确只有固定违规行为属于刑事罪责,而过失行为则当作违反规章制度从轻处罚。德国政府随时根据欧盟规定和本国需要对《对外经济法》中的"进口清单"附件进行修改,定期通过其官方刊物《联邦公报》公布出来。清单列出了允许进口的全部商品,同时还标出哪些商品的进口须通过专门审批。

德国与非欧盟国家(第三国)的贸易适用欧盟共同的政策措施,如共同关税表、共同贸易等。欧盟同第三国签订的国际贸易协议直接适用于德国。共同的贸易政策的制定和执行在共同体进行,成员国给予相同的进出口条件。欧委会或欧盟理事会通过适用的条例来确定贸易手段,欧盟委员会负责政策执行及进行反补贴、反倾销和保障措施的调查。德国通常不限制进出口,除了对来自某些特定的国家货物存在进口核准义务或者数量上的限制。根据

欧共体条约规定,德国主要负责颁发进出口许可。德国与欧盟之外的贸易,即第三方贸易,适用欧盟对第三国共同贸易的政策措施和原则。

2. 美国

美国是联邦制国家,政治组织形式为总统共和制。立法机关是参议院和众议院并设的二院制议会。总统为最高行政长官,副总统辅助,再下设几个部门。政府有联邦政府和州政府两级。州政府拥有立法、司法和行政等多种权限,联邦政府拥有像课税、财政、国防、外交等州政府无法单独行使的权利。

自 20 世纪 80 年代以来,美图政府为促进出口仍在不断调整外贸战略与外贸政策。一方面运用"反倾销法"和"反补贴法"限制进口,保护本国工业;另一方面运用各种直接或间接手段支持出口,如采用补贴、税收优惠、技术援助等促进手段支持和鼓励出口;另外,美国通过产品质量标准、检验制度和消费者权益等法律、法规来严格规范进口商品,因此进口产品一旦违反了某些规定,就可能拒绝进口,甚至导致索赔,被迫退出美国市场。这也是我们国际营销应该注意的一个方面。

中美贸易战是现在中美关系中的焦点。中美贸易战发生的背景主要有三个:一是中国已经成为世界上第二大的经济体,拥有巨额外汇储备,且能够参与全球经济贸易规则的制定;二是中国对美国产生巨大的贸易逆差,2017 年中国对美货物顺差 1.87 万亿美元,同比增长 13%;三是美国总统特朗普上台后,修改美国国家安全战略,将中国列为全球战略对手。贸易战将会对中国短期内造成的影响有四点:一是贸易战短期冲击经济增速,但小于 0.18%;二是贸易战对外商直接投资产生影响,不过美国的直接投资占比不高,仅占流入总额的 2.3%;三是贸易战对美国进口大豆加征关税,会引发国内 CPI 上涨;四是中国企业对美国直接投资会产生影响。

3. 日本

日本为君主立宪制国家,日本现行的《日本国宪法》是于 1947 年 5 月 3 日由当时占领日本的美国草拟后,经过日本国会的审议,再由天皇颁行的。日本国宪法最重要的三大原理是主权在民、基本人权的尊重和和平主义。日本政治以这三大原理及其中最基本的对个人(个人尊严)的尊重为基调运行。日本实行三权分立的政治体制,立法权归两院制国会;司法权归"裁判所"(即法院);行政权归内阁、地方公共团体及中央省厅。

日本对外国投资者的投资进行审批所依据的法律是《外汇及外贸管理法》。1992 年以前,外汇法对外国的投资实行事前审批制度;1992 年后,改为事后报告制度,原则上对外国的直接投资给予自由化。1997 年,外汇法又作修改,对外资仍采取事后报告制度。但涉及国家安全,妨碍公共秩序、公众安全的行业,以及属于日本要保持自由化特征的行业,实行事前申报、审批制度。

5.1.2　欧、美、日政治法律环境对国际营销的影响

1. 欧洲

2014 年习近平主席访问欧盟期间,提倡与欧盟建立互利共赢的伙伴关系,加深彼此的合作。2015 年李克强总理访问欧盟期间,恰逢中国与欧盟建交 40 周年。李克强总理访问了欧盟总部,并且会见了欧盟新一届领导人。在中国与欧盟深化合作方面又达成一项重大

共识,即中国"一带一路"倡议与欧洲的发展战略对接。这一重大共识的达成不仅促进中国与欧盟进一步加深彼此的合作,推动了中欧互联互通的平台建立,而且更巩固了中国与欧盟长期保持的友好关系,也促进了欧洲政治环境的稳定,为中国企业在欧洲市场创造出良好的营商环境。

欧洲已经成为中国的最大贸易伙伴之一,中国对于欧洲而言同样如此。当前中国和欧洲都处于经济发展与改革的一个重要的阶段,双方都希望拥有一个互利互惠的双边经贸关系。这样的关系可以促进双方的经济增长,也可以使中国与欧盟双方建立起更深的信任,使双方更全面、深入地认识对方,以此增进政治互信,为双方在长期友好合作往来,共建更美好的社会等方面达成共识。

德国是世界上第四大经济体,也是欧洲第一经济大国。政府积极参与国际经济组织的活动,在世界贸易组织、经济合作与发展组织、国际清算银行等多边机构内发挥了推动贸易自由化的关键作用,并通过与其他国家签订双边与多边互惠协定,为本国企业对外贸易提供便利,如 2003 年 12 月 1 日与中国签订的中德投资保护协定、2014 年 3 月 28 日与中国签订的新的避免双重征税与防止偷税漏税协定及其议定书等。

德国主管贸易的是德国联邦经济和能源部,主要职责是确保本国经济持续增长和吸引外资的优势地位。该部门设有 10 个司,分别是办公厅、欧洲政策司、企划司、能源政策(热能和效率)司、能源政策(电网电力)司、经济政策司、工业政策司、中小企业司、创新和信息技术及通信政策司、对外经济政策司。其中,对外经济政策司下设四个分管司,分别负责贸易政策、对外经济监控以及亚洲和澳大利亚经贸关系、对外经济促进和发展政策及和独联体国家的经贸关系、中东和非洲贸易关系及发展援助。

因此无论是从中欧两大经济体战略合作的顶层设计来看,还是从现实中的经贸关系来看,中国希望欧洲保持地区稳定,欧盟也致力于维护地区稳定。欧洲市场的政治环境相对稳定,欧盟对于外商投资经营是持欢迎的态度。此外政治风险在马克龙和默克尔相继胜选后大幅下降,民粹主义与极右翼思潮得到极大扼制,从而也为经济增长提供了稳定的政治环境。

欧洲拥有着开放以及公平竞争的市场环境。政府对于任何企业的投资都呈开放态度,除非是涉嫌垄断或者威胁到国家安全。欧洲市场不仅是公平开放的而且一切都是透明的,欧洲国家的当地政府还会主动明确告诉企业当地的法律法规。

2. 美国

美国每年的商贸进口总额过万亿美元。美国同时也是中国最为重要的商贸合作伙伴。目前由中国制造并出口到美国的产品已经突破 1000 亿美元,进入所选取的方式都是通过中间环节贸易。美国消费品市场具有以下五个方面的特点。

一是美国市场容量大;美国人均收入超过 3 万美元,具有很强的消费能力,且美国人消费意识强,大多超前消费;还有就是美国人的消费品更新快,消费者喜欢赶时髦。美国本土市场上所需要的日用消费品主要依赖进口,且进口规模也比较大。

二是美国市场包容性强;美国是一个移民国家,其 2.8 亿人口大多来自不同的国家和地区,有着不同的文化和风俗,美国人口结构的多元化决定了美国消费品市场的多样性。

三是美国市场法律法规非常健全,且行业的协会协调制度非常成熟,因此从某种程度上来看,行业协会大多能左右市场走向;美国的市场经济比较成熟,政府很少对企业的经营范围和方式进行干预,但对每个行业的产品进出口和销售都有法规和执照的明文规定。

四是美国市场特别看重品牌和产品安全;美国市场对产品质量的定义比较广泛,涵盖了产品用途、技术指标,包装质量、产品说明质量和售后质量。美国消费者对产品品牌认知度较深,也愿意付更多的钱买有品牌的产品。

五是美国市场销售表现出较强的季节性;一般来说将全年分为 3 个销售季,每年的 1—5 月是春节销售季;7—9 月是夏季销售季,而 11 月和 12 月通常称为节日季。值得一提的是节日季里的圣诞节,圣诞节是西方最重要的节日之一,这个节日也是全美的销售旺季,一般来说圣诞节的销售额要占到全年总销售额的 1/3 左右。

情境延伸

"网络星期一"击败黑色星期五,美国电商市场渗透率提升

2019 年在感恩节到网络星期一的 5 天时间里(11 月 28 日至 12 月 2 日),电子商务占到美国零售总额的 20%,美国消费者在网上花费 275 亿美元,这一数字高于 2018 年的 236.3 亿美元。

在长假周末的每日收入分配方面,网络星期一的重要性日益提高,它再次超过了黑色星期五的销售额。网络星期一的在线销售额将达到 87.7 亿美元,比 2018 年同期的 74.3 亿美元增长 18.1%。黑色星期五的在线销售额将增长 19.0%,从 2018 年的 60.5 亿美元增至 2019 年的 72 亿美元。

美国商务部的数据显示,2018 的第四季度,超过 16% 的零售销售发生在网上。一项对美国过去 5 年第四季度电子商务渗透率同比和季度环比增长的分析显示,美国的电子商务市场渗透率在逐年稳步提升。

3. 日本

鉴于外资对促进日本经济复苏的重要作用,日本政府对吸引外资的认识有所提高。早在 1994 年 7 月日本政府就设立了对日投资会议,首相任主席,经济财政政策主管大臣任副主席,征集国内外各方面对改善投资环境的意见,协助制定促进投资的各项政策。近年来,日本相继出台一系列放宽限制的措施,一定程度上改善了市场准入。当前,日本的市场准入改善主要体现在非制造业领域,如电力、通信、金融、零售业等。这些举措既为外资提供了更广阔的舞台,也有利于削减各项费用,间接改善日本的投资环境。

作为泡沫崩溃后的日本经济的长期不景气的解决策略,以对中小企业政策为主,日本政府对开发新技术和新产品的风险型企业提供支援,给予经营资源的确保,例如资金和技术等方面。同时,政府还从税制方面给予支援,优待向风险型企业投资家的安吉尔税制被导入。

日本为吸引外国投资者对日直接投资,主要在以下几个方面为外资提供便利:日本《促进进口和对日投资法》对投资于被日本政府认定为特定对内投资的制造业、批发业、零售流通业、服务业等 151 个行业,出资比例超过 1/3 的外国投资者,日本政府提供优惠税率和债务担保。外资企业成立 5 年内所欠税款可延长到 7 年缴纳;日本政策投资银行为外国投资者或属于外资企业在设厂、设备投资、研究开发、企业并购等方面提供融资;各地方自治体(都道府县、市町村)制定地方性法规,给予外资减免事业税、固定资产税、不动产取得税,并

给予资金补贴帮助企业顺利开展各项筹备活动,对购置厂房建筑物、设备投资、流动资金等提供融资的便利;本中小企业与特定外资企业有一定金额以上的商品和劳务交易时,经当地政府确认,可获得信用保证协会的信用担保,获得 2.35 亿日元以内的贷款额度。

5.2 "一带一路"沿线主要国家政治法律环境分析

5.2.1 "一带一路"沿线主要国家政治法律环境

自 21 世纪以来,随着世界政治经济重心东移,东南亚的战略重要性不断提升。2015 年,中国积极深化与东南亚国家友好合作,推进"一带一路"建设、亚投行等合作,随着时间的推移,越来越多的东南亚国家开始选择接纳"一带一路","一带一路"将中国的技术和资金优势、产能优势、经验与模式优势转化为市场与合作优势,为东南亚国家带来重大、切实的发展机遇。

越南全称为越南社会主义共和国,简称越南(Vietnam),是一个具有悠久的历史的国家,古称交趾。2014 年全国总人口约为 9000 万,在世界排名第 13 位。城市人口占比 33%,农村人口占比 67%。河内为越南首都,是越南政治、文化中心;胡志明是越南的经济中心、全国最大的港口和交通枢纽。越南全国划分为 58 个省和 5 个直辖市,越南河内时间比北京时间晚一个小时。

越南一直以来主动制定和完善自身法律体制,使其可以适应国际惯例。越南政府已经四次对《越南外商投资法》进行不同程度的修正,进一步确保了越南外商投资法中的法律和政策与国际接轨。这种一致性为外国投资者创造了一个公开、透明、公正的投资环境。如果是因为越南法律的改变给外商投资造成损失,那么这些外商有权继续享受之前法律规定的投资激励。越南逐步取消国内外投资者的差别对待政策,使国内投资者更大程度参与国际竞争。由国民大会批准的《企业所得税法》对所有国内外企业实行相同税率。

2018 年 8 月,马哈蒂尔访问中国,表示新政府期待与中国建立密切关系,希望继续推动马中关系向前发展,同时希望中国对马来西亚直接有利的"投资与合作"。

柬埔寨作为"一带一路"的忠实支持者和受益者,首相洪森欢迎中国投资者到柬埔寨投资参与优先发展的领域,如现代农业、基础设施建设、工业、矿产和能源、旅游和金融等,促进双方互利共赢。

2018 年 12 月,缅甸总统府宣布成立实施"一带一路"指导委员会,以配合中国提出的"一带一路"倡议,并由缅甸国务资政昂山素季亲自挂帅协调和推进,这无疑显示出缅甸政府更加坚定与中国合作到底的决心。昂山素季也于 2019 年 5 月中旬访问了北京,参与"一带一路"国际合作高峰论坛,签订了一系列协议,未来势必会带动大量的中国投资项目涌入缅甸,对于房地产等基础设施项目的推动也是极大的利好。

👥 情境延伸

中国东盟法律合作柬埔寨中心成立

为降低中资企业在柬埔寨投资的风险,法律是最有效的纠纷解决机制。2016 年 12 月

8日,"中国东盟法律合作柬埔寨中心"暨中国—柬埔寨仲裁合作项目启动。早在2016年9月,柬埔寨国家商事仲裁中心与中国东盟法律合作柬埔寨中心签订合作协议。中国东盟法律合作柬埔寨中心以柬埔寨国家商业仲裁中心为主体,由双方共同约定适用法律和商事规则进行裁决,并依据《纽约公约》在156个缔约国普遍得到执行。根据协议,双方共同设立专门仲裁机构,处理包括但不限于柬埔寨境内的中资企业、华商群体在经济贸易中的纠纷解决,维护中资和华商的合法权益。

中国东盟法律合作中心理事长、海南仲裁委员会主任施文表示,该中心是搭建跨国法律服务和经济纠纷解决两个平台,并在新加坡、马来西亚、泰国、越南、缅甸、老挝等东盟国家建立了驻外机构,先后与东盟国家500家华人商会组织、中资企业、法律服务机构建立了密切工作联系。

资料来源:王向社."一带一路"柬埔寨中资企业投资需法律先行[J].世界热带农业信息,2019,499(1):8-10.

5.2.2 "一带一路"沿线主要国家政治法律环境对国际营销的影响

从政治角度来看,中国与东南亚国家的关系总体上一定是平稳向前发展的,双方都努力寻求互惠互利的合作关系,但由于东南亚国家政治状况等因素,这个发展过程中也必定穿插着纷争。

越南颁布了修订后的《越南外国投资法实施细则》,进一步放松了对外资的管制,内容主要包括:在越外国独资企业可互相进行合作或与外商合作在越南设立新的外资企业;对从事机械、电力、电子零配件生产的外资企业,自投产之日起,五年免征生产原料、物资、零件进口税;外商以技术转让作价投资的比例由合作各方商定;外资企业可直接招聘越南劳务人员而不再要求通过越南劳务机构推荐等。此外,该细则对特别鼓励、限制、禁止投资领域也作了相应调整。

马来西亚联邦政府出台了一系列新的举措,以促进投资增长。包括设立国家投资委员会(NCI),由马来西亚贸工部部长和总理府绩效管理实施署署长作为联席主席,委员由财政部、总理府经济计划署、央行、绩效管理实施署、贸工部、投资发展局、统计局的官员组成,负责实时审批投资项目;将投资发展局企业化,授予更多权限,以提高该机构施政灵活性,吸引更多投资;修订了《促进行动及产品列表》(即鼓励外商投资产业目录);关注五大经济发展走廊吸引投资情况,强化各走廊发展局的职能。

印度尼西亚在很多方面都是独一无二的,它是世界上最大的群岛、棕榈油和动力煤等众多高价值商品的主要出口国,其独特的地形使之出产的大多数都是紧俏性的产品,由于其国家政治的稳定性和独立自主性也使之经济具有了很强的自主性和应变能力。而且印度尼西亚具有年轻而庞大的国内市场,从基础设施建设到制造业和服务业各领域的投资机会都已成熟。

5.3　其他国家政治法律环境分析

5.3.1　韩国

　　韩国作为与中国距离较近的国家,其国家政治法律环境也应关注。大韩民国简称"韩国"(South Korea)。位于亚洲大陆东北部朝鲜半岛南半部,东、南、西三面环海。全国总面积约 10 万平方千米(占朝鲜半岛面积的 45%)。全国总人口 5100 万(2019 年 1 月),主体民族为韩民族,占全国总人口的 96.25%。韩国首都为首尔,是全国的政治、经济、文化和科技中心。韩国全国行政区划为 1 个特别市、2 个特别自治市(道)、8 个道和 6 个广域市。

　　1987 年 10 月,韩国全民投票通过新宪法。根据新宪法的规定,韩国实行立法、司法和行政三权分立的政体。韩国文在寅政府成立以来,一直想为韩国经济增长找到新的动力源。2018 年 4 月,韩国产业通商资源部发布了"新通商战略"。该战略主要讲的是计划在 2022 年将韩国的出口额在 2017 年 5737 亿美元的基础上提高到 7900 亿美元。将韩国的出口额世界排名提升至第 4 位,列在中国、美国和德国之后。该战略的核心是要推进出口市场的多元化发展,降低对美国、中国的贸易依赖。通过政策开发新兴的东盟、印度、欧亚等市场。

　　韩国政府在 1998 年 11 月开始实行新《外国人投资促进法》,大幅度放宽了对投资人投资领域,包括允许外国投资者对韩国企业进行敌对性并购,对外国投资者在韩国投资实行全面自由化和鼓励政策。韩国投资开放度很高,适合外资进入的各行业投资自由化指数高达99.8%,对外商投资基本采取申报管理制度。同时对符合条件的外商投资给予优惠补贴和相应的税收减免。

5.3.2　非洲国家

　　21 世纪以来非洲呈整体稳定的趋势发展,但是部分地区政府地不断变更,交火冲突时有发生,更有一些恐怖分子从中作恶,有些国家的安全性不高。非洲政府对于国家的治理能力比较低,一系列的制度还不够完善,政党十分频繁地轮换易使社群、族群和宗教三大传统矛盾变得更加复杂。中非、南苏丹、刚果(金)等一些国家就有过在选举前后发生内战的先例。例如,布隆迪在 2015 年的选举前后就发生了军事政变,死亡 200 人左右,有将近 20 万人变成灾民,国家局面一时间变得十分困难。2016 年之后,刚果(金)在修正选举法以及政府的大选期间暴动变得越来越频繁。中非、利比亚和南苏丹的部分地区军事纷争至今依旧此起彼伏。2018 年 6 月,恐怖分子先后在津巴布韦总统和埃塞俄比亚总理的群众集会上进行炸弹袭击,造成数十人死伤。目前非洲反恐的形势虽然有缓和的趋势,但是在尼日利亚北部地区和索马里地区仍遭受着频繁的恐怖袭击。

　　非洲大陆近些年来的整体经济跳跃表现较为抢眼,在 2018 年实现了 3.5% 的经济增长,2019 年达到了 3.7%。非洲大陆自贸区的成立,中小企业的急速增长,工业化的转型与升级等,为非洲经济注入更多的活力,非洲这一"希望的大陆"将持续获得各方的垂涎。已过去的十年时间里,在世界经济发展最为迅猛的 10 个国家中,非洲国家就占据了 6 个席位,加纳更是以 13% 的增长速度位居全球第一位。加纳地区政治相对稳定,但是政府信用相对较低,偶尔会受到游行及罢工事件的影响。西非和东非还是非洲大陆上政治较为稳定的地区,但是由于宏观政治环境和宗教环境的影响仍然存在很多不稳定要素以及政府更迭政策变更现象,也是公司面临的不可控的外部政治环境。就整体而言,中部非洲政治比较动荡,北部非洲相对稳定;西部非洲和东部非洲虽然也存在不少问题,但是政治相对比较平稳。而加纳在1992 年恢复多党制后,六次总统选举活动均顺利进行,现在加纳每 4 年举行一次大选,每届任期 4 年。2016 年 12 月 7 日举办新一次大选,反对党领袖纳纳·阿库福·阿多成为新一届总统,在新总统上任后,全国平静,这使非洲国家选举观察团大为钦佩赞扬。

情境延伸

非洲投资法律环境进一步提高

中新社北京 2018 年 8 月 14 日发布《非洲黄皮书:非洲发展报告(2017—2018)》指出,非洲投资法律环境在进一步提高,并建议,在提起投资争议解决程序时,中国投资者应尽量选择仲裁方式。

黄皮书指出,对在非洲投资的中国企业或个人而言,首先,要了解非洲国家的相关投资立法;其次,在提起投资争议解决程序时,中国投资者应尽量选择仲裁方式。在投资争议无法通过国内诉讼或仲裁的方式解决时,可以考虑利用非洲的地区性争端解决机构解决此类争议;最后,中国投资者在与非洲国家政府签订投资合同时,尽量在合同中纳入稳定条款或冻结条款,还应考虑尽量在合同的争端解决条款中选择在解决投资争端国际中心解决争议。谈及非洲政治,黄皮书指出,总体上看,非洲政治发展中的自主意识增强,政治价值理念的更新对深化中非关系都有着积极作用。

资料来源:蓝淑艺. 中国在非洲直接投资的法律环境[D]. 杭州:浙江工商大学,2011.

在推进国际营销过程中,只有熟悉国际政治法律环境,了解对象国情况,才能采用恰当的方式,在政治法律环境不同之间找到合适的营销方式,在全球化竞争中把握机遇和争取主动。

小 结

政治法律环境是企业境外营销过程中面临的政治形势、法律法规和政策等多种因素的组合。本任务分析了欧、美、日主要发达国家和"一带一路"等发展中国家政治法律环境以及对国际营销的影响。在学习过程中注意区分了解各国的政治法律环境之间的不同。

思考与练习

一、填空题

1. 政治环境是企业境外营销过程中面临的_____、_____和_____等多种因素的组合。

2. 美国实行的是_____和_____相结合的政治制度。

3. 2015 年,中国积极深化与东南亚国家友好合作,推进_____、_____等合作。

4. 日本对外国投资者的投资进行审批所依据的法律是《_____》。

5. 随着"一带一路"战略的深度推进以及对非的援建政策的进一步落实，非洲的_____得到了相当大的改善。

二、单项选择题

1. 美国的政党制度是(   )。

    A. 一党制   B. 两党制   C. 多党制   D. 世袭制

2. (   )是世界上第四大经济体，也是欧洲第一经济大国。

    A. 英国   B. 法国   C. 意大利   D. 德国

3. (   )是中国"一带一路"倡议的忠实支持者和受益者。

    A. 缅甸   B. 泰国   C. 柬埔寨   D. 马尔代夫

三、多项选择题

1. 政党的体系分为(   )。

    A. 一党制   B. 两党制   C. 多党制   D. 君主制

2. 美国消费品市场具有的特点包括(   )。

    A. 市场容量大   B. 市场包容性强

    C. 市场法律法规非常健全   D. 市场特别看重品牌和产品安全

3. 民主政治在非洲向来就被称为(   )。

    A. 部族民主   B. 宗法民主   C. 形式民主   D. 视觉民主

四、判断题

1. 特朗普总统上任以后兑现了竞选时的承诺，宣布退出《跨太平洋伙伴关系协定》(TPP)。 (   )

2. 德国的《对外经济法》强调对外经济往来原则上是自由的，应该尽可能地增强对于对外经济活动的干预和限制。 (   )

3. 美国市场销售表现出较强的季节性，圣诞节是西方最重要的节日之一，这个节日也是全美的销售旺季。 (   )

4. 韩国产业通商资源部发布了"新通商战略"，该战略的核心是要推进出口市场的多元化发展，增强对美国、中国的贸易依赖，并开发新兴的东盟、印度、欧亚等市场。 (   )

实训课堂

一、思维训练

CE 认证何去何从

自 2004 年以来，"中国第一大贸易伙伴"这把交椅，欧盟已经连续稳坐 16 年。2019 年，在全球经济下行压力加大的背景下，中欧双边贸易逆势而上，再创新高，进出口总额达 7051 亿美元。

CE 标志,任何出口欧洲的贸易商都不会陌生。它被视为打开并进入欧洲市场的"护照",是欧盟法律对限制类产品提出的强制性要求。通过为产品加印 CE 标志,制造商即宣称其产品符合与 CE 标志相关的所有法律要求,之后才能在欧洲市场自由流通。

根据 CE 标志相关法律要求,产品的符合性证明过程需要在"欧盟成员国"内指定的公告机构(Notified Body)进行才能生效。英国正式"脱欧",是否意味着英国境内的 200 多家公告机构将失去发证资质,其签发的 CE 标志产品认证证书将会失效,制造商将不能凭这些 CE 证书在欧洲市场销售其产品了呢? 如果产品的 CE 证书确切是由英国公告机构签发的,现在企业该怎么办? UKCA(United Kingdom Conformity Assessment)标志将替代 CE 标志,成为进入英国市场的新底线吗?

2020 年 1 月 31 日,英国正式"脱欧"。英国"脱欧"后,企业对 CE 认证的获取和应用将相应地发生一些变化。目前,英国和欧盟已经进入一个维持到 2020 年 12 月 31 日的过渡期。在该过渡期内,相关产品仍可以用 CE 标志在英国市场销售;原英国的欧盟公告机构仍可以按 CE 强制管制产品的认证要求签发 CE 证书,但证书会随过渡期的结束而失效。除此以外,CE 认证的要求和流程在现有的欧盟 27 国的公告机构中不会有其他变化。过渡期结束后,CE 认证申请是否受到影响,目前仍不明朗,取决于英国与欧盟之间的谈判结果。

要求:发散思维,多角度思考此案例。

分析:从以上案例中,探讨英国脱欧以后企业要想在欧盟和英国进行国际营销应该如何应对 CE 认证的变化?

二、案例分析

案例 1:据媒体报道,大众集团表示,柴油作弊丑闻至今已致使大众集团支付 313 亿欧元(约 2450 亿元人民币)的罚款与和解金。大众集团预计这部分损失将持续到 2021 年。

大众排放作弊丑闻自 2015 年被揭发,大众承认对部分柴油发动机的软件进行控制,使其仅在监管测试期间运行,在正常驾驶期间关闭,从而逃避排放超标检测,但实际排放废气全都超标 10~14 倍。据了解,安装了作弊软件的大众柴油车在全球范围内约有 1100 万辆,包括保时捷、奥迪的部分柴油车。

仅 2019 年,大众有关排放作弊丑闻的特别支出就达到了 23 亿欧元(约 180 亿元人民币)。大众首席财务官弗兰克·威特尔表示,预计 2020 年的特别支出将达到 29 亿欧元,2021 年将降至 12 亿欧元。

2020 年,大众集团被多国开出巨额罚单。2020 年 1 月,加拿大检方批准对大众处以约 1.5 亿美元的罚款。波兰、澳大利亚的监管机构也向大众开出巨额罚单。此外,英国有将近 10 万名车主向大众集团发起了集体诉讼,要求大众为"排放作弊"和"误导消费者"承担责任。2020 年 2 月,困扰大众多时的德国数十万名车主集体诉讼事件也得到解决。大众就"排放门"集体诉讼与德国消费者组织 VZBV 达成了一项协议,以解决数十万柴油车车主提出的索赔。大众表示,已同意支付 8.3 亿欧元,将尽一切努力尽快提供一次性付款。

虽然"排放门"已经过去多年,但相关诉讼及罚款仍没有结束,对大众来说将是一场持续时间极长的"噩梦",也让大众付出了沉痛的代价。

幸运的是,大众在中国市场并没有涉及作弊柴油车的销售,该地区是大众汽车销量贡献最高的市场。其中大众品牌汽车年销量的一半来自中国,大众集团汽车近四成的销量也来自中国。

　　分析：试分析大众"排放门"中各国政治法律环境对国际营销的影响，为何大众集团在中国并没有收到排放门丑闻的影响。

　　案例2：2019年3月7日上午10点，华为轮值董事长郭平在外媒记者会上宣布，华为已向美国联邦法院提起诉讼，指控美国《2019财年国防授权法案》第889条违反美国宪法，请求法院判定这一针对华为的销售限制条款违宪，并判令永久禁止该限制条款的实施。

　　华为的起诉书表示，《2019财年国防授权法案》第889条在没有经过任何行政或司法程序的情况下，禁止所有美国政府机构从华为购买设备和服务，还禁止美国政府机构与华为的客户签署合同或向其提供资助和贷款，华为认为，这一销售限制条款已违宪。

　　根据美国的宪法实践，司法机关可以对立法机关法律的合宪性进行审查，如果经过审查发现某一部法律或者某一项条款违反了宪法，司法机关可以宣布其因为违宪而无效。因此，华为的起诉从美国宪法来讲是有依据的。

　　第889条在没有实际证据支持的情况下禁止美国所有政府机关购买华为设备和服务，这就构成歧视，对华为这样一个市场主体乃至美国消费者来讲都是不公平的。

　　华为的起诉书指出第889条至少违反了"不能未经司法程序而实施褫夺公民权的法案""正当程序条款""归属条款"以及由此产生的权力分立。

　　国会的此次立法未经司法程序就"将华为(和其他中国公司)单独挑出来惩罚"，也用立法的形式"认定华为与中国政府的关联、暗示其对美国的安全威胁，但并未交由行政机关和法院来作出此类指控并予以裁决"。因而，被"未审先判"的华为当然有理由诉诸司法寻求救济。

　　在面对美国国家通过司法干涉华为经营的问题上，华为选择了勇敢地站出来用司法武器对抗美国政府。

　　分析：华为为何选择运用法律对抗美国政府的干涉，讨论华为的遭遇对于中国企业走出去有何启示。

任务6　国际营销消费者行为分析

学习目标

- **知识目标**

(1) 了解消费者行为的含义及其效用理论；

(2) 掌握国际消费者的行为特征及消费习惯；

(3) 了解消费者购买过程中的影响因素；

(4) 掌握消费者行为的基本分类。

- **技能目标**

(1) 学会区分基数效用理论与序数效用理论；

(2) 理解基于效用理论的营销策略；

(3) 学会根据消费者偏好制定营销策略；

（4）学会针对不同消费者行为采取相应的营销策略。

任务驱动，做中学

公司决定进军国际市场。你作为销售经理，从消费者行为的角度出发，会给公司提出什么样的建议？你觉得公司的产品在哪个国家会受到消费者的喜爱？你会根据各国消费者不同的消费习惯分别制定怎样的营销策略？

情境导入

"抖音"崛起

抖音自 2016 年 9 月推出以来，受到广大用户的关注和喜爱，成为国民级应用。其在国内攻城略地之际，海外拓展脚步也没有停下。2018 年 10 月，抖音国际版成为美国月度下载量和安装量最高的应用，超过了脸书等。抖音国际版（TikTok）在移动社交领域的影响力进一步凸显，打破了长久以来西方巨擘脸书等的垄断地位。

资料来源：郑嵘.抖音国际版海外拓展之路及面临的问题探析[J].新闻研究导刊，2020，11（2）：196-197.

讨论：抖音国际版为什么能够在国际营销中取得强劲的发展？其国际化发展所具有的内在优势，打动消费者的体验、设计和操作是什么？

6.1　国际营销的消费者行为分析

一、定义

消费者行为在狭义上是指消费者的购买行为以及对消费资料的实际消费。在广义上是指消费者为索取、使用、处置消费物品所采取的各种行动以及先于且决定这些行动的决策过程，甚至是包括消费收入的取得等一系列复杂的过程。

消费者行为是与服务或产品的交换紧密联系在一起的。在现代市场经济背景下，企业对消费者的行为进行了深入研究，其目的在于实现与消费者建立和发展长期的交换关系。消费者所选择的消费方式以及消费体验都会影响到下一轮产品或服务的购买。因此，在消费者行为研究中，要找到和建立消费者行为决策的影响因素。建立销售前、销售中和销售后的不同阶段的偏好和行为特征跟踪。不仅要了解消费者在选择和获取服务与产品前的行为特征，还需要了解消费者在选择时的影响因素，并且针对不同类型、不同地区的消费者采取有效的营销策略，从而国际化企业才能建立适应当地市场的营销策略。

二、消费者行为的效用理论

国际营销的目的是满足国际消费者的需要，研究国际消费者行为特征有助于制定可靠的营销策略。研究国际消费者行为特征首先要建立消费者效用最大化原则，再进一步了解国际消费者的消费习惯和消费复杂性。

📖 情境导入

当你进入商场时,你只有 50 元,可以买 1 件外套,也可以买 1 箱面包。这时候手上的现金只能买一种商品,你会作何选择呢?

(一) 效用的定义

效用是消费者在消费产品或服务的过程中获得的满足程度。满足程度越高,效用就越大;相反,满足程度越低,效用就越小,甚至可能产生负效用。当消费者达到最大效用时,消费者最为满足。消费者首先会比较这两种商品给你带来的收益即满足感。经济学认为这种满足感其实就是效用。

不管是组织或个人都需要从市场上花钱购买各种商品或服务,以此来满足不同的需求。无论是购买商品还是服务,消费者想要购买,前提是要有足够的钱,这种前提条件在经济学上可称为预算经济条件。想购买的产品和服务很多,但是拥有的收入有限,所以这就是一种预算约束。因此,消费者将利用有限的预算进行合理安排。

💻 情境重现

把每一分钱都用在刀刃上

作为一个理性的消费者,在现有的收入和储蓄下是买房还是买车,你会作出合理的选择;走进超市,见到如此之多的琳琅满目的物品,你会选择你最需要的;去买服装肯定也不会买回自己已经有的服装。

(二) 总效用和边际效用

总效用是指消费者在一定时间内消费一定量物品或劳务而获得的满足程度的总和,即把所有消费每一个单位物品的效用进行累计的总和。

边际效用是指消费者每增加(或减少)一个单位的某商品消费量所引起的总效用的变化量,即消费者每增加一个单位的消费所增加的满足程度(或总效用的变化量)。当边际效用为正数时,总效用是递增的;当边际效用为零时,总效用是最大的;当边际效用为负数时,总效用是减少的。

边际效用递减规律是指在一定时间内,在其他商品的消费数量保持不变的情况下,随着消费者对某种商品消费量的增加,消费者从该商品连续增加的每一消费单位中所得到的效用增量递减,即边际效用是随着商品消费量的增加而递减的。

例如,当你喝可乐时,喝第 1 杯的感觉是最好的,喝第 2 杯的感觉比不上第 1 杯,从连续增加的每 1 杯可乐所带来的额外效用,即边际效用是递减的。这种现象普遍存在于一切产品的消费中,称为边际效用递减规律。

💻 情境重现

吃三个面包的感觉

美国总统罗斯福连任三届后,曾有记者问他有何感想,总统一言不发,只是拿出一块三明治面包让记者吃,这位记者不明白总统的用意,又不便问,只好吃了。接着总统拿出第二块,记者还是勉强吃了。紧接着总统拿出第三块,记者为了不撑破肚皮,赶紧婉言谢绝。这时罗斯福总统微微一笑:"现在你知道我连任三届总统的滋味了吧。"

资料来源:本刊编辑部.边际效用递减[J].新湘评论,2007(12):34.

(三)消费者效用比较

在日常消费中,消费在面对不同商品组合时,如何进行选择才能实现效用最大化?在经济学中常见认为消费者行为青睐于基数效用论和序数效用论两种方式安排消费组合。

1. 基数效用论

基数效用论的基本观点是效用能够计量并且能够加总求和的。表示效用大小的计量单位被称为效用单位。因此,效用的大小可以用基数(1,2,3,…)来表示,正如长度单位可以用厘米或米来度量一样。基数效用论采用的是边际效用分析法,认为商品的边际效用是递减的。例如,喝1瓶橙汁有10个单位的效用,喝1瓶可乐有20个单位的效用,这种衡量指标就是基数效用。但是有些学者则认为这些指定的效用值不够清晰,例如一杯咖啡是5个单位的效用,一杯红茶是10个单位的效用,所以这些效用仅仅是对某个人而言的。所以,为了弥补基数效用论的不足进而提出来了另一种研究消费者行为的理论,即序数效用论。

2. 序数效用论

序数效用论的基本观点是效用作为一种心理现象无法计量,也不能加总求和,效用之间的大小比较通过排序或等级来进行。序数效用论更能反映大多数人的直觉,而且没有必要再用想象中的效用单位去比较效用大小,如果消费者认为商品A所带来的效用大于商品B,那么我们就可以说成:商品A的效用是第一,商品B的效用是第二。

例如,对某一消费者而言,喝可乐能比喝橙汁获得更高的满足感,这种描述就是序数效用。序数效用论认为对于你来说,比较一杯可乐、橙汁和咖啡的效用大小,你不能说明或不必说明这三杯饮品中各自的效用值是多少,只要比较它们带给你的满足程度即带给你的效用哪个是第一、第二、第三就可以了。因为无论这三杯饮品的效用分别是15,10,5还是50,30,20,对你都一样,无非说明一杯可乐第一,一杯橙汁第二,一杯咖啡第三。

(四)消费者效用最大化

效用最大化是指消费者通过对商品和劳务的消费追求满足的最大化。效用最大化原则是建立在边际效用价值论的基础上的。根据这一原则,当消费者在各项消费支出上所取得的边际效用相等时,消费者所得到的总效用最大。当消费者把自己的收入用于各种商品的消费,目的就是想使总效用达到最大,所以效用最大化原则有助于从理论上对消费者的行为进行分析。

面对单一商品的消费,实现效用最大化条件是消费者购买这种商品的边际效用与其价格之比等于货币的边际效用。消费商品的边际效用会递减,其实货币的边际效用也是递减的。在收入确定的条件下,储存的货币多,购买的物品少,会导致货币的边际效用小,物品的边际效用大。例如,用在购买1斤苹果上的每1元得到的边际效用大于1元货币的边际效用,所以作为理性消费者,你应该减少货币的持有量来增加苹果的购买量,从而使你的苹果和货币的总效用增加,从而达到效用最大化。

当消费者面对多种商品的消费时,实现效用最大化条件一是对支出的约束,即支出是既定的;二是购买产品的每一元的边际效用相等,即这每一元钱无论是买产品 A 还是买产品 B,得到的边际效用都是相等的。这意味着产品的边际效用越大,消费者愿意支付的价格越高。相反,产品的边际效用越小,消费者愿意支付的价格就越低。

总而言之,就是要让消费者在各种各样的搭配中选择一个最为满意的搭配。在经济学中,这种消费行为被称为"效用最大化",就是消费者在收入的约束下所追求的效用最大化。

情境重现

《国富论》"价值悖论"

早在 200 多年前,亚当·斯密就在《国富论》第一卷第四章中提出了著名的价值悖论:"水的用途最大,但我们不能以水购买任何物品,也不会拿任何物品与水交换。反之,金刚钻虽几乎无任何使用价值可言,但须有大量其他货物才能与之交换。"为什么水在生活中不可或缺,但它的价格却与钻石相差甚远?从消费者效用的角度看,价格取决于商品的边际效用,而不是总效用。虽然水的用途大,但是在水源充足的情况下,边际效用却很小,价格也就便宜。同理,由于钻石的边际效用很大,其价格也就相应地昂贵。

因此,从边际效用递减规律中我们可以得知,首次消费的边际效用最大,也就是满足程度最大。新款产品对于消费者来说是首次消费,消费者得到的满足程度高,边际效用大,消费者喜欢这个产品,所以给出的价格也比较高。例如,目前新款手机在市场上的售价都很高,但随着时间的推移,价格会慢慢降低。从中我们可以看出,商品价格的高低与边际效用的大小成正比。

三、基于效用理论的营销策略

针对消费者的效用最大化的行为特征,企业在国际营销过程中应迎合消费者的效用倾向,按消费者的喜好组织生产,注重产品和服务的不断创新,推出符合消费者需要的新产品或提供多样化的服务来阻止边际效用递减。以下几种国际营销策略使企业的产品尽可能地迎合消费者的喜好,满足不同层次和习惯消费者的消费偏好,从而实现消费人群的最大范围的覆盖,以及整体消费效用最大化。

(一)改变市场策略

企业在国际市场上销售的产品与国内并无差异,但由于国际市场上的消费者对产品的需求和偏好不同,应该采取不同的且有针对性的宣传手段、促销方法,才能得到更好的营销效果。当遇到以下情况时,可以考虑该策略:一种是当产品本身具有多种功能和用途,而不同的国家和地区的消费者倾向于不同的功能和用途。企业可以用同一种产品,但在销售信息上稍作改动。另外一种是由于各国语言文字和风俗习惯不同,为了让消费者接受度更高,提高该产品的效用,需要在促销方式上作必要的调整。

情境重现

宝洁公司"飘柔"妙用

宝洁公司在中国销售的洗发水就采用了适应中国人审美要求的改变,广告诉求及形象都具备东方色彩。"飘柔"是隶属于宝洁公司美尚系列产品的一款洗发水品牌,1989年10月,飘柔进入中国。21年来,飘柔一直是中国洗发水市场的领导品牌,成为中国女性生活的一部分。"飘柔"这个简洁本土化的商标设计中两个字的组合很巧妙,既没有直接说出使用这个品牌的洗发水有什么效果,但又暗示了消费者对它的使用效果非常满意。

资料来源:施秀搏.从飘柔的成功看品牌建设[J].现代商业,2011(9):43.

(二)改变产品策略

对于有些产品,其用途、功效等基本相同。但由于面向国际消费者的不同需求、消费习惯和使用条件,所以企业必须对产品内容作出改变,以适应各国市场的需要。例如一开始麦当劳在中国销售的产品以牛肉为主,后来根据中国人的饮食习惯改为以鸡肉为主。产品的改变包括外形、功能、包装、服务等改变,如洗衣粉在各国的用途都是清洁去垢,但各国使用条件不同,发达国家消费者多用洗衣机洗涤,一些发展中国家消费者多用手工洗涤,且各国的水质也不尽相同,因而在不同国家销售的洗衣粉应根据各国的不同情况设计配方,但宣传策略不用作大的改变,就能取得更好的营销效果。

情境重现

海尔进军美国市场

海尔在洛杉矶建立了"海尔设计中心",在纽约建立了"海尔美国贸易公司"、在南卡罗莱纳建立"海尔生产中心",在美国形成了设计、生产、销售三位一体的经营格局。这样做的主要目的是更好地了解美国市场,更快地针对市场变化作出反应。海尔在美国销售的许多产品都不是海尔原有的产品,而是专门针对美国市场设计和生产的。比如出口到美国的"大统帅"BCD-275海尔冰箱,就是根据海尔海外信息站反馈的信息,针对美国人对冰箱外观、制冷能力、使用习惯等区域化特征而专门设计、开发与制造的。再比如,通过对年轻人的调查发现老牌子已经不再是美国年轻人的首选,他们很愿意尝试一些新品,从而开始生产小型化定制冰箱。

资料来源:周堃,王晓茜.海尔国际营销战略分析[J].辽宁经济管理干部学院学报,2005(4):35-36.

(三)创新策略

对以上两种策略进行组合,结合实际情况,还可以对产品和营销方法都做改变来应对国际市场。同时企业要想赢得国际市场,必须要有高质量的产品作保障。在产品创新策略中,企业不仅要遵循本国标准,还应该严格按照国际标准来制定,从满足消费者个性化以及多元化的需求出发,努力提升产品质量。在这个全球化的时代,人们的生活节奏加快,人们对于产品的要求也在不断改进与提升,产品更新换代越来越快。企业必须及时更新产品的种类与样式等,这样既能迎合消费者的效用倾向,又能使企业获得更大的利益。

情境重现

大疆无人机的更新换代

目前,大疆无人机在全球小型无人机市场独占鳌头,占据了大约70%的份额,成为我国科技与创新的骄傲。大疆科技视技术创新为企业生命,并把它作为重新定义"中国制造"的核心。大疆不断推进技术跨越,每年都有新产品问世。例如,2012年问世的精灵 Phantom 1 将无人机从航模爱好者拓展至大众消费市场;2013年推出的精灵 Phantom 2 可以让使用者通过终端来控制飞行与拍摄;2014年推出的"小悟(Inspire)"能够自动收放起落架;2015年问世的精灵 Phantom 3 可实现2千米内高清数字图像传输,以及室内自主悬停。有关机构预测,2020年全球民用无人机市场销售额有望突破259亿美元,中国无人机市场也将保持50%的增长。

其中,很多美剧都有航拍的需求,但直升机航拍较为昂贵,而无人机航拍不仅能达到相似的效果,还能大大节约成本。从2013年开始,大疆科技就开始给剧集制作方合作,做航拍演示,送样品试用体验。美国演艺圈开始逐渐喜欢 DJI 品牌。2014年,大疆科技分别参加了美国的两个独立电影节,使很多电影制作人对大疆无人机产生兴趣。这样使大疆无人机渐渐在美国积累了口碑。同时,大疆的网络广告受众随着产品的发展由最初的极客爱好者逐渐转变为大众消费者。

资料来源:马翙华,郭立甫.大疆无人机占领国际市场的成功经验与启示[J].对外经贸实务,2016(1):76-79.

6.2 国际市场中消费者习惯性

习惯性是指消费者的行为方式要受过去习惯的影响。短期内,我们可以假定消费习惯和消费者偏好不变。消费者行为习惯的养成,一部分是由收入水平的高低决定;另一部分是受消费者所处的社会文化环境和其本身的价值观念影响的。生活在不同的社会文化环境下,消费者生活方式、需求特征和购买行为都产生了差异。以下分别介绍了各个国际市场的消费者习惯性。

结合我国的"一带一路"政策,本书整理了欧洲、非洲、亚洲重点国家的消费者行为特征,有助于加强这些区域中消费者的偏好,清晰地勾勒出消费者在当地文化和社会背景下的消费习惯、心理变化,有利于国际营销策略开展因地制宜、因城施策地商业推广和促销政策。

一、北美市场

北美市场是中国跨境出口的主要市场,买家数量众多,消费能力极强,市场容量非常大。以美国消费者为例,他们的消费习惯源于他们的移民传统。在美洲大陆开发的历史上,这种消费方式是英国的移民从古老的欧洲带过来的。最早的一批英国清教徒,穿越大西洋来到美国。因为这批英国移民非常贫穷,所以他们在订购船票时采用了分期付款的方式。从那时算起,消费信贷的产生要很早于美国的独立历史,至今已经快400年了。

同样因为历史的原因,美国存在着大量的移民。他们来自各个国家和地区,拥有不同的文化习俗,所以,他们对市场上的商品拥有很强的接受度,非常愿意尝试和购买新产品,只要产品的质量和品质确实不错,他们就会记住这个品牌,以后有需要的时候进行重复购买。

消费信贷是让消费者能够在当下立即拥有想要的商品或者劳务,而在未来付款的一种方式。它包括分期付款信贷和非分期付款信贷。消费信贷实质上是短期债务,不包括住宅抵押等长期贷款。

🖥 情境重现

美国的消费升级

美国联邦储备局 2014 公布的数据显示,2013 年美国消费信贷 30979 亿美元,GDP 为157681 亿美元。消费信贷占 GDP 比重为 19.6%,比 2009 年的比重上升了 1.9%。美国消费信贷供给体系完整,品种丰富。其中包括学生助学贷款、汽车贷款、家庭住宅维修贷款、耐用消费品贷款、信用卡贷款、旅游贷款、医疗贷款及非指明用途贷款等,涉及生活的方方面面。这意味着通过贷款,美国人有着很强的消费能力。

另外,1980 年至今,美国居民消费结构表现为不断向"绿色健康娱乐"升级。在食品消费上,外出就餐的比重已经增加至 40%。教育、文化和娱乐及医疗保健类消费占比进一步提高。到 2017 年,服务类消费占比已经达到 68.8%。交通和通信类消费占比开始下降,绿色出行比重上升,表现在公共交通和二手车消费占比逐步提升。因此,绿色、健康和娱乐类的商品更能赢得美国消费者的青睐。

二、欧洲市场

在欧洲市场中,英国、法国、德国在国际消费市场中具有重要地位。

(一)英国市场

英国是联合国安理会五大常任理事国之一,也是世界上主要的贸易国家之一。无论在生活中还是工作中,英国人都非常具有绅士风度。而且,英国人的性格和习惯使他们对产品的外观和内在都十分重视,更喜欢关注细节,追求产品的质量和实用主义。英国消费者相对节俭,人们不讲究品牌,平时穿着非常普通。和美国消费者类似,他们也不会放弃任何省钱的机会,喜欢在有折扣和优惠券的情况下购物。现在英国人的生活方式,更加注重生活品质,追求精神享受,并渐渐摆脱不良的生活习惯。在周末或假日里,相较于逛街消费,他们更喜欢自己动手制作来享受悠闲、舒适的生活。因此,DIY 自己动手参与制作的产品具有更好的销量。

📖 知识扩展

2017 年的诺贝尔经济学奖得主理查德塞勒在他 1985 年的论文中提出了交易效用理论——消费者购买一件商品时,会同时获得两种效用:获得效用和交易效用。其中,获得效用取决于该商品对消费者的价值以及消费者购买它所付出的价格,而交易效用则取决于消费者购买该商品所付出的价格与该商品参考价格之间的差别,即与参考价格相比,该交易是否获得了优惠。通俗解释,买下一件东西,除了它自身带来的满足感外,折扣部分省掉的钱也会带来满足感。

（二）法国市场

法国是世界主要发达国家之一，巴黎本身就是世界性的消费中心。法国也是旅游胜地。而对于法国的消费者来说，准确、全面和富有吸引力的产品信息能够更有效地吸引他们。法国消费者购物目的性较强，大多是确定了想要购买什么产品才去进行购买的。法国排名前5的电商平台数据显示，近5年来法国最受欢迎的电商产品主要是服饰类、食品保健品、数码、时尚类，其后是家居园艺、电器类等产品。其中，最大的细分市场是时尚服装。相对其他欧洲消费者，法国消费者更倾向于购买保健、美容产品。度假也是法国人每年例行的生活习惯，根据相关机构的问卷调查显示，有59％的人都会购买和旅游、休闲相关的文创类产品。法国人崇尚自由、个性，并不迷恋奢侈品，而是对产品设计、审美、流行趋势和用途更加看重。

（三）德国市场

德国是一个高度发达的资本主义国家。其社会保障制度完善，国民具有极高的生活水平。德国人以工匠精神、严谨和专业等优秀的品质而闻名。因此，在高端消费领域，德国更多是出产国的地位。德国诞生了众多世界知名品牌，比如奔驰等德系汽车在全世界范围享有盛誉并保持着很高的市场销量。德国人重视生活品质消费，热衷于在旅游、餐饮、服装、汽车等领域消费。德国电视台曾经开办关于德国消费习惯知识问答的电视节目，对德国四口之家的消费顺序排列为吃喝、度假、鞋子、汽车，由此我们也印证了上述德国人的消费观念。同时，政府倡导绿色与可持续消费理念。例如，减少塑料及纸质包装的使用等以尽可能减少消费对环境的负面影响。因此，企业在进行国际营销时，还要考虑如何适应目标市场所在国的法律、文化环境的问题。

💻 情境重现

大疆无人机的德国之路

大疆科技始终对原材料的采购、关键零部件的生产，到最后质检和试飞，坚持严格执行标准，不仅包括对所有物料的多重严密检测，还包括对成品严苛的可靠性测试。每一套产品均由专业测试工程师进行真实环境试飞，以确保产品质量。正是因为这份严谨与追求，才能通过参加科隆Photokina世界影像博览会、德国纽伦堡国际玩具展览会等渠道，获得德国消费者的青睐，提升其国际品牌影响力。

资料来源：马翊华，郭立甫.大疆无人机占领国际市场的成功经验与启示［J］.对外经贸实务，2016（1）：76-79.

三、亚洲市场

亚洲市场呈现较明显的分层现象。从消费水平差异区分，可以分为日本市场和东南亚市场两类。

（一）日本市场

日本市场整体消费水平较高，在环保和可持续消费等消费意识上与欧洲发达国家比较相似。日本人口数量为1.3亿左右，信用卡普及程度高。年轻人中"月光族"的比重较大。日本的互联网普及率高达81％，网络消费意愿强。欧睿数据显示，日本的老龄化现象严重。

2018 年,日本 90 岁以上的居民超过了 200 万人。预计到 2025 年,有一半的人口将会超过 50 岁。老年消费者不仅人口基数大,还有拥有强大的消费力,他们的经济状况优于其他还在奋斗阶段的年龄层。面向成熟的消费群体,他们希望买到使他们身体和心理能够保持年轻态的产品和服务。因此,日本的抗衰老消费会不断增加。赢得中老龄消费者的品牌忠实度和信任感关键在于提供普适性的产品和服务,让老年消费者在心理上不会感受到与年轻人的区别对待。

(二)印度市场

印度消费者精打细算,对价格敏感,并了解自己身处的市场及产品价格。此外,无论是普通大众市场还是高端市场,印度消费者都对产品的性价比十分重视。一般而言,印度消费者对国际品牌的价格水平和定位都有一定认识,价格敏感度又很高,换言之,不准确的定价及定位,势必令营销以失败告终。印度消费者非常看重家庭,这种根深蒂固的社会思想让他们倾向于以满足家庭需要为主。印度消费者喜欢管理家庭财富,每月的开支活动都有详细的预算,很少产生意外或者即兴支出,每个月的生活支出相对固定。同时,虽然印度的人均收入仅为中国的 1/5,但是印度许多年轻中产阶级白领也在进行消费升级。他们乐于拥抱外来文化,喜欢尝试新产品。与以上保守的消费习惯不同,这是印度年轻一代的消费习惯。

因此,针对印度这类新兴的东南亚市场,企业必须保持弹性,并推出符合年轻族群追求品质、时尚和流行的产品,才能抓住这巨大的消费势力,也才能保持其竞争力。企业可以有意拓展印度市场的零售商及国际品牌的卖家可以详列产品资料及价格,吸引印度消费者浏览,有助于建立品牌形象和扩大宣传效益。此外,针对印度市场的营销策略和宣传广告也不妨更多地强调家庭元素,例如以折扣价发售家庭装产品,有助于引起消费者注意。

四、非洲市场

非洲人口众多,其中南非和尼日利亚的网络零售的发展速度居于非洲的领先位置,如今非洲经济社会急剧变化的背景下,非洲消费者行为和习惯也在悄然变化,非洲民众消费倾向强。世界银行发布的《世界发展指标》数据显示,撒哈拉以南非洲的人均支出占人均收入的比例均高于欧洲、美洲和亚洲。2006 年,撒哈拉以南非洲的人均支出超出人均收入部分,这说明该地区民众消费力度大,普遍处于负债状态。2011 年的支出收入比例稍有好转,但仍然比全球其他地区的平均水平高。2016 年,人均支出占人均收入的比例回升至 94%,这说明撒哈拉以南非洲消费者的消费习惯仍然大胆。从 2006—2016 年数据来看,撒哈拉以南非洲的人均支出占人均收入比例说明了两个现象,一方面非洲民众对储蓄的偏好低,消费倾向强。另一方面,新兴的消费渠道将会带来更多信息消费,更有竞争力的价格、更丰富的商品、更便捷的购物体验,将会进一步刺激非洲民众消费。

对于非洲消费者而言,产品质量、品牌、时尚的追求,新潮的服装、可口的食物、品牌个护产品等都是吸引非洲消费者的重要因素。越来越多的非洲消费者更加倾向于追求品位、品牌、舒适、时尚,从一定程度上反映了非洲消费市场的发展方向,为国际品牌进入非洲释放出积极的信号。针对这一现象,我国企业可以因地施策,打造品牌影响力,提供高品质和传达时尚理念的产品和服务将更能满足非洲消费者。

五、南美市场

南美共有十几个国家和地区,大部分属于发展中国家,现有总人口在 4.3 亿左右。在经济发达地区,很多南美消费者的消费能力很高。另外,在家庭财务管理意识上,他们并不倾向于储蓄,而是更热衷于分期付款的方式进行即时性消费。这也给国际营销带来了很大的商机。

情境重现

巴西的假日经济

作为南美洲面积最大并且消费能力最强的国家,巴西政府相关部门制定和实施了一系列的积极促进消费的政策,范围覆盖基础的电信网络设施建设到设立电子商务发展基金。同时,巴西消费者将很多传统节日都转化成了消费购物日。圣诞节一直是巴西最受欢迎、最繁忙的消费购物日。从食物到服装,从家用产品到娱乐消费,在圣诞节期间,是所有商家一年中最繁忙的时候。其次就是母亲节。在巴西,母亲节是很重要的节日,人们通常会给他们的母亲、祖母、教母以及生活中所有具有母亲形象的人送礼物。巴西的父亲节虽不如母亲节重要,但从消费规模上来说,仍然能给很多企业带来不菲的收入。同时还有情人节、儿童节,节日当天情侣或儿童都会收到礼物。所以,企业可以根据不同的节日,来推出符合节日气氛的商品,来追求更好的收益。

综上所述,由于地域、制度等多重因素影响,国际消费者在消费行为和消费习惯上具有明显的复杂性。企业不仅要面对各个国家迥然不同的人文环境、政治体制、法律制度、价值观念等要素,企业难以适应融入,这极大地制约了企业在海外市场的发展。同时还要面对国际消费复杂性的问题,消费者的行为方式受各种因素变化的影响,其中不仅因为收入、性别、年龄、受教育程序等个人特征的差异而在行为方式上有很大的区别,而且由于性别、兴趣、气质等心理特征的差异而造成行为方式的不同。因此,只有我们洞察了不同市场的国际消费者的需求和行为习惯,才能展开真正的国际营销,并成功地得到当地消费者认可。

在国际市场营销中,企业能否了解这些差异带来的影响,逐渐成为决定国际营销成败的最重要因素之一。消费者在进行国际消费行为时,其决策也受个人因素的影响。这些影响因素包括年龄和生命周期阶段、职业、经济环境、生活方式、个性和自我概念等。国际消费的复杂性体现在这些因素中,经过总结可以为国际营销企业提出相关建议,为企业的国际营销策划提供理论基础,并在下一部分"国际营销中消费者行为的影响因素"中的个人因素章节中有更加详细的介绍。

6.3　消费者行为的影响因素

随着世界经济贸易一体化的发展趋势,现代企业经营活动的空间范围已不再受到局限,越来越多的企业进入国际市场寻找机会。企业如果希望在国际市场取得一席之地就需要开展消费者行为的深入研究。

消费者行为是营销学中新兴的理论流派,也是重要基础。在国际和数字化浪潮之下,消费者行为变化是国际营销策略制定和调整的根源所在。所以,在国际营销中对消费者的行为的研究就显得非常必要。然而,由于消费者的行动和表现十分复杂,因此在国际营销学的研究中也存在着不同的流派和理论发展脉络。因此,对国际营销环境下的消费者进行深入的刻画和分析是解读和破解消费者行为的密码。国际化营销中开展消费者行为研究目的是更加了解消费者对商品或服务的各种偏好、行动特征及其决策过程,并在此基础上提升国际营销的实践应用。

消费者的购买行为是建立在复杂多样的购买动机基础上的。在实际购买过程中,购买行为受许多影响因素,主要包括政治、经济、文化、社会和个人因素等。

一、政治因素

政治法律环境涉及一个国家的政体、社会制度、政府更迭、社会稳定性以及相关法律的制定颁布等要素。这些因素都直接或间接地影响着消费者的心理,进而影响消费行为。

例如,政治环境不稳定,政府政策变化快、社会动荡不安,普通消费者就会对未来环境和个人发展的不确定性产生各种疑虑和担心。在消费活动上,则表现为消费信心下降,未来预期悲观,抑制消费、谨慎消费成为主导性消费行为。这方面最典型的例子就是个人的投资理财行为。受到政治上利坏消息的影响,消费者会纷纷从金融市场上撤资,导致股市、债市重跌。相反,受到政治上利好消息的鼓舞,居民对未来会产生良好的心理预期。个人投资理财活动上则表现为投资踊跃,相应地,股市、债市的交易活跃和交易品的价格大幅上涨。

二、经济因素

概括地说,经济因素是决定购买行为的首要因素,决定着能否发生购买行为以及发生何种规模的购买行为,决定着购买商品的种类和档次。影响消费者购买行为的最重要的经济因素,包括商品价格、消费者收入和商品效用。

(一)商品价格

价格高低是影响消费者购买行为的最关键、最直接的因素。一般情况下,质量相同而品牌不同的商品,价格低的比价格高的更能吸引消费者的注意;收入低的消费者比收入高的消费者更关心价格高低,即价格敏感。

(二)消费者收入

消费者收入是决定消费者购买行为的最关键、最直接的因素。如果消费者仅有购买欲望,而无一定的收入作为购买能力的保证,购买行为便无法实现。消费者收入反映购买能力,也与价值观念和审美情趣也有直接的关系。不同收入水平决定了需求的不同层次和倾向。

(三)商品效用

根据边际效用递减规律可知,任何一个消费者都不会把所有的钱集中用于购买同一种商品或劳务上。消费者对于钱的投向主要取决于在特定时间内某种或某几种商品对他的边际效用最大。

所以,对于企业来说,必须采取各种促销措施,如降低价格,提高质量等。这些举措使消费者购买本企业产品所支付的每一元钱都能得到最大的边际效用,实现消费者满意度,从而促使更多的消费者购买本企业的产品。

经济因素对消费者购买行为的影响是不断变化的。在收入较低的情况下,经济因素是决定是否购买的主要因素。但是,随着可任意支配收入的增加,这一因素的影响会逐渐降低。

情境重现

“口红效应”

以美国为例,1929年美国经济陷入“大萧条”时期。在凛冽的经济寒冬中,经济学家们却发现口红的销量逆势上扬。这是由于经济不景气时人们的收入降低,负担不起大件消费品,但是对于一支价格几十元、几百元的口红,女性们还是能够负担得起的。所以口红成了一种满足精神消费的替代品,成为不能消费其他奢侈品的安慰剂。

与之对应,中国近几年经济增长的下行压力不断增大,市场上也出现了类似的“口红效应”。根据国家统计局发布的社会消费品月度零售总额数据,社会整体消费普遍低迷,尤其是汽车销量出现了断崖式的下滑,但是化妆品和日化用品销量则出现逆势上扬。在现实生活中,口红效应也非常明显。网络主播李佳琦成为“口红一哥”。在2019年的双11期间,超过3100万人同时在线观看李佳琦直播卖货。在双11当天,直播的销售额就达到10亿元,超过了许多A股上市公司一年的营业收入。

除了“口红效应”,在经济下行时,人们的精神文化需求也存在增长趋势。美国的大萧条时期同时也是美国好莱坞电影产业的黄金发展期,逐渐形成了成熟的电影工业。在我国,2019年年初,国产科幻片《流浪地球》收获了46.5亿元总票房的成绩,2019年下半年,国产低成本动画片《哪吒之魔童降世》总票房更是接近50亿元。在经济下行的阴霾之下,文化娱乐产业似乎反而过得更好。这也是由于人们在经济环境压力背景下追求安全、避险等心理所导致的群体性的消费行为。

资料来源:张程.“反常”的消费热[J].检察风云,2020(2):32-33.

三、文化因素

每个消费者都是社会的一员,他们的消费行为不可避免地会受到社会各方面因素的影响和制约,如文化和亚文化。

(一)文化

文化主要是指观念形态的文化(精神文化),包括思想、道德、科学、哲学、艺术、宗教、价值观、审美观、信仰、风俗习惯等方面的内容。文化是一种社会现象,是在一定物质基础上形成的,是一定的政治和经济的反映。

不同社会或国家的文化往往存在着较大差异。文化通过各种方式和途径向社会成员传输着社会规范和价值准则,也影响着社会成员的行为模式。大部分人尊重他们的文化,接受他们文化中共同的价值准则,遵循其中的道德规范和风俗习惯。所以,文化对消费者的需求和购买行为具有强烈而广泛的影响。这种影响表现为处于统一社会环境中的人们在消费需求与购买行为等方面具有许多相似之处,处在不同社会文化环境中的人们在消费需求与购买行为等方面有很大的差异。

文化看上去很抽象，但每个人都生活在一定的文化氛围中，并深受这一文化所含价值观念、行为准则和风俗习惯的影响，这一影响也延伸到了他们的购买行为。如在中国的传统文化里，老年人受到尊重，逢年过节适合老年人用的保健品大量被年轻人买去赠送长辈。然而，如果仅考察老年人的收入水平，由老年人本身消费的保健品市场相对会规模小很多。

（二）亚文化

亚文化是指存在于一个较大社会群体中的一些小社会群体所具有的特色文化，特色表现为信念、语言、价值观、风俗习惯的不同。每一文化群中，还存在若干更具文化同一性的群体，被称为亚文化群。当今社会的亚文化群主要分为两大类型。

（1）国际亚文化

国际亚文化是指来源于某个国家的社会群体。在一些由很多移民组成的国家中，国际亚文化现象表现得特别明显。

（2）种族亚文化群

一个社会及其文化是由该社会内部的民族群、宗教群、种族群、地理区域群等因素相互作用而形成的。

除了以上两种，我们还比较常见以地域划分的亚文化群。例如，由于地理位置、气候、产业经济发展水平、风俗习惯的差异我国可明显地分出南方、北方或东部沿海、中部、西部内陆区等亚文化群。不同地区人们的生活习惯有差异，消费自然有别。

📺 情境重现

"国潮热"亚文化崛起

"国潮"消费品的兴起恰好印证了文化对消费者行为的影响。20 世纪 30 年代，百雀羚护肤品热销全国，成为当时名媛贵族们化妆的首选。然而，到了 20 世纪 80 年代，资生堂、欧莱雅、玉兰油等国外化妆品开始进军中国市场，品牌形象在女性消费者心目中占据了较高地位。这造成百雀羚在内的国产品牌市场占有率急剧下降。为了扭转颓势，2000 年，百雀羚开始品牌转型。2008 年，百雀羚研发出"草本精粹"产品系列，在包装上创新，天圆地方的包装设计极具美感。2011 年，进军网络销售平台，成为国产品牌中新零售的代表。特别是 2013 年 3 月，习近平主席夫人彭丽媛在参观坦桑尼亚妇女与发展基金会时，百雀羚礼盒作为代表中国传统文化的特别礼物被送出。沉寂了几十年的百雀羚再一次席卷神州大地。在热爱国产品牌、同时不断创新、符合年轻消费者心理的情况下，百雀羚成功占领了市场。在消费文化引导上，百雀羚也作出了积极示范。微信公众号的广告中主张国人不必被"低调"束缚，应为自己、为中国、为国货骄傲。百雀羚迎合了消费者的文化环境，使企业与消费者建立情感连接，激起消费者的情感共鸣，深化资深国货的品牌形象，实现了逆市上扬。

资料来源：王继昕.百雀羚：老树新花又逢春[J].上海商业,2018(11)：49-51.

四、社会因素

消费者行为也受到诸如参照群体、家庭和社会角色与地位等社会因素的影响。

（一）参照群体

参照群体是指那些直接或间接影响个人看法和行为的群体，一般分为直接参照群体和间接参照群体。一个人的行为深受许多群体的影响，个人所属并且有直接关系的群体称为直接参照群体。一是直接参照群体，与某人直接接触的一群人一般都是非正式的直接参照群体，如家庭成员、亲戚朋友、同事、邻居等，为首要群体。比较正式且不保持连续的相互影响的群体如宗教组织、职业协会等，为次要群体。二是间接参照群体，某人的非成员群体，即此人不属于其中的成员，但又受其影响的一群人。这种参照群体又分为向往群体和厌恶群体。向往群体是指某人推崇的一些人或希望加入的成为其中一分子的团体，例如体育明星、影视明星就是其崇拜者的向往群体。厌恶群体是指某人讨厌或反对的一群人。一个人总是不愿意与厌恶群体发生任何联系，在各方面都希望与其保持一定距离，甚至经常反其道而行之。

参考群体对消费者购买行为主要具有三方面的影响：一是参考群体为消费者展示出新的行为和生活方式，例如追随明星的消费。二是参考群体可以影响个人的态度和自我概念，因为一般人有效仿其参考群体的愿望。三是参考群体促使人们的行为趋于某种"一致化"，从而影响消费者对某些产品和品牌的选择。不仅如此，参考群体的影响力还取决于产品、品牌以及产品生命周期，国际营销人员应善于运用参考群体对消费者施加影响，扩大产品销售。

（二）家庭

家庭是社会中最重要的消费者购买组织，而家庭成员则是最有影响力的基本参考群体。影响购物取向的家庭成员包括父母和兄弟姐妹。不同的家庭状况有不同的消费行为，比如，家庭规模的大小就决定其购买行为的特点。家庭人口多，商品购买数量就大；三口之家，厨房用具和餐具自然小巧。

此外，处于不同寿命周期的家庭，购买行为也有很大差别。在美国，有人把家庭寿命周期分为七个阶段：①未婚阶段：单身汉。②新婚阶段：没有子女。③少子女阶段：年轻夫妇，有一个三岁以下的孩子。④多子女阶段：年轻夫妇，三岁以上的孩子在两个以上。⑤子女成年阶段：中年或老年夫妇，子女已经独立。⑥老年阶段：没有子女负担。⑦独居阶段：丧偶、独居。

不同阶段的家庭对于商品的需求和兴趣有明显的差异。每一阶段的家庭其权威性、职业状况、收入高低、人口多少、相关影响力大小等都不相同，都直接影响消费者的购买行为。

（三）社会角色与地位

一个人在其一生中会参加许多的群体，如单位、俱乐部或其他各种组织或团体。每个人在各自群体中的位置可用角色和地位来确定。每个角色都伴随着一种地位，同时也反映了社会对他（她）的总体评价。

情境重现

"网红直播"

双 11 催生了更多新的营销消费要素。"网红直播"是典型的社会要素引起的消费群体行为。据阿里数据显示,2019 年双 11 预售首日,天猫约 1.7 万个品牌开启卖货直播;双 11 当天,淘宝直播带动成交金额近 200 亿元。以淘宝主播带货数据为例,仅双 11 预售阶段,直播博主就创新了惊人业绩,创下 6 分钟成交额就破亿元、1 秒卖出 55 辆汽车的战绩。2019 年 11 月 11 日 1 时 3 分,淘宝直播引导成交额超 2018 年全天销售额。根据阿里巴巴 2019 年第三季度季报显示,淘宝直播 2019 财年带动的成交规模达千亿元,淘宝直播的同比增速超过 140%。被称作"带货女王"的薇娅,常年占据淘宝直播排位赛榜首,2 小时卖出 2.67 亿。中研普华研究指出,双 11 网红直播带货容易给消费者带来情感上的渲染,让消费者实时近距离地感受产品的使用情况,能够使消费者加大对产品质量的信任和好感,同时利用消费者的从众心理,下单和成交较为迅速,使"网红直播"的营销模式得到迅速推广和成功。

资料来源:林洁如.网红双 11:直播带货的背后[J].新产经,2019(12):36-39.

五、个人因素

(一)年龄

人们在一生中所购买的商品与服务是不断变化的。在食品、服装、家具和娱乐等商品上,人们的喜好与年龄有很大关系。例如,年轻人更追求时髦,热情奔放,乐于接受新事物。而老年人则一般比较稳健,不会轻易冲动,在消费上也相对比较保守谨慎。

(二)职业

不同职业的消费者由于受教育程度、工作环境、职业性质等方面的差别,表现为消费者需求和偏好的不同。职业与购买行为有着内在的因果关系。营销人员应努力找出对自己的产品和服务有浓厚兴趣的职业群体。一个公司甚至可以为特定的职业群体定制产品。例如,软件公司可以为会计师、工程师、律师或医生设计不同的计算机软件。

(三)生活方式

生活方式是人们根据自己的价值观念安排生活的模式。有些人虽然处于同一社会阶层,有相同的职业和相近的收入,但由于生活方式不同,其日常活动内容、兴趣、见解大相径庭,因此消费内容和消费方式也相去甚远。

(四)个性

个性是个人独特的心理特征。这种心理特征导致个人对环境作出相对一致和持久的反应。个性特征有若干类型,如外向与内向、细腻与粗犷、谨慎与急躁、乐观与悲观、领导与追随、独立性与依赖性等。

一个人的个性影响着消费需求和市场营销因素的反应。例如,统计和研究发现,外向的人爱穿浅色衣服和时髦的衣服、内向的人爱穿深色衣服和庄重的衣服。追随性的人对市场营销因素敏感度高,易于相信广告宣传,容易建立品牌信赖和渠道忠诚。独立性强的人对市场营销因素敏感度低,不轻信广告宣传。家用电器的早期购买者大多具有极强的自信心、控制欲和自主意识。

6.4　基于消费者行为的营销策略

消费者在购买商品时,会因商品价格、购买频率的不同,而投入购买的程度不同。西方学者根据购买者在购买过程中参与者的介入程度和品牌间的差异程度,将消费者的购买行为分为以下三种类型。

一、复杂型购买行为及其营销策略

复杂的购买行为即当消费者首次选购价格昂贵、购买次数较少的、冒风险的和高度自我表现的商品时,则属于高度介入购买。由于不了解这些产品的性能,他们则需要广泛地收集相关信息,并经过认真的研究,产生对这一产品的自己的观念,形成对品牌的态度,同时严谨地作出购买决策。

消费者在购买此类产品过程中,经历了收集信息、产品评价、慎重决策,用后评价等阶段,其购买过程就是一个学习过程,在广泛了解产品功能、特点的基础上,才能作出购买决策。如购买计算机、汽车、商品房等。

对这种类型的购买行为,企业应努力帮助消费者了解与该产品有关的知识,并设法让他们知道和确信本产品在比较重要的性能方面的特征及优势,使他们树立对本产品的信任感。这期间,企业要特别注意针对购买决定者做介绍本产品特性的多种形式的广告。

针对复杂性购买行为企业应采取的营销策略如下。

- 制作产品说明书,帮助消费者及时全面了解本企业产品知识,产品优势及同类其他产品的状况,增强消费者对本企业产品的信心。
- 实行灵活的定价策略。
- 加大广告力度,创名牌产品。
- 精准推销,聘请训练有素,专业知识丰富的推销员推销产品,简化购买过程。
- 实行售后跟踪服务策略,提高企业与消费者之间的亲和力。

情境重现

京东全球超级体验

2019年11月7日,京东全球首家超级体验店在重庆开业。资料显示,京东超级体验店设有7大专区、55个互动体验区,展示661个品类、1517个品牌以及8万余种产品,停车位有2000余个。产品主要以3C产品为主,消费者耳熟能详的品牌均在其中,用店内悬挂的横幅标语来说就是"永不落幕的AWE"。一方面,随着国民消费需求不断升级使智能电子产品更新换代的速度大大提高,这类产品成为快消品;另一方面,消费者追求消费体验的热情明显增长,线下体验模式的新优势正不断显现。线下体验店通过新技术增强消费者体验感,可以从场景、感知和数据三方面为消费者提供全方位的体验服务,这在某种程度上扩大了线下体验店的功能,帮助消费者更形象具体地了解产品的信息。

资料来源:于昊.超级体验店开业,京东向传统线下大连锁宣战[J].电器,2019(12):68-69.

二、协调型购买行为及其营销策略

协调型购买行为是指消费者对品牌差异小,不经常购买的单价高、购买风险大的产品,需要花费大量时间和精力去选购,购买后又容易出现不满意等失衡心理状态。当消费者高度介入某项产品的购买,但又看不出各厂牌有何差异时,对所购产品往往产生失调感。

因为当消费者购买一些品牌差异很小的商品时,虽然他们对购买行为持谨慎的态度,但他们的注意力更多的是集中在品牌价格是否优惠、购买时间、地点是否便利,而不是花很多精力去收集不同品牌间的信息并进行比较,而且从产生购买动机到决定购买之间的时间较短。

因此,这种购买行为容易产生购后的不协调感:即消费者购买某一产品后,或因产品自身的某些方面不称心,或得到了其他产品更好的信息,从而产生不该购买这一产品的后悔心理或心理不平衡。为了改变这样的心理,追求心理的平衡,消费者广泛地收集各种对已购产品的有利信息,以证明自己购买决定的正确性。

为此,商家及时化解的购买行为,应通过调整价格和售货网点的选择,并向消费者提供有利的信息,帮助消费者消除不平衡心理,坚定其对所购产品的信心。如购买家用电器、旅游度假等。消费者购买此类产品往往是"货比三家",以防上当受骗。

针对协调性购买行为企业应采取的营销策略如下。

- 价格公道、真诚服务、创名牌,树立企业良好形象。
- 选择最佳的销售地点,即与竞争对手同处一地,便于消费者选购。
- 采用人员推销策略,及时向消费者介绍产品的优势,化解消费者心中的疑虑,消除消费者的失落感。

📺 情境重现

好空调格力造

格力在早期成立区域性销售公司,当时很多人都不看好这个模式,但年底各大经销商的收入远远超过了投资,表明了区域性销售公司的模式实现了厂商共赢,稳固了格力的营销渠道。其后格力将这种模式推广到其他省份,大大拓展了格力的营销渠道,既让商家有钱可赚,也保证了格力空调的价格稳定在一个既定水平上。同时格力广告也一直倡导环保,绿色科技,强调格力的质量保证。"好空调,格力造""格力,掌握核心科技""让世界爱上中国造"等这些口号已经响彻大江南北了。格力产品在市场上突破了一定的用户规模,形成龙头优势,并依靠自身技术和产品质量,良好的售后服务,增加了客户黏性,通过口碑使产品推广面积更广阔。

资料来源:NAMI 米娜.格力成功营销案例的启示百度[EB/OL].(2013-01-02).https://wenku.baidu.com/view/3534856e1ed9ad51f01df20e.html.

三、变换型购买行为及其营销策略

广泛选择的购买行为又叫寻求多样化购买行为,是指消费者对产品品牌差异大,功效近似的产品,不愿多花时间进行选择,而是随意购买的一种购买行为。这种购买行为的消费者,表现为朝三暮四;不花太多的时间选择品牌,而且也不专注于某一产品,而是经常变换品种。例如,购买饼干,他们上次买的是巧克力夹心,而这次想购买奶油夹心。这种品种的更换并非对上次购买饼干的不满意,而是想换换口味。

面对这种广泛选择的购买行为,当企业处于市场优势地位时,应注意以充足的货源占据货架的有利位置,并通过提醒性的广告促成消费者建立习惯性购买行为;而当企业处于非市场优势地位时,则应以降低产品价格、免费试用、介绍新产品的独特优势等方式,鼓励消费者进行多种品种的选择和新产品的试用。

针对变换型购买行为企业应采取的营销策略如下。

- 采取多品牌策略,突出各种品牌的优势。多品牌决策是指企业在相同产品类别中同时为一种产品设计两种或两种以上互相竞争的品牌决策。此策略为宝洁公司首创。宝洁公司的洗发用品品牌众多,如飘柔、海飞丝、潘婷等。飘柔突出优势是柔顺头发,海飞丝突出优势是去头屑,潘婷是护理、营养头发。宝洁公司凭借强大的企业实力,多方位的广告宣传,使其品牌深入消费者心中,创造了骄人业绩。
- 价格拉开档次。通过价格区分不同消费能力的消费者的购买行为。
- 占据有利的货架位置,扩大本企业产品的货架面积,保证供应。
- 加大广告投入,树立品牌形象,使消费者形成习惯性购买行为。

📺 情境重现

双 11 层出不穷的营销计划

为了适应消费者的多种消费需求,电子商务平台体现了快速反应、推陈出新的一系列营销策略。例如,天猫在 2019 年双 11 设计了五种新玩法吸引消费者,包括全民开喵铺、盖楼大挑战、夺星大挑战、拉人赢红包和赢心愿大奖。京东联合商家推出"百亿补贴,千亿优惠"活动。拼多多在原有的"百亿补贴"计划基础上,重点补贴 3C 数码、美妆等品类,意图以补贴获得优势。苏宁则在 11 月 1 日至 4 日推出了会员专享活动,借此苏宁双 11 当天就新增超百万会员。

历数这些年的营销方式,如节日营销、红包营销、花呗提额、购物津贴、户外广告等,我们不难发现,新的营销方式不断提升了购物体验,使电商由单纯的商品货架展示,转为充满营销思维的互动娱乐平台。对企业来说,针对消费者的消费行为,实行不同的营销策略取得了事半功倍的销售业绩。

资料来源:刘峰.回望双 11 解读"新消费"[J].国家电网,2019(12):77-79.

📠 思考与练习

一、填空题

1. 消费者行为是指_____。
2. 基于效用理论的营销策略主要有_____、_____、_____和_____等类型。
3. 消费者行为的影响因素主要有_____、_____、_____和_____因素等类型。
4. 消费者行为的影响因素中社会因素包括_____、_____和_____等。
5. 基于消费者行为的营销策略类型包括_____、_____和_____营销策略。

二、单项选择题

1. 消费者效用最大化是(　　)。
   A. 商家在支出约束下所追求的收入最大化
   B. 商家在收入约束下所追求的效用最大化
   C. 消费者在支出约束下所追求的效用最大化
   D. 消费者在收入的约束下所追求的效用最大化

2. 消费者行为的影响因素中经济因素不包括(　　)。
   A. 商品价格　　　　B. 消费者收入　　　　C. 商品效用　　　　D. 个人情绪

3. 消费者市场出现分层现象的地区是(　　)。
   A. 北美洲　　　　B. 亚洲　　　　C. 非洲　　　　D. 欧洲

三、简答题

1. 简述消费者效用比较的两种理论。
2. 简述复杂型购买行为及其营销策略?

四、案例分析

苹果品牌从诞生之初就在计算机终端等领域树立了良好的品牌印象,象征着时代先锋、引领科技的印象。苹果智能手机的国际市场营销运用了大量消费者行为理论,并取得了理想的营销效果。在很长的一段时间,苹果手机锁定了客户,在全球范围内建立了庞大的"果粉"群体,这一群体对苹果手机新品忠诚度很高,使苹果手机连续多年在全球市场具有较高的占有率。

苹果的联合创始人之一乔布斯就是一个深谙诱惑和煽动的人。1983 年,乔布斯想将当时的百事可乐副总裁约翰·斯卡利挖过来做苹果的 CEO,为此他费了很多心思,但约翰·斯卡利不为所动。最后,乔布斯抛出了一句现代商业史上最具煽动性的话——"你是想卖一辈子的糖水呢,还是想抓住机会改变世界?"这句话像钟磬一样敲在斯卡利的心头。最终斯卡利成为苹果公司的 CEO。

对于客户,乔布斯更是发挥了强大的营销煽动力。在 2007 年的 Mac World 大会上,乔布斯展示了即将推出的 iPhone 手机。他用激情的口吻说:iPhone 是革命性的移动计算机,并大声宣称,iPhone 手机将"完全改变电信行业"。在演讲最后,乔布斯用煽动性的口气高喊:我敢与你赌一顿晚餐,你会爱上它的。iPhone 的广告词是"有超过 8 万个应用程序,几乎能做任何事情,只在 iPhone"。这句广告词让"果粉"们极力产生要把这部手机捧回家的渴望。一些消费者挡不住广告词的诱惑,即使借钱也要买一部 iPhone。在如此的诱惑和煽动下,消费者们为得到苹果产品蜂拥而至。

苹果不但在宣传的言语上煽动消费者,更在产品的品质上形成对消费者的诱惑力。不管软件还是硬件,苹果都实实在在地诱惑着消费者。在《苹果的致命诱惑》一文指出,苹果通过三个方面诱惑消费者:一是最唯美的外观诱惑。苹果追求极致美学的外观设计,苹果产品在亮相的第一时间就抓住了消费者的心。尤其是引领风潮的名人圈、时尚界、演艺界人士,更是苹果产品的首批购买者。这充分发挥了参照群体对消费者的影响作用。二是最适用的技术诱惑。苹果产品的技术创新不仅考虑到不让消费者花多余的钱,也考虑到让消费者使用产品的时候容易操作,甚至产生一种苹果优秀产品的幸福感和优越感,从而使苹果迷的队伍日渐壮大,苹果的品牌魅力与日俱增。这种做法是将用户注意力从商品消费转化为满足生活需求效用,突破了传统手机只是打电话等功能的需求印象,扩大了效用范围,进而提高客户满意度。三是最恰当的时机诱惑。苹果推出产品的时间往往是引爆这个市场的最好时机,不早也不晚。2001 年的 iPod 之前早已存在 MP3 音乐播放器,但市场不温不火,苹果一出,马上引爆。2007 年推出的 iPhone 虽然不是第一步智能手机,但同样时机精准。尤其是 2010 年推出的 iPad,让曾经押宝平板电脑的比尔·盖茨深感自己出手过早。

讨论:请搜集苹果的营销策略并结合案例内容,从整体上分析苹果运用了哪些消费者行为理论开展营销行为。

任务 7　国际竞争者

学习目标

- **知识目标**

(1) 了解国际竞争者的概念;

(2) 掌握国际竞争者的分类与识别方法;

(3) 掌握国际竞争者的综合分析内容;

(4) 掌握国际竞争者的综合分析的方法。

- **技能目标**

(1) 能够运用所学知识识别国际竞争者;

(2) 能够运用波士顿矩阵分析法、SWOT 分析法、PEST 分析法和五力模型分析法对国际竞争者进行综合分析。

任务驱动,做中学

假设你是一家跨境电商企业负责人,现在需要进军东南亚市场,请你选择进入国家并对国际市场竞争者进行相应分析。

7.1　对国际竞争者的识别

7.1.1　国际竞争者的概念

情境导入

从苏宁双 11 看竞争者

根据 2019 年苏宁双 11 排行统计,从品牌销售额来看,除了海尔和美的在线上和线下均稳居前两名外,其他各品牌排名竞争激烈,像容声、西门子、美菱、卡萨帝、松下、博世等品牌份额比较接近,排名随时都可能变化。目前,线上渠道的3~5名分别被容声、美菱、西门子占据,而在线下渠道,西门子跃居第3,卡萨帝升到第4,容声排到第5。从品牌销量来看,全渠道、线上和线下渠道排名中,海尔、美的、容声和美菱国产品牌稳居前4位,西门子则占据了全渠道和线下渠道的第5名。

资料来源:天极新闻.苏宁双11冰箱悟空榜:海尔、美的、容声位居前三[EB/OL].(2019-11-06).http://news.yesky.com/hotnews/341/608902341.shtml.

讨论:本案例中,哪些品牌构成了竞争者关系?

企业的国际竞争者是指在与本企业有共同或相近的国际市场上,与本企业有利益冲突,且对本企业构成一定威胁的组织或个人。从广义上讲,所有与本企业在国际市场上争夺同一目标客户群的企业都可视为竞争者,即我们常说的竞争对手。但事实上只有那些有能力与本企业抗衡的竞争者才是我们真正的竞争对手。

情境重现

滴滴与 Uber 全球多个市场激烈竞争

Uber 和滴滴是一对老对手,2018 年,虽然 Uber 公司撤出了东南亚市场,但是,他们仍然坚信在印度、中东、非洲等地区,Uber 最终会成为胜者。但他们也清醒地意识到,想要在这些市场取得成功并不容易,尤其是面临来自中国的滴滴在全球范围内的竞争中。尽管 Uber 在印度与 Ola、在中东和非洲与 Careem 等本土对手竞争激烈,但很少有其他公司能像滴滴一样与 Uber 拥有同等级别的全球影响力。

资料来源:腾讯科技.滴滴与 Uber 全球市场布局分析对比 多个领域激烈竞争[EB/OL].(2018-06-06).https://tech.qq.com/a/20180606/006650.htm.

7.1.2 国际竞争者的分类与识别

情境导入

爱彼迎再次"掘金"日本

2019 年 6 月 15 日,随着赴日游的兴起,爱彼迎再次加码布局日本民宿市场。此前爱彼迎公司已经制定了"日本 2020"计划,目标是在 2020 年东京奥运会之前完成每年吸引 4000 万人次的游客。当然,盯上日本市场的还有其他平台。比如途家、小猪短租等都不甘人后,未来,在日本民宿市场上将形成激烈的竞争态势。

资料来源:电商报.爱彼迎再次掘金日本,挑战重重难现往日荣光[EB/OL].(2019-06-15).http://www.ebrun.com/20190615/337752.shtml.

讨论:试析爱彼迎在日本市场上将如何面对竞争对手?

一、按国际市场产品替代观念划分国际竞争者

根据产品替代观念,我们把企业的国际竞争者区分为以下四种类型。

（一）品牌竞争者

当国际市场上其他企业以相似的价格向相同的顾客提供类似产品与服务时，企业将其视为国际竞争者。比如，在美国汽车市场上，梅赛德斯奔驰会把讴歌、奥迪、宝马作为主要竞争对手，但是它并不会将劳斯莱斯当成美国的主要竞争对手。

（二）行业竞争者

行业竞争者是指企业把在全球市场上制造同样或同类产品的企业都广义地视作竞争者。如戴尔公司在全球市场上，自己在与全球计算机制造商进行着竞争。

（三）形式竞争者

形式竞争者是指企业可以更广泛地把在海外市场能提供相同服务或产品的企业都作为竞争者。例如，丰田公司认为自己不仅与汽车制造商竞争，还与钢铁、农药、电子以及建筑领域的对手在竞争。

（四）愿望竞争者

愿望竞争者是指企业还可进一步更广泛地把所有在国际市场上争取同一消费群体购买力的企业都看作国际竞争者。如中国石化认为自己在未来会与所有的咖啡经销商进行竞争。

二、按照企业在国际市场上所处地位划分国际竞争者

（一）国际市场领导者

国际市场领导者是在某一产品或服务的国际市场中拥有最大市场份额的企业或营销组织。通常在价格变化、新产品引进、分销覆盖和促销强度上起领导作用。为保持优势地位，常会采用扩大国际市场总需求，维持现有国际市场份额，甚至增加其国际市场份额的战略。

（二）国际市场挑战者

国际市场挑战者是指那些积极向行业领先者或其他竞争者发动进攻来扩大其国际市场份额的企业，这些企业可以是仅次于市场领先者的大公司，也可以是那些让对手看不上眼的小公司。只要是为了扩大国际市场份额，对其他企业发动进攻的企业，都可以称为国际市场挑战者。

（三）国际市场追随者

国际市场追随者是指那些不愿扰乱国际市场形势的一般企业，这些企业认为，他们所占有的市场份额比市场领先者低，但自己仍然可以盈利。他们害怕在混乱的市场竞争中损失更大，他们的目标是盈利而不是国际市场份额。

（四）国际市场补缺者

国际市场补缺者是指那些选择不大可能引起大企业兴趣的国际市场的某一部分进行专业化经营的小企业。这些企业为了避免同大企业发生冲突，往往占据着市场的小角落。它们通过专业化的服务，来补缺可能被大企业忽视或放弃的国际市场进行有效的服务。

三、按竞争者在国际市场的成熟度划分国际竞争者

国际市场竞争者可以分为现实国际竞争者和潜在国际竞争者。而现实国际竞争者又可分为直接竞争对手、间接竞争对手和替代性竞争对手。一个企业面临的竞争对手，更可能是那些新出现的对手，而不仅仅是当前的竞争者。

（一）现实国际竞争者

在国际市场上，现实竞争者是指那些正在和企业做相同或相似业务的企业或个人，并且这些组织和个人已与本企业发生利益冲突或形成对比的竞争者。

现实的国际竞争者可分为直接国际竞争者、间接国际竞争者。

1. 直接国际竞争者

直接国际竞争者是指生产经营同品类、同品种产品或服务，与本企业在国际上角逐共同目标市场，与企业构成直接竞争关系的企业。他们主要来自同行企业，表现为全方位的正面竞争势态，对手的强弱不仅直接影响到市场的需求状况，并且直接影响到本企业的国际市场占有率，一般比较容易识别。

2. 间接国际竞争者

间接国际竞争者是在国际市场上，同企业基础条件存在一定差异的同类企业或生产替代品的企业。这些竞争者通常以主体企业的市场为目标有着相同或相似的价值评价，但销售不同的产品。间接竞争者一般来自其他行业，最容易被忽视，所以具有很大的威胁性。

总体而言，现实国际竞争者一般是根据产品形式、行业、品牌和消费愿望，划分出不同类型的市场竞争，然后企业在同类型的国际市场竞争中确定自己的直接竞争对手。当然，也可以利用行业细分来确定国际市场上的现实竞争对手。它可以帮助企业直接、准确地确定自己在行业中所处的地位，从事的商业活动的界面，从而精确地定位现实国际竞争对手及竞争双方在国际市场上所处的相对位置。

💻 情境重现

航空领域的激烈竞争

随着北京开始放宽长达十年的限制，允许更多中国航空公司提供服务，乘坐20条受欢迎的长途航线飞往中国的外国航空公司将面临新的竞争压力。这一变化影响了中国长途日常运力的20%，同时也成为美国和欧洲航空公司的热点，如美国联合航空公司（UAL.O）和法国航空公司（AIRF.PA），这些航空公司的成本较高，其国家的出境需求较低，对中国游客的文化吸引力较小。一些航空公司已经表示在巨额亏损的状态下放弃一些中国航线。比如包括法航荷航，汉莎航空（LHAG.DE），加拿大航空（AC.TO），英国航空公司（ICAG.L），维珍航空公司［VA.UL］，新西兰航空公司（AIR.NZ），美国联合航空公司，达美航空公司（DAL.N）和美国航空公司等在内的竞争企业。

资料来源：观察者网. 外媒：民航局放松这项政策 一些外国航空吃不消了[EB/OL]. (2018-09-27). https://www.guancha.cn/internation/2018_09_27_473564_s.shtml.

（二）潜在国际竞争者

潜在国际竞争者是指在国际市场上暂时对企业不构成威胁但具有潜在威胁的竞争者。

而潜在竞争者的可能威胁,取决于进入行业的障碍程度以及行业内部现有企业的反应程度。这种障碍可能会涉及规模经济、品牌忠诚、资金要求、分销渠道、政府限制及其他方面等。

在国际市场上,企业实际的和潜在的竞争者范围是广泛的。比如,麦当劳虽然知道汉堡王是它当前主要的竞争对手,但是并不意味着它的主要竞争对手在目前或者未来只有汉堡王;爱普森扫描仪可能之前一直是把佳能作为其主要对手,但是它现在或未来面临的主要威胁可能是来自手机扫描 APP 的广泛使用。所以,一个企业要识别其竞争者并不是一件容易的事情。

比如现在巨无霸的中石化,开通了"安心买菜"业务,"不下车,不开窗;三天量,一整箱,一键送到后备厢",实现了跨界与生鲜电商成为竞争者;浙江吉利控股集团收购澳大利亚汽车自动变速器公司 DSI 后,在进入变速器领域后,迅速提升企业核心技术水平和竞争力,实现了协同效应,也成了变速器行业内的竞争对手等。潜在国际竞争者的信息往往呈隐性状态,最容易被忽视,搜集的难度也很大,只有长期监视跟踪竞争对手,将收集获得的信息进行整理、分析研究,才能准确判断出本企业所需要的竞争对手情报。

7.2 对国际竞争者的综合分析

企业在进行国际市场营销活动中,必须要对主要竞争者进行综合分析,在识别主要竞争者的前提下,主要需要判断竞争者的市场策略、确认国际竞争者的国际市场目标、评估国际竞争者的优势与劣势。

7.2.1 综合分析的内容

📖 情境导入

百事可乐对可口可乐的六次"进攻"

由于比百事可乐公司早成立 13 年,可口可乐抢占了极好的市场先机。在第二次世界大战以前,可口可乐绝对是碳酸饮料市场的王者。为了超过可口可乐,百事可乐开始了重要的六次攻势。

百事可乐的第一次进攻是在 1929 年到 1945 年"二战"结束期间。百事可乐趁可口可乐开拓海外市场的间隙,打起了价格战。当时,5 分钱只可买到 6.5 盎司一瓶的可口可乐,但却可以买到 12 盎司的百事可乐。

百事公司的第二次进攻在 1959 年。此时,美国博览会在莫斯科召开。百事可乐决定借机开拓海外市场。百事公司总裁肯特利用与时任美国副总统尼克松的关系,请求苏联领导人赫鲁晓夫尝一尝百事可乐的味道。百事可乐由此进入以苏联为主的一大批社会主义国家,并始终垄断着这些海外市场。

百事可乐的第三次进攻是在 20 世纪 60 时代,直接挑战可口可乐的营销大本营:年轻人。百事可乐这一次的攻势同样大获全胜,到了 20 世纪 60 年代中期,百事可乐几乎成了美国年轻人的标配。

百事可乐的第四次进攻是在 20 世纪 70 年代发动一场与可口可乐口味的比较赛。为了挑战人们心中"老品牌更靠谱"的观念,百事可乐在许多地方进行品尝实验,把可口可乐和百事可乐都去掉商标,以字母 Q 和 M 进行标记。由于百事可乐的含糖量比可口可乐多出9%,在口味上比可口可乐更甜。因此,消费者纷纷选择带有"M"字样的百事可乐。

百事可乐的第五次进攻是与餐饮业合作。在 1977 年与肯德基、必胜客等知名企业进行合作。

百事可乐的第六次进攻是率先和明星进行合作。比如在 1988 年,百事公司以 500 万美元的酬劳,聘请当时的天王巨星迈克尔·杰克逊代言百事可乐,此举让百事可乐打了一个大胜仗——年轻人纷纷转向百事可乐。

资料来源:搜狐网. 相爱相杀:百事可乐和可口可乐的百年较量[EB/OL]. (2019-07-22). https://m.sohu.com/a/328440087_117348.

讨论:面对百事可乐的猛烈进攻,可口可乐是如何应对的?

一、判断国际竞争者的市场策略

一个企业需要了解每个竞争者在国际市场上更详细的信息,包括竞争者业务、营销、制造、研究与开发、财务和人力资源战略,产品质量,定价方针和顾客服务等。同时,也必须不断地监测国际竞争者的相应市场策略。国际竞争者的市场策略一般涉及以下三类。

(一)低成本竞争策略

低成本策略的优势就是努力降低产品生产和分销成本,而使自己的产品价格低于国际竞争对手的价格。

(二)差异化策略

差异化策略是指为了使企业产品、服务、企业形象等与竞争对手有明显的区别,以获得竞争优势而采取的策略。

(三)重点集中策略

重点集中策略是指企业或事业部将经营重点集中在市场或产品的某一部分,比如集中于某个特定的用户群体或者某种细分的产品线又或者某个细分市场。

企业需要根据国际竞争者的市场策略,作出判断,并不断修订其相应策略。对于同一策略群体的竞争者而言,可以划为同一策略群体。属于同一策略群体的竞争者一般采用类似的策略,相互之间存在着激烈的竞争。而对于不同策略群体的竞争者而言,企业尽管采用不同的策略,但仍然存在着不同程度的竞争。

二、确认国际竞争者的国际市场目标

每一个竞争者各种行为的背后都有其所隐藏的动机和未来的目标,企业必须搞清楚每个竞争者在国际市场上的目标追求及其行为推动力。国际竞争者的市场目标会受到很多因素的影响。所以要确认对手目标,就要对他们的国别背景、公司规模、公司历史、目前的管理方式和经济状况等进行充分了解与分析,并进行最终确认。常规意义上,在对国际竞争者进行目标分析时,会从该企业的资金财务、市场占有、技术研发、企业形象等维度来分析,目的在于判断竞争对手在国际市场竞争环境下可能采取的对策以及可能进行的战略调整。

三、评估国际竞争者的优势与劣势

在国际市场竞争中,企业需要分析竞争者的优势与劣势,做到知己知彼,才能有针对性地制定正确的市场竞争战略,以避其锋芒、攻其弱点、出其不意,运用竞争者的劣势来争取市场竞争的优势,从而来实行企业国际营销目标。一个企业应收集每个竞争者业务上的最新关键数据,包括产品竞争力、品牌影响力、经营能力、拓展能力、议价能力、促销策略、媒体策略、服务能力、销量、市场份额、毛利润、投资回报率、现金流量等。同时,企业还应通过向相关方面比如顾客、供应商以及中间商等调研相关营销信息。如果在这个过程中,发现了竞争者的劣势,企业应设法辨认其业务和市场并从中寻找不足之处,进而制定出竞争策略。

可以运用 SWOT 分析对竞争对手的优势和劣势进行评价,评价指标主要包括竞争对手的市场占有率、投资回报率和顾客满意度是每一个企业都应该重视并随时监测的。

(一) 市场占有率

市场占有率在很大程度上反映了企业的竞争地位和盈利能力,是企业非常重视的一个指标。可以从数量和质量两个维度来评估,其中数量对应的是市场占有份额的宽广度,而质量对应的是市场份额的大小。

(二) 投资回报率

评估国际竞争者优劣势时,一个需要考量的重要指标是投资回报率。它是指竞争对手从一项投资性商业活动的投资中得到的经济回报,它是衡量竞争对手经营效果和效率的一项综合性指标。

(三) 顾客满意度

客户满意是客户需要得到满足后的一种心理反应,是客户对产品或服务本身或其满足自己需要程度的一种评价。客户满意主要包含三个层次的内容,即物质满意、精神满意和社会满意。虽然这三个层次间的界限是模糊的,但是却直接影响顾客对竞争对手企业的"支持度"。一般有两个衡量指标,顾客满意率和顾客忠诚度。顾客满意率和顾客忠诚率越高,市场份额质量也就越好,反之,市场份额质量就越差。企业在进行竞争对手分析时,可以通过全面分析顾客满意度,找出竞争对手的优劣势,从而制定相应的策略。

💻 情境重现

优衣库全球推进

2018 年优衣库在阿姆斯特丹开设荷兰首家门店,2019 年 4 月在哥本哈根开设丹麦首家门店,2019 年 9 月刚刚进驻第十个欧洲市场——意大利,2019 年 10 月就在德里开设印度首间门店,11 月进军越南,打开第七个东南亚市场。优衣库一直迅速向国际市场推进。举例而言,为了加紧拓展海外市场,优衣库在 2018 年重金 3 亿美元签约网球巨星费德勒,优衣库如此迫切地争夺体育营销资源,一方面是为了弥补与欧美快时尚品牌,如 Zara 和 H&M 集团品牌认知度的差距。因为与这些欧美快时尚品牌相比,优衣库在亚洲地区的认知度相对更高,在欧美地区则明显较低。

资料来源:国际品牌观察网. 优衣库海外市场首次超过日本本土[EB/OL]. (2019-10-11). http://www.c-gbi.com/v4/7311.html.

四、确定企业营销对策

确定企业的国际营销对策,首先要精心设计企业的竞争情报系统,进行有针对性的市场调研活动,以选择市场竞争者和制定进攻或回避对策。

(一)设计竞争情报系统

企业设计竞争情报系统时,需要从四个方面入手。

1. 建立系统

企业必须明确哪些竞争情报信息最为重要,识别这方面信息的最佳来源并委派专人管理这个系统及其业务。

2. 收集资料数据

这些资料数据可以来自实地调研,主要来源是推销人员、销售渠道、供应商、市场调研公司、同业公会及竞争者的顾客等,也可以从观察竞争者或分析实物证据来获得信息,企业需要的资料数据还可以从公开资料如公开出版物、政府统计资料、互联网络等渠道获得。

3. 估计与分析

估计与分析即检查资料的有效性与可靠性,并进行研究分析,判断对企业营销活动的影响。

4. 传播与反应

在传播与反应环节,关键的信息要送到有关决策者手上,并解答经理们有关竞争者问题的询问。

借助这个精心设计的系统,企业经理将及时收到有关竞争者电话访问、布告、时事通讯或报告等各种形式的信息。经理还可通过与该部门接触,了解竞争者突然行动的原因,或了解竞争者的优势和劣势、竞争者对公司行动会产生的反应等。

(二)选择竞争者以便进攻或回避

获得良好的竞争资讯后,企业负责人就会很容易地制定其竞争战略,准确地确定在市场上与谁进行有效的竞争。一般来说,可以通过分析,在下列分类的竞争者中筛选出一个进行集中进攻:强大竞争者与弱小竞争者、近竞争者与远竞争者。

1. 强大竞争者与弱小竞争者

大多数公司喜欢把目标瞄准软弱的竞争者这样,在取得市场份额的每一个百分点上投入的财力、人力、物力及时间较少。另外,企业还应与强有力的竞争者竞争,因为通过与其竞争,企业不得不努力地提高甚至赶超目前的工艺水平;另一方面,即使是强有力的竞争者也会有某些方面的劣势和不足,企业正可通过与其竞争来证明自己的实力。

2. 近竞争者与远竞争者

大多数公司会选择那些与其产品极度相似的竞争者竞争,如 UPS 会与 Fedex 竞争而不会与沃尔玛竞争。

五、评价竞争对手的反应模式

竞争者反应模式是指某一竞争者对一竞争行动的反应类型。分析竞争者反应模式可以使企业能确认在什么地方应集中优势进攻,在什么地方应加强防守,在什么地方应主动退让;应进攻谁,回避谁,拟定较适合企业的市场竞争战略,争取处于较为有利的竞争地位。

竞争者的反应模式一般有以下四种类型。

(一)从容型竞争者

从容型竞争者是指一个竞争者对某一特定竞争者的行动没有迅速反应或反应不强烈。竞争者缺少反应的主要原因有:他们可能感到顾客是忠于他们的;对竞争者主动行动的反应迟钝;他们也可能没有作出反应所需的资金等,企业在分析时一定要弄清楚竞争者从容不迫行为的原因。

(二)选择型竞争者

选择型竞争者可能只对某些类型的攻击作出反应,而对其他类型的攻击则无动于衷。了解主要竞争对手会在哪方面作出反应可为公司提供最为可行的攻击类型。

(三)凶狠型竞争者

凶狠型竞争者会对向其所拥有的领域所发动的任何进攻都会作出迅速而强烈的反应。凶狠型竞争者意在向另外一家公司表明,最好不要发起任何攻击。宝洁公司就是这类的竞争对手。

(四)随机型竞争者

随机型竞争者竞争者在任何特定情况下可能会也可能不会作出反击,不易预测。比如,许多小公司在国际市场中就是随机型竞争者。

7.2.2　综合分析方法

📖 情境导入

华为进军东南亚

2000 年之后,华为全面开拓全球市场,先后在非洲、东南亚、北美、欧洲等地区开展业务,并在部分地区建立研发中心,为华为在日后在海外的发展奠定基础。以东南亚为例,目前泰国、新加坡电信公司 M1、马来西亚电信公司 Maxis、印度尼西亚电信公司 TelKomsel、菲律宾电信公司 Globe Telecom 等都与华为签订了 5G 合约。华为能取得东南亚各国的信任离不开早年对东南亚市场开拓和多年来的妥善经营!早年,华为全面开拓东南亚市场,最终在华为密集的泰国取得了初步的成功,连续拿下了几个较大的移动智能网订单。

资料来源:搜狐网.大局已定:华为 5G 被东南亚国家用定了 美国"昏招"失效[EB/OL].(2019-04-21).https://www.sohu.com/a/309329919_215936.

讨论:试对华为进入东南亚市场进行竞争者分析。

每个企业在制定国际竞争策略时,都需要对国际竞争者进行分析。只有这样才能更好地了解竞争对手,熟悉对方的市场策略,并有针对性的内部调整从而更好地应对竞争者的挑战。

一、波士顿矩阵分析法

在进行国际竞争者分析时,经常会用到波士顿矩阵,也叫四象限分析法。

波士顿矩阵认为一般决定产品结构的基本因素有两个：即市场引力与企业实力。市场引力包括整个市场的销售量(额)增长率、竞争对手强弱及利润高低等。其中最主要的是反映市场引力的综合指标—销售增长率，这是决定企业产品结构是否合理的外在因素。

通过以上两个因素相互作用，会出现四种不同性质的产品类型，销售增长率和市场占有率"双高"的明星类产品；销售增长率和市场占有率"双低"的瘦狗类产品；销售增长率高、市场占有率低的问题类产品以及销售增长率低、市场占有率高的金牛类产品。这种方法的应用不但提高了管理人员的分析和战略决策能力，同时还帮助他们以前瞻性的眼光看问题，更深刻地理解企业各项业务活动之间的联系，及时调整企业的业务投资组合，收获或放弃萎缩业务，加大在更有发展前景的业务中的投资，紧缩那些在没有发展前景的业务中的投资，从而在市场营销过程中更好地应对竞争者的挑战，从而更好地适应国际市场。

但同时也应该看到这种方法的局限性，该方法难以同时顾及两项或多项业务的平衡。因此，在使用波士顿矩阵法时要尽量查阅更多资料，审慎分析，避免因方法的缺陷而造成决策的失误。

二、SWOT分析法

SWOT分析法是在对国际竞争者分析时常用到的分析法。基于内外部竞争环境和竞争条件下的态势分析，运用这种方法，可以对研究对象所处的情景进行全面、系统、准确的研究，从而根据研究结果制定相应的发展战略、计划以及对策等。它是对企业所处的外部环境以及企业内部环境的一种综合分析方法。

SWOT这4个英文字母代表strength(优势)、weakness(劣势)、opportunity(机会)和threat(威胁)。SWOT可以分为两部分。第一部分为SW，主要用来分析内部条件；第二部分为OT，主要用来分析外部条件，如图7-1所示。

内部因素

| 外部 | S | W | 机会 |
| 因素 | O | T | 威胁 |

优势　　劣势

图7-1　SWOT分析表

SWOT分析不但能用于竞争对手分析，同时也可以用于公司战略、市场定位等方面。用SWOT分析竞争对手就是将收集到的竞争对手情报进行综合分析，并最终形成分析结论和策略。该方法经常配合PEST分析法使用。

三、PEST分析法

针对SWOT中的机会部分，可以用PEST进行分析。企业在进行国际竞争者分析时，势必离不开宏观环境，而PEST分析法能从各个方面比较好地把握宏观环境的现状及变化的趋势。PEST是从政治(politics)、经济(economic)、社会(society)、技术(technology)四个方面，基于公司战略的眼光来分析企业外部宏观环境的一种方法。具体分析内容如下。

（一）政治环境

政治环境是指一个国家或地区的政治制度、体制、方针政策、法律法规等方面。这些因素常常影响着企业的经营行为，尤其是对企业长期的投资行为有着较大影响。

（二）经济环境

经济环境是指企业在制定战略过程中须考虑的国内外经济条件、宏观经济政策、经济发展水平等多种因素。

（三）社会环境

社会环境主要指组织所在社会中成员的民族特征、文化传统、价值观念、宗教信仰、教育水平以及风俗习惯等因素。

（四）技术环境

技术环境是指企业业务所涉及国家和地区的技术水平、技术政策、新产品开发能力以及技术发展的动态等。

SWOT 配合 PEST 分析，有利于企业更精确地进行国际竞争者分析，如图 7-2 所示。

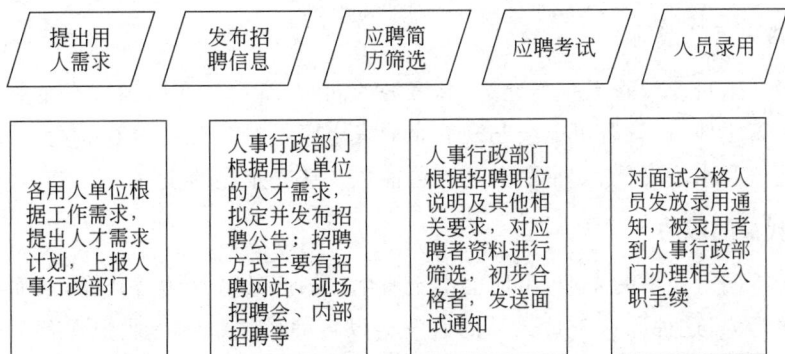

图 7-2　PEST 模型

四、五力模型分析法

在进行国际竞争者分析时，可以运用五力模型有效地分析客户的竞争环境，它可以针对 SWOT 中的威胁部分进行有效分析。五力模型确定了竞争的五种主要来源，即供应商和购买者的讨价还价能力，潜在进入者的威胁，替代品的威胁以及最后一点，来自在同一行业的公司间的竞争，如图 7-3 所示。

（一）供应商的议价能力

供方主要通过其提高投入要素价格与降低单位价值质量的能力，来影响行业中现有企业的盈利能力与产品竞争力。供方力量的强弱主要取决于他们所提供给买主的是什么投入要素，当供方所提供的投入要素其价值构成了买主产品总成本的较大比例、对买主产品生产过程非常重要，或者严重影响买主产品的质量时，供方对于买主的潜在讨价还价力量就大大增强。

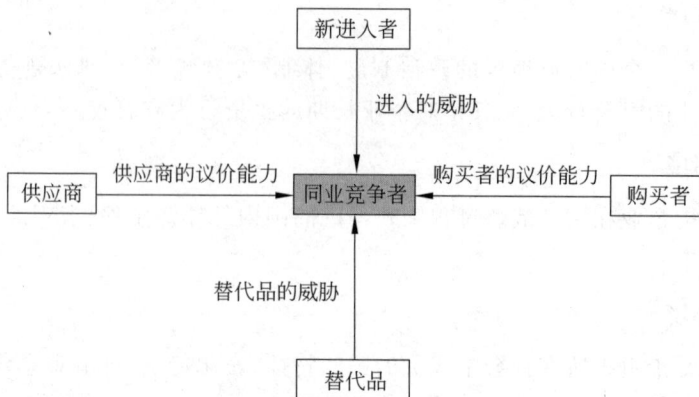

图 7-3　五力模型

（二）购买者的议价能力

购买者主要通过其压价与要求提供较高的产品或服务质量的能力，来影响行业中现有企业的盈利能力。

（三）新进入者的威胁

新进入者在给行业带来新生产能力、新资源的同时，将希望在已被现有企业瓜分完毕的市场中赢得一席之地，这就有可能会与现有企业发生原材料与市场份额的竞争，最终导致行业中现有企业盈利水平降低，如果严重还有可能危及这些企业的生存。

（四）替代品的威胁

两个处于不同行业中的企业，可能会由于所生产的产品是互为替代品，从而在它们之间产生相互竞争行为，这种源自于替代品的竞争会以各种形式影响行业中现有企业的竞争战略。总之，替代品价格越低、质量越好、用户转换成本越低，其所能产生的竞争压力就强；而这种来自替代品生产者的竞争压力的强度，可以具体通过考察替代品销售增长率、替代品厂家生产能力与盈利扩张情况来加以描述。

（五）同业竞争者的竞争程度

大部分行业中的企业，相互之间的利益都是紧密联系在一起的，作为企业整体战略一部分的各企业竞争战略，其目标都在于使自己的企业获得相对于竞争对手的优势，所以，在实施中就必然会产生冲突与对抗现象，这些冲突与对抗就构成了现有企业之间的竞争。现有企业之间的竞争常常表现在价格、广告、产品介绍、售后服务等方面。

📺 情境重现

生鲜电商行业市场阶段竞争态势的五力模型分析

生鲜电商作为电商品类中的后起之秀，一直备受关注，也涌现出一批准备进入该领域的企业。某企业准备进入该市场前，现运用五力模型对某阶段生鲜电商行业市场进行竞争态势分析。

1. 供应商

中粮我买网和光明菜管家是传统食品公司进军生鲜电商的两位典型代表,莆田网、优菜网、本来生活网等垂直生鲜电商是生鲜电商的发起者。

2. 购买者

以一二线城市用户为主,受教育程度高的年轻用户为主力人群,中产阶级家庭用户为线上生鲜消费主力。

3. 潜在进入者

农场直销模式的代表,诸如多利农庄、沱沱工社。

4. 替代产品

社区附近的超市,菜市场等满足大众基本需求的地方。

5. 行业内竞争者

淘宝、天猫、一号店、亚马逊等为代表的传统综合电商平台模式(即 C2C 模式);生活网、莆田网、优菜网为代表的垂直电商模式(B2C 模式);微商为代表的线上下单支付,线下门店取货的 O2O 模式。

资料来源:人人都是产品经理网. 生鲜电商的七种模式分析,看谁能脱颖而出?[EB/OL]. (2015-03-31). http://www.woshipm.com/it/145702.html/comment-page-1.

小 结

对国际市场上的竞争者全面研究是企业开展国际市场营销活动中重要一环。在识别主要竞争者的前提下,运用恰当合理的分析方法判断竞争者的市场策略、确认国际竞争者的国际市场目标、评估国际竞争者的优势与劣势从而全面分析了解国际竞争者,这是国际市场营销成功的必要条件之一。

思考与练习

一、填空题

1. 企业的_____,是指在与本企业有共同或相近的国际市场上,与本企业有利益冲突,且对本企业构成一定威胁的组织或个人。

2. 根据产品替代观念,我们把企业的国际竞争者区分为_____、_____、_____和_____四种类型。

3. _____是指在国际市场上暂时对企业不构成威胁但具有潜在威胁的竞争者。

4. _____分析法难以同时顾及两项或多项业务的平衡。

5. SWOT 分析法中,_____主要是用来分析内部条件的。

二、单项选择题

1. 在波士顿矩阵分析法中,销量增长快、市场占有率低的产品称为( )。

    A. 金牛产品   B. 明星产品   C. 问题产品   D. 瘦狗产品

2. 在世界市场上处于中等竞争地位和市场占有率的企业常采用的战略是( )战略。

　　A. 市场领导者　　　　B. 市场挑战者　　　　C. 市场追随者　　　　D. 市场后起者

3. 从企业进入国际市场的实际过程来看,大多采取的进入方式是(　　　)。

　　A. 先难后易　　　　B. 先易后难　　　　C. 先近后远　　　　D. 先远后近

三、多项选择题

1. 国际市场竞争者可以分为(　　　)。

　　A. 现实国际竞争者　　　　　　　　B. 潜在国际竞争者

　　C. 直接国际竞争者　　　　　　　　D. 间接国际竞争者

2. SWOT 分析法的内涵是(　　　)。

　　A. 优势　　　　　　B. 劣势　　　　　　C. 机会

　　D. 威胁

3. 按照企业在国际市场上所处的地位划分,可以分成(　　　)。

　　A. 国际市场领导者　　　　　　　　B. 国际市场挑战者

　　C. 国际市场追随者　　　　　　　　D. 国际市场补缺者

四、判断题

1. 间接国际竞争者是指在国际市场上暂时对企业不构成威胁但具有潜在威胁的竞争者。

　　　　　　　　　　　　　　　　　　　　　　　　　　　　　　　　　(　　　)

2. 在国际市场竞争中,企业需要分析竞争者的优势与劣势,做到知己知彼,才能有针对性地制定正确的市场竞争战略。　　　　　　　　　　　　　　　　　　　　(　　　)

3. 国际市场领导者是在某一产品或服务的国际市场中拥有最大市场份额的企业或营销组织。　　　　　　　　　　　　　　　　　　　　　　　　　　　　　　　(　　　)

4. 跨行业的国际企业,彼此不会成为竞争对手。　　　　　　　　　　　　(　　　)

实训课堂

一、思维训练

　　伊利进入国内市场时,当时主要的竞争对手有"和路雪""雀巢""新大陆"。"和路雪"是世界上最大的冰激凌制造商——联合利华公司与中国合资推出的冰激凌产品,上市后首先改变了中国消费者对于冰激凌产品原本清晰的分类。1996 年,"和路雪"在中国经过三年的征战,逐步在中国市场上站稳脚跟,在知名度和销售量上占据着绝对优势。"雀巢"公司也在1996 年将他们在中国的总部由香港迁至北京,并在天津和青岛投下巨额资本兴建现代化的冰激凌生产线。1997 年,人们发现在街头"和路雪"的冰柜和广告旁并排摆放着"雀巢"冰柜和价格招牌。与"和路雪"同样大小的冰柜被雀巢公司漆成了淡蓝色,价格卡和广告牌也和"和路雪"十分相像。"新大陆"是较弱的一个竞争者。但面对实力雄厚的竞争对手,广告投入的资金短缺可能使他们被一点点地从消费者的视野中挤出。

　　要求:发散思维,多角度思考此案例。

　　讨论:请分析伊利进入冰激凌市场时的竞争状况。并对当时伊利的国际竞争对手进行SWOT 分析。

二、案例分析

案例1：2019年6月11日，小米公司推出了一款中性笔，这款中性笔号称能够书写17万字，以超大的墨为卖点。从这件事本身来看，小米直接跨界挑战了当今中性笔市场第一名——晨光，对于长期以来一直是一家独大的晨光而言，如今突兀出现的跨界竞争对手，绝对不可小觑。

分析：请结合竞争者分析，思考小米的跨界案例给你哪些启示？

案例2：亚马逊和eBay都曾经试图在中国市场大展拳脚，但基本因为水土不服而败北。比如，亚马逊在中国基本上还是维持着针对美国客户的设计和习惯，针对当地市场的调整很少。而eBay在中国市场依然遵从在美国经营的方式，专注的是拍卖业务，而中国消费者更倾向于固定价格。目前，我国电商市场呈现出以电商三巨头：阿里巴巴、京东、拼多多的较高垄断性竞争格局的态势。

分析：请分析eBay和亚马逊早前在中国市场失败的原因。

案例3：最近，一家位于日本秋叶原的麦当劳在2020年1月31日停止营业。为告知顾客，他们在店外挂起告示海报，宣布停业信息，并附上了麦当劳叔叔潇洒挥手告别的图片。而在这家麦当劳旁边不远处，也开着一家汉堡王，两家相互竞争了数年。他们为了回应这次麦当劳的黯然退场，也挂起了一张内容暖心的告示，告示内容没什么问题，甚至让大部分人都非常感动，赞叹这对竞争对手之间的羁绊之情。但好景不长，很快就有人发现了盲点——如果按照日语把告示第一行竖着读，得出的翻译是"我们赢了"。发现这一藏头诗后，日本网友大呼震惊，表示没想到汉堡王居然这般"腹黑"。

分析：汉堡王和麦当劳在国际市场针锋相对的原因是什么？站在麦当劳的角度，综合分析汉堡王的国际竞争力。

项目 三

国际营销市场调研、目标市场及进入模式选择

任务 8　国际营销市场调研

学习目标

- **知识目标**
（1）了解国际营销市场调研的概念、内容；
（2）掌握国际营销市场调研的方法；
（3）掌握国际营销市场调研的流程设计。

- **技能目标**
（1）通过调研方法的学习，具备国际市场调研的技能；
（2）能灵活运用国际市场调研的知识和技术，设计有效的国际市场调研方案。

任务驱动，做中学

在目前的"一带一路"大背景下，中国企业纷纷实施"走出去"战略，积极开拓国际市场。你所在的公司打算把生产的男士皮鞋产品销往哈萨克斯坦，但是由于缺乏对该国的了解，公司决策层一直难以决策。出于稳妥考虑，首先要对该国市场进行周密的调研工作，建立该地区营销信息系统。公司委托你负责市场部进行营销调研，为公司提供准确的决策参考咨询意见。请你制订该部门的工作规划与具体调研方案。

情境导入

丰田的市场调研

一次，一个美国家庭住进了一位"不幸"的日本人。奇怪的是，这位"落难者"每天都在作笔记，记录美国人居家生活的各种细节，包括吃什么食物、看什么电视节目等。一个月后，日本人走了。不久丰田公司推出了针对当今美国家庭需求而设计的价廉物美的旅行车，大受欢迎。直到此时，丰田公司才在报上刊登了他们对美国家庭的研究报告，并向那户人家致歉同时表示感谢。

讨论： 丰田设计的旅行车在美国大受欢迎的原因是什么？

8.1　认知国际营销市场调研

情境认知

企业的国际市场营销涉及众多国家和地区,与国内市场营销相比,其市场营销环境差异更大、竞争更激烈,因而企业开展国际市场营销活动、寻找国际市场营销机会、进行国际市场营销决策的重要前提就是开展国际市场调研。

8.1.1　国际营销市场调研的概念

国际市场营销调研是指企业运用科学的方法,系统地收集、记录一切与特定国际市场营销有关的信息,对所收集到的信息进行整理、分析,从而把握目标市场变化规律,为国际市场营销决策提供可靠的依据。

8.1.2　国际营销市场调研的意义

情境认知

国际市场营销调研在国际市场营销各个阶段都发挥着重要的作用,无论是在最初的市场进入决策、产品定位或者市场营销组合决策,还是市场扩张决策,国际市场营销调研都是企业制定国外市场营销战略及实施营销方案的重要决策依据。因此,开展国际市场调研的意义重大。

1. 企业只有通过调研才能发现国际市场营销机会

国际市场瞬息万变,环境变化难以预测。激烈的竞争给企业进入国际市场带来困难,同时也为企业创造出许多机遇。通过调研,企业可以确定产品的潜在市场需求和销售量的大小,了解目标国消费者的意见、态度、消费倾向、购买行为等,据此进行市场细分,进而确定其目标市场,分析市场的销售形势和竞争态势,作为发现市场机会、确定企业发展方向的依据。

2. 为企业制定国际营销决策提供依据

市场的情况错综复杂,仅凭借经验是难以为企业提供营销决策依据的,只有通过国际市场营销调研才能准确提供依据。当某产品在一国深受顾客青睐,可在另外一个国家却销售不畅时,可以通过市场营销调研找出问题所在。产品的价格不仅取决于产品的成本,还受供求关系、竞争对手的价格、经济大环境、价格弹性等多因素的影响。通过国际市场营销调研,及时地掌握国际市场的价格态势,灵活调整价格策略。产品打入目标国市场,制定出切实有效的促销策略至关重要,销售渠道是否畅通无阻同样重要。这一切都需要通过国际市场营销调研来提供国际市场信息。

3. 企业改进技术和增强企业的竞争力的重要途径

当今世界,新发明、新创造、新技术和新产品层出不穷,日新月异。通过市场调查所得到的情况和资料有助于企业及时了解世界各国的经济动态和有关科技信息,为本企业的管理部门和有关决策人员提供科技情报。通过市场调查所了解的情况或所获得的资料,除了解国际市场当前状况外,还可预测未来的国际市场变化趋势。

情境重现

东芝的成功之道

东芝新产品的设计者在观察中发现,越来越多的日本家庭主妇进入就业大军,洗衣机不得不在早上或晚上工作,这样噪声就成为一个问题。为此东芝设计出一种低噪声的洗衣机进入市场。在开发这种低噪声产品时,他们还在观察中发现,当时的衣服已经不像以前那么脏了,许多日本人洗衣的观念也改变了。以前是衣服脏了才洗,而后来是衣服穿过了就要洗,以获得新鲜的感觉。由于洗得勤,衣服有时难以晾干。由于他们在观察中认识到妇女生活风格的这种转变,便推出烘干机,后来又发现大多数消费者的生活空间有限,继而发明了洗衣烘干二合一的洗衣机,产品销量大增。

8.1.3 国际营销市场调研的主要内容

情境认知

国际市场营销调研的内容包括与国际市场营销有关的一切直接和间接的信息,无论是反映企业整体外部环境或企业内部管理的各类信息,还是反映国际市场发展变化趋势、直接影响企业国际市场营销决策的信息。

1. 国际市场环境调研

国际市场环境调研是指对国际市场上各环境因素及其变动趋势进行调查,主要包括经济发展状况调查、政治法律环境调查、社会文化因素调查、技术发展状况与趋势调查、自然资源环境调查等方面。

(1)经济因素调研。包括人口密度、分布及增长情况,国民收入及个人收入情况,经济增长速度,总体物价水平,社会就业状况,行业平均利润率,进出口贸易等情况。

(2)政治因素调研。包括各国家和地区的相关政策,如政府对产业的扶持政策、货币政策、地区发展规划、对外经济政策、国民经济发展规划、国家重点投资项目等。

(3)法律因素调研。包括各种有关法律与法规,如企业法、公司法、竞争法、商标法、工商法、金融法、涉外经营法等。

(4)社会文化活动调研。包括各种重大节日活动与庆典活动、民族分布、宗教信仰、教育和文化水平、家庭构成、风俗习惯与审美观念等。

(5)技术发展状况调研。调研目标市场的科学技术发展水平及现状。

(6)自然资源环境调研。是指调研目标市场的地理位置、自然条件和相应的交通运输情况等。

2. 市场需求情况调研

研究和分析市场需求情况,主要目的在于掌握目标市场需求量的大小、消费结构的构成、消费者行为的特点、竞争对手的各种情况等,从而解决如何运用有效的经营策略和手段的问题,其具体内容如下。

（1）消费需求量的调研：国际市场中的社会环境、消费者收入水平、人口数量和流行等方面。

（2）消费者行为的调研：包括目标国消费者的心理性格、个人爱好、周围环境及消费习惯等，这些因素都在一定程度上影响了消费者的购买行为。

3. 市场营销组合调研

市场营销组合调研主要是指对产品、价格、销售渠道及促销进行调研。

（1）产品调研。包括有关产品的性能、特征，产品线的更新，生命周期演进过程中国际市场和细分市场产品的总供应量、供求结构，消费者对产品的反馈，替代品和互补品情况。

（2）价格调研。包括同类产品不同企业的定价目标和定价方法，国际市场及各细分市场上的价格总水平、价格弹性、中间商对价格的调整幅度等相关情况的调研。

（3）销售渠道调研。包括中间商的种类、背景资料、发展趋势和各国的市场惯例的调研。

（4）促销调研。包括促销的各种形式、种类及可利用程度，促销成本、优势和障碍分析，促销效果，促销的法律法规及惯例等。

情境重现

食品企业的市场调研

国际知名食品企业达能集团（以下简称达能）和康师傅控股有限公司（以下简称康师傅）在食品营销过程中都已经建立了成熟的市场营销调研体系。两家企业在每一种新产品推出前都要请专业公司对消费者做科学、细致的定性和定量调研。他们的调研内容一般包括产品的目标人群，目标市场，产品的口感、包装、价位、形态，产品的利益点，产品的核心传播概念，平面广告设计，电视广告创意等。这种做法大大减小了新产品上市的投入风险。

4. 竞争者情况调研

竞争者情况调查主要包括竞争对手的情况调研（如对手的市场占有率、生产能力、生产方式、价格、销售渠道、竞争策略、竞争优势劣势等）和竞争产品特征调研（如产品的品种、数量、质量、性能、包装等）。

8.2 选择国际市场调研方法

情境导入

善于捕捉信息的日本人

20世纪60年代，考虑到当时我国所处的国际环境，著名的大庆油田作为我国的战略工业建设项目，从规模、技术范围、产量，甚至是地名都是严格保密的。但1966年某画报刊登了一组大庆照片，其中有一张是"铁人"王进喜站在一段铁栏杆旁边。

日本情报人员根据王进喜的服饰，立即判断出大庆是在我国冬季气温零下35℃的齐齐哈尔附近，又根据那段铁栏杆，推测出这是反应塔的扶栏，其炼油能力为年产360万吨左右。因此，立即着手准备向我国卖出石油设备的谈判，掌握了主动。

在进行国际营销调研时要注意调研的方法。调研的方法包括案头调研、实地调研和网络调研。

8.2.1 案头调研

案头调研也叫文案调研,是指从各种文书档案中检索出有用的信息资料,再加以分析判断确定国际市场营销策略的一种以收集第二手资料为主的调研方式。这种方式一般在从事国际市场营销企业本国范围内进行。它与实地调研方式相比,具有可以大量地节省调研费用和缩短调研时间的优点。其弊端是由于它依赖于国际市场上的第二手资料,而第二手资料常常表现出以下三个缺点。

(1) 许多市场缺乏详细资料。

(2) 现有资料的可靠程度不稳定。

(3) 现有资料的可比性和通用性不易把握等。

这使文案调研方式在支持国际市场营销决策的力度上受到影响。因此,搞好案头调研的关键在于熟悉资料的来源和检索办法。同时,还要会正确认识和评价这些资料的背景材料和合理成分。

情境延伸

国际营销市场调研的信息源

企业可以得到的政府信息源包括我国的商务部、驻外使馆,我国的商务部有为企业提供咨询服务的职能,它所提供的信息包括我国对外经贸法律法规、进出口配额、许可证,国外经济合作政策、规章,企业外经贸经营权和国际货运代理权的资格标准,境外发展、投资的管理办法和政策,赴境外举办交易会、展销会等的管理办法,以及外经贸财务会计、统计等方面的信息。

8.2.2 实地调研

实地调研是指市场调研信息资料直接来源于国际市场,从而取得第一手资料的调研方式。它与案头调研的本质区别在于一个是直接资料,一个是间接资料,实地调研所取得的直接资料中"直接"的含义分两种情况:第一,调研人员真正到达现场进行调查;第二,调研人员虽然没有亲自到达现场,但以其他方式使其得到的信息源直接来源于现场。因此,实地调研的主要方式包括询问法、观察法、实验法等。

1. 询问法

询问法是指采取询问方式向具有代表性的被调查者了解情况,从而获取原始信息资料的一种方法。这种方法的特点是通过直接或间接的询问方式来了解被调查者的看法和意见。

询问法包括个别访问、电话调查和问卷调查,其中最常用的是问卷调查。问卷调查是将设计好的问卷寄给被调查者,请其回答后寄回以获取信息资料。这种方法的优点是问询的对象广泛,调查面广,调查成本也不高,而且被调查者匿名性较强,又可以有充分的时间来考虑,填写较为灵活、自由、方便,还能避免由于调查人员的干扰而产生的调查误差。但也有一些缺陷,如管理不便、调查表的回收率低、回收时间长,以及难以选择有代表性的调查对象等。

情境重现

楚汉酒店的经营之道

楚汉大酒店坐落在南方某个省会城市的繁华地段,是一家投资几千万元的新建大酒店,开业初期生意很不景气。公司经理为了寻找症结,分别从大中型企业、大专院校、机关团体、街道居民邀请代表参加座谈会,并亲自走访了东、西、南、北四区的部分居民,还在旅游景点拦截了一些外地游客进行调查。结果发现,本酒店没有停车场,顾客来往很不方便;本市居民及外地游客对本酒店的知晓率很低,更谈不上满意度;本酒店与其他酒店相比,经营特色是什么,大部分居民也不清楚。为此酒店作出了兴建停车场,在电视上做广告,开展公益及社区赞助活动,并突出经营特色,开展多样化服务等决策。决策实施后,酒店的生意日渐红火。

2. 观察法

观察法是指由调研人员直接到现场,通过工具、机器或直观方法,以第三者的身份观察被调查者的行动和表情,收集原始资料。具体可通过录音、录像或直接观察等方式,进行商店观察、顾客行为观察、客流量观察,以及在展览会、展销会、订货会上进行观察等,从而获得相关资料。这种方法能直接反映客观现实,但费用大,并且不能调查出行为背后的动机、意见、计划等,对调研者要求也更高。

情境重现

美国玩具公司的市场调研

美国有一家玩具工厂,为了选择出一个畅销的玩具娃娃品种,使用了观察法来帮助他们决策。他们先设计出 10 种玩具娃娃,放在一间屋子里,请来小孩作决策。每次放入一个小孩,让她玩"娃娃",在无拘束的气氛下看这个小孩喜欢的是哪种玩具。为了求真,这一切都是在不受他人干涉的情况下进行的。关了门,通过录像作观察,如此经过 300 个孩子作调查,然后决定出生产何种样式的玩具娃娃。

3. 实验法

实验法是指通过在典型市场上的小型实验获取有关营销的信息。实验法也是目前营销调研中广泛使用的一种方法。具体方式多采用试销的方式,即将产品改变前后的两种甚至数种不同品种、质量、款式、包装、价格、商标、广告等放在两个或数个市场上进行对比性试销。从试销结果中确定哪种更适合消费者的需求,以及哪个市场的潜力更大一些。实验法的优点主要是方法科学,在市场上进行客观的现场试验,从而可获得较正确的原始资料。缺点是时间过长,成本较高,较其他方法实施的难度更大一些。

情境重现

咖啡店的心理实验

美国一家咖啡店准备改进咖啡杯的设计,为此进行了市场实验。首先请了 30 多人,让他们每人各喝4杯相同浓度的咖啡,但是咖啡杯的颜色,则分别为咖啡色、青色、黄色和红色4种。试饮的结果,使用咖啡色杯子的人都认为"太浓了"的占2/3,使用青色杯子的人都异口同声地说"太淡了",使用黄色杯子的人都说"不浓,正好。"而使用红色杯子的10人中,竟有9个说"太浓了"。根据这一调查,公司咖啡店里的杯子以后一律改用红色杯子。该店借助颜色,既可以节约咖啡原料,又能使绝大多数顾客感到满意。

8.2.3 网络调研

随着互联网的使用在全球迅速发展,互联网日益成为许多公司进行国际市场营销调研的重要工具。对营销人员的调查显示,对该行业影响最大的因素是互联网和全球化。跨国公司日益重视通过互联网来收集有关国家和地区的市场信息、消费者需求信息、企业营销信息等。跨国公司还可以通过互联网对产品概念及广告文字进行测试并获得迅速的反应。调研人员通过互联网能够轻易获得大量的二手资料及最新的资料,从而使国际营销研究比以前容易得多,效率高得多。

互联网调研的优势主要有以下几个方面。

1. 网络调研信息收集的广泛性

因特网是没有时空、地域限制的。这与受区域制约的传统调研方式有很大不同。如果我们利用传统方式在全国范围内进行市场调研,需要各个区域代理的配合。

2. 网络调研信息的及时性和共享性

在数字化飞速发展的今天,网络调研较好地解决了传统调研方法所得的调研结果都存在时效性这一难题。只要轻轻一点,世界任何一个角落的用户都可以加入其中,从用户输入信息到公司接收,只不过几秒钟的时间。利用计算机软件整理资料,马上可以得出调研的结果。

3. 网络调研的便捷性和经济性

在网络上进行市场调研,无论是调查者还是被调查者,只需拥有一台连着网络的计算机。若是采用问卷调研的方法,调研者只要在企业站点上发出电子调查问卷,提供相关的信息,然后利用计算机对访问者反馈回来的信息进行整理和分析。这不仅十分便捷,而且会大大地减少企业市场调研的人力和物力耗费,缩减调研成本。

4. 调研结果有较强的准确性

网络调研具有较强的准确性主要原因有以下几个方面:其一,调查者不与被调查者进行任何的接触,可以较好地避免来自调查者的主观因素的影响;其二,被调查者接受询问、观察,均是处于自然、真实的状态;其三,站点的访问者一般都具有一定的文化知识,易于配合调查工作的进行;其四,企业网络站点访问者一般都是对企业有一定的兴趣,不会像传统方式下单纯为了抽号中奖而被动回答,所以,网络市场调研结果比较客观和真实,能够反映市场的历史和现状。

情境重现

出版公司畅销书的市场调研

澳大利亚某出版公司计划向亚洲推出一本畅销书,但是不能确定用哪一种语言、在哪一个国家推出。后来决定在一家著名的网站做一下市场调查。方法是请人将这本书的精彩章节和片段翻译成多种亚洲语言,然后刊载在网上,看一看究竟用哪一种语言翻译的摘要内容最受欢迎。过了一段时间,他们发现,网络用户访问最多的网页使用中文的简化汉字和朝鲜文字翻译的摘要内容。于是他们跟踪一些留有电子邮件地址的网友请他们谈谈对这部书的摘要的反馈意见,结果大受称赞。于是该出版公司决定在中国和韩国推出这本书。书出版后,受到了读者普遍欢迎,获得了可观的经济效益。

8.3 设计国际营销市场调研方案

情境导入

强生公司的及时止损

强生公司是一家国际知名的婴儿用品生产公司。该公司想利用其在婴儿用品市场的高知名度来开发婴儿用的阿司匹林,但不知市场的接受程度如何。由于强生公司有一些关系较好的市场调查样本群体,且问题比较简单,但需由被调查者作出解释,故决定采用费用较低的邮寄方法进行市场调查。通过邮寄方法的调查分析,强生公司得出了这样一个结论:该公司的产品被消费者一致认为是温和的(这种反映与强生公司所做广告的宣传效果是一致的),但温和并不是人们对婴儿阿司匹林的期望。相反,许多人认为温和的阿司匹林可能不具有很好的疗效。为此,强生公司认为如果开发这种新产品,并作出适合于该产品的宣传就会损坏公司的整体形象,公司多年的努力也将付之东流。如果按以往的形象作出宣传又无法打开市场。因此强生公司最终决定放弃这种产品的开发。

情境认知

事先制订一个科学、严密和可行的调研方案,对于能否圆满完成调研任务十分重要和必要。设计市场调研方案在整个调研工作中起着统筹兼顾、统一协调的作用。

设计市场调研方案时,根据调研工作先后顺序,应考虑以下 12 个事项,如图 8-1 所示。

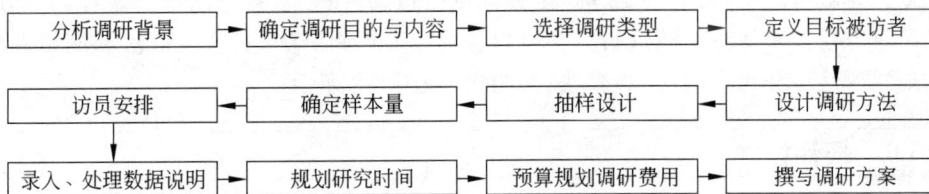

图 8-1 设计市场调研方案流程

8.3.1　分析调研背景

调研背景是有关调研项目总体状况的描述和分析。在分析调研背景时，首先应对所处行业的发展状况、社会、经济和法律等宏观环境进行简要描述与分析，以此说明发展趋势以及项目目前的生存环境和市场空间；其次是对微观环境的分析，主要是针对现状和所面临的主要问题展开分析，从而确定本次调研工作的主题；最后，要对以上宏观背景和微观背景的分析进行简单的提炼和总结，说明选择本次调研项目的原因。

8.3.2　确定调研目的与内容

确定调研目的，就是明确在调研中要解决哪些问题。例如，通过调研要取得什么样的资料、取得的这些资料有什么用途等。确定调研内容，就是在调研目的的基础上，把调研问题展开和细化的过程。调研目的与调研内容应该高度精练。衡量一个市场调研方案设计得是否科学，主要就是看该方案的设计是否能体现调研目的和要求，是否符合客观实际。

8.3.3　选择调研类型

常用的市场营销调研主要包括探索性调研、描述性调研、因果性调研和预测性调研。调研初期一般选择做探索性调研。其他多数的市场调研都属于描述性调研市场规模、竞争对手的情况、市场占有率如何等。目的就是收集、整理这些资料，并如实地描述、报告和反映。有时企业也会做因果性调研，目的在于确定关联现象或变量之间的因果关系，了解原因与结果之间的数量关系。

8.3.4　定义目标被访者

定义目标被访者是根据调研目的，确定调研的范围以及所要调研的总体。目标被访者是由某些性质上相同的许多调查单位所组成的。在进行目标被访者定义时应注意，要严格界定调研对象的含义，并明确与其他有关现象的区别，以免在调研活动实施时因界定不清而发生差错。

8.3.5　设计调查方法

在设计调研方法时，采用何种方式、方法不是固定和统一的，而主要取决于调研对象和调研任务。一般情况下，为准确、及时、全面地取得市场信息，尤其应注意对多种调研方法和运用。调研方法按照信息来源进行分类可以分为：案头调研法、实地调研法和网络调研法，其中实地调研法又分为询问法、观察法、实验法，如图 8-2 所示。

8.3.6　抽样设计

抽样设计是根据调研项目自身的特点，采用最适合调研项目的抽样方法，以使调研的样本具有代表性，使调研结果翔实、可靠，并能充分反映调查总体的情况。

抽样设计主要需要解决抽样总体、样本大小及抽样方法三个具体问题。抽样总体由调

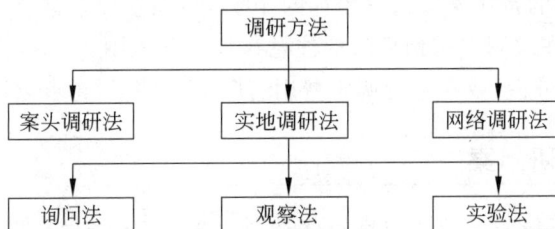

图 8-2 调查方法

研对象总体构成,其具体范围由调研目的和调研特性确定。样本大小对调研结果的准确性有一定的影响,样本越大,调研结果越可靠,反之,调研结果的代表性就越差。但是,样本越大,调查费用就越高。因此,样本量要根据调研费用的限制、允许的抽样误差,以及被调研问题的基本性质等因素来确定,再结合项目的具体情况,选择最适合调研项目的抽样方法。

8.3.7 确定样本量

确定样本量时可以把握以下原则:总体小于 1000 时,抽样比例不应小于 30%;当总体达到 10000 时,10% 的样本已经足够;总体达到 150000 时,1% 的样本已经足够;当总体为 1000 万及以上时,样本的增加实际上几乎不产生作用。除非特别要求,样本数量一般无须超过 2500。除此之外,样本量的大小还应考虑总体单位变异程度。如果变化范围大,变化值分散,样本量就大一些,反之就小一些。当然,还要兼顾调研费用和调研时间。

8.3.8 访员安排

访员安排主要是指调研的组织管理、调研项目组的设置、调研人员的选择与培训、调研质量的控制等。

8.3.9 录入、处理数据说明

录入、处理数据时要写明在数据录入与处理时所运用的统计分析软件,还要写明数据录入复核的方式和比例。

8.3.10 规划研究时间

研究时间通常是运用表格的形式,对各阶段的工作任务和起止时间进行规划,其目的是使调研工作能及时开展,按时完成。

8.3.11 预算规划调研费用

开展市场调研,虽然能给企业带来管理性效益,但每次市场调研活动也都需要有一定费用的支出。因此,在调研方案设计过程中,应编制调研费用预算,合理估计调研的各项目(包括劳务费、问卷设计费、差旅费、邮寄费、电话费、受调查者礼品及礼金、杂费、税金等)和各阶段的费用支出。通常情况下,一个市场调研项目前期的计划准备阶段的费用安排占总预算的 20%，实施调研阶段的费用安排占总预算的 40%，后期整理数据、分析报告阶段的费用安排占总预算的 40%。在编制费用预算时应注意这样一些原则：在保证实现调研目标的前提下，力求调研费用支出最少，或在坚持调研费用有限的条件下，力求取得最好的调研效果。

8.3.12　撰写调研方案

前期工作完成后要形成书面的市场总体调研方案，用于指导后期的实际操作。选择哪种报告提交方式，通常要跟客户沟通后再确定。调研报告提交方式主要包括书面报告和口头报告，提交的内容主要包括报告的形式、份数，基本内容、原始数据、分析数据、演示文稿和原始问卷等。

📋 情境延伸

调查问卷设计的程序

1. 把握调查的目的和内容

在设计问卷的开始阶段，首先要深入彻底地研究本次调查的总体方案，充分把握调查的目标和内容。

2. 收集和研究相关的资料

设计者要了解和研究与本次调查项目有关的资料，为设计准备足够的素材。

3. 进行必要的探测性调查

设计者需要在适当的范围内进行探测性调查，访问某些符合需要的受访者，以使设计的问卷能被受访者理解，愿意回答、能够回答。

4. 设计和编制问卷

根据调查目的的内容要求，按照调查问卷的基本结构，编制相应类型的问卷初稿。

5. 进行问卷的可行性测试

市场调查人员必须在正式调查展开前，先对问卷进行可行性测试，以发现可能存在的问题，在正式实施前作出弥补和修改。

6. 修改并完成正式的问卷

对问卷初稿进行修改和补充，最终完成正式问卷。

7. 报请委托方审查批准问卷

对于专业市场调查公司，设计好的问卷必须送交委托调查的企业有关主管审查、认可。

8. 印制正式问卷

在完成上述各项步骤之后，问卷的设计工作已经结束，问卷即可交给有关部门去印刷、装订、编码，供调查使用。

一份问卷调查的时间最好控制在 30 分钟以内完成。

××化妆品市场调查问卷

尊敬的消费者：

您好！我们是××化妆品公司的市场调查人员，为进一步了解、分析您对化妆品的需求状况，为您提供更为适宜的理想化妆新产品，我们特开展本次化妆品的大型市场调研活动，衷心感谢您在百忙中抽出时间为我们答卷,您的任何有价值的意见与建议都是我们的宝贵财富。希望您能认真填写调查问卷和个人信息,您将有机会获得本公司提供的精美礼品。

1. 您的性别:

　　A. 男　　　　　　　　B. 女

2. 您对自己皮肤的了解:

　　A. 非常了解　　　　　B. 知道一些,但是不多

　　C. 完全不了解

3. 您对皮肤护理和重视程度:

　　A. 重视　　　　　　　B. 一般　　　　　　　C. 无所谓

4. 您的皮肤属于:

　　A. 油性　　　　　　　B. 中性　　　　　　　C. 干性

5. 您化妆的目的:

　　A. 美丽　　　　　　　B. 健康　　　　　　　C. 礼貌　　　　　　　D. 其他

6. 您购买化妆品时,主要考虑是:

　　A. 价格　　　　　　　B. 质量,效果　　　　C. 品牌　　　　　　　D. 售后服务

　　E. 其他

7. 您喜欢的化妆品品牌是:

　　A. 玉兰油　　　　　　B. 雅姿　　　　　　　C. 兰蔻　　　　　　　D. 玫琳凯

　　E. 欧莱雅　　　　　　F. 雅芳　　　　　　　G. 美宝莲　　　　　　H. 大宝

　　I. 资生堂　　　　　　J. 自然堂　　　　　　K. 佳雪　　　　　　　L. 其他

8. 您平时使用的化妆品品牌:

　　A. 玉兰油　　　　　　B. 雅姿　　　　　　　C. 兰蔻　　　　　　　D. 玫琳凯

　　E. 欧莱雅　　　　　　F. 雅芳　　　　　　　G. 其他

9. 您购买过的化妆品类型:

　　A. 洗面奶　　　　　　B. 护手霜　　　　　　C. 防晒霜　　　　　　D. 粉底

　　E. 眼影　　　　　　　F. 其他

10. 您每月的平均消费水平:

　　A. 2000 元以下　　B. 2000~3000 元　　C. 3000~4000 元　　D. 4000 元以上

11. 您购买化妆品一般价格:

　　A. 30 元以下　　　　B. 30~50 元　　　　C. 50~100 元　　　　D. 100 元以上

12. 您一个月用于购买化妆品的总支出:

　　A. 500 元以下　　　B. 500~800 元　　　C. 800~1200 元　　　D. 1200 元以上

13. 您购买化妆品的渠道:

　　A. 网上订购　　　　　　　　　　　　B. 实体店面(非专卖店)

　　C. 专卖店　　　　　　　　　　　　　D. 其他

14. 您对身边男士或女士用化妆品的态度:

　　A. 赞成　　　　　　　B. 不赞成　　　　　　C. 无所谓　　　　　　D. 其他

15. 如果现在有一个网站可以为您提供各方面都不错的化妆品,您的使用意愿:

　　A. 愿意　　　　　　　B. 不愿意　　　　　　C. 看看再说　　　　　D. 其他

16. 下列促销方式中您最喜欢的一项是：

    A. 现场打折 　　　　　　　　　B. 送实物礼品

    C. 现金返还贵宾卡 　　　　　　D. 抽奖

    E. 抵价券

17. 您现在使用的化妆品的主要功效：

    A. 保湿 　　　　B. 美白 　　　　C. 祛痘 　　　　D. 去黑头

    E. 其他

18. 您购买的化妆品的渠道：

    A. 商场 　　　　B. 化妆品专卖店 　　C. 网购 　　　　D. 电视购物

    E. 超市 　　　　F. 其他

19. 您平时主要看的杂志：

    A. 瑞丽 　　　　B. 时尚伊人 　　　C. 昕薇 　　　　D. 嘉人

    E. 都市丽人 　　F. 其他

20. 您对目前的化妆品有哪些方面的不满意，请具体说明。

_____

××化妆品公司市场部

××××年××月××日

小　结

（1）国际市场营销调研是指企业运用科学的方法，有目的、系统地收集、记录一切与特定国际市场营销有关的信息，对所收集到的信息进行整理、分析，从而把握目标市场变化规律，为国际市场营销决策提供可靠的依据。

（2）在进行国际营销调研时要注意调研的方法。调研的方法包括案头调研、实地调研和网络调研。案头调研通常是调研工作的开始，是进行实地调研的基础，它主要是进行有关国际市场第二手信息资料的收集、整理和研究；实地调研是案头调研工作的进一步深入，是指由调研人员亲自收集第一手资料经过分析判断而得出调研结论的过程，其最主要的方式包括询问法、观察法、实验法等，其目的是完成对国际市场第一手信息资料的收集、整理和分析。

（3）制订一个科学、严密和可行的调研方案，对于能否圆满完成调研任务是十分重要和必要的。设计调研方案时，应开展以下工作流程项目：分析调研背景，确定调研目的与内容，选择调研类型，定义目标被访者，设计调研方法，设计抽样，确定样本量，访员安排，录入，处理数据说明，规划研究时间，预算调研费用，撰写调研方案等。

思考与练习

一、填空题

1. 市场营销组合调研主要是指对_____、_____、_____和_____进行调研。

2. 市场需求情况调研主要包含_____和_____。

3. 案头调研也叫_____，是指从各种文书档案中检索出有用的信息资料，再加以分析判断确定国际市场营销策略的一种以收集第二手资料为主的调研方式。

4. 做好案头调研的关键在于熟悉_____的来源和_____办法。

5. 在市场调研中,询问法包括_____、_____和_____。

二、单项选择题

1. 市场调研的一般过程中首要的工作是( )。

    A. 调研对象的确定   B. 调查方法选择与设计

    C. 确定调研目的与内容   D. 数据收集

2. 以下哪一种调查不是市场调查的范围( )。

    A. 市场营销环境   B. 刑事案件   C. 广告研究   D. 消费者行为研究

3. 市场调查的目的是( )。

    A. 预见市场未来的发展趋势   B. 为经营决策提供依据

    C. 了解市场活动的历史与现状   D. 收集企业生产活动的相关信息

4. 调查公司安排人员在商业区的街道上用仪器测算人流量,这种方法是( )。

    A. 访问法   B. 观察法   C. 实验法   D. 文案法

5. 对各种重大节日活动与庆典活动、民族分布、宗教信仰、教育和文化水平、家庭构成、风俗习惯与审美观的调研属于( )。

    A. 经济环境调研   B. 政治法律环境调研

    C. 社会文化活动调研   D. 科学技术环境调研

三、多项选择题

1. 实地调研的主要方式包括( )。

    A. 询问法   B. 观察法   C. 实验法   D. 文案法

2. 国际市场法律因素调研主要包括( )。

    A. 企业法   B. 公司法   C. 商标法   D. 涉外经营法

3. 消费需求量的调研主要包括( )。

    A. 社会环境   B. 消费者收入水平

    C. 人口数量   D. 消费者消费习惯

4. 案头调研的缺点有( )。

    A. 许多市场缺乏详细资料

    B. 现有资料的可靠程度不稳定

    C. 现有资料的可比性和通用性不易把握

    D. 经费高

5. 网络调研的优势主要有( )。

    A. 信息收集的广泛性   B. 信息的及时性和共享性

    C. 便捷性和经济性   D. 较强的准确性

四、判断题

1. 实验法在市场调查中可信度较高,没有限制,费用较低。   ( )

2.观察法就是指调查对象的行为,状态和过程,调查人员边观察边记录以收集信息的方法。　　　　　　　　　　　　　　　　　　　　　　　　　　　　　　　　（　　）

3.经济因素调研包括人口密度、分布及增长情况,国民收入及个人收入情况,经济增长速度,总体物价水平,教育和文化水平、家庭构成等情况。　　　　　　　　　（　　）

4.技术发展状况调研是指调研目标市场的科学技术发展水平及现状。　（　　）

5.抽样设计主要需要解决抽样总体、样本大小及抽样范围三个具体问题。（　　）

五、简答题

1.简述国际营销市场调研的意义。

2.国际市场环境调研主要包含哪些内容?

3.简述询问法调研的优点和缺点。

实训课堂

一、思维训练

现代社会中,居民收入日益提高,汽车在一般社会大众日常生活中所扮演的角色已由奢侈品转变为必需品,随着汽车数量的大幅增长,所造成的空气污染,噪声污染问题也愈加严重,能源耗费问题也不容忽视。可降低环境污染并减少不必要资源浪费的电动自行车顺应环境保护、节约资源之需而产生。

训练内容:

1.根据以上背景资料设计市场调查问卷。

2.试着根据所学知识设计电动自行车在某一地区的市场调研方案,全班同学按照角色分工实施此项调研方案。

二、案例分析

童装厂李厂长的烦恼

某市春花童装厂近几年生产销售连年稳定增长。谁料该厂李厂长这几天来却在为产品推销,资金搁死大伤脑筋。原来,年初该厂设计了一批童装新品种,有男童的香槟衫、迎春衫,女童的飞燕衫、如意衫等。借鉴成人服装的镶、拼、滚、切等工艺,在色彩和式样上体现了儿童的特点,活泼、雅致、漂亮。由于工艺比原来复杂,成本较高,价格比普通童装高出了80%以上,比如一件香槟衫的售价在160元左右。

为了摸清这批新产品的市场吸引力如何,在春节前夕厂里与百货商店联举办了"新颖童装迎春展销",小批量投放市场十分成功,柜台边顾客拥挤,购买踊跃,一片赞誉声。许多商家主动上门订货。连续几天亲临柜台观察消费者反映的李厂长,看在眼里,喜在心上。不由得想到:"为了能把孩子打扮得漂漂亮亮的,谁不舍得花些钱?只要货色好,价格高些看来没问题,决心趁热打铁,尽快组织批量生产,及时抢占市场。"

为了确定计划生产量,以便安排以后的月份生产,李厂长根据上一年的月销售统计数,运用加权移动平均法,计算出以后月份预测数,考虑到这次展销会的热销场面,他决定生产能力的 70% 安排新品种,30% 为老品种。2 月的产品很快就被订购完了。然而,现在已是 4 月初了,3 月的产品还没有落实销路。询问了几家老客商,他们反映有难处,原以为新品种童装十分好销,谁知 2 月订购的那批货,卖了一个多月还未卖 1/3,他们现在既没有能力也不愿意继续订购这类童装了。对市场上出现的近 180° 的需求变化,李厂长感到十分纳闷。他弄不明白,这些新品种都经过试销,自己亲自参加市场调查和预测,为什么会事与愿违呢?

分析:

1. 你认为春花童装厂产品滞销的问题出在哪里?

2. 为什么市场的实际发展状况,会与李厂长市场调查与预测的结论大相径庭?

任务9　国际目标市场选择

学习目标

- **知识目标**

(1) 了解国际市场细分内涵;

(2) 掌握国际市场细分的标准;

(3) 掌握国际市场细分程序;

(4) 掌握企业市场细分的方法;

(5) 掌握选择国际目标市场的标准;

(6) 理解选择国际目标市场的过程;

(7) 了解国际目标市场定位的内涵及程序;

(8) 掌握国际目标市场定位的依据;

(9) 掌握国际目标市场定位策略。

- **技能目标**

(1) 能够运用所学知识进行国际市场细分;

(2) 能够运用所学知识进行国际目标市场选择;

(3) 能够运用所学知识进行国际目标市场定位。

任务驱动,做中学

某电器公司决定进军欧美市场,作为负责人的你需要最终决定进入哪一个国家,请问需要如何选择?

满足国际市场的顾客需求是企业进行国际市场营销活动的重要目标之一。然而,由于世界上存在多个国家和地区,每个国家和地区的消费者在需求、偏好等方面又存在诸多差异,因此没有任何一个企业可以完全解决这些差异。所以,企业必须按照一定的标准对整个国际市场进行市场细分,并根据本企业的优势,恰当选择,最终确认并进入选定的国际目标市场。

9.1　国际市场细分

9.1.1　国际市场细分内涵

📖 **情境导入**

多门冰箱法国市场份额 47％稳居 NO.1

海尔作为一个中国品牌初入法国市场时并不受关注,但是海尔通过一系列举措不仅改变了这一困局,而且成为这些渠道的主流品牌,用高端创新产品努力打破了这个"旧观念"。尤其是在海尔多门冰箱推出后,迅速征服了挑剔的法国用户,虽然冰箱均价是行业 1.6 倍,但是依然以 47％的市场份额稳居第一,并且线上增速达到了行业 4 倍。如今在欧洲,海尔品牌知名度是 30％左右,在法国已经达到 39％,基本与欧洲百年家电品牌 Miele 持平。

资料来源:中国家电网. 海尔在欧洲:多门冰箱法国市场份额 47％稳居 NO.1[EB/OL]. (2018-04-27). http://icebox.cheaa.com/2018/0427/533521.shtml.

讨论:海尔多门冰箱在法国市场份额稳居第一给我们哪些启示?

一、国际市场细分的概念

市场细分这个概念最早由美国营销学教授温德尔·史密斯于 1956 年提出,后经过营销学之父菲利普·科特勒不断完善,最后形成了比较成熟的理论结构范式"SCP"理论(Segmentation-Targeting-Positioning,即市场细分—目标市场选择—市场定位)。此后,这一理论被广泛用于企业的市场营销实践中,其基本作用是利用有限的资源加强企业的市场竞争力。需要注意的是,市场细分不是对产品进行细分,而是对消费者的需求和欲望进行分类。在市场经济条件下,市场细分具有其存在的客观基础。

国际市场细分是指企业根据消费者需求不同,将整个国际市场分为若干不同类别的子市场的过程。这种细分是有层次的,企业应根据自身条件及产品不同,对国际市场开展不同层次的细分。

二、国际市场细分的作用

(一)有助于企业集中现有资源

任何一个企业的资源、人力、物力、资金都是有限的。通过国际细分市场,企业选择出适合本企业发展的目标市场,就可以集中人、财、物及资源,去争取细分市场上的优势,从而选定目标市场。

(二)有助于企业发现国际营销机会

通过国际市场细分,企业可以对每一个国际细分市场的购买潜力、满足程度、竞争情况等进行分析对比,探索出有利于本企业的市场机会,并及时调整市场营销策略,掌握主动权,开拓新的市场,从而更好适应国际市场的需要。

（三）有助于企业制定和调整营销策略组合

市场细分后的国际子市场比较具体，比较容易了解消费者的需求，企业可以根据自己经营思想、方针及生产技术和营销力量，确定自己的服务对象，即国际目标市场。针对具体化的目标市场，便于制定更专业的营销策略。同时，在细分的国际市场上，信息更容易了解和反馈，一旦消费者的需求发生变化，企业可迅速改变营销策略，制定相应的对策，以适应国际市场需求的变化，提高企业的应变能力和竞争力。

（四）有利于企业提高经济效益

前面的三点作用都能使企业提高经济效益。除此之外，企业通过市场细分后，可以更从容地面对国际目标市场，提供有针对性的产品和服务，在满足国际市场需要的同时，也增加了企业的收入；通过提高入住率和服务质量，实现资金的快速周转，提高企业的经济效益。

情境重现

可口可乐在中国的市场细分

可口可乐公司作为世界上最大的软饮料公司，它的目标是让每一个人都能喝上可口可乐，从调查中，可口可乐公司发现在中国这个庞大的消费市场，男生的饮用量要比女生大很多，单身的要比已婚的大很多，青年人比老年人饮用的要多，自用和招待客人用量也不同。针对这些情况可口可乐又相继开发了各种果汁饮料和茶类饮料并采用不同包装规格来满足不同消费者的需要，力求做到消费者市场的零空白。

资料来源：百度知道. 可口可乐为什么在"二战"后成为世界饮品？[EB/OL]. (2019-06-04). https://zhidao.baidu.com/daily/view?id=163453.

三、国际市场细分的原则

国际市场作为一个典型的异质市场，进行市场细分是必然的。但是，细分的"细"是有一定度的。如果分得过于琐碎，便同样地失去了市场细分的意义。因此，要使市场细分的更有价值，就必须坚持以下几个原则。

（一）可衡量原则

企业选择一个适合的国际细分市场固然很有前途，但是究竟该不该进入该市场，作为一个企业来说，最科学的方法就是用一些指标来衡量，以便作出最佳选择。

（二）可进入原则

一个企业自身的能力是有限的。企业能否进入这个市场就必须对自身的资金、人力资源等方面的能力作出正确的评估，考虑是否可以进入这个市场。

（三）稳定原则

企业是否对某国际市场进行投资，是一个需要整个企业慎重考虑的事情，这影响到企业未来的战略发展。反之，则会给企业带来巨大的经济损失。

（四）有效原则

国际市场细分后只有在容量上达到一定规模方能保证企业的获利目标得以实现。企业如果没有进入一个有规模和容量的市场,结果就是很难获利。

(五)竞争优势原则

企业进行国际市场细分的目的在于最后进入某个细分市场。所以企业要充分意识到自己在该国际市场是否有竞争优势。这就是进入该市场获利的条件。

📺 情境重现

李宁进军海外市场

李宁公司成立于 1990 年,采取多品牌业务发展策略,除自有核心李宁品牌(L-NING),还拥有乐途品牌(LOTTO)、艾高品牌(AIGLE)、新动品牌(Z-DO)。此外,李宁公司控股上海红双喜、全资收购凯胜体育。在 1999 年,李宁提出国际化发展战略,当年即组团参加了 ISPO 体育用品博览会,准备征战欧洲市场。2000 年 6 月,李宁击败阿迪达斯夺得法国体操队的装备赞助权,随后,又在西班牙、希腊、法国等 9 个欧洲国家拓展了自己的特许经销商。到 2004 年,李宁产品已在 23 个国家和地区销售,但与国内市场相比,其海外市场进展始终缓慢。

资料来源:中国设计艺术联盟. 可李宁发布全新品牌战略,谋求国际市场[EB/OL]. (2010-07-08). http://www.arting365.com/vision/coterie/2010-07-08/1278556580d223796_1.html.

9.1.2　国际市场细分的标准

📖 情境导入

奇瑞坚持国际化路线

奇瑞汽车一直以来都在坚持国际化的发展路线,目前,奇瑞汽车已经 16 年稳居中国乘用车出口量的第一位,特别是近几年,响应国家"一带一路"的倡议,奇瑞在"一带一路"沿线国家和地区建设了很多的投资以及销售的网络,而且在这些国家的销量也非常好,"一带一路"沿线国家和地区的销量已占奇瑞出口总量的 80% 以上。国际化对于奇瑞汽车来说,就是要走出去。走出去指的不仅是把产品销售出去,同时还要把中国的文化、中国的管理、中国的技术带出去,将中国的进步尽快与其他国家和地区融合。

资料来源:搜狐网. 连续 16 年出口第一,奇瑞着实很牛![EB/OL]. (2019-10-08). https://www.sohu.com/a/345468284_623279.

讨论:试分析奇瑞汽车在国际市场营销中是如何进行国际市场细分的。

企业要进行国际市场细分,首先必须明确细分市场的依据或标准,即确定国际市场细分的变量。自温德尔·史密斯提出市场细分的概念以来,经过半个多世纪的发展,市场细分变量和指标体系不断壮大,目前理论界构建的变量已有数百种之多。完善的指标体系为理论研究和企业实践提供了帮助,但同时也带来了变量选择的难题,如何在众多的变量中进行恰如其分的选择,从而构建有效的国际细分市场对于企业而言非常重要。

细分指标是企业了解消费者的不同需求的指示器,通过对这些细分指标的分析,企业可以形成对消费者尽可能全面和综合的认知:知道自己所面对的消费者是谁;知道这些消费者的需求和购买力结构;知道这些消费者的人口特征、心理特征和行为特征等。在具备了充分认知后,企业才能了解消费者的实际需求,制定恰当产品策略和销售策略。

如前所述,总体市场之所以可以细分,是由于消费者或消费者的需求存在差异性。细分变量或者指标数以百计,但总体上可以归为七大类:地理区域因素、人口和社会因素、心理因素、消费者利益、行为因素、产品和服务因素以及消费者价值。在国际营销实践中,企业并不是将某一单一的变量作为细分的最终依据,而是组合运用有关变量来进行国际市场细分。

一、按地理区域变量细分国际市场

按照消费者所处的地理位置、自然环境来细分市场,如根据国家、地区、城市、气候、人口密度、地形地貌等方面的差异将整体市场分为不同的小市场。地理变量之所以作为市场细分的依据,是因为处在不同地理环境下的消费者对于同一类产品的需求出发点可能大不相同,他们对企业采取的营销策略与措施的反应也会千差万别。

一方面,地理区域变量易于识别;另一方面,区域差异形成的消费需求差异的确是普遍存在的。因此,在进行市场细分时地理区域往往会作为非常重要的细分变量。但处于同一地理位置的消费者需求仍会有很大差异。当然,不同区域的消费者的消费习惯也可能会趋于一致,所以,简单地以某一地理特征区分市场,不一定能真实地反映消费者的需求共性与差异,企业在选择目标市场时,还需结合其他细分变量予以综合考虑。

📺 情境重现

麦当劳根据地理要素细分市场

麦当劳有美国国内和国际市场,而不管是在国内还是国外,都有各自不同的饮食习惯和文化背景。麦当劳进行地理细分,主要是分析各区域的差异。如美国东西部的人喝的咖啡口味是不一样的。通过把市场细分为不同的地理单位进行经营活动,从而做到因地制宜。每年,麦当劳都要花费大量的资金进行认真的严格的市场调研,研究各地的人群组合、文化习俗等,再书写详细的细分报告,以使每个国家甚至每个地区都有一种适合当地生活方式的市场策略。

例如,麦当劳刚进入中国市场时大量传播美国文化和生活理念,并以美国式产品牛肉汉堡来征服中国人。但中国人爱吃鸡,与其他洋快餐相比,鸡肉产品也更符合中国人的口味,更加容易被中国人所接受。针对这一情况,麦当劳改变了原来的策略,推出了鸡肉产品。在全世界从来只卖牛肉产品的麦当劳也开始卖鸡了。这一改变正是针对地理要素所做的,也加快了麦当劳在中国市场的发展步伐。

资料来源:百度文库.市场细分案例分析——麦当劳瞄准细分市场需求[EB/OL].(2020-04-23).https://wenku.baidu.com/view/2f7602bc06a1b0717fd5360cba1aa81144318f8c.html.

二、按人口统计变量细分国际市场

人口和社会变量相对较多,通常有年龄、性别、家庭规模、家庭生命周期、收入、职业、教育程度、宗教、种族等。消费者的需求和偏好同人口和社会统计变量有着很密切的关系,人口统计变量比较容易衡量,数据获取也比较容易,因此企业经常将其作为国际市场细分的依据。

从性别角度,由于生理上的差别,男性与女性在产品需求与偏好上有很大不同;从年龄角度,不同年龄的消费者有不同的需求特点;从收入角度,高收入消费者与低收入消费者在产品选择等方面会有所不同;从职业与教育角度,他们的需求也各有差异;从家庭生命周期角度,在不同阶段,家庭购买力、家庭人员对商品的兴趣与偏好会有较大差别。当然除此以外,还有家庭规模、籍贯、种族宗教等都可用于国际市场细分。实际上,通常在进行国际市场细分时经常采用两个或两个以上的细分变量。

三、按心理因素细分国际市场

根据购买者所处的社会阶层、生活方式、购买动机、态度、个性特点等心理因素细分市场就叫心理细分。

(一)社会阶层

社会阶层是指全体社会成员按照一定等级标准划分为彼此地位相互区别的社会集团。处于同一阶层的成员具有类似的价值观、兴趣爱好和行为方式,不同阶层的成员则在上述方面存在较大的差异。识别不同社会阶层的消费者所具有不同的特点,对于很多产品的市场细分将提供重要的依据。

(二)生活方式

生活方式是指在一定的历史时期与社会条件下,各个民族、阶级和社会群体的生活模式。由于具有类似生活方式的群体形成了行为导向相似的消费模式,所以,企业可将按生活方式划分的群体看作具有相似的、带有特定象征意义和物质需求的细分市场。

(三)性格

性格是指一个人比较稳定的心理倾向与心理特征,它会导致一个人对其所处环境作出相对一致和持续不断的反应。一般而言,性格会通过自信、自主、支配、顺从、保守、适应等特征表现出来。例如,性格外向、容易感情冲动的消费者往往好表现自己,因而他们喜欢购买能表现自己个性的产品;性格内向的消费者倾向于中庸,往往购买比较大众化的产品;富于创造性和冒险心理的消费者,则对新奇、刺激性强的商品特别感兴趣。

四、按行为变量细分市场

根据购买者对产品的熟悉程度、态度、使用情况及反应、品牌忠诚度等将他们划分成不同的群体,叫作行为细分。理论上,行为变量能更直接地反映消费者的需求差异,因而成为国际市场细分的关键性指标。行为变量主要包括以下内容。

(一)购买时机

根据消费者提出需要、购买和使用产品的不同时机,将他们划分成不同的群体,并采取不同策略。比如,面对价格比较敏感的消费者,在淡季采用折扣优惠的方式将会吸引更多的顾客,而在旺季供不应求,此时还可以提供更多的增值服务。

(二)购买频率

根据顾客是否使用和使用程度细分市场。通常可分为经常购买者、一般购买者、不常购买者(潜在购买者)。

(三) 购买数量

根据消费者使用某一产品的数量多少来细分国际市场。通常可分为大量购买者、中量购买者和少量购买者。大量购买者消费者通常不多,但他们的消费总量大。而少量和中量购买者消费者占大多数,而消费总量小,即在市场分布上呈 2/8 定律。目前互联网的发展可能会改变这一定律,因为互联网的"集聚效应"会将后两者聚集为大量购买者。对大量购买者的消费者需求应精确把握,而在中小量购买者的营销策略上则需要更加灵活。

(四) 忠诚度

企业根据消费者对产品和服务的依赖程度细分市场。有些消费者经常变换品牌,另外一些消费者则在较长时期内专注于某一或少数几个品牌。建立品牌对于企业来说是获得持续性竞争优势的重要策略,消费者对品牌的忠诚在行为上表现为对竞争对手的排斥性。依据对品牌忠诚的程度可以帮助企业了解顾客固定或者转换品牌的原因,从而制定不同的市场策略。

(五) 购买所处的阶段

限于知识、精力等因素,消费者对各种产品的了解程度会大不相同。有的消费者可能存在某些功能诉求,但并不知道该产品的存在,针对这样的消费者应该加强其对产品乃至行业的认知;还有的消费者虽已知道产品的存在,但对产品的价值、安全性等还存在疑虑,这时候要体现产品的品质;另外一些消费者则可能正在考虑购买,会权衡产品能够满足的诉求,这时候应注重产品的竞争优势。

💻 情境重现

箭牌的国际市场细分

箭牌公司在 1961 年,开始了全球拓张。1989 年,箭牌在中国设立的第一座工厂标志着箭牌业务全球性扩张的开端。之后不久,随着柏林墙的倒塌,箭牌又跻身于第一批在前东欧集团国家销售商品的公司之列。随后,箭牌公司加大了箭牌在西班牙、印度和中国的业务。比如,1996 年,箭牌在中国推出益达无糖口香糖,并迅速成为箭牌在中国最畅销的口香糖产品。同时,它还可以引领一些国家和地区人们的消费理念及习惯。比如,1992 年,口腔健康引发全球销售。箭牌通过在俄罗斯举办盛大的陈列活动来开拓俄罗斯市场,包括极具吸引力的陈列架,这对于不熟悉西方广告的东方消费者来说,无疑具有巨大的吸引力。电视广告向人们推广产品上市信息以及咀嚼箭牌无糖口香糖对口腔健康的益处,这成为箭牌向其他发展中国家扩展其业务的常用做法。

资料来源:百度文库.箭牌公司案例分析资料[EB/OL].(2019-04-04).https://wenku.baidu.com/view/5a8686e19a6648d7c1c708a1284ac850ad02048d.html.

(六) 态度

企业还可根据市场上顾客对产品的热心程度来细分市场。不同消费者对同一产品的态度的差异会很大,一般分为肯定、不确定和否定三种。企业一般设法将消费者对产品或者服务的否定向肯定的方向转换,即将潜在消费者变为真实购买者的过程。

五、按消费者利益和产品服务要素细分国际市场

消费者购买某种产品总是为了解决某类问题或者满足某种需要。然而,产品提供的利益往往不是单一的,而是多方面的。消费者对这些利益的追求时有侧重,根据这些不同的利益诉求,企业可以在各个国际细分市场对消费者诉求进行凸显。

六、按消费者终身价值进行国际市场细分

按消费者终身价值的市场细分法是指根据消费者对企业的价值贡献和活跃周期进行的细分法。消费者终身价值(有时也被称为消费者寿命期价值),它等于消费者的期望终身收益减去期望终身成本。在有效信息的前提下,企业通过对消费者在其寿命期内可能的收益和成本进行估计,获得终身价值。通过分析消费者的终身价值,企业就可以评价某一消费者或消费者群的营销可行性。

七、按消费者关系细分国际市场

消费者关系是指企业为达到其经营目标,主动与消费者建立起的某种联系。这种联系可能是单纯的交易关系,可能是通信联系,也可能是为消费者提供一种特殊的接触机会,还可能是为双方利益而形成某种买卖合同或联盟关系。消费者关系具有多样性、差异性、持续性、竞争性、双赢性的特征。它不仅可以为交易提供方便,节约交易成本,也可以为企业深入理解消费者的需求和交流双方信息提供需度机会。

在企业进行国际消费者关系市场细分时,就按照消费者对象、品牌知名度、服务内容、利益相关者进行区分,以提供不同的产品和服务,而实际上各个市场的细分本身也是为了消费者关系的维护。需要注意的是,随着时间的推移,人口自然情况、消费者购买心理和行为等因素的变化,每一个细分后的子市场规模和吸引力都在不断地变化,因此国际市场细分是一个动态过程。

9.1.3　国际市场细分程序

📖 情境导入

美汁源打破常规快速进入中国市场

美汁源进入中国的首款产品"果粒橙"就是凭借差异化定位,为其后来居上奠定了基础。美汁源果粒橙进入中国市场的口号是"柔取的阳光果肉"。果粒橙采取在橙汁中添加果肉的办法,与市场上现存的纯橙汁饮料形成产品差异,让消费者感受到一种原汁原味的感觉。和其他诉求"健康"的果汁饮料相比,果粒橙定位含有果肉颗粒的果汁切入的是一个细分市场。除了在口号上下功夫,美汁源的差异化还让消费者"看得见",在产品设计和包装上,果粒橙也体现了差异化的特点。外瓶上端设计成橙的形状,表面有凹凸,容易引起联想,规格定为450毫升和1.25升,而不是果汁传统的500毫升和1.5升,与其他果汁饮料形成差别。

资料来源:搜狐网. 分析:美汁源 为什么能成为行业领头羊[EB/OL]. (2017-09-10). https://www.sohu.com/a/191103503_99921754.

讨论：试从国际市场细分的角度分析美汁源是如何快速进入中国市场并取得成功的？

企业在进行国际市场细分时，要遵循一定的程序，如图 9-1 所示。

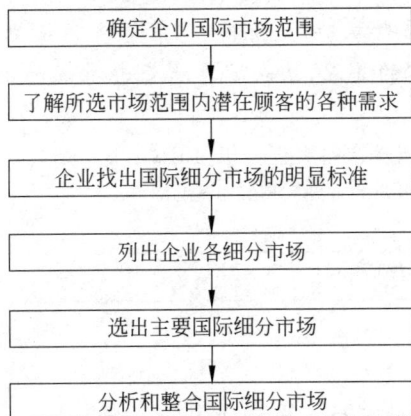

```
┌─────────────────────────────┐
│      确定企业国际市场范围       │
└─────────────────────────────┘
              ↓
┌─────────────────────────────┐
│  了解所选市场范围内潜在顾客的各种需求  │
└─────────────────────────────┘
              ↓
┌─────────────────────────────┐
│    企业找出国际细分市场的明显标准    │
└─────────────────────────────┘
              ↓
┌─────────────────────────────┐
│       列出企业各细分市场        │
└─────────────────────────────┘
              ↓
┌─────────────────────────────┐
│      选出主要国际细分市场       │
└─────────────────────────────┘
              ↓
┌─────────────────────────────┐
│     分析和整合国际细分市场      │
└─────────────────────────────┘
```

图 9-1　国际市场细分程序

1. 确定企业国际市场范围

在确定国际市场范围前要做由内而外的市场评价，首先是对自身资源和能力的评价，确定能做什么和不能做什么。其次，认清外部的市场环境，例如当地经济状况，竞争对手等，市场范围的确定不仅仅是区位上的确定，更是对产品和服务内容、范围等方面的确定。

2. 了解所选市场范围内潜在顾客的各种需求

国际市场细分是以客户为导向的，在确定市场范围后，应对客户或潜在客户的各种需求进行确认，以确保提供恰当的产品和服务，保证营销活动的顺利进行。

3. 企业找出国际细分市场的明显标准

在细分标准中找出适用的细分标准，并尽可能详尽列出。

4. 列出企业各细分市场

在细分标准的基础上根据市场特性进行更为具体的描述。

5. 选出主要国际细分市场

根据内外部资源禀赋和市场特性进行重点筛选。

6. 分析和整合国际细分市场

对单一的或者多个的指标进行组合，为后续国际市场策略的制定做充分的准备。

情境重现

宝洁的国际市场细分

宝洁公司创始于 1837 年，是全球的日用消费品公司巨头之一。旗下品牌包括：海飞丝、飘柔、舒肤佳、玉兰油、帮宝适、汰渍及吉列等在各自的产品领域内都处于领先的市场地位。宝洁公司经营的多种品牌策略不是把一种产品简单地贴上几种商标，而是追求同类产品不同品牌之间的差异，包括功能、包装、宣传等诸方面，从而形成每个品牌的鲜明个性。这样,每个品牌有自己的发展空间,市场就不会重叠。不同的顾客希望从产品中获得不同的利益组合,有些人认为洗涤和漂洗能力最重要,有些人认为使织物柔软最重要,还有些人希望洗衣粉具有气味芬芳、碱性温和的特征。于是宝洁就利用洗衣粉的 9 个细分市场,设计了 9 种不同的品牌。利用一品多牌从功能、价格、包装等各方面划分出多个细分市场,满足不同层次、不同需要的各类顾客的需求,从而培养消费者对该企业某个品牌的偏好,提高其忠诚度。

资料来源:百度文库. 市场营销策略案例分析[EB/OL]. (2019-10-20). https://wenku.baidu.com/view/bc5452e2854769eae009581b6bd97f192379bf27.html.

9.1.4 企业市场细分的方法

📖 情境导入

日本丰田进入越南市场

丰田汽车公司是日本最大的汽车公司,也是世界十大汽车工业公司之一。20 世纪 90 年代丰田汽车刚进入越南市场时,发现越南人对于高档汽车的消费能力很弱,所以丰田公司重新制定市场规划,投入大量人力和资金,有组织地收集市场信息,然后通过市场细分和对消费者行为的深入研究,最终定位于越南小型车市场。

资料来源:豆丁网. 丰田汽车公司国际营销策略的选择和分析[EB/OL]. (2018-11-13). https://www.docin.com/p-2149805724.html.

讨论:请分析市场细分对于丰田进入越南市场的重大意义,以及市场细分时运用哪些方法。

企业在运用细分标准或者指标进行市场细分时,需注意:市场细分的标准是动态的,即市场细分的标准随着社会生产力及市场状况的变化而不断变化。如职业、年龄、生活方式、态度等都是在不断变化。另外,由于人力、物力、财力和营销的产品等方面的差异,不同的企业采用的标准也应有所区别。企业在进行国际市场细分时,一般采用单个变量或者多个细分变量的组合,同时灵活运用。具体而言,在进行国际市场细分时,可以运用以下方法。

1. 单一变量因素法

单一变量因素法是根据影响消费者需求的某一个重要因素进行国际市场细分。

2. 多个变量因素组合法

多个变量因素组合法是根据影响消费者需求的两种或两种以上的因素进行国际市场细分。

3. 系列变量因素法

系列变量因素法是根据企业经营的特点并按照影响消费者需求的诸因素,由粗到细的进行国际市场细分。这种方法可使目标市场更加明确而具体,有利于企业更好地制定相应的国际市场营销策略。

情境重现

洗衣市场的激烈竞争

中国洗衣市场正迎来一场激烈的新变革。在中国日化用品领域,宝洁、联合利华两大国际日化巨头凭借多样化品牌,在洗发水、沐浴露等细分领域占据绝对优势。但在洗衣液这一细分领域,尤其是在高端浓缩洗涤剂领域,最为活跃的当属宝洁和蓝月亮。2014年,浓缩型洗涤产品洗衣凝珠被宝洁引入中国,浪奇、妈妈壹选等国内品牌都推出了相应产品。此外,浪奇与宝洁还共同参与起草洗衣凝珠行业标准,抱团提升这款小众产品的曝光率。

事实上,洗衣凝珠刚被引入中国市场时,也曾面临难以打开市场的局面。但近年来,在一些热衷尝鲜、追求便利的年轻人那里,这种浓缩型洗涤产品也正在成为洗衣首选。在这一细分品类,国际巨头宝洁占领了先机,商超内,宝洁旗下的碧浪和汰渍占据了货架这一品类主要位置。目前,获得"浓缩洗涤剂标志"的洗衣液品牌还包括白猫、奇强、好爸爸、蓝月亮、超能、绿伞、浪奇等。未来在这一领域,竞争将更加激烈。

资料来源:新浪财经网.一瓶洗衣液里的"江湖纷争":洗衣市场迎激烈变革[EB/OL].(2020-02-16).http://finance.sina.com.cn/stock/hyyj/2020-02-16/doc-iimxyqvz33434 03.shtml.

9.2　国际目标市场的选择

国际目标市场的选择和国际市场的细分既有联系又存在不同之处。国际市场细分是将这个国际市场划分为若干不同的消费者群;而选择目标市场则是企业在众多的子市场中确定其营销服务的对象。

9.2.1　选择国际目标市场的标准

情境导入

OLAY的"逆龄"

玉兰油在中国市场的营销上,很多手法都是开创中国市场先河,如派发试用装、专柜陈列、明星和模特代言等,并让玉兰油迅速打进了中国市场大门,并成为中国众多家庭,特别是女性认可的高端化妆品首推品牌。但随着化妆品市场的竞争激烈,以及长期"抗衰老"的产品卖点和定位,让它在年轻人心目中逐渐留下"妈妈品牌"的老印象。从2015年开始,宝洁公司开始精简产品线,OLAY围绕核心抗衰老概念,缩短了产品更新周期,不断推出黑科技产品,激发消费者持续的关注与购买热情。

资料来源:搜狐网.玉兰油能触底反弹,那些红极一时家电老牌行不行[EB/OL].(2018-06-06).https://m.sohu.com/a/234203826_111100.

讨论:试析OLAY国际市场细分的重要性。

国际市场细分的目的是实行目标销售,在市场细分的基础上企业可根据自身优势来选定目标市场。因此,企业选择国际目标市场时必须从经营价值角度对细分市场进行评价,决定取舍,通常应考虑以下几方面因素。

一、国际市场规模和成长性

企业选择进入某一国际市场是期望有利可图,因此,市场规模越大,提供给企业的运作空间也就越大,容易形成规模经济,降低生产和营销成本,企业当前盈利的可能性也就越大;市场的成长性越好,企业未来发展和获利的空间也就越大。如果市场规模狭小或者趋于萎缩状态,企业进入后难以获得发展,此时,应审慎考虑,不宜轻易进入。企业借助历史和现实的销售数据,运用统计分析工具,可以大致判断出目标市场的规模和潜力。由于国际市场规模和成长性只是相对指标,企业在选择目标市场时还必须结合市场的竞争结构和自身的目标及资源来通盘考虑。

二、国际市场竞争结构

一个国际细分市场可能具备理想的规模和良好的成长性,但有时它未必有吸引力,原因在于市场是否具有吸引力和长期盈利潜力还与市场竞争结构密切相关。波特教授认为,同行业竞争者、潜在的进入者、替代产品、购买者和供应商,这五种竞争力决定一个行业或市场的长期内在吸引力。国际细分市场内竞争者数量的多少,直接决定市场竞争的激烈程度和盈利潜力。其他四种竞争力量也以不同方式影响着该市场的竞争状况,从而影响着该市场的吸引力。比如潜在进入者时刻影响着市场的竞争结构,该市场上的在位竞争者不仅要忙于相互竞争,而且要树立进入壁垒,提防潜在进入者,如果进入壁垒低而退出壁垒高,则市场的竞争就更加激烈。替代品不仅限制了国际市场的价格上限,而且随着它的发展,有可能导致现有市场的衰亡。供方和买方相对强弱程度,直接影响市场上在位竞争者的谈判能力,供方和买方的力量很强时都会挤压市场的利润空间。

三、企业目标和资源能力

某些细分市场虽然有较大吸引力,但不能推动企业实现长远发展目标甚至分散企业的精力,使之无法完成其主要目标,这样的市场应考虑放弃。此外,还应考虑企业的资源条件是否适合在某一细分市场经营。只有选择那些企业有条件进入、能充分发挥其资源优势的市场作为目标市场,企业才会立于不败之地。

💻 情境重现

抓住国际营销空白点

日本电视机生产企业从 1961 年开始向美国出口电视机。当时美国不只是世界头号电视机生产强国,而且,美国消费者还普遍存有"东洋货是劣质货"的观念。但日本企业经过认真的市场分析发现,在美国市场上,12 吋以下的小型电视机是一个产品市场空白点。当时美国电视机生产企业都认为小型机利润少而不愿经营,并且错误地认为小型机消费时代已经结束。但事实上仍有不少消费者需要它,日本企业借机将小型机打入美国市场。正由于日本企业从美国产品市场空白点入手"钻"入美国,因此,未受到强大的美国企业的反击。待之羽翼丰满,占领大型电视机市场时,美国电视机厂家再反击已为时过晚。

资料来源:豆丁网. 市场细分案例[EB/OL]. (2016-04-08). http://www.docin.com/p-1523059054.html.

9.2.2　选择国际目标市场的过程

📖 **情境导入**

海尔切进美国市场

海尔开始进入美国市场的主流产品选择的是冰箱,但不是大冰箱,而是小冰箱。为此,海尔推出了"定制冰箱"。所谓定制冰箱,就是消费者需要的冰箱由消费者自己来设计,企业则根据消费者提出的设计要求来定做一种特制冰箱。比如,消费者可根据自己家具的颜色或是自己的喜好,定制自己喜欢的外观色彩或内置设计的冰箱。他可以选择"金王子"的外观、"大王子"的容积、"欧洲型"的内置、"美国型"的线条等,从而能最大限度满足顾客的不同需求。

资料来源:百度文库. 一位顾客就是一个细分市场[EB/OL]. (2020-02-09). https://wenku.baidu.com/view/f41483c87ed5360cba1aa8114431b90d6d85893e.html.

讨论:海尔是如何切入美国家电市场的?

企业选择国际目标市场的过程如图 9-2 所示。

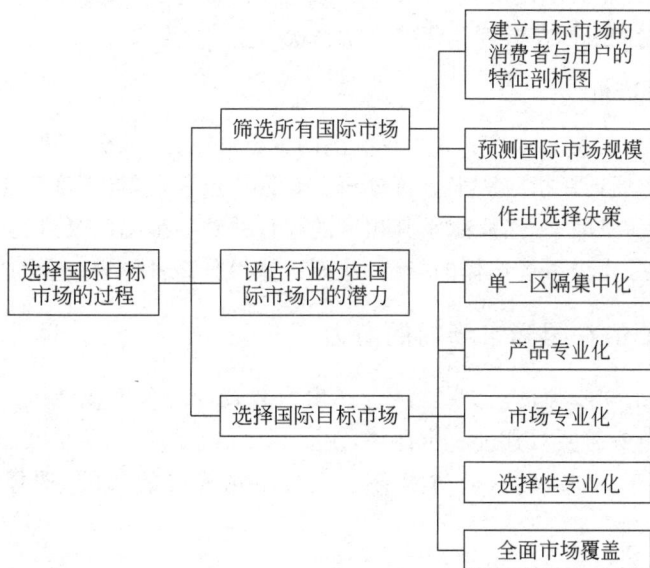

图 9-2　选择国际目标市场的过程

企业选择国际目标市场的过程具体包括以下三个步骤。

一、筛选所有国际市场

企业在选择国际目标市场时,首先要对各个国家进行初步选择,确认选取哪些国家的市场。其目的主要在于缩小选择范围,降低进一步评估的成本。初步筛选可分为以下三个步骤进行。

（一）建立目标市场的消费者与用户的特征剖析图

对消费者特征的剖析包括消费者的年龄、性别、收入水平、消费结构、消费者所处的社会阶层及其生活方式的特点。对工业品用户特征的剖析包括使用本产品的行业的特征、典型客户的规模和组织结构,本企业所生产的产品或提供的服务在客户的价值链中处于哪一环节,起什么作用。通过对现有的或潜在的消费者或用户的消费行为和特征进行分析,企业可以选择有利于充分发挥企业竞争优势的市场作为目标市场,迅速有效地占领国际目标市场。

(二)预测国际市场规模

在预测国际市场规模时,可以采取直接预测和间接预测两种方式。

1. 直接预测国际市场规模

直接预测国际市场规模,其主要方法是从企业所能够获得的统计资料入手,找出影响产品市场前景的各项因素,并通过回归分析方法找出各项因素对产品市场前景影响的具体程度。然后再根据企业对各项影响因素的预测,推算出未来一定时间内产品在目标国际市场的销售前景。

2. 间接预测国际市场规模

对市场规模的间接预测主要通过对目标市场国家的宏观经济指标进行分析,从中间接地推算出市场规模。可供使用的宏观经济指标包括国民生产总值、国内生产总值、国民收入、物价指数以及这些指标在最近几年的变动情况。

(三)作出选择决策

在对前述资料有了较全面的掌握和较系统的分析后,企业可初步决定接受或放弃决策。具体地说,可运用市场选择指数法来进行分析。其具体过程是,首先确定影响企业在某国际细分市场上的销售前景因素,然后赋予其相应的权数并对各影响因素进行评分,最后以各个细分市场的加权得分作为市场选择的指数,从而选择得分高者作为企业的国际目标市场。

二、评估行业的在国际市场内的潜力

经过第一阶段的初步筛选,企业已经选择出为数较少的国家或地区。对于这些国家或地区的细分市场,企业需要对其进一步评估,主要是评估它的经济价值。也就是企业能在哪个市场上获得更多的未来收益,通过对各个细分市场优势的比较,选择最佳的国际目标市场。

三、选择国际目标市场

企业在对各细分子市场进行评估的基础上,接下来就要决定究竟选择多少细分市场作为国际目标市场,现实中有五种策略可以供企业选择。

(一)单一区隔集中化

单一区隔集中化(single-segment concentration)是指企业只生产销售某一种产品,满足某一顾客群的需要,以取得企业在某一特定市场上的优势。通常,当企业实力不是很强、规模较小的情况下可采用这种策略。

(二)产品专业化

产品专业化(product specialization)是指企业生产销售某一类产品提供给各种不同的顾

客群体。由于产品要面对消费者,因此产品在价格、质量和款式等方面都会有所区别。该策略有利于降低产品成本、提高产品质量。

🖥 情境重现

情感共鸣锁定细分市场消费者

靠差异化诉求美汁源站稳了脚跟,不过,让美汁源在中国"开枝散叶"的直接原因还在于,它牢牢抓住消费者的心,树立了自己的品牌。美汁源将目标人群锁定为 25～35 岁的成年消费者,据了解,这部分人注重营养、可口,情感诉求是能够更好地照顾好你和你的家人。"实力人物更容易让消费者对美汁源产品的健康形象产生信任感。"因而,美汁源选择的实力代言人为品牌加分不少。而美汁源在 2008 年奥运年的时候,签约前奥运冠军程菲、杨威,不仅便于进行奥运营销,更强化了消费者的健康感觉。

资料来源:搜狐网. 分析:美汁源为什么能成为行业领头羊[EB/OL]. (2017-09-10). https://www.sohu.com/a/191103503_99921754.

(三)市场专业化

市场专业化(market specialization)是指企业生产销售几种质量、性能、款式等方面有所区别的产品,用于满足同一顾客群不同的需要。

(四)选择性专业化

选择性专业化(selective specialization)是指企业生产销售几种质量、款式、性能等方面有所区别的同类产品同时进入几个不同的细分市场,以满足不同顾客群的需要。

(五)全面市场覆盖

全面市场覆盖(full market coverage)是指企业决定同时进入几个不同的细分市场,为不同的消费者群提供相应的产品。实力雄厚、试图谋求市场领导地位或垄断地位的大企业通常采取这种策略。

9.3 国际目标市场的定位

9.3.1 国际目标市场定位的内涵及程序

📖 情境导入

特定细分市场上的"隐形冠军"

在化妆品市场,特定细分市场已经成功地运用于兰黛、香奈尔和其他一些以高级、名贵为目标市场的化妆奢侈品公司。这些公司对自己的市场有很精确的定义,它们在全球范围内纵深发展,而不是广泛地覆盖整个国家。又例如德国的温特豪德公司就是洗碗机市场中的一个隐形冠军,但是他们从来没有向一个顾客销售过洗碗机。不仅如此,他们也从来没有向医院、学校、公司或者其他机构进行过销售。这个公司只把自己的洗碗机卖给旅馆和饭店,给它们提供洗碗机、水源处理装置、清洁剂和维修服务。对于公司狭窄的市场定义,该公司管理者评价说:"对我们的销售市场继续狭窄的规定,是我们所作过的最重要的战略决定。这正是我们在过去十几年里取得成功的基础。"

资料来源:爱问共享资料.成功的市场细分经典案例分析[EB/OL].(2017-09-30).https://ishare.iask.sina.com.cn/f/2Z1qDSenh4R.html.

讨论:企业在国际市场上该如何进行目标市场的定位?

企业进行国际细分市场选择后,就必须决定在这些细分市场上如何进行定位,即国际目标市场定位。

一、国际目标市场定位的内涵

国际目标市场定位是指企业在国际市场细分的基础上根据目标消费者要求给产品确定一个适当的位置。企业通过研究不同组的消费者对某企业产品的感知、认知、态度、需求等特性,并根据他们的需求充分优化产品中他们更为喜欢的方面,从而达到更加突出自己产品这些方面的特征,并使自己的产品与其他竞争对手不同。国际目标市场定位是企业从事国际营销活动的重要组成部分,其正确与否直接关系到国际营销活动的成败。

二、国际目标市场定位的程序

企业进行国际目标市场定位,必须了解竞争对手的定位观念和定位战略,调查顾客对产品的评价和要求,在深入分析本企业竞争能力后选择企业在目标市场上的竞争优势和定位战略,并准确传播企业的定位观念。

(一)竞争者的定位及其竞争优势分析

企业要形成自己的竞争优势,必须调查和分析竞争对手的定位策略,如提供的产品、价格、包装、技术水平、新产品开发、产品成本等,从而确认竞争者的竞争潜力和竞争优势。竞争优势是在对企业比较优势加以集聚和整合,形成核心竞争力的基础上产生的。比较优势是相对于竞争对手而言所具有的优势,如知名的品牌、优良的产品品质、丰富的营销经验、独有的供货和销售渠道、优秀的员工、较低的成本、领先的产品技术、先进的管理技术、获取与分析市场竞争信息的能力等。核心竞争力是在企业现有资源和比较优势的基础上产生的,根植于企业内部组织运营中的知识、技能与经验的结合体。竞争优势常见的表现形式有两个:一是在产品和服务大致相同的条件下定价比竞争者低;二是在合理的高价下提供更多的特色产品和服务以满足顾客的特定需要,从而抵消高价的不利影响。第一种情况下企业的对策是寻求降低产品成本的途径,第二种情况下企业应努力开发特色产品和提供有特色的服务。

(二)了解目标顾客对产品的需求特征和评价标准

企业在调查了解竞争者情况的基础上,还应了解顾客对其所购买产品和服务的最大偏好和愿望,弄清他们对产品优劣的评判标准,为企业分析和确定竞争优势提供依据。

(三)分析目标市场的潜在竞争优势

所谓目标市场的潜在竞争优势,是指目标市场上所有竞争者的产品或服务中最能吸引顾客的是什么即在目标市场上制胜的关键竞争优势是什么,或保证本企业取胜的竞争优势是什么。只有当企业的竞争优势能与特定市场上制胜的竞争优势相吻合时,企业才能在市场竞争中获胜。

(四)选择竞争优势与定位战略

选择竞争优势是对企业可利用的竞争优势进行分析,确定优先顺序,筛选出最具有利用价值的竞争优势。在了解和分析目标市场顾客的需要与竞争对手的竞争优势,确定和选择企业的比较竞争优势的基础上,企业就可选择定位战略,进行市场定位。

(五)准确传播企业的定位观念

企业在作出市场定位的决策后,可以通过广告、公关等方式进行定位宣传,让公众准确理解企业的定位观念,并避免因宣传不当而使企业的市场定位与公众的理解产生偏差。企业应通过定位宣传,体现企业市场定位的排他性,突出企业产品和服务的特色和个性。

情境重现

丰田汽车的全球野望

丰田旗下的卡罗拉数度蝉联全球单一车型销量第一,用户群体覆盖 159 多个国家与地区。除了卡罗拉以外,丰田旗下的 RAV4 和凯美瑞分别以第 3 名和第 8 名的成绩同样入围全球单一车型销量前十榜单。事实上,丰田成功的秘诀主要在于"均衡"二字:丰田几乎在每个细分市场,都有拿得出手的产品。比如刚提到的在全球畅销不衰的卡罗拉、凯美瑞;比如川藏线、滇藏线、新藏线、青藏线上川流不息的普拉多;比如奔跑在中东和非洲的越野和皮卡……全世界不同国度的人们,都可以看到丰田车的身影。

资料来源:搜狐网. 为何丰田能占到全球汽车总销量的 1/10?[EB/OL]. (2018-06-14). https://www.sohu.com/a/235925917_276701.

9.3.2　国际目标市场定位的依据

情境导入

都是酷儿"惹的祸"

曾经红极一时的"Qoo 酷儿"是可口可乐公司针对亚洲市场研发的一种特色果汁饮料,在亚洲市场所向披靡,并在 2002 年"酷儿"登陆中国大陆市场。"酷儿"定位为儿童果汁饮料,"酷儿"在中国市场细分的目标群体是 5~12 岁的儿童,此举跳出大部分果汁品牌针对女性市场的人群定位,也为"酷儿"角色的引入创造了条件。这一精确定位的高明:避免与市场领导品牌展开正面较量,寻找细分市场机会,独辟蹊径。

资料来源:豆丁网. 案例:"酷儿"——儿童果汁饮料细分市场的超级霸主[EB/OL]. (2013-01-03). https://www.docin.com/p-570608073.html?docfrom=rrela.

讨论:试析"酷儿"在中国市场定位的依据是什么。

一、国际市场机会

国际市场经过细分之后,企业就会面临诸多不同的细分市场机会,而市场细分的最终目的是对市场机会的及时把握,因此,细分工作在完成初期的市场格局的划分后,还要结合企业自身的竞争力对细分的市场进行评估和选择,以确认企业的营利来源。但是,企业不可能将触角伸入每一个细分市场中,所以需要在所划分的各个细分市场之间进行权衡,确定最终要进入的目标市场。

特别要说明的是,在这个过程中,企业不能忽视国际市场竞争和国际市场需求状况是千变万化,所以企业必须不断寻找新的市场机会,而市场机会的出发点就是市场上未满足的需求。企业在明确了经营目标和现有资源状况与能力的情况下,再进行国际细分市场的选择和进入是非常有必要的。

二、国际市场需求潜力分析

国际市场需求潜力分析是对潜在细分市场的规模和增长能力的评价。市场规模主要由客户的数量和购买力共同决定的,同时也受消费习惯和客户对营销策略的反应的敏感程度的影响。在分析市场规模时,既要考虑当前水平,更要考虑其潜在的发展趋势。

通常情况下,大多数未来需求潜量的产品和服务是很难被准确预测的,所以需要尽可能充分掌握相关信息,并对国际市场进行预测。因此,在制定国际市场策略时,市场调研是必要的。

三、行业吸引力分析

行业吸引力是企业进行行业比较和选择的价值标准,也称为行业价值。行业吸引力取决于行业的发展潜力、平均盈利水平等因素,同时也取决于行业的竞争结构。因此,行业的选择对一个企业能否获得高于平均水平的投资收益具有非常重要的影响。

四、获利状况

企业经营的目的最终是要落实到利润上,利润是企业生存和发展的前提条件。因此,国际细分市场应能够使企业获得预期的或合理的利润。根据营业利润率、应收账款周转率、总资产周转率等财务指标加以评估,以决定和调整目标市场定位策略。

在确定国际目标市场之前,我们需要从上述四个方面对所细分出的子市场进行评估。然后,再根据企业的战略和理念选择合适的子市场作为所选国际目标市场。国际目标市场是企业为了满足现实或潜在的消费需求而开拓的特定市场,这种特定市场是在国际市场细分后确定企业机会的基础上形成的。也就是说国际目标市场是企业在细分出来的若干子市场中,根据本企业的资源、技术、管理水平、竞争状况等因素,选择出对自己最有利的、决定要进入的一个或几个子市场。

选定国际目标市场要特别注意:国际市场收益的年平均增长率,进入和退出国际市场的难易程度,国际市场容量,收益潜力,本企业目标和资源 5 个因素。

情境重现

奇瑞高瞻远瞩　海外战略效果显著

从 2001 年起布局全球,奇瑞汽车已经远销埃及、伊朗、俄罗斯、马来西亚、菲律宾、乌拉主、泰国、越南、巴西和乌克兰等全球近百个国家和地区,并且建成 16 个海外生产基地。更重要的是,奇瑞汽车在海外已拥有了由 1000 多个销售服务网点组成的海外营销服务网络,有力地支撑了奇瑞海外市场的销售,大大提升了奇瑞汽车在海外的知名度。奇瑞 QQ 在海外的热销,源自于奇瑞汽车对国际市场的前瞻性把握以及合理的市场定位。以进入美国市场为例,奇瑞 QQ 将目标细分顾客群确定为收入不高但有知识有品位的年轻人,兼顾有一定事业基础、心态年轻和追求时尚的中年人,采取低价格、高质量的策略,使奇瑞轿车很快渗入市场。

资料来源:豆丁网. 十大经典营销策划方案[EB/OL]. (2015-01-01). https://www.docin.com/p-1008930255-f6.html.

9.3.3　国际目标市场定位策略

📖 **情境导入**

7-11 温暖的家

在泰国,无论你是在繁华的曼谷,还是在遥远的乡村,都能在几百米之内遇上 7-11。7-11 源于美国,2005 年成为日本公司在泰国由正大集团运作,因为其庞大的成熟产业链,店内会有很多仅限于 7-11 销售的独家产品,这样最大限度保证了顾客们的忠实性。7-11 便利店在泰国的功能更像是社区超市,可以满足泰国人日常的全面生活需求,因此,在泰国 7-11 又有温暖的另一个家的雅称。

资料来源:搜狐网. 7-11 在泰国表面上是便利店,但在没人注意到的地方……[EB/OL]. (2018-05-22). https://www.sohu.com/a/232512394_171460.

讨论:试析 7-11 在泰国是如何进行市场细分的。采取了哪些市场定位策略?

企业在选择国际目标市场定位策略时,可以考虑根据产品属性定位,比如一汽大众公司在广告中宣传它的捷达是价格低廉的;也可以考虑根据用途来定位,如欧莱雅复颜系列用于抗皱;根据使用的时机来定位或者根据产品使用者的阶层来定位,或直接针对竞争者定位,当然还可以根据产品类别来定位。在国际市场营销中,企业经常综合使用相关的定位策略。

企业可以通过价格、形状、色彩、技术和成分等体现其产品特色和个性,进行国际市场定位。在营销实践中,经常采用的国际市场定位方式有对抗定位、避强定位、反向定位和重新定位等。

一、对抗定位

对企业的产品进行定位,应使之在目标顾客心目中占有一种与占据支配地位的、最强的竞争对手相对立的特有的位置。例如,可口可乐与百事可乐之间持续不断地争斗,汉堡包王与麦当劳不断扩大的竞争等。当市场上已经有牢固地位的企业存在时,实行对抗性定位会有比较大的风险。因此,企业必须清醒地估计自己的实力,并确定合理的营销目标。

二、避强定位

避强定位是指采取迂回的方式,避开强有力竞争对手的市场定位。其优点是能够迅速地站稳脚跟,在消费者或用户心中迅速树立起一种形象。由于这种定位方式市场风险较低,成功率高,为多数企业所采用。由于可口可乐在可乐业拥有强大支配力,并没有给其他品牌留下很大的发展空间,在这种情况下,七喜公司推出了反其道而行之的定位战略,以"非可乐"汽水进行市场定位,避开强劲的竞争,成为定位时代的一项伟大创意,在实行"非可乐"定位后的第一年销售额猛增 10%。

三、反向定位

在竞争激烈的市场上,有时竞争对手的形象可能和自己差不多,也可能比自己卓越。在这种情况下,反向定位是一种比较理想的定位方式。

四、重新定位

重新定位是指企业采取特定的营销组合,改变目标顾客对其原有的印象,使目标顾客对其产品新形象进行重新的认识和接受。当企业产品在市场上的定位出现偏差,产品在目标顾客心目中的位置和企业的定位期望发生偏离时,企业往往需要重新定位。但在进行重新定位时,企业必须考虑由此产生的成本以及预期效益。

五、对竞争对手进行再定位

为了准确地确定产品或品牌的位置,有时还可以给竞争对手重新定位。

情境重现

伊利的避强定位策略

大多数经销商说"和路雪""雀巢"的定位与普通人的收入水平有相当的距离,2元以上的产品人们问得多买得少,而 68 元的产品更是很少有人问津。相比之下,两年前还名不见经传的伊利却以"低价优质"这一市场定位赢得了众多消费者的青睐。除了本身所具有的优势——能源方面(煤)、电费、人员工资方面,牛奶供应充足且新鲜,口感方面伊利产品有较强的奶香味,具有较高的品质之外,工薪消费者选择冰激凌时,价格也是非常重要的决定因素。伊利之所以能在国内市场与国际品牌竞争并迅速打开销路,正是得益于"低廉的价格,较高的品质"这一避强定位策略。

资料来源:道客巴巴.伊利的避强定位策略[EB/OL].(2012-03-17).http://www.doc88.com/p-593546588254.html.

小 结

由于世界上存在多个国家和地区,每个国家和地区的消费者在需求、偏好等方面又存在诸多差异,所以,企业必须按照一定的标准对整个国际市场进行市场细分,并根据本企业的优势,恰当选择,最终确认并进入选定的国际目标市场。只有这样,才能更好地满足国际市场上顾客需求。

思考与练习

一、填空题

1. _____是指企业根据消费者需求不同,将整个国际市场分为若干不同类别的子市场的过程。

2. 企业要进行国际市场细分,首先必须明确细分市场的依据或标准,即确定_____。

3. 根据购买者对产品的熟悉程度、态度、使用情况及反应、品牌忠诚度等将他们划分成不同的群体,叫作_____。

4. 按_____的市场细分法是指根据消费者对企业的价值贡献和活跃周期进行的细分法。

5. _____是指企业生产销售某一类产品提供给各种不同的顾客群体。

二、单项选择题

1. 机票及旅馆住宿的费用,在旺季及淡季时的价格不同,这种市场细分的标准是(   )。
   A. 地理因素　　　　B. 人口因素　　　　C. 心理因素　　　　D. 行为因素

2. 国际市场营销与国内市场营销相比,其表现为(   )。
   A. 两者的理论来源和基础相同　　　　　B. 两者的营销方式相同
   C. 两者的营销难度相同　　　　　　　　D. 两者面对的环境相同

3. 在市场细分的基础上,企业将多个细分市场作为目标市场并针对每个子市场分别制订营销组合方案。这种营销策略是(   )。
   A. 无差异国际营销　　　　　　　　　　B. 差异性国际营销
   C. 密集型国际营销　　　　　　　　　　D. 细分型国际营销

三、多项选择题

1. 企业在选择目标市场营销战略时应考虑(   )。
   A. 企业资源　　　　　　　　　　　　　B. 产品与市场同质性
   C. 产品生命周期　　　　　　　　　　　D. 竞争对手战略

2. 国际市场细分的标准包括(   )。
   A. 地理因素　　　　B. 宏观因素　　　　C. 文化因素　　　　D. 微观因素

3. 决定是否进入国际市场时要考虑的因素包括(   )。
   A. 企业的目标　　　　B. 机会　　　　C. 能力　　　　D. 有无竞争者

四、判断题

1. 一种生活必需品的市场潜量主要取决于人口的结构。　　　　　　　　　　(   )

2. 宝洁公司设计了九种品牌的洗衣粉、八种品牌的洗发水,体现出消费者市场消费需求复杂的特点。　　　　　　　　　　　　　　　　　　　　　　　　　　　　　　(   )

3. 在国际上,酒店进入目标市场国家一般采取一般许可的方式。　　　　　　(   )

4. 在选择国际目标市场时,所有企业都应优先选择全面市场覆盖方式。　　　(   )

实训课堂

一、思维训练

多品牌战略其实在家电业不是什么新名词。比如最早的有 TCL,收购过国外品牌汤姆逊和阿尔卡特,国内电视品牌乐华;海信,收购了科龙,之前科龙兼并了容声、华宝,科龙空调最早还有过一个康拜恩空调品牌;长虹,收购了美菱;海尔,有卡萨帝、统帅以及 GE Appliances、Fisher Paykel、AQUA、Candy,共 7 大品牌;美的,之前收购了小天鹅和库卡,除此之外还有比佛利、梵蒂罗、COLMO、BUGU、华凌、东芝、AEG、酷晨、卡菲塔利等品牌。中国家电业品牌大整合,一共有两次并购潮。第一次是在 2008 年金融危机来临之前,这一轮以国内品牌之间的并购为主。比如 2005 年年底长虹收购美菱;第二次是 2018 年左右,中国品牌并购国际品牌潮,比如 2019 年 1 月,青岛海尔完成收购 Candy S.P.A 公司的交割。

要求:发散思维,多角度思考此案例。

讨论:为什么诸多中国家电企业选择多品牌战略?企业在国际市场上多品牌营销时可能存在哪些问题?

二、案例分析

案例 1:在碳酸饮料横行的 20 世纪 90 年代初期,汇源果汁充分满足了人们当时对于营养健康的需求,凭借其 100% 纯果汁专业化的"大品牌"战略和令人眼花缭乱的"新产品"开发速度,在短短几年时间就跃升为中国饮料工业十强企业,其销售收入、市场占有率、利润率等均在同行业中名列前茅,从而成为果汁饮料市场当之无愧的引领者。其产品线也先后从鲜桃汁、鲜橙汁、猕猴桃汁、苹果汁扩展到野酸枣汁、野山楂汁、果肉型鲜桃汁葡萄汁、木瓜汁、蓝莓汁、酸梅汤等并推出了多种形式的包装。应该说这种对果汁饮料行业进行广度市场细分的做法是汇源公司能得以在果汁饮料市场竞争初期取得领导地位的关键成功要素。

分析:汇源果汁初期取得成功的原因是什么?

案例 2:有人说海尔有很多成功的谋略运用的都是逆向思维,的确如此,先难后易(即先发达国家,后发展中国家)的出口战略使海尔进军国际市场一开始便形成高屋建瓴的局面。德国科隆博览会上,海尔集团总裁张瑞敏给欧洲 12 位经销商颁发了海尔产品专营证书。由中国企业向洋人颁发证书,海尔抢了个头彩。自此海尔开始其"海外征途"。

分析:海尔进入国际市场"先易后难"的案例给我们哪些启示?

案例 3:巴黎欧莱雅进入中国市场至今,通过对中国化妆品市场的环境分析采取多品牌战略对所有细分市场进行全面覆盖策略,对使用对象、化妆品品种等进行细分。比如按照中国地域广阔特征,鉴于南北、东西地区气候、习俗、文化等的不同,人们对化妆品的偏好具有明显的差异。如南方由于气温高,人们一般比较喜欢使用清淡的妆饰,因此较倾向于淡妆;而北方由于气候干燥以及文化习俗的缘故,一般都比较喜欢浓妆。

分析:巴黎欧莱雅在中国市场是如何进行市场细分和定位的?

任务 10 国际营销进入模式选择

学习目标

- **知识目标**

(1) 了解国际营销进入模式的分类,熟悉每种进入模式的基本定义;

(2) 理解国际营销进入模式的优势和风险所在;

(3) 熟知各种进入模式的具体实施途径和操作流程。

- **技能目标**

(1) 能够分辨国际营销进入模式的类型;

(2) 掌握选择每种国际营销进入模式的目的和意义;

(3) 可以结合企业国际营销战略进行进入模式选择。

任务驱动,做中学

你所在的企业想要进入国际市场,但不知道通过哪种进入模式进入国际市场,需要你参照各种进入模式的战略意义和优缺点进行分析,并结合企业战略发展方向,制订详细的方案供企业选择。

情境导入

"China"与国际化

China 来自中国古代的某种特产。比如陶瓷;或者是绮,绮是丝织品中花式最为繁复的、织法最为精致的一种织物;或者是丝、缯,丝与缯是古代汉语中对于丝织品的总称。这些特产通过跨境贸易输入世界各国后,为世界人民所喜爱,人们总是疑惑不解,为什么会有这么好的东西? 这些好东西又是怎么做出来的? 所以世界上各国人都对这些产品又是疑惑又是喜爱,也正是对于这些商品的喜爱与疑惑,所以把这些商品的输出国称为China,因此中国叫China 是由中国古代的跨境贸易导致的。

资料来源:刘军.中国的域外他称之 China:东方的"瓷国"中国国家历史(柒)[M].北京:东方出版社,2016。

讨论:在"经济全球化"的背景下,随着中国综合国力的提高和中国加入 WTO 后,国际化战略成为许多企业的必然选择。你知道有哪些跨国公司,他们如何实现的企业国际化?

企业进入国际市场会根据东道国环境、投资方式等选择进入模式,国际营销策略首先要学会和理解国际市场的进入模式,并依照不同进入模式制定相应的营销策略。跨境营销中国际市场的进入模式主要分为跨境贸易、跨境并购和绿地投资三种模式。

10.1　跨境贸易

一、定义

跨境贸易分为狭义的跨境贸易和广义的跨境贸易。狭义的跨境贸易为母国(贸易输出国)和东道国(贸易进口国)之间进行劳务与商品的交换。广义的跨境贸易是指包含了上述贸易形式相关的跨境贸易模式、跨境进出口安排、跨境结算等复杂贸易过程。跨境贸易表现为母国与东道国之间的贸易,是产品和技术走出国门的重要途径。

二、类型

按照运输的方式,跨境贸易方式可分类为陆运贸易、空运贸易、海运贸易和邮购贸易这四种形式。由于交通方式、政治因素和各国物流产业发展程度的不同,跨国贸易的主要运输方式为陆运贸易和海运贸易。由于运输效率最高,陆运和海运是跨境贸易中最基础的贸易方式,同时也是最便利的运输方式。空运贸易速度是最快的,但是由于运输量少、成本高,导致运输效率低、利润率也相对较低。随着时代的发展和跨境电商的兴起,跨境邮购贸易作为最新兴的跨境贸易方式,也越来越受到消费者欢迎。

按照在贸易过程中是否存在第三方,跨境贸易可分为直接跨境贸易和间接跨境贸易两种方式。一方面,直接跨境贸易是生产国直接与消费国进行跨境贸易。生产国直接将产品或服务提供给消费国。另一方面,间接跨境贸易表现为生产国与消费国之间存在第三国中间商的介入,导致生产国不能直接与消费国进行贸易。其中,间接跨境贸易有两种表现形式:一种是生产国直接将产品或服务提供给消费国,但生产国需经过第三国中间商与消费国完成交易;另一种是生产国将产品或服务交由第三国中间商,再由其将商品或服务提供给消费国。

按照交易过程中国家参与的数量,跨境贸易可分为双边贸易和多边贸易。双边贸易是指生产国直接与消费国进行跨境贸易,生产国直接将产品或服务提供给消费国,前者完全能满足后者的需要。而多边贸易则是指多国之间进行的贸易,形成原因是在实际的跨境贸易中,单一生产国的产品或服务不能完全地满足消费国的需求,这就需要多国之间的相互合作来满足消费国的市场需求。多边贸易是现代国际贸易中最普遍的贸易方式,这种方式也促成了世界各国的贸易平衡。

按照清偿的方式,跨境贸易可分为现汇贸易和易货贸易。现汇贸易是指用货币直接支付的方式进行跨境贸易。一般选用在国际上最普遍的、可在货币市场自由兑换的货币进行支付结算,如美元、欧元、日元等。易货贸易是指用货物进行清偿的跨境贸易支付形式,这样可以在外汇货币不足的情况下,还能推进产品或服务的"走出去"。由于直接进行换货的难度比较大,因此实践中通常会用相对灵活的方式进行易货贸易。例如在规定时间内,用几种商品或服务组合进行清偿,分别结算和综合平衡。

按照交易过程中出口与进口之间的关系,跨境贸易可分为单边出口、单边进口和对等贸易。单边出口和单边进口是指两国之间进行贸易,进出口均不受交易对等约束。即无须考虑跨境贸易所造成的两国进出口不对等问题的贸易。对等贸易是指参与贸易的两国的进出口要实现对等。现在国际贸易形式主要表现为单边出口和单边进口。2019 年的"中美贸易战"产生的背景就是由于美方强调"贸易对等"原则而产生的,美方对中方出口产品所实行的关税限制。

三、结算方式

跨境贸易中商品和服务的结算方式主要包括银行汇款、托收、信用证三种形式。结算方式主要由贸易双方根据彼此的议价能力、两国金融结算便利程度和经济实力决定的。随着技术变革和金融结算体系的日渐发达,跨境贸易的结算方式也在悄然发生改变。结算方式的确定也影响着国际营销策略的设计和营销计划的灵活程度。

(一)银行汇款

汇款的形式目前主要以电汇居多。在电子结算还不发达的国家之间,跨境贸易主要通过物物交换。随着银行结算的发展,基于行业信用,跨国企业通过银行进行交易。进口企业通过银行直接将货款付给出口企业,实现了资金的流动周转。例如,进口企业与出口企业通过频繁的往来贸易建立了良好的信誉。当进口商向出口商提出进口意愿,出口商通过出口的方式向进口商提供了相应的商品。当进口商收到了相应的商品以后,将通知账户所在行对出口商付款。由于进口商是收到货物后才进行汇款的,因此出口商面临拒付货款的风险,付款的风险由出口商完全的承担。

除了上述的货到付款,预付账款也是常见的结算方式。如果出口企业的货物是比较受欢迎,货物供给面临供不应求,出口商在结算方面有着足够的话语权,通常会要求进口企业进行预付款,在进口企业收到款项后再发送货物。这种情况下,货物未发出或者是产品质量低的风险则由进口商承担。对于进口商来说,这种结算方式是非常被动的。所以,货到付款或者是预付货款,资金清算和货物交接都重点在于商业信用。在这两种方式下,银行都不会承担相应的风险。整个操作流程十分简便,银行在整个交易过程中不会收取太多的手续费。然而,银行汇款是跨境贸易结算方式中风险最高的结算方式。

(二)托收承兑

托收承兑一般分为跟单托收、光票托收两种。

跟单托收是指出口商发出货物以后,出口商代理银行开具银行汇票或商业单据,委托代理银行(托收行)将汇票快递给境外的代理行后,境外代理行根据交单条件,通知进口商提单。

根据进口和出口双方的约定,交单又分为付款交单与承兑交单两种方式。进口商会根据交单条件进行相应的付款或者是对汇票进行承诺承兑,然后境外的代理行将会把海运提单等单据让渡于进口商,进口商便会凭这些单据到货运公司提货,进行销售。

光票托收是指债权人仅向托收行提交支票、本票、汇票等金融单据,委托托收行代为收款。光票托收表示银行接受债权人的委托,然后利用银行在国外的广泛的代理行关系,将境外开出的不可以在境内办理贴现业务的票据及其他的金融单据,邮寄给付款人,提示付款人付款的服务。

相比较汇款中的货到付款来说,托收能更好地控制出口商货物的交割,降低货物交割的风险。但是,银行在整个过程中不会提供任何的信用保证,只能按照票据反馈的条件把票据交接给进口商。整个交易的成功与否仍然是根据交易双方的商业信用而定。相对于出口企业来说,进口商仍然还存在着非常高的风险。例如,进口商用承兑提单将货物取走以后,由于某些不确定因素导致货物的销售形势不佳,后期货款无法偿还。此时,代收银行可以停止对该笔货款进行支付,而出口商将面临巨大的经济损失。

所以,这种情形的结算方式只有在出口企业为了扩大市场范围或者对进口企业相当信任的情况下才会采用。托收方式由于银行不对交易提供信用,并且后续要对汇票进行操作,所以托收的手续费用也不高。

(三)信用证

汇款和托收在一定程度上要求交易双方有高度的信任,仅仅依靠商业信用进行跨境贸易。在开拓国际市场时,交易双方如果是第一次进行贸易,彼此还没有建立良好的信誉,出口方担心进口方收到货物后不进行付款,而进口方也担心出口方发出的货物并不是合同约定好的货物,这时,企业双方在结算方式上会更加青睐"信用证"形式。

进口商在代理行处开具信用证,约定好货物的详细情况以及运输和保险之类的额外附加条件,开证行在开具了信用证以后便告知出口商代理行。出口商代理银行便会通知出口商进行相应的产品生产。出口商会严格地按照信用证上规定的符合进口商需求标准的商品进行发货,并且将发票及运输票据传递给通知行。由于信用证是银行的信用,所以当进口商无法进行货款偿付时,开证行要对出口商进行偿付。当出口商按照相应规定进行生产并且运送后,就可以要求开证行进行付款。通知行在确认单据货物相符的情况下,出口商肯定能收到相应的款项。所以当出口商提出付款请求时,通知行也可以为出口商提供贸易融资进行资金周转,等出口商收到货款后再偿还。通知行把单据传给开证行,开证银行要对单据进行审核,核实单证相符后,开证银行就要对这笔交易进行付款。进口商想要拿到单据首先要对开证行付款。只有这样才能到货物公司进行提货销售。在整个过程中,银行提供了相应的信用支持。所以在双方初次合作或不信任的情况下,依然能建立贸易关系。

因此,信用证在国际贸易发展中提供了重要的信用支撑,也促进了跨境贸易的发展。信用证在单证相符的情况下,开证行就要无条件地付款,所以对出口商来说它的风险比较低,但银行手续费用相对较高。

四、优点和局限

跨境贸易是企业经营国际化过程中最初级,也是最重要和最常用的市场进入模式。

跨境贸易是企业以资源承诺最低的方式进入海外市场的途径,符合国际化渐进过程理论。这种方式有利于企业及时掌握海外市场信息,积累跨境贸易经验,培养跨境贸易人才,提升企业国际竞争力。通过利用母国与东道国之间的成本差异,获得国际市场上的价格竞争优势,因为不涉及生产设备、技术人才的跨国转移,经营风险较小。后期随着企业对国际环境的熟悉以及自身竞争力的增强,根据企业战略发展规划和内外部因素等综合考虑,再对企业的国际市场进入模式进行改变。

跨境贸易容易受到东道国贸易保护政策的影响,由于主要是利用成本差异、关税壁垒等贸易保护措施会使出口丧失成本优势;由于没有深入东道国市场,不能及时了解和掌握东道国市场的需求,难以快速适应市场变化;渠道较长,不可控程度高,通过出口商或当地代理商不能彻底贯彻企业的海外战略意图;运输成本可能使跨境贸易缺乏经济性。

情境重现

联想初期进入国际市场

联想集团成立于 1984 年,1988 年联想推出微机后,企业有了进入国际市场的想法,但是,由于当时联想不具备微机的核心技术,生产能力有限,所以当时领导层经过审慎考虑,决定采取跨境贸易方式这一模式作为联想进入国际市场的第一步。通过为国外企业加工主板,联想培养国际化人才,掌握国际上最新的计算机技术、与外国厂商合作经验不断积累。2004 年联想收购了 IBM 公司的 PC 业务,成立新的合资公司。

资料来源:李雪.联想企业进入国际市场的策略分析[Z/OL].(2010-06-17). https://wenku.baidu.com/view/7fa811160b4e767f5acfcee3.html。

10.2　跨境并购

情境导入

万科并购普洛斯

2018 年 1 月 22 日,由万科领衔,通过下属子公司万科地产联合高瓴资本、中银国际、厚朴资本等中国财团,对在新加坡交易所上市的普洛斯进行私有化。普洛斯也于 1 月 22 日在新加坡交易所的主板退市。万科与其他金融机构组成的中国财团在本次并购过程中共同出资约为 24.54 亿美元,万科在此次并购中出资比例最高,达到了 21.4%,成了此次收购后普洛斯的最大股东。

讨论:企业为什么会选择并购的方式进入国际市场? 跨境并购有何优势和风险?

一、定义

跨境并购是跨境收购和跨境兼并的总称,是指一个境内企业通过某些渠道或某些方式实现并购另一个境外企业的目的,从而取得另一个境外企业的所有股份或者是取得达到控制另一境外企业运营股份比例的股份,实施管理运营控制或者是完全控制。

二、类型

按照跨境并购中并购和被并购单位的性质,跨境并购可以分为横向跨境并购、纵向跨境并购和混合跨境并购三种类型。

(一)横向跨境并购

横向跨境并购表现为并购企业与被并购企业之间制造或者售卖的产品是相同的或者是相似的业务。并购是为了实现并购企业在行业中的地位提升,或实现在整个国际地位的提升,进而达到行业领先水平。行业地位可以对市场业绩产生影响,实现战略目标,赚取更为丰厚的利润。

相较于其他并购形式,横向跨境并购对于企业来说是容易实现的,也是跨境并购中最为常见的方式。被并购企业与并购企业存在相同或相似的生产工艺和管理模式,并且具备相似的供给链,所以在财务尽职调查、被并购资产定价等方面都具备优势,并购后也易于实现两个公司的融合。

情境重现

吉利的"二"升"一"

2010年3月28日,浙江吉利控股集团有限公司在瑞典哥德堡和福特汽车签署股权收购协议,最终获得了沃尔沃轿车公司100%的股权以及知识产权的相关资产。沃尔沃汽车(Volvo Personvagnar,沃尔沃),是1927年在瑞典哥德堡成立的汽车品牌,主要生产高安全性能的汽车,经过数年的发展,沃尔沃汽车积累的安全方面的技术,如防滑刹车系统、紧急刹车灯、智能驾驶信息系统、紧急制动辅助系统和防抱死制动系统等专利技术,在全球都是首屈一指的。吉利作为我国国产汽车品牌,在收购沃尔沃前,由于自身技术的局限,一直处于"二线"车企行列。2012年12月,吉利与沃尔沃签署三份技术转让协议,沃尔沃积累多年的专利技术促进了吉利汽车生产工艺质的飞跃,10年来,吉利汽车则从年销售量41.5万辆的二线车企,跃升为136.2万辆的一线车企,并成为2019年的全国销售冠军,现在是名副其实的中国车企"一哥"。

(二)纵向跨境并购

纵向跨境并购是指并购企业与被并购企业之间存在供应链上下游或业务互补关系。例如,并购企业产品和被并购企业产品互为半成品,或者并购企业与被并购企业都生产同一成品中某一个或某几个环节的产品。纵向并购是为了实现并购企业从半成品生产扩张为整个产业链的生产,缩减了原材料的成本,同时控制了中间生产环节中不必要成本的增加。通常情况下,纵向跨境并购是原材料企业与成品企业之间的并购。因此,长期供给需求实现了并购企业与被并购企业之间的合作与了解,并购以后能更快地为并购企业创造利润。

情境重现

中粮的寻糖路

近些年中国农产品价格上涨比较快,在食糖方面有一定的短缺,糖价相对较高,中粮集团开始考虑从国外进口食糖用于产品的生产。2011年7月,中粮以1.4亿澳元的高价完成对澳大利亚Tully糖厂的收购。Tully糖业公司是澳大利亚著名优质的单一糖厂,年产在30万吨左右,澳大利亚农业发展潜力还是比较大的,中粮这次收购以后可以扩大甘蔗种植面积和食糖的加工能力,不仅能够增加食糖的产能,而且在源头降低食糖进口的成本。中粮跨境纵向并购Tully直接实现了中粮对于食糖这种原材料的需求,并大大降低了原材料的成本。

资料来源:张景云,刘畅,杜新建.跨国并购沟通中的心理距离策略——中粮收购澳大利亚Tully糖业案例研究[J].管理案例研究与评论,2013,6(06):488-500.

(三)混合跨境并购

混合跨境并购是指并购企业与被并购不是从事同一个行业,跨境并购成功后可以实现并购企业向多元化战略的发展;也为并购企业转型储备良好的内部资源。混合跨境并购是现代大型商业企业寻求突破的重要手段。此举可以迅速从被并购国汲取并购企业母国所未曾探索的技术模式、新兴技术或者关键战略资源。

跨境混合并购可以推进并购国在未知行业领域的发展。混合跨境并购同样也可以使大型夕阳产业企业寻找到突破口,迅速转变战略方向,避免政治因素导致某一行业内的企业死亡。并购企业可以实现在多行业的部署和混合式发展,形成与被并购企业的优势互补,促进并购企业的资源协同和业务扩张。

💻 情境重现

三胞集团跨界医药

三胞集团有限公司是一家集投资与金融服务、商业连锁、房地产开发、信息服务、电子商务及物流五大板块于一体的大型集团,三胞成立于 1993 年。2017 年 1 月 10 日,三胞集团宣布以 8.19 亿美元收购美国生物医药公司 Dendreon 100% 的股权,Dendreon 为全球首个前列腺癌细胞免疫疗法 Provenge 的拥有者。2016 年 Provenge 的利润约为 1.2 亿美元,并且市盈率高达 8 倍左右,所以 Provenge 技术未来在中国,乃至亚洲及欧洲的应用前景非常巨大。2010 年 4 月 29 日,经美国 FDA 的正式批准,Dendreon 公司的 Provenge 能够用来治疗无症状或具有轻微症状的转移性去势抵抗性(激素难治性)前列腺癌,自此成为第一个被美国 FDA 批准上市的前列腺癌自体免疫细胞疗法,至今也是治疗晚期前列腺癌的唯一一种细胞免疫疗法。

资料来源:三胞集团 8.19 亿美元拿下美国生物医药公司 Dendreon100% 股权[N/OL].凤凰网,2017-01-10.http://js.ifeng.com/a/20170110/5312328_0.shtml.

(四)直接跨境并购

直接跨境并购是指并购企业直接向被并购企业提出并购意愿,经过双方协商完成所有权的转让,实现并购。由于被并购企业已无力继续经营向并购企业提出被并购的意愿,经过相互协商完成所有权的转让,实现并购。这种并购方式一般情况是在并购企业与被并购企业双方彼此知情的情况下完成。并购企业与被并购企业都能在满足自身并购需求的情况下达成并购协议,也能使企业根据自己的经营意愿提出自己的并购方案。总体来说,并购方和被并购方都能通过直接沟通谈判和并购协商,满足双方企业的发展需要,是一种良性的企业跨境并购。

(五)间接跨境并购

间接跨境并购是并购企业在被并购企业没有意愿被并购的情况下,经证券交易市场对被并购企业进行股票的收购,实现对被收购企业的控制。一般情况下跨境间接并购是在被并购企业没有被并购意愿的情况下完成。由于并购企业的战略要求,并购企业不会关心被并购企业的并购意愿。并购企业根据企业的战略发展要求强行进行股权并购。这是间接并购最突出的特点。间接跨境并购一般情况下成功率不高。法律的约束性也比较大,这是保护被并购企业所作出的反应。间接跨境并购通常情况下是竞争恶劣,是一种恶性跨境并购。

三、优势

📖 情境导入

万达影业的全球化战略

大连万达集团创立于 1988 年,主要以商业地产、文化旅游、连锁百货和高级酒店四大产业为核心。2012 年 5 月 21 日,大连万达集团和全球第二大院线集团美国 AMC 签署了并购协议,并且以 26 亿美元跨境并购了美国 AMC。2012 年 9 月 5 日凌晨,万达宣告并购成功。AMC 是美国的第二大院线,拥有 346 家影院和 5034 张银幕,万达在这次并购后直接成了全球最大的电影院线运营商,并且占据了全球电影市场的 10%。这次并购能为万达争取到国内的第三个进口电影发行牌照而增加筹码,并且有助于万达扩大进口电影发行市场的占有份额。而且,并购还能为万达下一步进军美国消费市场领域和商业地产领域创造了便利的条件。

资料来源:企业文化部.万达集团巨资并购美国 AMC 影院公司[EB/OL].万达集团官方网站,2012-05-21. http://www.wanda.cn/2012/special_reports_0521/23950.html.

(一)加快企业全球化

跨境并购使并购企业在东道国的市场占有份额得到了提高,也避免了跨国企业进入东道国市场带来跨国运输高额成本和高额关税,从而为企业带来了价格方面的优势。这便为并购企业在东道国创造了良好的竞争条件,为并购企业积蓄了力量,同时也避免以"绿地投资"方式进入海外市场,省去了大量的时间和精力用于初期工厂建设。

跨境并购很快便会转化为企业生产力,用更多的精力和时间去加速生产,直接产生经济效益,从而加快市场占有份额,提升企业的全球化布局。现成的生产线和管理系统为企业节省了大量的前期投入,节省了成本,同时也加快了企业的发展。

(二)成熟的资源配置

跨境并购可以帮助企业迅速获得在东道国的大量成熟资源。一是整合成熟的销售链和供应链:客户的开发需要大量的广告投入,而成熟的销售链提供了现成的供给系统,企业节省了大量开发费用。根据以往的供应链直接进行销售,加快了效益的产生。同时,跨境并购可以为企业整合当地充足的原材料供应系统。原材料是生产产品的必需品,充足的原材料供应,保证了企业正常的产出,可以直接进行生产。

二是自有技术、商标、专利和技术:无形资产是企业的核心生产力,但由于无形资产开发周期长,形成效益慢,并购有助于企业获得被并购企业的技术、商标等核心资源。例如,吉利汽车并购沃尔沃,帮助吉利汽车短时间内拥有了沃尔沃的技术和大量的研发专利。

三是成熟的管理系统和人才获取途径:成熟的管理系统对于企业统筹生产和资源整合创造了基础的条件,省去了人才培训的过程,直接形成一套完整的管理系统。并购企业可以透过并购获取当地该行业的顶尖人才,建立起在东道国的发展基石。

因此,资源优势可以使并购企业直接通过现有资源进行生产,减少了组织生产和市场开拓等环节,形成了跨境并购的独特优势。

（三）获取融资

跨境并购在融资方面有很大的优势。在完成跨境并购后，企业可以进一步获取融资。一是用被并购企业未来可实现的收益和拥有的资产作抵押，开展债券融资；二是利用被并购企业未来可实现的收益和拥有的资产作抵押，从银行等金融机构获取贷款；三是并购企业通过对被并购企业支付股票的方式对被并购企业实施股权控制，减少支付现金带来的资本偿付压力，实现资金的杠杆效应。

四、风险

（一）法律风险

当企业在进行跨境并购时，不仅受并购企业母国法律的影响，而且还受被并购企业东道国法律的影响。在决定开展并购之初，企业要对这种双向风险进行审慎评估。在没有第三方高效的法律风险评估的情况下，会导致并购双方对法律了解不足而造成信息不对称，最终导致并购失败。

（二）政治风险

跨境并购是非常复杂的交易过程。并购企业与被并购企业之间涉及两个国家各自和彼此之间的政治因素约束。并购企业并不能通过有效的手段对政治因素进行监控，更无法进行有效的控制和调控，所以政治因素是跨境并购过程中最难把握的风险因素，也是一种不可分散风险。例如，在2018年、2019年突发的中美贸易战导致中美两国之间的多个跨境并购交易受到影响，并购交易的被迫中止。

（三）决策风险

公司在决策并购的整合过程中，由于决策不利，导致并购出现潜在风险：一是信息不对称。并购企业对被并购企业的实际财务和经营情况等要进行事前尽职调查，并根据调查结果对被并购企业价值进行估算，然后进行并购邀约。由于并购企业与被并购企业之间的国际市场存在很大差异，并购企业对国际性信息的关注度不同、获取信息不及时等问题，导致并购企业与被并购企业之间存在信息不对称，非常容易导致被并购资产估值过高、预估交易风险不足以及资源的浪费。二是缺少跨境经验。许多企业高级管理人员前期缺乏国际经营经验，对并购后效果盲目乐观，在语言、企业文化、管理风格上与本土高管、工会都存在理解上的差异，对当地政策了解不足，由此容易造成并购后企业内部整合困难、无法发挥协同效应，造成并购失败的风险较大。

情境重现

上汽集团：并购双龙整合不利

2004年10月28日，上汽以5亿美元的价格高调收购了韩国双龙48.92%的股权。此次收购，上汽的本意是借此迅速提升技术，利用双龙的品牌和研发实力。但并购之后主要遭遇了两个问题：首先，对并购的收益估计过高，双龙汽车虽然拥有自己的研发队伍，在技术和研发上较有优势，但缺少市场，其次，上汽在收购双龙之前对自身的管理能力和对方的工会文化认识不足，乃至在收购后两个企业文化难以融合，合作与企业经营拓展无法真正展开。

2009 年 2 月双龙申请破产保护，上汽失去控制权，5 年亏损 40 亿元人民币。

资料来源：黄玲涵.中国车企海外并购须过四道槛[N/OL].每经网，2013-11-21. http://www.nbd.com.cn/articles/2013-11-21/789230.html.

10.3 绿地投资

📖 情境导入

国家电网的国际化正在顺应新的潮流

中俄电力合作的潜力和受到的关注可能超过油气合作。国家电网公司 2016 年 6 月 25 日与俄罗斯电网公司签署了双方设立合资公司开展电网业务的股东协议。根据双方签署的股东协议，该合资公司将在俄罗斯开展输配电网投资、建设、运营和 EPC 业务。

一位业内人士分析，中国电力企业在核心技术、装备制造、施工能力、运营管理等方面都具有成熟经验，未来电力走出去进行工程建设的前景很好，在俄罗斯的合作即属此类。同时，这位人士分析说，电力和石油等都具有战略资源、公用事业的属性，如果不是万不得已，各国不会直接出售存量资产，未来直接建设的"绿地投资"将成为潮流。

资料来源：张旭东.国网联手俄罗斯取得突破，国际化逐渐转向"绿地投资"[N/OL].新能源网，2016-06-29. http://www.china-nengyuan.com/news/95137.html.

一、定义

绿地投资又称创建投资或新建投资，是指跨国公司等投资主体按照东道国的法律在东道国境内设置的部分或全部资产所有权归属于外国投资者的企业。绿地投资可以直接促进东道国产业升级、产能更新换代、解决就业。绿地投资很早就作为国际直接投资中获得实物资产的重要方式。早期，跨国公司的境外拓展业务大多通过绿地投资的途径实现。

绿地投资有两种形式：一是建立国际独资企业，主要建立国外分公司，子公司和国外避税地公司；二是建立国际合资企业，其形式为股权式合资企业和契约式合资企业。

二、前提条件

绿地投资主要依靠并购企业自身的经营优势为东道国带来更多社会福祉。与跨境并购不同，绿地投资更多的是并购企业向东道国当地的输入型投资，通过投资带动东道国当地的实体产业发展，从而实现并购企业以接近市场、服务供应链上游企业的目的。

（1）并购企业自身拥有最先进技术和其他垄断性资源。跨国企业对特定资产的所有权，如专利技术、商标、获得某种要素或产品市场的特许权、优越的技术与管理技能等。跨国公司采取绿地投资的方式，最大限度地获得先发优势，充分占领东道国及周边市场。

（2）通常情况下，绿地投资投向的东道国经济处于较低水平，工业化程度不高。绿地投资意味着生产力的提高和就业人口的增加。企业带来先进的技术和管理，为东道国的经济发展带来新的增长点。因此，发展中国家通过各种优惠政策措施，吸引跨国公司进行绿地投资。对于跨国公司来说，借助东道国的政策优势以及相应的资源，降低企业的经营成本，扩大收入的获取渠道，从而赢得超额利润。

情境重现

可口可乐的绿地投资

可口可乐在印度、中国等地区建设工厂,运用自身的独特配方优势,在主要城市建立了可口可乐饮品工厂。随着时间推移,可口可乐分析当地市场偏好,开发了除了可乐之外更多口味的饮品。可口可乐工厂带动当地就业,实现了数十万人的就业,并发展了当地兴建了瓶装厂等上下游产业链,既满足了东道国扩大当地就业的社会需求,也实现了可口可乐接近本地市场、降低生产成本、提高全球销量的目的。

三、优势

相较于跨境并购,投资企业更倾向于在东道国的长期发展和远期收益。

(一)有利于投资主体企业接近自身的全球战略目标

选择符合自身发展目标的生产规模和投资区位,有助于投资主体企业在目标国当地实现长期经营,接近目标市场、降低运输成本、节约人工成本等多个经营目标。

(二)投资主体对应对风险具有主动性

企业对投资项目的各个业务方面都有很大的自主性。例如在收益分配、市场营销策略等方面,跨国公司能够按照内部需要进行调整,不需要像跨境并购模式下顾及被并购企业的固有限制。新建企业可以帮助跨国公司母公司在很大程度上掌握决策主动权。

(三)绿地投资的企业不易受东道国法律和政策上的过多限制

新建企业可以为当地带来很多就业机会,并且增加税收。东道国欢迎绿地投资形式吸引海外投资,因此在法律和政策上会设置单独条例,促进绿地投资在本国项目落地。

情境重现

俄政府的政策促使跨国公司绿地投资

为了保护和发展民族汽车产业,俄政府在 2002 年以后陆续出台政策,对进口汽车设置关税、严厉保证条件等。政府目的在于大幅提升海外车企的本土化生产比例,2010 年的政府工作报告再次指出,政府计划就本地化生产率和生产规模等指标向外国汽车品牌提出新的要求,要求将生产过程转移到俄罗斯,实现较高的本地化生产率是俄罗斯与外国开展投资和技术合作的原则性立场。目前较多的国际知名汽车品牌都在俄建立生产企业,包括通用汽车、大众汽车、福特汽车和雷诺-日产等都在俄罗斯大力投资。

资料来源:张旭东.国网联手俄罗斯取得突破,国际化逐渐转向"绿地投资"[N/OL].新能源网,2016-06-29. http://www.china-nengyuan.com/news/95137.html.

(四)绿地投资为东道国带来一定积极效应

一是资本形成效应。绿地投资以新建方式增加了东道国的资本存量。东道国通过相关政策扶持,吸引更多投资主体的加入,促成资本集聚效应,从而带动东道国金融及相关产业的发展。二是劳动就业效应。通过绿地投资为东道国创造新的就业机会,提高生产力水平并且增加国民人均收入。为了获得丰厚报酬的当地居民,参与职业培训获得先进技术知识和管理方法,从而改善就业人员素质、提高就业质量。三是国际收支效应。从短期看,绿地投资为东道国弥补外汇短缺,从而影响国际收支。从长期看,投资主体最终收回的投资收益远远大于当初付出的投资,仅看这一点对于东道国来说是不利的,但是不能忽视绿地投资给东道国带来的其他好处。总体来看,对东道国而言,利大于弊。

📺 情境重现

上汽集团在印度市场的开发

随着中国汽车制造业的飞速发展以及国家"一带一路"倡议,一些中国汽车制造商开始了进军海外市场的步伐。上海汽车集团股份有限公司以独立在印度建设生产基地的方式,全面进军发展前景广阔的印度市场。同时,聘用印度本土化经营管理团队,通过充分授权和支持当地团队积极推进生产基地的筹建工作,实现对当地市场的快速响应,为印度消费者带来更多差异化的产品和体验。

资料来源:进军海外市场,上汽集团计划在印度建厂[N/OL].牛车网,2017-06-30. http://www.niuche.com/news/detail_502223.html.

四、风险

(一)绿地投资的投资周期长,不利于投资主体执行快速发展战略

绿地投资方式本身需要大量的筹建工作,建设准备周期长、灵活性差的弊端影响投资主体的后续工作运行。由于企业可能对投资主体的管理经验、资金实力要求较高,如果企业面临外部风险,很难快速进行战略调整,容易陷入经营困境。

(二)相较于其他模式的多方参与,绿地投资的企业承担更高的投资主体责任

创建企业过程中,投资企业自身需要投入大量人员、技术专业、供应链设计和搭建以及当地营销策略的独立设计,借助当地已有资源优势的渠道非常有限。因此,一旦面临外部经营环境波动、政策变化等不确定性条件发生,投资主体需要全部自行承担风险,容易造成投资资金难以回笼等问题。

(三)经营模式水土不服

新企业创建后,投资主体依靠自己开拓东道国市场,可能会面临管理方式与东道国同行惯例不相符、管理人员和技术人员匮乏、与当地工会和员工在管理模式、认知方面存在差异等问题。

📺 情境重现

"福耀集团"绕不开的水土不服

中国福耀集团在美国绿地投资期间并非一帆风顺,先后遭遇了联邦职业安全与卫生署(OSHA)"违规操作"罚款(据说金额超过22.5万美元,后通过投资改善工厂安全生产问题和解,罚款降至10万美元);"闹工会"(中国工人平均每年工作2200个小时,美国工人平均每年只工作1790个小时,美国拥有世界上最活跃的工会,和独特且时间、精力充沛的脱产"工

会贵族",汽车产业又是美国工会的"重兵集结地",福耀的美国工人想要组建工会来维护权利);员工投诉种族歧视等一系列麻烦。福耀玻璃美国有限公司正在不断地学习了解,通过适应、化解和防范,努力使公司成为"真正的美国工厂"。

资料来源:袁源."曹德旺们"在美国如何迈过劳工关系坎[N/OL]. 国际金融报,2017-06-26(3)[2017-06-26]. http://paper.people.com.cn/gjjrb/html/2017-06/26/content_1785565.htm.

思考与练习

一、填空题

1. 国际营销的进入模式有_____、_____和_____。
2. 跨境并购分为_____、_____和_____三种类型。
3. 跨境贸易中商品和服务的结算方式主要包括_____、_____和_____三种形式。
4. 绿地投资有两种形式:_____和_____。
5. 托收承兑一般分为_____和_____两种。

二、单项选择题

1. 跨境贸易不包括( )。
   A. 陆运贸易　　　　B. 空运贸易　　　　C. 海运贸易　　　　D. 网络贸易
2. 跨境并购的优势不包括( )。
   A. 加快企业全球化　　　　　　　　B. 成熟的资源配置
   C. 获取融资　　　　　　　　　　　D. 提高销售收入

三、简答题

1. 简述跨境并购的定义。
2. 简述绿地投资的优势及风险。

四、案例分析

万科跨境并购普洛斯

万科作为中国房地产行业的领军者之一,近些年来也在国际市场寻求新的突破。在多元化发展过程中,并购了现代化物流企业普洛斯。在新的市场环境下寻找改变,万科为了收购普洛斯制定了全球化战略,进行了充分的前期准备。普洛斯对万科全球化布局也作出了积极贡献。

万科股份有限公司(简称万科)成立于1984年,经营范围涉及多个领域,包括办公自动化设备销售、连锁零售(百货)、电影投资、公司摄录像器材、进口机电产品等。1988年11月,以2000万元投标买地,正式进入房地产业,在广东深圳设立总部。1991年,万科在深圳证券交易所上市。

普洛斯起初成立于美国科罗拉多州的丹佛。截至2017年,普洛斯是国内最大物流地产商。官方介绍表明,普洛斯管理全球 5500 万平方米的物流地产和约 400 亿美元的投资基金,其分布地域涉及中国、巴西、日本和美国,其中全部资产的 75％分布在中国。普洛斯在中国 38 个主要城市投资建设并管理着 252 个物流园,基本上形成了覆盖中国主要海港、空港、高速公路、消费城市和加工基地的物流配送网络,普洛斯的总仓储面积则达到了 2870 万平方米,而且物流网络覆盖了将近 90％的中国 GDP。所以说,普洛斯在中国乃至全球的物流地产界都扮演着重要的角色。

万科作为我国最有代表性的住宅型的房地产企业,其一直主攻住宅地产。发展到 2017 年,万科的房地产项目共有 750 个,分布在全国 72 个城市,土地的储备面积则达到 4077.9 万平方米,从 2001 年起到 2017 年,其年均复合增长率达到 113.09％。销售的面积则达到 3595.2 万平方米,从 2001 年起到 2017 年,其年均复合增长率达到 128.26％。同时,鉴于核心城市的土地资源变得日益稀缺,主要城市的土地竞争愈发激烈,最终导致地价的成本大幅上升。万科则秉持理性的投资策略,充分发挥自身品牌、运营、资金的优势,主动积极拓展合作,探索各种潜在的市场机会。万科海外合作项目情况分布如表 10-1 所示。

表 10-1　万科海外合作项目情况分布

地区	拓 展 内 容
中国香港	2013 年,万科置业(海外)以现金 7.22 亿港元收购香港荃湾西站六区(TW6) 20％项目权益连同所有股东贷款
新加坡	2013 年,万科与新加坡吉宝置业正式签约;合作项目是位于新加坡丹那美拉的共管公寓项目,它将成为万科在新加坡的第一个发展项目
美国	2013 年,万科与素有"美国头号房企"之称的铁狮门房地产签署协议,成立合资公司。2014 年,万科与 RFE、汉斯合作开发的"曼哈顿新地标"——莱克星顿大道 610 号项目
英国	2015 年,万科通过 3000 万英镑(约合 2.92 亿元人民币)注资方式收购位于英国伦敦科技中心的 The Stage 项目 20％股份

资料来源:2017 地产并购之"最"[N]. 华夏时报,2018-01-01(008).

讨论:结合案例内容,讨论一下该并购事件能够为万科在房地产行业带来哪些收益。

项目 四

国际营销策略

任务 11　国际营销产品策略

学习目标

- 知识目标

(1) 掌握产品整体概况；

(2) 理解产品生命周期理论,掌握各个周期阶段的特征和对策；

(3) 掌握产品组合的分析和策略,理解国际产品的标准化和差异化及产品的适应性问题；

(4) 掌握国际市场新产品的分类,掌握新产品开发策略,了解新产品开发的方法；

(5) 掌握国际市场产品品牌的内涵,掌握国际市场产品品牌策略；

(6) 理解国际产品包装的概念和设计要求,掌握国际产品包装策略。

- 技能目标

(1) 产品组合的分析和设计；

(2) 会判断某一产品的生命周期,并能够在产品的生命周期各阶段灵活运用营销策略；

(3) 会制订产品品牌策划方案。

任务驱动,做中学

你所在的公司决定开拓非洲市场,向非洲市场销售成人男式皮鞋,请根据非洲市场的实际情况,制订一份产品策略和市场推广方案。你需要考虑哪些问题？

情境导入

大市场和"超中介"

一些产品的购买使另一些产品成为必需。汽车市场就是"大市场"的一个很好例子。顾客在选择汽车的同时,还要从保险公司购买一份保险,通常还必须向银行申请一份贷款。聪明的汽车公司或汽车经销商会通过与保险公司及银行合作,使顾客方便地完成这三个交易。这样的汽车经销商就是在扮演一个"超中介"的角色。

"大市场"是营销人员观察到了整个消费系统并把它"打包",使相关的产品和服务消费简化的结果。莫汉·索奈（Mohan Sawhney）教授将"大市场"定义为"消费者为完成一套认知上相关的活动而需要的产品和服务的集合"。

资料来源：菲利普·科特勒,凯文·莱恩·凯勒.营销管理[M].梅清豪,译.上海：上海人民出版社,2006.

讨论：生活中还有哪些"大市场"？

11.1 认识国际市场整体产品概念

随着经济全球一体化进程的加快,企业要参与国际市场的竞争并取得良好的经济效益,就必须向国际目标市场提供适销对路的产品。产品是企业生存的根本,在市场营销策略组合中,产品策略是最重要的策略质疑,离开了产品,价格、促销和渠道便失去意义。在国际营销活动中,企业深刻了解不断变化的需求,通过制定合理的产品策略,适时地开发适合当时需求的产品,延长产品生命周期,在全球品牌创立和管理上狠下功夫,才能成功地开拓国际市场。

一、定义

国际市场整体产品概念：研究国际营销产品策略,进行国际市场产品设计决策,必须明确产品的整体概念。对产品的狭义认识局限于产品的有形实体,强调产品的物质属性和功能。广义的产品概念,它既包括有形的产品,又包括无形的服务。产品整体概念通常包含五个层次,如图 11-1 所示。

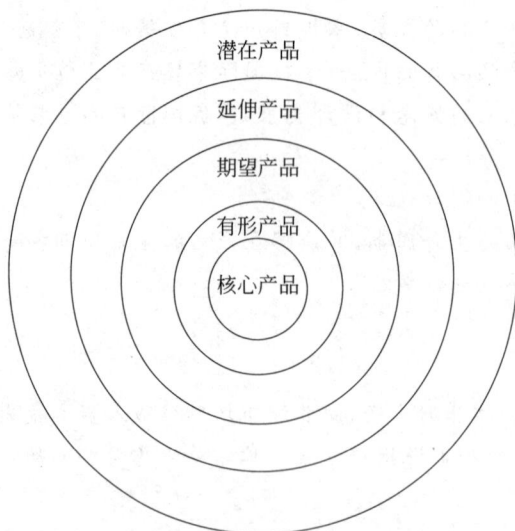

图 11-1　整体产品的 5 个层次

二、认识国际市场产品的内涵

1. 核心产品

核心产品是产品的最基本的层次,是指满足顾客需要的核心利益,即顾客真正要买的东西。例如,洗衣机的核心是满足人们洗衣的需要,食品的核心是满足顾客充饥和营养的需要等。往往对同一种产品,人们可以有不同的核心需要。如人们对服装的需要,有些人追求价廉物美,以保暖舒适为主;有些人强调美观,以美化功能为主;也有一些人为了显示自己的身份和地位,以购买名牌服装为主。

2. 有形产品

有形产品是整体产品的第二个层次,是指核心产品的载体和表现形式,包括产品的结构、材料、外观造型、质量水平、品牌和包装等。产品的基本效用和核心利益必须通过某些具体的形式才能得以实现。营销者应首先着眼于顾客购买产品的核心利益,再去寻求利益实现的形式,进行产品设计。对于有形产品如服装,应考虑它的面料、款式、做工、品牌和包装等有形产品要素;对于服务,应注意服务设施、服务内容、服务环境、服务人员、服务氛围等要素。只有围绕核心利益来设计安排有形产品的要素,所得到的产品才是有效的。

3. 期望产品

期望产品是指购买者在购买产品时期望得到的东西,实际上是指与产品密切相关的一整套属性和条件。旅客对旅店服务产品的期望包括干净整洁的床、干净的毛巾、清洁的厕所、相对安静的环境、完善的设施等。期望得不到满足时,会影响消费者对产品的满意程度、购后评价及重复购买率。

4. 延伸产品

延伸产品是指提供超过顾客期望的服务和利益的部分,它是引起消费者购买欲望的有力促销措施。旅馆提供数字电视节目、网络接口、鲜花、美味晚餐、优质服务等,使消费者获得惊喜和满足。营销者利用延伸产品实现自身产品区别于竞争者产品。

5. 潜在产品

潜在产品包括现有产品所有在将来可能出现的延伸和演进部分,指出产品未来发展方向。潜在产品时产品整体概念中的最高层次。但这要求企业有超强的预测能力与长远的战略眼光,同时也需要有强大的财力与科研能力基础。彩电可发展为录放影机、计算机终端机等;普通旅馆可发展为全套家庭式旅馆;旅游产品可发展到购物旅游、现代工业旅游、现代农业旅游、学外语旅游。

💻 情境重现

生活的第三空间——星巴克

社区是星巴克的品牌起源,在美国最初开始分店的时候,星巴克的起源是派克市场,是一个卖鱼和蔬菜的市场。社区是星巴克非常重要的品牌起源,我们一直希望成为顾客日常生活中的一部分。作为第三空间,星巴克所营造的氛围、所展现的文化,不断引领社会的生活方式,和消费者互动,得到反馈后及时调整自己。比如在门店设计方面,其实星巴克每一家门店都不是统一的设计,而是和社区融合为整体。广州塔店是在地标性的建筑里面,建筑本身的风格,周边环境和社区文化、人文个性,都会融为一体。我们希望顾客把星巴克当作生活空间的延伸,这样才能把大家的生活方式更好结合在一起。

资料来源:https://www.xzbu.com/3/view-7143782.htm.

11.2　判断国际市场产品生命周期

📖 情境导入

我国 VCD 市场的兴衰历程

1993 年 9 月,留美学者姜万勐、孙燕生将 MPEG(图像解压缩)技术应用到音像新产品上制造出世界上第一台 VCD,并斥资在安徽建立万燕电子系统有限公司。为中国人开启了家庭影视的时代。

1994 年,万燕批量生产 VCD,初期由于片源不配套,使 VCD 在市场发展上停滞了很长的一段时间。1995 年,盗版 CD 和 VCD 大量在中国沿海城镇出现。中国消费者开始接受并熟悉 VCD 这一新生事物。1996 年开始到 1997 年,中国的 VCD 市场每年以数倍的速度增长。从 1995 年的六十万台猛增至 1997 年的 1000 万台,催生了爱多、步步高、新科等内地新名牌,并占据 VCD 大市场。1998 年,中国 VCD 行业出现首次危机。厦新电子、广东万燕等 SVCD 阵营展开与广东爱多等 CVD 阵营的争吵,引发中国全国性的 SVCD 与 CVD 标准之争,信息产业部为此制定《超级 VCD 系统行业规范》。1999 年,各主要生产厂家不约而同地开始大规模降价,普通单碟机的价格纷纷跌破人民币 800 元/台。由于出现恶性价格竞争,行业平均利润大幅降低,企业出现亏损,不少知名企业陷入困境。2000 年到 2001 年,中国内地形成一个成熟的年销售额 300 亿元的 VCD 市场。同时,多家厂商开始转产,或者向产品系列化、集团化经营。

资料来源:http://www.people.com.cn/GB/jinji/32/176/20020531/741584.html.

讨论:试分析 VCD 从引入我国市场到逐渐退出市场经历了哪几个过程。

一、定义

就如同人的生命一样,产品由诞生、成长到成熟,最终走向衰亡,这就是产品的生命周期现象。但营销学中谈及的产品生命周期是指产品从进入市场开始,直到最终退出市场为止所经历的市场生命循环过程,它的销售量和利润都会随时间推移而改变,呈现一个由少到多、由多到少的过程。产品只有经过研究开发、试销,然后进入市场,它的市场生命周期才算开始。产品退出市场,则标志着生命周期的结束。典型的产品生命周期一般可分为四个阶段,即投入期、成长期、成熟期和衰退期,如图 11-2 所示。

二、国际市场产品生命周期的特征及对策

典型的产品生命周期的四个阶段呈现出不同的市场特征,企业的营销策略也就以各阶段的特征为基点来制定和实施。

1. 投入期

这新产品一旦投入市场,便进入了投入期。这一阶段的市场营销特点如下。

(1) 产品销售量较低,销售增长缓慢。由于产品刚进入市场,消费者对产品不了解,大部分消费者不愿放弃或改变自己以往的消费行为,只有少数追新猎奇或冲动的消费者购买。

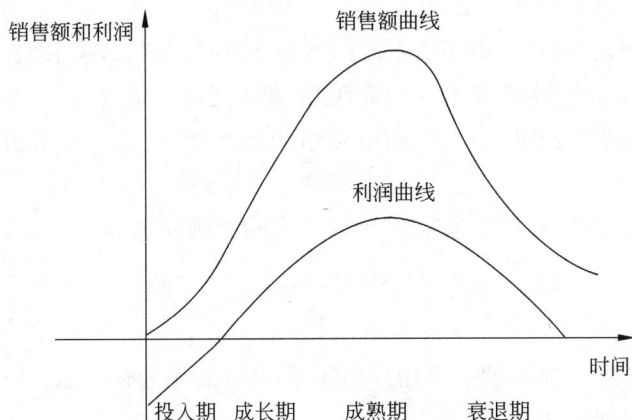

图 11-2　产品生命周期

由于还没建立起全面的产品销售网络,导致产品销售量较低,销售增长非常缓慢。

(2)价格决策难以确立,可能限制了购买,也可能难以收回成本。

(3)广告费用和其他营销费用开支较大,产品技术、性能还不够完善,企业获得的利润较少,甚至出现亏损经营。

根据以上特点,企业应加快产品生产定型,大力做好宣传、广告与促销工作,打开新产品的销路,提高产品的知名度,缩短产品投入期,尽早进入成长期,让消费者尽快认知和购买,适合采取的营销策略是撇脂或渗透策略。

2. 成长期

经过一段时间和一定力度的宣传、推销,市场逐渐接受了新产品,使该产品销量迅速增长,利润直线上升,产品即进入了成长期。

这一阶段的市场营销特点主要表现在以下几个方面。

(1)消费者对新产品已经熟悉,大量新顾客开始购买,形成较大的市场需求,销售量增长很快。

(2)产品已定型,技术工艺和关键设备都比较成熟,并建立了比较理想的营销渠道。

(3)产品知名度提高,企业的促销费用减少,销售成本大幅度下降,企业扭亏为赢,利润迅速上升。

(4)随着生产规模的扩大和利润的增加,吸引大量竞争者加入,市场竞争加剧,同类产品供给量增加,价格随之下降,企业利润增加速度逐步减慢,最后达到生命周期利润的最高点。

这一阶段产品大举进入市场,对企业来说是非常重要的,总的营销思路是稳定质量以及延长获取最大利润的时间,可采取的策略是努力完善新产品、扩大产品的销售面、拓展新市场、宣传产品特色和适当地调整产品价格等。

3. 成熟期

当新产品的销售增长率到达某一点后,都会趋于下降,这时即进入了成熟阶段。成熟期的市场营销特点如下。

（1）产品已被广大消费者接受，甚至多次购买该产品。

（2）市场占有率达到最大，市场需求趋向饱和，潜在的顾客已经很少。

（3）产量达到最高点，生产成本降到最低点，利润达到最高点。

（4）随着很多同类产品进入市场，市场竞争最为激烈，导致产品售价降低，促销费用增加，企业利润下降。

成熟期产品的营销策略为改进市场、改进产品以及改进营销组合，搞好创新，延长产品成熟期。

4. 衰退期

产品已经不能继续满足消费者或用户的需要，从而处于老化状态，此时标志着产品进入了衰退期。这一阶段的特点如下。

（1）产品处于老化状态，缺点逐渐暴露，已逐渐不能满足消费者新的需求。

（2）消费者将转向购买市场上出现的新产品或新的替代产品，从而使原来产品的销售额和利润额迅速下降，部分企业无利可图，被迫退出市场。

（3）留在市场上的企业被迫逐渐减少产品附带服务，削减促销预算，以维持最低水平的经营。

在产品衰退期，企业可采取维持策略、转移策略、收缩策略和放弃策略等。

情境重现

柯达公司的彩色胶卷

伊士曼柯达公司（Eastman Kodak Company）简称柯达公司，是世界上最大的影像产品及相关服务的生产和供应商，总部位于美国纽约州罗切斯特市。柯达公司在影像拍摄、分享、输出和显示领域一直处于世界领先地位，一百多年来帮助人们留住美好回忆、交流重要信息以及享受娱乐时光。

柯达公司由发明家乔治·伊士曼始创于 1880 年，总部位于美国纽约州罗切斯特市。柯达是"信息影像"行业的主要参与者之一。柯达利用先进的胶卷技术、广阔的市场覆盖面和一系列的行业合作伙伴关系来为客户提供不断创新的产品和服务，以满足他们对影像中所蕴含的丰富信息的需求。2002 年，公司全球营业额达 128 亿美元，其中一半以上来自美国以外的市场。柯达全球员工总数约为 7 万人，其中 39000 人在美国。柯达公司在美国、加拿大、墨西哥、巴西、英国、法国、德国、澳大利亚和中国设有生产基地，向全世界几乎每一个国家销售种类众多的影像产品。作为柯达推出的首款彩色胶卷，柯达克罗姆不仅横扫全球市场，更是记录了一个又一个标志性的历史事件。

2004 年 1 月 13 日，柯达宣布将停止在美国、加拿大和西欧生产传统胶片相机。而且，随着技术的发展，数码相机和手机摄影成为人们青睐的对象，美国最后一家冲洗和晒印柯达胶卷的店家宣布停止收件，曾经是世界最畅销的彩色胶卷即将走进人们的记忆中。

资料来源：http://www.360doc.com/content/18/0914/17/191726_786672479.shtml.

讨论：试着分析柯达公司彩色胶卷的四个产品生命周期。

11.3　制定国际市场产品组合策略

📖 情境导入

大众公司产品组合

大众在欧洲市场有 4 个不同的品牌。起初,奥迪(Audi)和西亚特(Seat)是一个运动的形象,而大众和斯柯达(Skoda)是一个家庭车的形象。奥迪和大众比各自的竞争对手具有更高的价格/质量等级。斯柯达和西亚特以其刚强的内部构造和实用的引擎性能获得了显著的差异化。为了降低成本、精简部件/系统的设计并消除冗余,大众升级了西亚特和斯柯达这两个品牌。斯柯达和西亚特一度被欧洲消费者认为是平均标准以下的产品,如今用惹眼的内部构造、整套的安全系统,以及从大众中借鉴来的可靠的传动系统赢得了市场份额。当然,这样做的危险在于,由于被借用了其上层的奥迪和大众的产品,大众可能会稀释了自己的独特性。节约的欧洲消费者可能意识到,一辆西亚特和斯柯达与其姐妹品牌大众几乎是相同的,而且还可以省下几千欧元。

资料来源:http://www.docin.com/p-113008755.html.

一、产品组合及要素的含义

产品组合也称产品搭配,是指一个企业所生产经营的全部产品的总和,是企业提供给目标市场的全部产品线和产品项目的组合或搭配,即企业的经营范围和产品结构。

产品项目是指产品大类中各种不同品种、档次、质量、价格、技术结构和其他特征的具体产品。

产品线又称为产品大类,是指密切相关的满足同类需求的一组产品。产品线的划分可依据产品功能上的相似性、消费上的连带性、顾客群与分销渠道、价格范围。通常每条产品线都设专人管理,称为产品线经理。每条产品线内又包含若干产品项目。

产品组合的要素包含:产品组合宽度、产品组合深度、产品组合长度和产品组合相关性。

1. 产品组合宽度

产品组合宽度是指一个企业所生产经营的产品大类的多少,即拥有的产品线的数量,多则宽,少则窄。表 11-1 显示宝洁公司有洗涤剂、润肤露等 6 个产品大类,即 6 条产品线,即宝洁公司产品组合的宽度是 6。

2. 产品组合深度

产品组合深度是指每一条产品线中,各产品项目所包含的具体的花色、品种、规格、款式的产品数量。如某种牌号的咖啡有 3 种规格、4 种风味,则该产品的深度就是 $3 \times 4 = 12$,通过计算每一产品线下的产品项目数,可以得到产品组合的平均深度。

3. 产品组合长度

产品组合长度是指企业所有产品线所包含的所有产品项目总数。表 11-1 显示,宝洁公司产品组合长度为 38,即 $6+11+4+8+7+2=38$。

表 11-1　宝洁公司的产品组合

产品组合深度	产品组合宽度					
	产品线 1	产品线 2	产品线 3	产品线 4	产品线 5	产品线 6
	果汁类	洗涤剂类	牙膏类	香皂类	润肤露类	除臭剂类
	橘山	汰渍	格利	象牙	玉兰油	秘密
	阳光乐	碧浪	佳洁士	佳美	佳美	确信
	雪山	象牙雪	彻底	舒肤佳	奇异	—
	—					
	6	11	4	8	7	2

4. 产品组合相关性

产品组合相关性是指企业产品组合中各产品线之间在原材料供应、生产工艺、目标市场、最终用途、分销渠道等方面的相似或相近程度。

二、产品组合策略

国际营销产品组合策略是指企业根据国际市场的需要、企业的经营目标和实力,对产品组合的宽度、深度、关联度进行优化组合,以达到最佳产品组合的策略。企业通常采取的产品组合策略有如下几种。

1. 产品组合扩大策略

产品组合扩大策略是指企业通过拓展产品宽度和加强产品深度来扩大企业经营范围。拓展产品宽度就是增加产品线,以实现产品多样化。如一些国际性的大企业通过收购、兼并其他行业的企业,或者投资其他行业进行业务扩展,实现企业经营多元化。加强产品深度就是在原有的产品线内增加新的产品项目,以增加企业的经营品种。众所周知,海尔集团当初是从冰箱、空调开始生产经营的,但短短的几年,海尔集团的经营范围已经包括冰箱、冷柜、空调、洗衣机、彩色电视机、计算机、手机等 69 个大类 10800 多个品种,成为拥有白色家电、黑色家电和米色家电的中国家电第一品牌。

产品组合扩大策略可以充分利用企业资源,分散国际市场经营风险,更好地满足不同消费者的需求,提高产品的国际市场占有率,提高企业经营效果,增强国际市场竞争能力。但往往也会给企业国际市场经营管理增加难度。

情境重现

美的集团扩大白色家电生产线

2006 年 11 月 24 日,美的集团董事局主席何享健宣布美的品牌洗衣机新品正式上市。而在 2004 年之前,美的没有洗衣机生产线,市场上自然就没有美的牌洗衣机,2004 年美的收购了荣事达洗衣机生产线,依托荣事达的合肥生产基地全面进军洗衣机这块未曾涉足的白色家电市场,进而美的集团也由空调巨头转变为包括空调、冰箱、洗衣机、厨房电器在内的白色家电巨头。2006 年年初,美的集团总投资 10 亿元的洗衣机生产基地在合肥动工。

2. 产品组合缩减策略

产品组合缩减策略是指企业在结合国际市场营销实际分析现有产品组合的基础上,删减某些产品线或产品项目,缩小产品组合的宽度或深度,使产品组合最优化,实行集中经营。

产品组合缩减策略有利于企业集中资源改进保留的产品线或企业生产经营专业化,提高经营效率,使企业向纵深发展,也便于降低经营成本,提高国际市场竞争力。

情境重现

美国西屋电器公司的产品缩减

美国西屋电器公司将其电冰箱品种由 40 个减少到 30 个,在撤销了 10 个产品项目的情况下,该公司反而增加了市场竞争力。但随着产品宽度或深度的缩减,企业的国际市场经营风险增加。

3. 产品组合延伸策略

产品组合延伸策略是指企业全部或部分地改变其原有产品的国际市场定位,以寻求新的国际市场机遇。可供企业选择的产品组合延伸策略有向下延伸策略、向上延伸策略和双向延伸策略三种。

（1）向下延伸策略

向下延伸策略是指原来生产经营高档产品的企业逐渐增加一些较低档次的产品。企业采取向下延伸策略主要出于以下几种情况。

① 高档产品在市场上受到竞争者的威胁。

② 高档产品市场销售增长速度趋于下降,向下延伸便于寻找新的市场增长点。

③ 以较低档的产品填补产品线的空缺,以防止新的竞争者涉足,或是以较低档和低价的产品吸引顾客。

（2）向上延伸策略

向上延伸策略是指原本生产经营低档产品的企业逐渐增加高档产品。向上延伸策略适用于这样几种情况。

① 国际市场上对高档产品需求增加,企业现有的高档产品销售增长率和毛利率较高。

② 企业为了追求高、中、低档都齐备的完整产品线。

③ 企业想以高档产品来提高产品的市场形象。

当然,向上延伸策略也同样使企业面临风险,如可能促使原来生产经营高档产品的企业采取向下延伸策略,从而增加了企业自身的竞争压力;顾客可能对企业生产经营高档产品的能力缺乏信任;企业原有的国际营销人员和经销商缺乏经营管理高档产品足够的技能和经验。

（3）双向延伸策略

双向延伸策略是指原来生产经营中档产品的企业,在一定条件下,逐渐向高档产品和低档产品两个方向延伸。这种策略有利于企业丰富原有的产品组合,以适应国际市场上不同的消费者需求,同时对于强化企业的国际市场竞争地位比较有帮助。

情境重现

丰田公司的双向延伸策略

日本丰田公司曾在其中档产品卡罗拉牌轿车的基础上,分别向高档市场和低档市场推出了佳美牌轿车和小明星牌轿车,还向豪华汽车市场推出了凌志牌轿车。丰田公司推出四种不同档次的轿车是为了适应不同消费者的不同需求:凌志牌轿车的目标消费者是高层管理者、佳美牌轿车的目标消费者是中层经理人,卡罗拉牌轿车的目标消费者是基层经理人,而小明星牌轿车的目标消费者是购买力一般的首次购买者。

11.4　制定国际市场产品开发策略

情境导入

吉列女士剃须刀

男性长胡子,因而要刮胡子;女性不长胡子,自然不用刮胡刀。

提起吉列公司,不少长胡子的男人不会陌生,它的创始人金·吉列先生是世界上第一副安全刮胡刀片和刀架的发明人。

1907年,吉列先生创建公司生产自己的产品,使男人刮胡子变得方便、舒适和安全,因此大受欢迎。到1920年,世界上已有约2000万人使用吉列刮胡刀,进入20世纪70年代,吉列公司的销售额已达20亿美元,成为著名的跨国公司。

吉列公司进行了周密的市场调查,发现在美国8360万30岁以上的妇女中,有6590万人为了保持美好形象,要定期刮除腿毛和腋毛。在这些人中,除去使用电动刮胡刀和脱毛剂者之外,有2300多万人主要靠购买各种男用刮胡刀来满足此项需要,一年在这方面的花费高达7500万美元。

相比之下,美国妇女一年花在眉笔和眼影的开支为6300万美元,染发剂5500万美元。毫无疑问,这是一个极有潜力的市场。根据这项调查结果,吉列公司精心设计了新产品,它的刀头部分和男用刮胡刀并无两样,采用一次性使用的双层刀片,刀架不采用男性用刮胡刀通常使用的黑色和白色,而是选取色彩绚烂的彩色塑料以增强美感。并将握柄改为利于女性使用的扁状,握柄上还印了朵雏菊,更是增添了几分情趣。这样一来,新产品更显示了女性的特点。为了使"雏菊刮毛刀"迅速占领市场,吉列公司还拟定七个"卖点"到消费者中征求意见。这些"卖点"包括:突出刮毛刀的"双刀刮毛",突出其"完全配合妇女的需求",其价格的"不到50美分",以及表明产品使用安全的"不伤腿"等。最后,公司根据多数妇女的意见,选择了"不伤玉腿"作为推销时突出的重点,刊登广告进行刻意宣传。结果"雏菊刮毛刀"一炮打响,迅速畅销全美,吉列公司也因此上了一个新的台阶。

讨论:试分析吉列女士剃须刀能够取得成功的关键是什么。

一、新产品的定义及分类

市场营销意义上的新产品含义很广,除包含因科学技术在某一领域的重大发现所产生的新产品外,还包括其他方面。在生产销售方面,只要产品在功能和或形态上发生改变,与原来的产品产生差异,甚至只是产品从原有市场进入新的市场,都可视为新产品;在消费者方面,则是指能进入市场给消费者提供新的利益或新的效用而被消费者认可的产品。

按产品研究开发过程,新产品可分为全新产品、改进型新产品、模仿型新产品、形成系列型新产品、降低成本型新产品和重新定位型新产品。

1. 全新产品

全新产品是指应用新原理、新技术、新材料,具有新结构、新功能的产品。该新产品在全世界首先开发,能开创全新的市场。

2. 改进型新产品

改进型新产品是指在原有老产品的基础上进行改进,使产品在结构、功能、品质、花色、款式及包装上具有新的特点和新的突破,改进后的新产品,其结构更加合理,功能更加齐全,品质更加优良,能更多地满足消费者不断变化的需要。改进型新产品占新产品的26%左右。

3. 模仿型新产品

企业对国内外市场上已有的产品进行模仿生产,称为本企业的新产品。模仿型新产品占新产品的20%左右。

4. 形成系列型新产品

在原有的产品大类中开发出新的品种、花色、规格等,从而与企业原有产品形成系列,扩大产品的目标市场,该类型新产品占新产品的26%左右。

5. 降低成本型新产品

以较低的成本提供同样性能的新产品,主要是指企业利用新科技,改进生产工艺或提高生产效率,削减原产品的成本,但保持原有功能不变的新产品。这种新产品的比重为11%左右。

6. 重新定位型新产品

企业的老产品进入新的市场而被称为该市场的新产品。

💻 情境重现

德国"甲壳虫"小汽车成功开发

德国福斯汽车公司在市场调查后,他们发现美国汽车使用者可分为三类,一是讲排场,二是重质量,三是考虑经济因素。

在考虑经济因素的人中又有两类,其一,喜欢标新立异,别人开大车,我偏开小车;其二是惜金如命,要价廉节约。这两种用户约占美购车人的10%,但仍是一笔不小的数字。

德国福斯汽车公司生产了一种金甲虫车,打算投放美国市场。当时,美国的一些大汽车公司根本不把这不知名的小车放在眼里,福斯公司强调金甲虫车的特点是省油,在投入市场之后,不起眼的"金甲虫"车很快跻身于美国这个汽车王国。到1964年,其销量已达40万辆,一跃成为美国小型轿车市场中难以匹敌的霸主。

二、新产品开发策略

在国际市场营销中,企业必须认真分析当前国际市场消费者需求的心理状况及其变化趋势,因此新产品开发方向应主要从以下几点考虑,即节能产品、小型和微型产品、多功能产品、操作简单产品、多样化产品。常用的新产品开发策略有以下几种。

1. 系列式新产品开发策略

系列式新产品开发就是围绕产品向上下左右前后延伸,开发出一系列类似的但又各不相同的产品,形成不同类型、不同规格、不同档次的产品系列。采用该策略开发新产品,企业可以尽量利用已有的资源,设计开发更多的相关产品。

💻 **情境重现**

TIMEX 公司的整套盒装女表

美国著名的 TIMEX 公司的整套盒装女表系列也很有特点,一盒共三只,一只做家务时戴,一只参加体育锻炼时使用,一只用于社交场合。由于质量好,款式新颖,特别是构思别致、系列化而深受女士青睐。

2. 类比式新产品开发策略

类比式新产品开发策略,实为移植掺合法,即指将某一领域的原理、方法、技术或构思移植到另一领域从而形成新事物的方法。企业采用该策略开发新产品时,就需要运用类比思维,举一反三,触类旁通,由已有的技术、工艺、原材料产品去类推另外的新产品。

(1) 原理类推,即把思维原理等类推到新的领域。如把社会化大生产原理运用于改造传统零售业,就创造了连锁经营的形式等。

(2) 技术、工艺类推。如日本日清食品公司首先发明了方便面,根据此技术、工艺,许多企业开发出了方便米饭、方便米粉、方便粥等。

(3) 原材料类推。如矿泉水问世后,许多企业围绕"水"字,开发出了纯净水,太空水、进而又有茶水、维生素水等。

3. 定制式新产品开发策略

定制式新产品开发策略,就是根据顾客个性化需求设计研制满足每位顾客需要的新产品。显然这种策略能够充分体现"以消费者需要为中心"的经营理念。因而,成为现代企业开发新产品的唯一正确方向。

💻 **情境重现**

海尔的新产品开发

海尔根据顾客的需要开发的"抽屉式冰柜""带酒瓶架的冰箱",并可以根据顾客的需要设计不同颜色的冰箱。由于满足顾客个性化需求,海尔能够从中国走向世界。

4. 模仿式新产品开发策略

等别的企业推出新产品后,立即加以仿制和改进,然后推出自己的产品。这种策略是不把投资用在抢先研究新产品上,而是绕过新产品开发这个环节,专门模仿市场上刚刚推出并得以畅销的新产品,进行追随性竞争,以此分享市场收益。所以,又称为竞争性模仿,既有竞争,又有模仿。竞争性模仿强调不抢咬第一口,不刻意追求市场上的领先,但它绝不是纯粹的模仿,而是在模仿中有创新。企业采取竞争性模仿策略,既可以避免市场风险,又可以节约研究开发费用,还可以借助竞争者领先开发新产品的声誉,顺利进入市场。更重要的是,它通过对市场领先者开发的创新产品提出许多建设性的改进,有可能后来者居上。

5. 差异化的新产品开发策略

新产品开发贵在创新。古人曰:人无我有则新,人新我精则妙,人妙我奇则智。企业若能以此为原则,不断开发新产品,定会立于不败之地。企业在开发新产品时,应考虑、分析与其他同类产品的差异性,从而向消费者提供具有明显特色的新产品,给消费者一种标新立异的印象,以此增强产品的吸引力和竞争力。

任何新产品研制出来以后总要推向市场,接受消费者的品评。如何将新产品推向市场,进行市场扩散,不是一件轻而易举的事,同样要讲究策略,有两种策略可供选择。一种是渐进式策略,企业在扩散新产品时要有选择地进入主要的市场或特定地区。另一种是急进式策略,企业将新产品全速推向企业预期要占领的各个市场,该策略见效快,收益增加率高,能有效地防止竞争者的威胁。但是,推广费用高,而且有一定的风险。

💻 情境重现

钟表市场新产品开发

美国曾有人运用利益细分法研究钟表市场,发现手表购买者分为三类:①大约23%侧重价格低廉。②46%侧重耐用性及一般质量。③31%侧重品牌声望。当时美国各著名钟表公司大多都把注意力集中于第三类细分市场,从而制造出豪华昂贵手表并通过珠宝店销售。

唯有 TIME 公司独具慧眼,选定第一类、第二类细分市场作为目标市场,全力推出一种价廉物美的"天美时"牌手表并通过一般钟表店或某些大型综合商店出售。该公司后来发展成为全世界第一流的钟表公司。

讨论:试着分析 TIME 公司的"天美时"牌手表成功的关键。

三、新产品开发的方法

📖 情境导入

希尔顿酒店新产品开发

"一个尺码难以适合所有的人。"

希尔顿在对顾客做了细致分类的基础上,利用各种不同的饭店提供不同档次的服务以满足不同的顾客需求,希尔顿集团的饭店主要分以下七类。

机场饭店:自从1959年旧金山希尔顿机场饭店建立以来,公司已经在美国主要空港建立了40余家机场酒店,它们普遍坐落在离机场跑道只有几分钟车程的地方。

商务酒店:位于理想的地理位置,拥有高质量服务以及特设娱乐消遣项目的商务酒店是希尔顿旗下的主要产品。

会议酒店:希尔顿的会议酒店包括60家酒店,30680间客房,承办各种规格的会议、会晤及展览、论坛等。

全套间酒店:适合长住型客人,每一套间有两间房,并有大屏幕电视、收音机、微波炉、冰箱等。起居室有沙发床,卧室附带宽敞的卫生间,每天早上供应早餐,晚上供应饮料,还为商务客人免费提供商务中心。全套间饭店的一个套间有两房间,然而收费却相当于一间房间的价格。

度假区饭店:当一个人选择了希尔顿度假区饭店的同时,他也选择了方便快捷的预订、顶尖的住宿、出色的会议设施及具有当地风味特色的食品和饮料。人们在这里放松、休养、调整,同时也可以享受到这里的各种娱乐设施。

希尔顿假日俱乐部:为其会员提供多种便利及服务;商务及会议等服务也同样令人满意。

希尔顿花园酒店:希尔顿花园酒店包括 38 家酒店,5270 间客房是近几年来希尔顿公司大力推行的项目。1998 年就新开业了 8 家希尔顿花园酒店。他的目标市场是新近异军突起的中产阶级游客,市场定位是"四星的酒店,三星的价格"。希尔顿花园酒店价位适中环境优美,深得全家旅游或长住商务客人的喜欢。

情境认知

按照现代营销差异化要求,新产品开发还要求能找到一个与众不同的、其他产品没有或独特的满足某种或某些需求的功能,因而,新产品的研发必须按照一定方法,遵从一定规律寻求新产品的"新鲜"之处。

1. 挖掘顾客需求,尽可能找到独家信息

满足顾客需求是新产品的基本功能。顾客需求有两种,一种是眼前的现实需求,另一种是潜在的需求,即消费者对市场上还没有出现的产品的需求。企业开发新产品时,应该把力量放在捕捉、挖掘市场潜在需求方面,并要善于以生产促消费,主动为自己创造新市场,千方百计地去扩大市场。

情境重现

日本企业的"纸尿袋"

坐长途汽车、出差、旅游等,常常因为找不到厕所而苦恼,对于这种特殊的潜在需求,日本一家企业推出了一种叫"纸尿袋"的新产品,可供人们外出找不到厕所时使用,结果大获成功。

2. 挖掘产品功能,开创便利科学消费

挖掘产品功能,实际上就是老产品新生的策略,即通过赋予老产品新的功能、新的用途,使老产品获得新生而重占市场。还可以通过打破原来旧有的消费习惯,通过新产品开创便利的、科学的消费。

3. 开发边缘产品,满足顾客多样需求

随着市场竞争日趋激烈,边缘科学技术的蓬勃发展以及各学科、行业间的交流不断扩大,加上消费者的好奇心,边缘产品越来越显示出其旺盛的生命力。利用不同行业的协作和不同技术的协作来开发新的边缘产品。

4. 利用别人开发的优势,节约精力攻关核心技术

凡是有成就的企业,都很善于利用别人的优势,为发展本企业的新产品服务,如日本富士通公司利用国内外几十家企业在技术、设备、实验条件、人才、资金、厂房等方面的优势,研制成功具有世界一流水平的工业机器人,并获得多项专利。别人的优势不仅能用,而且还能大量用。利用别人优势的结果,使一个企业的成果变成几个企业的成果,等于推广了新产品技术。通过企业间横向联合,使社会效益得到提高。

5. 满足好奇心的开发

一般人都有好奇心,只要是能满足好奇心又有一定使用价值的产品,一定会很受欢迎。如国外有一种"魔术钱包",装入硬币后打开能变成纸币,装入纸币也能变成硬币,其实这种"魔术"只是加了几个夹层而已。又如,一些化妆品瓶的新奇造型常使妇女爱不释手,促进了化妆品的销售。

情境重现

Zippo 打火机的诞生

美国宾夕法尼亚州一个叫布拉德福的小镇,乔治·布雷斯代(Georgeo Braiasdell)看到衣冠楚楚的朋友用一只丑陋的打火机笨拙地点烟时,突发奇想,决定设计一款外表美观、使用便捷的打火机。他的这一想法后来得以实现。矩形的机身,盖面与机身以铰链连接,在火芯周围有专为防风设计的带孔防风墙,这就是后来的打火机之王——Zippo。名字来源是因为布雷斯代喜欢当时最新的一项发明"Zipper(拉链)"的发音。Zippo 特殊的防风设计和终身保修的承诺让它注定成为新贵,但是后来 Zippo 打火机之所以火遍全球,是缘于第二次世界大战。

11.5 制定国际市场产品品牌策略

情境导入

2019 全球最有价值品牌榜单

近日,调研机构 Interbrand 发表全球百大最有价值品牌报告,今年的榜单依旧由科技公司主导,苹果连续 7 年蝉联首位,老牌媒体巨头迪士尼则趁势重回榜单前排,其中可口可乐、微软更是 20 年来屹立不摇。

根据 Interbrand 发布的报告内容,这份榜单是依据企业产品或服务的财务表现、品牌在购买决策中扮演的角色、品牌竞争力与忠诚度及未来发展性 3 大面向进行评算。2019 年度报告中,排行前 10 的企业分别为苹果、谷歌、亚马逊、微软、可口可乐、三星、丰田、奔驰、麦当劳与迪士尼,高达半数为科技公司。

其中微软与可口可乐最屹立不倒,是仅存两个经过 20 年后,还在榜单前 10 名的企业。Interbrand 指出,在变幻莫测的市场环境中,企业能否不断对品牌进行投资、引领创新是其长期成功的关键,迈入流媒体的迪士尼,就是其中一个例子。

资料来源:https://www.logonews.cn/best-global-brands-2019.html(标志情报局网站)。

讨论:为何品牌有价值?它是企业的资产吗?可以转售吗?

一、国际市场营销产品的品牌内涵

品牌是指一个名称、名词、符号或设计或是它们的组合,其目的是识别某个销售者或某些销售者的产品或劳务,并使之同竞争对手的产品和劳务区别开来;品牌注册后形成商标,企业即获得法律保护并拥有其专用权;品牌是企业长期努力经营的结果,是企业的无形载体。

情境提示

品牌和商标的区别

品牌是由品牌名称和品牌标志组成的。前者是品牌中可以用言语称呼的部分,如"肯德基""奔驰""丰田"等;后者是品牌中可以被识别,但不能用言语称呼的部分,如符号、图案、色彩等。

商标是企业在政府有关主管部门注册登记的品牌或品牌的一部分。企业注册成功便获得商标专有权,受法律保护,其他任何组织和个人都不得仿效使用。

因此,商标是一个法律名词,是经过合法注册的产品名称、标志、图案和设计等;而品牌则是一个商业术语,没有经过合法注册,不受法律保护。

二、国际市场营销产品品牌策略

品牌策略是一系列能够产生品牌积累的企业管理与市场营销的方法,主要有以下方面。

1. 统一品牌策略

统一品牌策略是指企业生产经营的所有产品都使用一个品牌的策略。当企业现有产品在市场上具有较高声誉和知名度,市场占有率高,且本企业所有产品都具有相同的性质和质量时,可以采用这一策略。如美国通用电气公司的所有产品都统一使用"GE"品牌。

2. 个别品牌策略

个别品牌策略是指各种不同产品分别使用不同的品牌。当企业的产品品种较多,生产条件、技术专长等在各种产品上又有较大差别时,采用这一策略较为有利。例如,中国上海家化公司有美加净护肤系列、清妃系列、六神系列三大品牌系列。

3. 分类品牌策略

企业生产经营多个不同种类的产品,各产品之间的相关性很低时,可以采取对一类产品使用一个品牌的策略。如企业可以对自己生产经营的产品分为器具类产品、妇女服装类产品、主要家庭设备类产品,并分别赋予其不同的品牌名称及品牌标志。这实际是前面两种策略的一种折中,避免不同大类的产品相互混淆,兼有个别品牌策略的优点,又在一定程度上弥补了个别品牌策略的不足。

4. 企业名称加个别品牌

企业对其各种不同的产品分别使用不同的品牌,但需在各种产品的品牌前面冠以企业名称。这种在不同产品的品牌名称前冠以企业名称的做法,可以使新产品与老产品统一化,进而享受企业的整体信誉。同时,各种不同的新产品分别使用不同的品牌名称,又可以使不同的新产品各具特色。例如,美国通用汽车公司(GM)生产的各种轿车都有各自的个别品牌,如"凯迪拉克""雪佛兰"等,前面另加"GM",以示是通用汽车公司的产品。

5. 品牌延伸策略

品牌延伸是指一个现有的品牌名称使用到一个新类别的产品上,即将现有成功的品牌,用于新产品或修正过的产品的一种策略。品牌延伸的好处主要有:可以加快新产品的定位,保证新产品投资决策的快捷准确;有助于减少新产品的市场风险;有助于强化品牌效应,增加品牌这一无形资产的经济价值;能够增强核心品牌的形象,提高整体品牌组合的投资效益。

情境重现

娃哈哈的品牌延伸

1990年娃哈哈集团从儿童营养口服液开始,凭借"喝了娃哈哈,吃饭就是香"的广告语,产品一炮打响,使"娃哈哈"享誉大江南北。随后,娃哈哈进行产品线的延伸,先后向市场推出瓶装水、碳酸饮料、茶饮料、果汁饮料、罐头食品、医药保健品、休闲食品七大类近100个品种的产品,在不到20年的时间里娃哈哈从一个校办工厂发展到今天年营业收入200多亿元,资产规模、产量、销售收入、利润、利税等指标连续10年位居中国饮料行业首位,成为目前中国最大、效益最好、最具发展潜力的食品饮料企业。纵观娃哈哈的发展历程,其取得的成绩与品牌延伸策略的成功运用密切相关。

6. 合作品牌策略

合作品牌也称双重品牌,是两个品牌在一个产品上联合起来。每个品牌都期望另一个品牌能强化整体的形象或购买意愿。

合作品牌的形式有多种。一种是中间产品合作品牌,如富豪汽车公司的广告说,它使用米其林轮胎。另一种形式是同一企业合作品牌,如摩托罗拉公司的一款手机使用的是"摩托罗拉掌中宝",掌中宝也是公司注册的一个商标。还有一种形式是合资合作品牌,如日立的一种灯泡使用"日立"和"GE"联合品牌。

7. 多品牌策略

多品牌策略是指企业同时为一种产品设计两种或两种以上互相竞争的品牌的做法,目的是建立不同的产品特色以迎合不同的购买动机。这样,企业可以使产品向各个不同的市场部分渗透,促进企业销售总额的增长。例如惠普收购了康柏公司,但继续生产和销售康柏笔记本电脑;宝马公司兼并了劳斯莱斯公司,同样保留了劳斯莱斯这一高贵的品牌。

8. 品牌重新定位策略

某一个品牌在市场上的最初定位即使很好,随着时间的推移也必须重新定位。原因是多方面的,如竞争者推出一个品牌,削减了本企业的市场份额;有些消费者的偏好发生了变化,使企业品牌的需求减少;或者公司决定进入新的细分市场。

情境重现

"七喜"品牌的重新定位

"七喜"品牌的重新定位是一个成功的典型范例。七喜牌饮料是许多款饮料中的一种，调查结果表明，主要购买者是老年人，他们对饮料的要求是刺激性小和有柠檬味。七喜公司用了一个高招，进行了一次出色的活动，标榜自己是生产"非可乐"饮料的，从而获得了非可乐饮料市场的领先地位。

情境案例

海尔在个人计算机业务的失败

海尔作为我国领袖品牌，将其主业延伸至彩电、热水器、微波炉、手机、计算机等各种电器和电子产品，甚至药业、物流、金融行业。同时还涉足橱具、生物制药、餐饮等跟家电丝毫不沾边的领域。但是，海尔目前除了冰箱、洗衣机、空调三大传统产品具有盈利能力外，其余的均被事实证明是盲目扩张的败笔。

1998年，海尔与TCL、创维、海信等诸多家电大佬一起纷纷扛起PC产业大旗，进军PC产业。此后3年，海尔计算机虽销售有所上升，但是总体上仍然是亏损。最终海尔对PC业务进行了冷处理，此后基本上在PC业务上没有什么大动作。2001年年底，海尔集团放弃计算机制造，改请中国台湾两家厂商做OEM。几乎同时，北京、成都等地的海尔计算机开始断货，2002年上半年，海尔计算机各地办事处关闭，海尔计算机的接单、销售管理和综合服务改由海尔计算机工程有限公司接管。2002年3月，海尔3C连锁有限公司被注销。

讨论：此案例中海尔使用了怎样的品牌策略？试着分析海尔在个人计算机业务失败的原因。

11.6 制定国际市场产品包装策略

情境导入

包装企业利乐因垄断被罚近6.7亿元

2016年11月16日，国家工商总局公布处罚决定书，对利乐集团有关企业滥用市场支配地位案件依法作出行政处罚，罚款近6.7亿元。该案当事人包括利乐6家企业。利乐发源于瑞典，成立于1951年，是一家在全球范围内提供液体食品包装设备、技术服务、包装材料，以及为液体食品生产企业提供生产线设计方案的大型跨国集团。

中国消费者每喝10罐液态奶或者软饮料的纸质包装中，至少有7罐是由利乐提供的生产线和包装材料生产的。人们耳熟能详的伊利、蒙牛、三元、光明、汇源等乳业和饮料的龙头企业，几乎都是利乐的客户。而且，在中国市场上，乳品包装占了销售成本的40%。

2009年至2013年，利乐凭借其在中国大陆液体食品纸基无菌包装市场上的支配地位，在提供设备和技术服务过程中搭售包材、妨碍原料纸供应商向其竞争对手提供原料纸，从而妨碍包材市场的公平竞争。国家工商总局认定，利乐的上述行为违反了反垄断法有关规定，责令利乐停止违法行为,处罚款计 667724176.88 元。

资料来源:http://jiangsu.china.com.cn/html/finance/finances/8106119_1.html.

讨论:包装对于商品的作用有什么? 为什么乳品企业如此依赖利乐公司?

一、包装的含义和作用

1. 包装的含义

包装是指产品的容器和外部包扎。它是产品整体概念的重要组成部分,大多数产品只有通过包装才能从生产领域进入消费领域。在现代市场营销中,企业越来越重视产品的包装,消费者对商品包装的要求也越来越高,故许多营销人员把包装(package)称为市场营销组合中的第五个 P。

2. 包装的作用

(1) 保护商品,便于储运。包装最基本的作用是保护商品、方便储存与运输,有效的包装有防潮、防热、防冷、防挥发、防污染、保鲜、防破碎、防变形等系列保护产品的作用,使产品不致损坏、变质、散落,保证产品的使用价值。

(2) 美化商品,促进销售。精美的包装是商品的无声推销员,在市场上,首先映入消费者眼帘的不是商品本身,而是商品的包装。精美的包装能引起消费者的兴趣,刺激其购买动机。

(3) 便于购买,方便使用。商品只有通过一定形式的包装,才能方便购买、携带和保管。同时,通过包装附印说明,便于消费者了解商品的使用和保管方法。

情境重现

苏州檀香扇改变包装后身价倍增

苏州的檀香扇在中国香港市场的售价原为每把 65 港元,后来由于改为成本为 5 港元的锦盒包装,售价提高到每把 165 港元,而且销量大幅度增长。

二、包装设计要求

1. 标签、说明齐全

包装要按照有关法律法规、标准的要求,做到标签、说明齐全,标签是附在包装物上的文字、符号、图案,它标明了包装内容和产品的主要成分、规格、数量、质量、特性等,文字说明既要简明扼要,又要实事求是。

2. 与产品价值相适应

生活消费品,特别是贵重物品、艺术品和化妆品的包装,一定要能衬托商品的高贵、典雅和艺术性。但不考虑产品内容、用途和销售对象,单纯追求包装的精美华丽也是不可取的。

3. 能显示产品独特风格

对服装、装饰品、食物等能以外形和色彩表现其特点或风格的产品,其包装应考虑能向购买者直接显示产品本身,以便选购。常用包装方法有全透明包装、开天窗包装,或在包装上附有彩色图片。

4. 使用、保管和携带的便利性

包装的造型、结构除了外形美观，新颖大方外，还要考虑到出售、使用过程中，给批发商、储运商、零售商和顾客提供便利。包装形式要多种多样，大小要适当，既要保证密封性，又要容易开启。

5. 不能和民族习惯、宗教信仰发生抵触

相同的色彩、图案和数字对具有不同心理爱好的消费者来说，能产生截然不同甚至完全相反的结果。因此，在商务活动中，要做到"入乡随俗，入国问禁"。

6. 符合环保要求

随着全球环境的变化，消费者在消费的过程中越来越关注环保问题。社会营销观念来看，企业在产品包装上应选用可降解和可再生的环保材料，并将环境保护作为自己的责任。

三、国际产品包装策略

包装具有促进产品销售的功能，并能触发消费者的购买行为。因此，好的包装往往需要与其适应的包装策略结合在一起，才能发挥其更大的作用。可供企业选择的包装策略有以下几种。

1. 类似包装策略

类似包装策略是指一个企业所生产的各种产品，在包装上采用相同的图案、色彩，相同的造型甚至相同的包装材料，使消费者极易发现是同一家企业的产品。这种策略优点在于企业既能节约设计和印刷成本，又能扩大企业和产品的影响，扩大销售。类似包装策略只能适用于质量相同的产品，对于品种差异大、质量水平悬殊的产品则不适合。

2. 差异包装策略

差异包装策略是指企业各种产品都有自己的独特包装，在设计图案、色彩、风格、材料等方面都有明显的差异。这种策略优点在于能使产品之间具有较强的独立性，避免因一种产品的销售失败而影响其他产品的声誉。但不足之处是要增加包装设计费用和促销费用。

情境重现

三只松鼠的差异化包装策略

碧根果一袋装为 210 克，每次食用往往吃不完，密封不好下次会导致产品受潮，比药都难吃，往往会非常遗憾地扔掉。为了解决此问题，三只松鼠早期采用的是条形夹，置于袋子中，用户只要吃不完，可以从袋子中拿出来立即夹起来给予密封，后来经过不断改良，产品升级迭代后采用扣嵌式封装袋，提升了食用方便性。

3. 聚集包装策略

聚集包装策略是指经营者根据消费者的消费习惯，把几种消费关联性强的产品组合配套放在同一个包装容器内同时出售。优点在于既便于消费者使用和随带，又能扩大多种相关产品的销售总量，更有利于新产品的推销。如节日大礼包、化妆品、文房四宝均可采用此种包装策略。

4. 再使用包装策略

再使用包装策略是指包装物不仅具有包装产品的用途,还可由消费者作为他用。如一个精美别致的巧克力盒、一个设计独特的酒瓶,对消费者都颇有吸引力。有些消费者不是完全为了购买巧克力和酒,而是为了一个具有艺术价值的包装物而引起购买行为。这种策略优点在于一方面可以美化产品,引起消费者的购买兴趣;另一方面在使用包装物的过程中,常常会引起使用者的联想和回忆、起着潜移默化的广告宣传作用,具有促销功能。

5. 附赠品包装策略

附赠品包装策略是目前市场上较为流行一种包装策略,即在产品包装中附赠物品或奖券,吸引消费者购买,扩大销售。如儿童市场上玩具、食品等商品附赠有卡通画、识字图,化妆品包装中有奖券等。

情境重现

康师傅方便面的包装策略

康师傅方便面的包装内曾经附有小虎队旋风卡,每包方便面中都放有一张不同的旋风卡,如宝贝虎、机灵虎、冲天虎、旋风虎、勇士虎、霹雷虎等卡,让很多孩子们爱不释手。渴望拥有整套旋风卡,只得经常购买附有这种卡片的方便面。一时间,鸡汁味、咖喱味、麻辣味、牛排味、海鲜味等味道各异的康师傅方便面,随着各种五彩缤纷的旋风卡走进了千家万户。

6. 改变包装策略

改变包装策略是指针对消费者有"求新""求变"的消费心理,企业或经营者要利用新的包装技术、包装材料和包装设计等改进原有包装。过去,一种包装设计可连续使用10～15年,而现在每隔2～3年就需要对包装推陈出新。产品包装上的改进如同产品自身内在质量的改进一样,对产品的销售有重大影响。

小　结

（1）国际营销产品是指能够提供给国际市场以满足消费者需要和欲望的东西,它包含着五个层次。企业开展国际市场营销要树立产品的整体概念。通常情况下,企业不仅仅生产一个产品,而是生产一系列甚至是多个系列的组合产品。因此,在组织营销活动时,必须注意各个组合产品之间的联系,充分运用好产品组合策略。

（2）产品生命周期是指从新产品开始投放市场到最后退出市场的整个过程,一般包括产品的导入期、成长期、成熟期和衰退期四个阶段。不同发展水平的国家或地区,同一产品所处的生命周期阶段不同。企业可以充分利用产品国际市场生命周期理论调整市场结构和产品结构,适时、适地地开展国际市场营销。

（3）国际市场产品组合包括产品组合的宽度、深度、长度与相关性四个因素,需选择合适的产品组合策略。

（4）科学技术推动着经济飞速发展,也缩短了产品生命周期,企业只有不断创新产品才能满足新的复杂需求。为了把失败的风险降到最低限度,企业只有采取正确的策略和方法,并按照新产品开发的科学程序进行,才能使企业的新产品开发获得成功。

（5）国际营销中的产品品牌、商标策略也是产品开发策略中不可忽视的重要因素。国际营销中的品牌、商标的设计必须考虑不同国家和地区消费者的风俗和传统文化。

（6）包装是产品的重要组成部分。它有保护商品、方便储运、促进销售、指导消费等作用。

思考与练习

一、填空题

1. 产品整体概念包含_____、_____、_____、_____和_____五个层次。

2. 产品生命周期包含_____、_____、_____和_____四个阶段。

3. 通常从_____、_____、_____、_____四个要素来描述企业的产品组合情况。

4. 产品组合深度是指每一条产品线中，各产品项目所包含的具体的_____、_____、_____、_____的产品数量。

5. 产品组合延伸策略有_____、_____、_____三种。

6. 商标是一个_____，是经过合法注册的产品名称、标志、图案和设计等；而品牌则是一个_____，没有经过合法注册，不受法律保护。

二、单项选择题

1. 除了提供质量合格的产品，还必须提供相应的附加服务，如保养、保换、售后服务等，这对制造商来说（　　）。

　　A. 是零售商的事，制造商可不必理会

　　B. 是产品整体概念的一部分，是必要的

　　C. 优质产品有没有售后服务无所谓

　　D. 产品卖出即可，不必多此一举

2. 对现有产品的品质、款式、特点或包装等做一定的改进而形成的新产品，就是（　　）新产品。

　　A. 仿制　　　　　　B. 改进　　　　　　C. 换代　　　　　　D. 完全

3. 品牌中可以用语言称呼、表达的部分是（　　）。

　　A. 品牌　　　　　　B. 商标　　　　　　C. 品牌标志　　　　D. 品牌名称

4. （　　）品牌就是指一个企业的各种产品分别采用不同的品牌。

　　A. 个别　　　　　　B. 制造商　　　　　C. 中间商　　　　　D. 统一

5. 企业决定利用其成功品牌名称的声誉来推出改良产品或新产品，这种决策叫（　　）。

　　A. 品牌延伸决策　　　　　　　　　　B. 多品牌决策

　　C. 家族品牌决策　　　　　　　　　　D. 品牌使用者决策

6. 洗衣机从双缸发展为全自动产品，这属于（　　）。

　　A. 全新产品　　　　B. 换代产品　　　　C. 改进产品　　　　D. 仿制产品

7. 用料和设计精美的酒瓶，在酒消费之后可用作花瓶或凉水瓶，这种包装策略是（　　）。

　　A. 配套包装　　　　B. 附赠品包装　　　C. 分档包装　　　　D. 再使用包装

8. 向顾客提供基本效用和利益是产品整体概念中的(　　)。

    A. 基础产品　　　　　B. 附加产品　　　　　C. 核心产品　　　　　D. 潜在产品

9. 在产品生命周期的各阶段中,销售增长率最高的是(　　)。

    A. 介绍期　　　　　　B. 成长期　　　　　　C. 成熟期　　　　　　D. 衰退期

10. 某企业生产的产品有冰箱、冷柜、空调三大类,其中:冰箱有四种型号、冷柜有两种型号、空调有五种型号。据此可以推知(　　)。

    A. 该企业产品线的宽度为 3,冰箱、冷柜和空调各产品线深度分别为 4、2、5

    B. 该企业产品线的宽度和深度分别为 3 和 11

    C. 该企业产品线的宽度和深度分别为 11 和 3

    D. 该企业冰箱、冷柜和空调各产品线的宽度分别为 4、2、5

三、多项选择题

1. 产品组合包括四个变数(　　)。

    A. 产品组合策略

    B. 产品组合的宽度

    C. 产品组合的长度

    D. 产品组合的深度

    E. 产品组合的关联度

2. 产品市场生命周期包括(　　)四个阶段。

    A. 投入期　　　　　　B. 高峰期　　　　　　C. 成长期

    D. 成熟期　　　　　　E. 衰退期

3. 品牌的内容主要包括(　　)。

    A. 品牌的命名　　　　B. 品牌的名称　　　　C. 品牌的标志

    D. 品牌的系列　　　　E. 商标

4. 投入期市场的特点是(　　)。

    A. 产品销售量大　　　B. 促销费用高

    C. 竞争者少　　　　　D. 成本高

    E. 消费者对商品认知少

四、判断题

1. 进入衰退期的产品在特定的条件下还有可能进入新的成长期。　　　　　　　(　　)

2. 不同产品采用不同品牌比所有产品采用同一品牌风险要大。　　　　　　　(　　)

3. 对于企业来说,使用自己的品牌比使用中间商的品牌费用要多。　　　　　(　　)

4. 某企业经营儿童"六一"礼品袋,将不同的玩具、学习用品装在一个袋子里,它采取的是附赠品包装策略。　　　　　　　　　　　　　　　　　　　　　　　　　　　(　　)

5. 采取低成本低价格策略的企业一般是低利润的企业。　　　　　　　　　　(　　)

五、简答题

1. 产品整体概念包含哪些内容?

2.产品在成熟期的特点是什么？

3.什么是产品组合缩减策略？

4.新产品开发策略有哪些？

5.简述多品牌策略的定义和优势。

6.包装有哪些作用？

实训课堂

一、思维训练

训练1：柯达曾经是胶卷和胶片相机领域的"大哥大"，曾经通过收购专利和改进胶卷不断延长该领域的生命周期。但无论如何改进和提升拍摄的效率，都是在胶片这个框架内进行改造，无法突破原有的限制。这样的结构让这个巨头面对数码相机显得极为疲软无力，最终破产。

要求：从网上搜索相关 MP3 音乐播放器的相关内容，试着分析此产品的生命周期。

训练2：苹果公司（Apple Inc.）是美国一家高科技公司。由史蒂夫·乔布斯、斯蒂夫·沃兹尼亚克和罗·韦恩（Ron Wayne）等人于 1976 年 4 月 1 日创立，并命名为美国苹果电脑公司（Apple Computer Inc.），2007 年 1 月 9 日更名为苹果公司，总部位于加利福尼亚州的库比蒂诺。

该公司硬件产品主要是 Mac 计算机系列、iPod 媒体播放器、iPhone 智能手机和 iPad 平板电脑；在线服务包括 iCloud、iTunes Store 和 App Store；消费软件包括 OS X 和 iOS 操作系统、iTunes 多媒体浏览器、Safari 网络浏览器，还有 iLife 和 iWork 创意和生产套件。苹果公司在高科技企业中以创新而闻名世界。

要求：通过网络查阅目前苹果公司的相关产品，试着从产品组合宽度、产品组合长度、产品组合深度和产品组合相关性四个方面分析该公司的产品线。

二、案例分析

案例1：海底捞成立于 1994 年，是一家以经营川味火锅为主、融汇各地火锅特色为一体的大型跨省直营餐饮品牌火锅店，全称是四川海底捞餐饮股份有限公司，创始人张勇。海底捞在我国简阳、北京、上海、沈阳、天津、武汉、石家庄、西安、郑州、南京、广州、杭州、深圳、成都地区及韩国、日本、新加坡、美国等国家有百余家直营连锁餐厅。截至 2019 年 10 月，海底捞市值 2000 亿港元。

2011 年 5 月 27 日"海底捞"商标荣获"中国驰名商标"。

(1)服务态度：因为食客很多，经常要排队，餐厅就为等待的顾客提供免费美甲、美鞋、护手；免费饮料、零食和水果，并且服务员来自五湖四海，可以找老乡服务，态度很热情。服务周到，甚至在卫生间里都会有专人服务，包括开水龙头、挤洗手液、递擦手纸等。

(2)味道地道，特色突出。海底捞火锅有 10 多种锅底，如牛油火锅、鸳鸯火锅、番茄火锅、菌汤锅等。价格方面，地区不同，略有差异。大部分店有自助调料台，有约 20 余种调料，顾客可根据自己的口味喜好，任意调配；另外，还有免费水果，季节不同，水果也有所不同，如圣女果、哈密瓜、西瓜等；也会有小米粥或是银耳汤等。

（3）选择自由：海底捞所有的菜品都是可以叫半份的，半份半价。这样就可以品尝更多种类的食品了，而且价格不高。2019年10月1日前，海底捞面向的大学生6.9折优惠是周一至周日通用的，具体打折时间为：周一到周五每天14：00—17：00，以及22：00到次日7：00；周六、周日为0：00—7：00；周末两天9：00—0：00，可享受8.8折优惠。

2019年10月1日后，海底捞将政策修改为周一到周五的22：00到次日的7：00大学生可享受7.5折优惠，而周六、周日的22：00到次日的7：00，只能享受到8.8折优惠。相当于取消了下午场的优惠，只有午夜场了，并且优惠力度也有所降低。

分析：你认为海底捞成功的原因有哪些？试着从产品概念的五个层次来分析海底捞的产品。

案例2：宜家（IKEA）是瑞典家居卖场。是一家跨国性的私有居家用品零售企业。宜家家居在全球多个国家拥有分店，贩售平整式包装的家具、配件、浴室和厨房用品等商品。宜家家居是开创以平实价格销售自行组装家具的先锋，目前是全世界最大的家具零售企业。截至2008年12月为止宜家在全世界的36个国家和地区中拥有292家大型门市（其中258家为宜家集团独自拥有，34家为特许加盟）。2020年3月10日，宜家家居（IKEA）正式入驻天猫，开设全球线上官方旗舰店。

今天，瑞典宜家集团已成为全球最大的家具家居用品商家，销售主要包括座椅/沙发系列、办公用品、卧室系列、厨房系列、照明系列、纺织品、炊具系列、房屋储藏系列、儿童产品系列等约10000个产品。

宜家产品系列在几个方面可谓种类繁多。首先，宜家产品系列在功能上种类繁多：从植物和客厅家居用品，到玩具和整个厨房，你可以找到布置你的家所需要的一切。其次，宜家产品系列在风格上种类繁多。浪漫主义者会与简约主义者一样找到自己需要的东西。最后，互为和谐的产品系列在功能和风格上同时和始终可谓种类繁多。无论你喜爱哪一种风格，都有为所有的人提供的东西。

低价格是宜家理想、商业理念和概念的基石。所有的宜家产品背后基本的思想就是低价格会使种类繁多、美观实用的家居用品为人人所有。毕竟，我们的理想是为大众创造更美好的日常生活。

产品方面，突出产品特质，强化品牌形象。主要集中于产品设计多样化、个性化，保持和发挥公司固有的设计优势；强化质量检验和监督，保证产品的安全性，保证产品质量；加快新产品开发的步伐，最大限度地满足目标市场需求。

价格方面，通过优化公司管理、缩减采购环节、加强成本控制等来降低成本，根据中国消费市场实际情况适当调整价格和产品结构，为中国市场提供更多物美价廉的产品。渠道方面，充分利用宜家（中国）众多的供货基地和强大的分销网络，有效调配货源，减少分销环节，同时在中国市场逐步增加直属店，在北京、上海、广州、天津、大连等城市增开新店，在西安、郑州、武汉、杭州、重庆、长春等大城市筹备建立店铺。促销方面，通过在线产品目录册、店内促销、社会公关活动等扩大企业知名度，树立和巩固国际知名家具企业形象。

分析：从产品组合策略和新产品开发策略方面分析宜家的成功，从品牌策略方面分析宜家的品牌特色。

任务 12　国际营销价格策略

学习目标

- **知识目标**

(1) 理解影响国际企业定价的成本、需求、竞争等因素；

(2) 掌握国际市场营销的定价方法；

(3) 掌握国际市场营销的定价策略。

- **技能目标**

(1) 针对不同的商品制定与之相适应的定价策略；

(2) 培养灵活运用价格策略的能力。

任务驱动，做中学

你的公司选择好了非洲的几家渠道商打算销售男式皮鞋，在公司的讨论会上大家各抒己见提出了很多问题，例如："采用那种货币定价对本公司更有利，对于商品的定价，目前已经有很多竞争对手进入市场，而且多数采用低价渗透策略，我们应该如何定价呢？是选择低价还是高价？如果低价，可能降低利润影响公司形象，还可能遭到对方国家反倾销制裁，如果高价，可能影响销量，无法打开市场。"大家众说纷纭，你对于本公司的这次销售定价有什么想法呢？

情境导入

柯达在日本的转败为胜

柯达公司生产的彩色胶片在 20 世纪 70 年代初突然宣布降价，立即吸引了众多的消费者，挤垮了其他国家的同行企业，柯达公司甚至垄断了彩色胶片市场的 90%。到了 20 世纪 80 年代中期，日本胶片市场被富士所垄断，富士胶片压倒了柯达胶片。对此，柯达公司进行了细心的研究，发现日本人对商品普遍存在重质不重价的倾向，于是制定高价政策打响牌子，保护名誉，进而实施与富士竞争的策略。他们在日本发展了贸易合资企业，专门以高出富士 1/2 的价格销售柯达胶片。经过五年的努力和竞争，柯达终于被日本接受，走进了日本市场，并成为与富士平起平坐的企业，销售额也直线上升。

讨论：为何柯达的低价无法成功，提高价格反而转败为胜？

12.1　分析国际市场定价的因素

情境认知

定价策略是企业参与国际市场竞争的重要竞争手段，但价格是一把"双刃剑"，诺贝尔奖获得者,美国价格理论家乔治·J.斯蒂格勒(George J. Stigler)曾经说过"价格已成为营销战的一把利器,可以克敌,也可能伤己"。国内定价原本就很复杂,当产品销往国际市场时,运费、关税、汇率波动、政治形势等因素更增加了国际定价的难度。在国际营销产品定价时,首先必须对影响定价的各种因素进行全面的了解和把握。

一、成本因素

成本核算在定价时是十分重要的,一般情况下,制定价格应以成本作为最低界限。国际营销的成本费用比国内营销复杂得多,产品销往不同的国别市场,其成本水平也就不同。在国际营销成本中运费、保险费、包装费等占有较大比重,而关税、报关、文件处理费用等则是国际营销所特有的成本项目。

1. 关税

关税是当货物从一国进入另一国时所缴纳的费用,它是一种特殊形式的税收。征收关税不仅可以增加政府的财政收入,而且可以保护本国市场。关税是国际贸易最普遍的成本之一,它对进出口货物的价格有直接的影响。

2. 国外中间商费用

国际营销中,分销渠道的延长势必导致中间商费用增加,而且各个国家的市场分销体系与结构存在着很大的差别,有些国家,企业可以利用比较直接的渠道把产品供应给目标市场,中间商负担的储运、促销等营销职能的成本也比较低。在另外一些国家,由于缺乏有效的分销系统,中间商进行货物分销必须负担较高的成本。

3. 运输和保险等费用

在国际营销中,产品由卖方交运至买方时,经常需要经过长途运输和多次装卸及储存,在此期间需要办理治租运输工具、包装、装货、卸货、货运保险、申请进口或出口许可证、报关纳税等手续,相应地需要支付包装费、运费、装卸费、仓储费、保险费等费用。

4. 风险成本

在国际营销实践中,风险成本主要指通货膨胀及汇率风险。由于从签约到发货、货款收付之间有一定的间隔时间,因而增加了通货膨胀以及汇率波动等方面的风险。为了减少买卖双方的风险及交易障碍,经常需要有银行信用的介入,这也会增加一定的费用负担。这些因素在国际营销定价中均应予以考虑。

二、市场需求

成本和需求是企业定价时要考虑的两个重要因素。一方面企业定价要考虑弥补成本费用;另一方面还要考虑顾客的需求、顾客可能和愿意接受的价格水平。各国的文化背景、自然环境、经济条件等因素存在着差异性,决定了各国消费者的消费偏好以及对产品的需求不尽相同。同时,消费者收入、市场价格的变动也会影响市场需求。

情境提示

随着消费者收入的增加,一般对高档消费品的需求会相应增加,对基本生活用品的需求变化不大,对低档生活资料商品的需求会下降。对需求价格弹性较大的商品,适当的降价,对需求价格弹性小的商品,通过提价来增加企业总收入。

三、市场竞争

情境认知

市场竞争状况是影响企业定价的又一关键因素,市场竞争的程度决定着产品的价格上限。不同企业生产或销售的产品相同或相似时,价格的高低就成为决定企业市场份额的主要竞争手段。企业需密切关注目标市场国家中竞争对手的价格策略和价格变动,有效地采取应对策略。

1. 国际价格协定

国际价格协定是同行业各企业之间为了避免恶性竞争,竞相削价而达成的价格协议。这种协议有时是在政府支持下,由同一行业中的企业共同达成的,有时则是由政府直接出面,通过国际会议达成的多国协议。

2. 国家垄断

各个国家的政府机构或政府授权的企业可以是某些产品在国内市场和进出口方面的独家卖主或买主。在这种情况下,政府机构或政府授权的企业便成为决定价格的权威。

3. 企业间的价格约束

(1) 授权协议

授权协议在大多数国家是一种合法的垄断。某国的专利权持有者特许其他国家的某企业拥有独家生产该产品的权力,根据合同条款,专利权持有者可控制专利应用的地区范围,而且由于独家垄断的缘故,也可控制价格。

(2) 卡特尔

卡特尔是指生产同类产品的公司为了控制其产品的销售市场而进行的合作。卡特尔组织可以采用正式协议的形式来确定价格,规定成员公司的产品产量和销售量,划分市场范围,重新分配利润。石油输出国组织(OPEC)就是最著名的国际卡特尔。

(3) 同业工会

同业工会是一种非正式的行业组织机构,许多国家的同业工会的职能是收集有关行业内的价格和交易方面的情报。各国同业工会在定价方面所起的作用有所不同。美国在反托拉斯法的约束下,同业工会无法对企业定价起任何作用,但其他工业化国家的同业工会则对保护和维持本行业大多数企业所能接受的价格起到有效的约束作用。

(4) 国际市场价格

在商品的国际集散中心、经常大量进出口商品的地区、成交额大的著名国际交易会和博览会、国际商品期货市场等地的成交价格是非常重要的国际价格信息,是相关产品的生产经营企业进行国际营销定价的重要参考依据。

四、政府的价格调控政策

随着经济全球化的发展,一方面,各国市场进一步扩大开放;另一方面,各国政府为了保护国内市场,对价格控制力度也在加强,控制的形式更加多样化。政府对企业定价的调控既可以是宏观的,也可以是微观的;既可以是法律形式,也可以是行政命令形式。

国际营销中的定价要同时受本国政府和外国政府的双重影响,国内政府多半采用价格补贴形式来降低企业出口产品价格,增强其竞争实力。许多国家实行的出口产品退税制也有利于增强出口产品的竞争力。国外政府通过关税、税收、汇率、利息、竞争政策以及行业发展规划等制度政策对国际营销企业的定价产生影响。

情境重现

韩国诉中国产一次性打火机倾销案

1997 年 2 月 4 日,中国产一次性打火机被韩国打火机协会起诉为倾销。2 月 27 日,韩国贸易委员会决定进行调查,于 3 月 10 日公告调查开始,并向利害关系人作了通报。3 月 18 日向中国生产者、出口商、进口商及用户发送了调查问卷,答辩期限为 1997 年 4 月 30 日。韩国贸易委员会进行调查后,于 1997 年 5 月 20 日进行初裁,决定于 1997 年 6 月 5 日起征收 31.39% 的暂定反倾销关税,并要求韩国财政经济部征收反倾销关税,财政部于 1997 年 6 月 27 日公告征收暂定反倾销关税。因中国企业没有应诉,被征收了 5 年幅度为 32.84% 反倾销关税。

12.2 选择国际市场定价方法

情境导入

格兰仕的成本领先定价策略

广东格兰仕堪称是一家全球化家电专业生产企业,是中国家电优秀企业之一。格兰仕的核心竞争力归纳起来就八个字:规模制造,低价制胜。

格兰仕赖以发家,并屡试不爽的秘诀在于其"总成本领先"策略,依托其强大的规模和成本控制能力,以此保持对竞争对手的成本优势和价格战的资本。一度信奉"价格是最高级竞争手段"的执行总裁梁昭贤,凭借总成本领先优势,规模每上一个台阶就大幅降价,不断地提升微波炉行业的"入门标准"。生产规模达到 125 万台时,格兰仕就把出厂价定在规模为 80 万台的企业成本线以下;规模达到 300 万台时,格兰仕又把出厂价调到规模为 200 万台的企业成本线以下。至今,格兰仕已经把微波炉行业的入门标准提升到了年产 1200 万台的规模,在 1200 万台产量以下的企业,就不得不面临亏损,多生产一台,就多亏损一台。

讨论:试分析格兰仕建立强大价格壁垒的核心是什么。

一、成本导向定价法

1. 成本加成定价法

成本加成定价法是一种传统的产品定价方法,主要以产品总成本为基础,再加上一定比例的利润来确定产品价格的方法。其计算公式为:

$$单位产品价格 = 单位产品总成本 \times (1 + 成本加成率)$$

式中，

$$单位产品总成本＝单位产品固定成本＋单位产品变动成本$$

这种定价方法的关键是确定企业的成本加成率。

情境案例

某公司生产 2000 台电冰箱，总的固定成本为 400 万元，每台电冰箱的变动成本为 1500 元，目标利润率为 20%，则采用成本加成法确定电冰箱售价的过程如下：已知每台电冰箱的固定成本为 2000 元，每台电冰箱的变动成本为 1500 元，则每台电冰箱的总成本为 3500 元，由此可以求出每台电冰箱的市场售价为 4200 元，即 $3500×(1＋20\%)＝4200(元)$。

2. 目标利润定价法

目标利润定价法又称目标收益定价法，是根据企业的总成本和计划总销售量，加上按投资收益率制定的目标利润率作为产品市场售价的定价方法。这种方法是生产者导向的产物，只考虑企业自身利益，忽视了市场需求和竞争的动态性，并且是先估计产品市场销售量，再通过计算确定铲平价格，把销量看成价格的决定因素，颠倒了价格与销量的因果关系。而在实际中，价格的高低反过来对销售量有很大影响。

一般而言，对于大型公用事业、劳务工程和服务项目、高市场占有率的垄断性产品等情况，目标利润定价法仍为一种有效的定价方法。

3. 边际成本定价

边际成本定价法是指产品售价以边际成本为基础，价格或收益大于边际成本或高于可变成本。其计算公式为：

$$单位产品售价＝单位产品变动成本＋单位产品边际贡献$$

式中，

$$单位产品变动成本＝总变动成本/总销售量$$
$$单位产品边际贡献＝总边际贡献/总销售量$$

边际成本定价法是以单位产品变动成本作为定价依据和可接受价格的最低界限，不考虑价格对总成本的补偿，只考虑价格对变动成本的补偿，并争取更多的边际贡献来补偿固定成本。这种定价方法的基本思想是：产品售价只要高于可变成本即可获益，并可用来补偿可能的固定成本；即使价格等于可变成本，企业没有任何收益，也可以维持企业存续。

面对当前国际市场产品供过于求的状况，企业采用边际成本定价法可以在激烈的国际市场中减少损失，进一步开拓国际市场。

情境案例

某服装厂生产 2000 条领带，固定成本为 20000 元，每条领带的单位变动成本为 0.5 元，预期利润率为 30%。

① 以总成本为定价基础，其计算过程如下。

固定成本：20000 元

变动成本：$2000×0.5＝1000(元)$

总成本：$1000＋20000＝21000(元)$

利润：21000×30％＝6300(元)

总成本加利润：6300＋21000＝27300(元)

领带单价：27300/2000＝13.65(元)

② 以边际成本为定价基础，其计算过程如下：

以边际成本为定价基础不需要考虑固定成本，假设其边际收益为10000元，则变动成本＝0.5×2000＝1000(元)

边际收益：10000元

领带单价：(1000＋10000)÷2000＝5.5(元)

与13.65元的原价相比，5.5元的售价一定会使企业亏本，但是在国际市场上按原价出售很有可能会造成企业产品滞销、积压，企业损失更大。而以5.5元出售，获得的边际收益10000元可以弥补一部分固定成本，减少企业损失。但是，过低的价格在国际市场上有可能被指控为不正当竞争或者导致竞争者的报复，而且在有些国家，以过低的成本销售产品则会被进口国认定为"倾销"，产品价格会因为附加一部分"反倾销税"反而上升，这样就丧失了使用边际成本定价法的意义。

二、需求导向定价法

需求导向定价法是指企业以市场对产品的需求强度和消费者对产品价值的理解程度为依据来确定产品价格。这种定价方法的基础是市场消费者可以接受的产品销售价格水平。需求导向定价法包括感受价值定价法和倒推定价法。

1. 感受价值定价法

感受价值定价法也叫认知价值定价法，是根据消费者对产品价值的认知程度而非产品成本来制定价格的一种方法。感受价值是弹性的，是消费者对产品价值的一种感知和感受。消费者认为产品的"价值"有多大，企业就可以定多高的价格。这种定价方法的关键是企业能否运用市场营销组合中的非价格因素增强产品在消费者心目中的价值感受，并能准确地估算产品在消费者心目中的全部感受价值，然后制定这一感受价值的产品售价。

感受价值定价法如果运用得当，会给企业带来很大益处。但要有效地运用这种定价方法，关键是找到顾客比较准确的产品感受价值，否则过高或过低估测感受价值，都会给企业带来损失。

2. 倒推定价法

倒推定价法是先根据国外市场上同类产品的价格估算本企业产品在国外市场上的零售价格，再扣除各种中间环节费用(如中间商费用、关税、运费等)，倒推出产品的出厂价格，然后与成本相比，最后确定产品的市场售价。

情境重现

皮鞋"安静的小狗"的成功

"安静的小狗"是一种松软猪皮便鞋的牌子，由美国沃尔弗林环球股份公司生产。当"安静的小狗"问世时，该公司为了了解消费者的心理，采取了一种独特的试销方法：先把100双鞋无偿送给100位顾客试穿8周，8周后，公司派人登门通知顾客收回鞋子，若想留下，每双鞋子 5 美元。其实公司老板并非真想收回鞋子,而是想知道 5 美元一双的猪皮便鞋是否有人愿意购买。结果绝大多数试穿者把鞋留下了。得到这个消息,沃尔弗林公司便大张旗鼓地开始生产、推销。结果以每双 11.5 美元的价格,销售了几万双"安静的小狗"。

三、竞争导向定价法

竞争导向定价法是以市场上竞争对手的价格作为定价的基本依据,并随市场竞争状况的变化不断调整企业产品价格的一种定价方法。竞争导向定价方法主要包括随行就市定价法、主动竞争定价法和投标定价法。

1. 随行就市定价法

随行就市定价法是企业以国际市场上本行业产品的平均市场价格水平作为定价的标准,保持本企业产品价格与市场上竞争者的同类产品的价格相近。企业可以根据自己产品与竞争者产品的差别来确定一个略高于、略低于或近似于竞争者产品价格的价格,这样既可减少市场竞争的风险,又可以为企业带来适度利润。

一般而言,随行就市定价法是国际市场上同质产品惯用的定价方法,如小麦、茶叶、大豆、咖啡、石油等产品,其国际市场价格是经过众多买主和卖主的多次交易达成的,基本上是标准价格,企业只需要随行就市定价即可。

2. 主动竞争定价法

主动竞争定价法是企业根据本企业的实力以及与竞争对手产品的差异状况,为本企业的产品确定一个高于、低于或与竞争者价格相一致的产品价格。该定价方法是在一定时期、一定市场范围内,以打击竞争对手,取得更大的市场份额为主要目标。

当国际市场上经营同类产品厂商较多,市场份额不太集中时,规模大的企业常常采用主动竞争定价策略来蚕食实力相对弱的企业的市场份额。

3. 投标定价法

投标定价法主要用于招投标交易方式,是指跨国经营企业在参加国际招投标交易时,要估测竞争对手的报价,并争取以比估测的竞争对手价格更低的报价中标。

为了提高中标率,投标企业在确定自己的投标报价时,首先要考虑的是竞争对手的可能报价,本企业的成本估算是次要的。投标定价法通常用于国际市场上的建筑工程承包、大型机械设备采购、政府采购等方面。

情境重现

美国卡特彼勒公司的定价

美国卡特彼勒公司是生产和销售拖拉机的一家公司,它的定价方法十分奇特。一般拖拉机的价格均在 20000 美元左右,然而该公司却报价 24000 美元,每台比同类产品高 4000 美元,即 20%,但它的销路却很好,缘由何在? 原来他们有一套说服人的账单:20000 美元是与竞争者同一型号的机器价格;3000 美元是产品更耐用而必须多付的价格;2000 美元是产品可靠性更好的多付的价格;2000 美元是本公司服务更佳而多付的价格;1000 美元是保修期更长多付的价格;28000 美元是上述应付的价格的总和;4000 美元是折扣;24000 美元是最后价格。这样一算,加深了客户对该公司产品性能价格比的理解,使众多消费者宁愿多付 4000 美元,结果是卡特彼勒公司的拖拉机在市场上十分畅销。

12.3　制定国际市场定价策略

情境导入

索尼电视的价格策略

1990 年,当索尼在日本市场首先引入高清晰度彩电(HDTV)时,这个高科技产品价值 43000 美元,这种电视机定位于那些可以为高科技负担高价格的顾客。其后的三年,索尼不断降低价格以吸引更多的顾客。到 1993 年,日本顾客只要花费 6000 美元就可以购得一台 28 英寸的高清晰度彩电。2001 年,日本顾客仅需 2000 美元就可以买到 40 英寸的高清晰度彩电,而这个价格是大多数人都可以接受的。索尼以此种方式从不同的顾客群中获得了最大限度的利润。

讨论: 索尼能够从不同的顾客群众获得最大限度利润的关键是什么?

一、新产品定价策略

1. 市场撇脂策略

撇脂定价法又称高价法或吸脂定价,即在产品刚刚进入市场时将价格定位在较高水平,在竞争者研制出相似的产品以前,尽快地收回投资,并且取得相当的利润。然后随着时间的推移,再逐步降低价格使新产品进入弹性大的市场。

撇脂策略的优势主要体现在以下几个方面。

第一,新产品刚上市,需求弹性相对较小,企业在将其以高价推向市场时将很快收回研制开发所投入的资金,并应用于新产品的研发,使企业良性循环。

第二,以高价推出新产品时,一旦产品由于价格上的问题而销售受阻,可以实行降价等调整手段,使企业在定价上掌握主动权。

第三,新产品上市,由于其在质量上、用途上的多样性等方面与现有产品存在明显的差异,会极大地刺激市场需求,很高的价格,可以遏制这种需求的过度增长,确保需求与企业生产能力的提高能同步进行。

第四,对于在购买者心目中早已被确定为提供高质量产品的企业,以高价推出新产品是十分自然的。

采用撇脂定价策略的条件有以下几个方面。

产品的价格与其质量是否相符,那种用高价推出新产品的营销行为是否符合企业已在需求者心目中树立的形象。

商场上该新产品的需求弹性不大,即使定的价位过高仍有众多的购买者。

在一个不短的时期内,市场上不会出现竞争产品。

2. 市场渗透策略

渗透定价是在产品进入市场初期时将其价格定在较低水平,尽可能吸引最多的消费者的营销策略。价格的高低与产品周期相关。它是以一个较低的产品价格打入市场,目的是在短期内加速市场成长,牺牲高毛利以期获得较高的销售量及市场占有率,进而产生显著的成本经济效益,使成本和价格得以不断降低。渗透定价策略的优点体现在:第一,能迅速打开市场,并通过规模效应降低成本,获得长期稳定的市场地位;第二,低价阻止了竞争者的进入,增强了企业竞争力;第三,促进消费需求。采用渗透定价策略的条件有以下几个方面。

(1)市场和需求对价格敏感,低价可以刺激市场迅速增长。

(2)生产经营成本会随着市场规模的扩大而不断降低。

(3)低价不会引起实际的或者潜在的低价恶性竞争。

📺 情境重现

我国的小型汽车市场

2001年的中国汽车市场,一方面市场继续发育,另一方面受中国加入 WTO 的影响,车型频出,产销量上升,价格逐渐下降。神龙富康推出的9.78万元的"新自由人",将中国车价打下10万元的心理关口,标志着中国汽车企业对待降价的心理日渐成熟。

2001年5月,国家放开轿车定价之后,轿车价格战拉开序幕。6月7日,长安铃木在全国范围内调整奥拓系列11款轿车销售价格,降至3.58万~5.25万元。

此后,一直以低价位著称的吉利汽车将其三缸化油器车型由3.99万元降至3.49万元,继续保持同类车低价王的位置,目标直指售价3.91万元的夏利小康型轿车。紧跟着夏利狂降1.5万元,捷达宣布优惠3000元,1月,神龙汽车公司推出9.78万元的1.4升富康车,在桑塔纳、捷达、富康三大品牌中率先把价格降到了10万元——中国轿车一大价格门槛以下。6月8日,"10万元轿车赛欧"正式上市前就接到了1.6万辆订单,把整个国内轿车市场搅得沸沸扬扬。降价成了2001年中国轿车市场的主旋律。

二、产品组合定价策略

对企业来讲,往往不会只生产一种产品,而总是设法尽可能多地生产多种在规格、款式、用途等方面存在一定联系的产品组合。为了确保这一产品组合能给企业带来利润最大化,为产品组合中的每种产品确定一个合适的价位就显得尤为重要。

1. 产品线定价策略

产品线定价即利用顾客对产品线系列产品的价格的理解来定价。对产品线内的不同产品,要根据产品的质量和档次、顾客的不同需求及竞争者产品的情况确定不同的价格。如给相同的书籍的平装本和精装本定不同的价格。企业在进行产品线定价时应该注意,产品线中不同产品的价差要适应顾客的心理需求,价差过大,会诱导顾客趋向于某一种产品,价差过小,会使顾客无法快速准确确定选购目标。

📺 情境重现

英特尔公司的产品组合定价策略

1997年秋天,英特尔公司将其产品线划分瞄准特定微处理器市场,分为廉价的 PC、中型"操作"的 PC 和性能极强的 PC。这个战略使英特尔公司平衡了某些产品带来的微利。赛扬售价仅为 86 美元,它使英特尔公司进入了低价 PC 的市场;同时英特尔公司拥有"金牛"产品,奔腾Ⅱ这样的工作平台和服务器集成电路块,其成本为 2000 美元,却能带来很多利润。

2. 任选品定价策略

企业提供主要产品的同时,往往附带提供一些任选商品。例如,酒店在提供住宿时还出售一些日用品和餐饮服务。日用品和餐饮服务可以作为任选品。任选品定价时有两种策略可供选择:第一种是价格定得高些,成为企业独立盈利的来源;第二种是以任选品作为吸引顾客的诱饵,而将任选品价格定得低一些,以不亏损为定价原则。

3. 互补产品定价策略

有些产业的企业其产品在使用上因某些特殊性决定了它们必须生产一些随同主体产品一起使用的相关产品,如附带产品等。例如,照相机的相关产品是胶卷,录像机的相关产品是录像带。在制定相关产品价格时,一般可采用两种策略。

主体产品(如相机)定价偏低,而相关产品(如胶卷、相纸等)定价偏高。这是在主体产品市场竞争较为激烈,而竞争对手又不生产相关产品时常采用的定价策略。

主体产品定价偏高,相关产品定价偏低。例如,整体设备定价高,而零件、维修服务等定价偏低。这样可以满足注意售后服务、安装维修等质量的顾客的需求。

4. 两段定价策略

服务和游乐场所的管理者常常先核定收取一定的固定费用,此外就服务数量的增加再相应收取一笔可变费用。例如,电信部门向用户收取固定月租后,按用户超出套餐使用市场流量再次收取费用。

三、差别定价策略

差别定价策略是指企业针对不同的顾客群、不同的市场供求状况、不同的供货地点和时间以及不同支付手段等来制定产品价格的策略。在国际市场营销中采用差别定价策略更有利于出口产品在进口国的销售。

(一)顾客差别定价策略

不同的消费者对同一产品的需求程度显然不可能完全一致,甚至他们对该产品及该行业的了解程度也不会相同,顾客差别定价策略就是依据这样一个前提来对产品进行定价。通常,对于行业和产品理解程度高,或者需求弹性高的顾客,应制定较低的价格;而在相反的情况下则可采取较高的价格。

(二)时间和季节差别定价策略

不同的时间和季节,消费者对商品的需求肯定也不一样,为此,企业要针对不同时间和季节对商品制定不同的价格。

🖥 情境重现

海底捞的定价策略

2019 年 10 月 1 日前,海底捞面向大学生的 6.9 折优惠是周一至周日通用的,具体打折时间为：周一到周五每天 14：00—17：00，以及 22：00 到次日 7：00；周六、周日为 0：00—7：00；周末两天 9：00—0：00，可享受 8.8 折优惠。

（三）渠道和地域差别定价策略

在国际市场营销中，对于出口到其他国家的产品，企业也可以考虑针对同一产品在同一地区的不同渠道出售而采取不同的定价策略，比如可口可乐公司针对可口可乐在高价餐厅、快餐店或者自动售货机出售就制定了不同的价格。

（四）折扣和折让差别定价策略

不少企业对用户的某些购买行为，以调整其产品价格来作为对用户的一种"报答"。这些价格调整方法称为价格折扣和折让策略。

1. 现金折扣策略

企业为了改善企业现金流通，降低收回欠款因时间拖欠过长而相应增加的成本和减少呆账，根据不同购货者付款方式和付款时间，按原价格给予一定折扣的策略。

2. 数量折扣策略

数量折扣策略是指企业根据用户购买量的多少给予不同用户相应的价格折扣。

3. 功能折扣策略

国际企业对处于不同渠道的中间商或同一渠道不同环节的中间商，按其在渠道中所发挥的功能、作用不同，在与其进行交易时给予不同的折扣，充分发挥中间商的潜在功能，取得渠道最佳使用效益营销目标的策略。

4. 折让

一些生产和销售行业如汽车行业、高级耐用消费品行业，都采用"以旧换新折让"的方法。折让也是一种降低产品价格的形式，即在购买企业新产品时，如同时交回旧货即给予降低售价的优惠待遇。

四、心理定价策略

心理定价策略是指国际企业营销管理者利用购买者的各种心理特征，为有利于扩大销售而有意定高或定低产品价格的策略。

1. 声望定价策略

企业管理者通常利用企业或产品品牌在市场上已有的声望，将产品售价定得较高。采用这种策略企业必须做到以下两点：一是准确评估企业或产品品牌的声望；二是准确估计顾客对较高价格的接受程度。在国内外，许多有声望的企业或著名品牌商品与普通企业或品牌的商品相比，售价的差异是很大的。

🖥 情境重现

巴厘克服装进入日本市场的历程

巴厘克是印度尼西亚久负盛名的服装，深受印度尼西亚和东南亚各国妇女的喜爱。一位印度尼西亚青年企业家将巴厘克的传统图案革新设计为现代图案，使巴厘克集精美与新潮于一身,化娟秀与华丽为一体,备受印度尼西亚和东南亚妇女的青睐。一位日本人见到更新后的巴厘克赞叹不已,建议他到日本去推销这种服装。这位青年企业家经过精心准备,带着巴厘克及其模特来到日本,举办了一场十分壮观的服装展销。许多社会名流和高级贵妇应邀光临了这场服装展销会。但遗憾的是,当展销结束时并没有多少人购买巴厘克,于是他请来了日本专家进行咨询。专家告诉他毛病出在价格上,定价太低,这种高雅的服装,消费者皆为社会上层的贵妇名流,这样低的价格上层妇女谁会买呢? 听罢专家的诊断,年轻的企业家恍然大悟,再次改进设计,使巴厘克更加光彩照人。次年,第二次率领时装模特来到日本再度举办巴厘克时装展销时,巴厘克的定价比上次高出了三倍,这一价格使他所带去的巴厘克很快被抢购一空。

2. 参照定价策略

参照定价策略是指企业利用顾客"货比三家"的心理来制定产品价格的策略。例如,企业将某一产品放在"精品"柜组出售,以示其属于高质量产品,再通过各种手法,使顾客们知晓现在的价格比原来的价格或比其他企业同类产品价格要便宜得多。

3. 奇数定价策略

奇数定价策略有时也称非整数定价策略,为使顾客感到产品的确"货真价实",对产品定价时故意保留尾数,并用奇数表示。心理调查结果证明用保留尾数或奇数定价,确实能起到使顾客感到价格较低的效果。

情境重现

罗恩·约翰逊在杰西潘尼(JCPenny)的失败

2011年,曾在苹果公司(Apple)担任资深副总裁的罗恩·约翰逊加入杰西潘尼(JCPenny),出任CEO,不久之后,他在各家连锁分店内推行了一个"天天低价"的定价政策。这个定价行动的核心就是把价签上的数字改成整数,而不是消费者更熟悉的0.99结尾。例如,原本标价为18.99美元或19.99美元一条的牛仔短裤,现在的售价是19美元或20美元。背后的理由很简单:整数式的价格更清楚明白,而且传达出简单和坦诚的信息。虽然对分币的流通有点儿影响,但杰西潘尼在定价策略上的这个小改变肯定是常识的胜利。而且更加重要的是,杰西潘尼认为,这也是消费者的胜利,他们肯定愿意用钱包投票的。消费者的确用钱包投了票。次年,杰西潘尼的销售额几乎下滑了30%。

4. 促销定价策略

促销定价策略有以下三种具体实施方式。

(1)以确保全局利益而牺牲局部利益,即企业对部分产品实行大降价,吸引顾客购买,其目的是不仅使降价的几种产品销量大增,同时由于吸引顾客上门,使没有降价的产品被其发现而产生兴趣,最终促进了所有产品的销售。

(2)现金回扣,即企业不对产品采取降低价格的方式,而是向购买者提供一定的现金回扣,刺激他们增大购买量。

(3)低息贷款,即企业给购买本企业产品的顾客一定数额的低息贷款。

12.4　了解国际转移价格

情境重现

打击外资企业的转移定价行为

《越南之声》报道,过去期间,外商直接投资企业仍享受较多优惠并为国家经济作出较大贡献。不过,也有一些外资企业利用各项优惠政策进行转移定价,制造假亏损、真盈利,导致所在国财政税收流失,并给投资环境造成不良影响。为打击转移定价,越南职能机关正在完善相关法律,实现投资环境透明化,有效打击避税行为。

据越南财政部企业财政局通报,截至 2016 年底,外资企业亏损率为 61%,高于 2012—2015 年。2012—2016 年,外资企业每年申报亏损的为 44%～51%。不过,申报当期亏损和累计亏损企业,其投资规模却迅速增长。这表明,外资企业的转移定价状况日益复杂。越南麦德龙现购自运公司(METRO Cash & Carry Vietnam)被指在越南活动的 12 年中出现转移定价行为。最新的例子是注册资金 200 亿越盾的格步(Grab)公司连年申报亏损累计9380 亿越盾。

越南德勤(Deloitte)税务咨询公司副总经理裴玉俊认为,越南是地区内企业所得税率较低的国家之一,与其他国家存在税率差,更容易让企业转移利润,实现利润最大化。

讨论:查找转移定价相关资料,思考外资企业是如何通过转移定价实现利润最大化的。

一、定义

转移定价是指跨国公司内部,在母公司与子公司、子公司与子公司之间销代产品,提供商务、转让技术和资金借贷等活动所确定的企业集团内部价格。

二、国际转移定价的目的

(一)减少纳税

通过转移定价,跨国公司可以设法降低在高税率国家的纳税基数,增加在低税率国家的纳税基数,减少跨国公司的整体税负。从所得税的角度分析,各国税率相差很悬殊。在世界闻名的"避税天堂",如巴拿马、列支敦士登、巴哈马群岛等,税率很低。许多大型跨国公司在这些国家和地区设有子公司。当国外子公司之间进行贸易时,跨国公司先将货物以低价售给"避税地"子公司,由该公司以高价转售给其他子公司,而实际货物并不经过"避税地"的子公司,只是通过转移定价的形式在公司之间进行转账。

从关税的角度分析,跨国公司同样可以利用转移定价减少税负。不过,只有在征收从价税和混合税条件下,转移定价才具备这样的功能。当国外子公司出售产品给关联企业时,可以采用偏低的价格发货,从而减少公司的纳税基数和纳税额。

(二)降低风险

1. 降低汇率风险

在浮动汇率制度下,汇率频繁波动使国际市场营销企业承担极大风险,企业可以利用转移价格来降低这一风险。当一个国家货币汇率下浮时,就让设在该国的子公司尽量多付少收,资金从该国转移出来。定价方面,母公司的产品进入汇率下浮国家的子公司时,产品定价高于市场价;产品从汇率下浮国家子公司进入母公司时,产品定价低于市场价,让资金向母公司转移。

2. 降低外汇管制风险

外汇管制是指一个国家以法律、法令和条例的形式对外汇资金的收入与支出、汇入与汇出、一国货币与他国货币的兑换等实施的限制。跨国公司制定合理的转移价格,将从母公司流向子公司的产品的价格走高,将从子公司流向母公司的产品价格定低,减少驻外汇管制国子公司的利润所得,就达到了降低外汇管制的风险。

3. 降低通货膨胀风险

通货膨胀是市场经济条件下的普遍经济现象,不同国家通货膨胀的程度有所不同。跨国公司为了降低子公司在国外经营的风险,通常将预期发生较高通货膨胀的国家内的子公司的利润或资金及时转移到母公司或其他子公司。

(三) 转移利润

许多跨国公司在国外的子公司都与当地企业共同投资兴建合资企业。跨国公司可以运用转移定价将利润转移出去,损害合作伙伴的利益。

(四) 对付价格控制

大多数国家对外国公司产品或劳务的价格都有一定的限制,但是跨国公司可以利用转移定价摆脱东道国政府的这种限制。当东道国认为跨国公司的产品或劳务是以低于其成本的价格进行"倾销"时,公司可以尽量降低原材料、零部件的供应价,减少其成本,使其较低的价格成为"合理"的价格,从而逃避东道国的限制和监督。当东道国认为跨国公司的产品或劳务价格太高,利润过多时,公司对海外子公司尽可能提高原材料、零部件的供应价格,增加其成本,使其较高的价格成为"合理"的价格。

三、国际转移定价的策略

1. 少缴关税的策略

当将产品由关税较低的甲国转移到关税较高的乙国,而且乙国实行的是从价税时,那么就将转移价格定得很低,这样乙国子公司就可缴纳较少的关税,从而使国际企业的整体效益提高。

2. 少缴所得税的策略

当将产品由所得税较低的甲国转移到所得税较高的乙国时,就将转移价格定得很高,即该产品在乙国赚取的利润很低,这样乙国子公司缴纳的所得税就少,从而使国际企业的整体效益提高。

3. 减少外汇管制影响的策略

当产品从没有外汇管制的甲国转移到对外汇实行管制的乙国时,可将转移价格定得很高,还可将从乙国转移到丙国的产品转移价格定得很低,以便人为地使乙国子公司的利润减少,甚至没有利润,从而使乙国子公司的正常利润以隐蔽的形式汇出,即使国际企业的整体效益所受的不利影响较小。

4. 降低通货膨胀率影响的策略

当某子公司所在国出现较高的通货膨胀率时,为了避免资金在该国子公司中大量积聚,减少通货膨胀给资金带来的损失,在向该国子公司转移产品时,应将转移价格定得高一些,在由该子公司向其他国家子公司转移产品时,应将转移价格定得低一些,从而以隐蔽的形式将该国子公司的资金抽走,从而使国际企业整体效益损失较小。

四、国际转移定价的限制

1. 公司内部的限制

从跨国公司内部来看,尽管转移定价能实现整体利益的最优化,但有可能牺牲部分子公司的经济利益,所以常会受到高度分权管理模式下的海外子公司的抵制。

2. 东道国政府的限制

各国政府都很重视外国公司通过转移定价来逃税,因而通过税收、审计、海关等部门进行检查、监督,并在政策法规上采取一系列措施,以消除通过转移定价进行逃税的现象。

情境案例

转移定价暗度陈仓? 和路雪巨亏之谜

2002年9月初,当和路雪(中国)有限公司(以下简称"和路雪")的一纸贷款申请送到中国工商银行北京分行时,银行的工作人员倒吸了一口凉气。

真是不敢相信,这些经过国际会计师事务所审计过的财务报表表明,和路雪成立9年来从没有赚过一分钱,每年都是巨额亏损!这还是那个在市面上卖疯了的和路雪吗?提交银行的报表显示,现在账面上的净资产居然只剩下了3000万美元,也就是说,和路雪9年来已经亏损了1.5亿美元!

有人对此提出了怀疑。"这就是是典型的外资企业充分利用中国纳税优惠制度的策略",中央财经大学教授刘桓说,"改革开放以来,我国境内居然有30%的外资企业像和路雪一样从来没有缴纳过所得税"。

和路雪的巨额亏损,只是我国庞大的外商投资企业亏损中的冰山一角。根据国家税务总局官员估计,目前我国40万家外企中有60%亏损,年亏损总额达1200亿元人民币之巨。中国社会科学院世界经济政治研究所宋泓副研究员估算认为外资企业每年仅此带来的税收流失约达500亿元。

资料来源: 21世纪经济报道. http://finance.sina.com.cn/b/20021101/1153273960.html, 2002-11-01.

讨论: 通过网络查询相关资料,了解分析和路雪是如何通过转移定价实现利润最大化的。

小 结

(1) 企业的定价目标因素、成本因素、需求因素、竞争因素和政府因素等都将对国际市场价格产生影响。

（2）定价方法包括成本导向定价法、需求导向定价法和竞争导向定价法。

（3）企业应根据目标市场国际营销环境采取灵活多样的定价策略。新产品定价时可以考虑撇脂定价策略和市场渗透策略；产品组合定价时可以采取产品线定价策略、任选品定价策略、互补产品定价策略、两部分定价策略；针对不同的客户群、不同的市场供求状况、不同的供货地点和时间以及不同的支付手段可以采取顾客差别定价策略、时间和季节差别定价策略、渠道和地域差别定价策略、折扣和折让差别定价策略；此外还可以根据消费者心理特征采取相对应的定价策略。

（4）研究跨国公司转移价格对我国企业的跨国经营具有重要的现实意义。转移价格是跨国公司实施全球战略和谋求最大限度利润的重要策略。实际价格转移，可以使跨国公司减少纳税、降低风险、转移利润、对付价格控制。

思考与练习

一、填空题

1. 竞争导向定价方法主要包括随_____、_____和_____。
2. 新产品定价策略包含_____策略和_____策略。
3. 国际转移定价的限制主要来自_____、_____两方面的限制。
4. 成本导向定价法主要包含_____、_____和_____。
5. 感受价值定价法也叫作_____，是根据消费者对产品价值的认识程度而非产品成本来制定价格的一种方法。

二、单项选择题

1. 在企业定价方法中，目标定价法属于（　　）。
   A. 成本导向定价　　B. 需求导向定价　　C. 竞争导向定价　　D. 市场导向定价
2. 所谓（　　）定价，就是企业把全国（或某些地区）分为若干价格区，对于卖给不同价格区顾客的某种产品，分别制定不同的地区价格。
   A. 基点　　　　B. 邮资　　　　C. 统一交货　　　　D. 分区
3. 如果一个垄断企业面对的需求价格弹性很小，它将（　　）。
   A. 降低价格，增加收益　　　　B. 提高价格，增加收益
   C. 降低价格，降低成本　　　　D. 提高产量，降低价格
4. 在成本加成定价法中"加成"的含义是指（　　）。
   A. 一定比率的利润　　　　B. 一定比率的价格
   C. 固定比率的利润　　　　D. 固定比率的成本
5. 产品价格的决定性因素是（　　）。
   A. 生产成本　　B. 价值　　　C. 供求关系　　　D. 竞争状态

三、多项选择题

1. 影响国际市场定价的因素的主要包括（　　）。
   A. 定价目标　　　　　　　　　　B. 市场需求

C. 成本　　　　　　　　　　　　　D. 政府的价格调控政策

E. 市场竞争

2. 企业间的价格约束主要包括(　　　)。

A. 授权协议　　　　B. 卡特尔　　　　C. 同业工会

D. 国际市场价格　　E. 行业协会

3. 需求导向定价法包含(　　　)。

A. 感受价值定价法　　　　　　　　B. 倒推定价法

C. 尾数定价法　　　　　　　　　　D. 行业定价法

E. 心理定价法

4. 产品组合定价策略包含(　　　)。

A. 产品线定价策略　　　　　　　　B. 任选品定价策略

C. 互补产品定价策略　　　　　　　D. 差别定价策略

E. 两段定价策略

5. 下列定价方法中,属于成本导向定价法的有(　　　)。

A. 目标利润率定价法　　　　　　　B. 随行就市定价法

C. 成本加成定价法　　　　　　　　D. 边际成本定价法

E. 理解价值法

四、判断题

1. 单位产品价格越高,越能实现企业利润最大化。　　　　　　　　　　　　(　　)

2. 服务和游乐场所的管理者常常先核定收取一定的固定费用,此外就服务数量的增加再相应收取一笔可变费用,这说的是任选产品定价策略。　　　　　　　　　　(　　)

3. 奇数定价策略有时也称非整数定价策略。　　　　　　　　　　　　　　(　　)

4. 提价会引起消费者、经销商和企业推销人员的不满,因此提价不仅不会使企业的利润增加,反而导致利润的下降。　　　　　　　　　　　　　　　　　　　　(　　)

5. 因为价格是商品价值的表现形式,所以决定商品价格的唯一因素是价值。　(　　)

五、简答题

1. 什么是市场撇脂策略?

2. 什么是市场渗透策略?

3. 采取渗透定价策略的条件有哪些?

4. 促销定价策略有三种具体实施方式,分别是什么?

实训课堂

一、思维训练

近两年来,郑州的冷饮摊上增加了一类"一元货",即切削后分块零卖的水果。商人们把哈密瓜、菠萝、西瓜等削好,切成一块一块的,插上一根竹签,每块卖一元。"一元水果"的生意非常红火。虽然"一元水果"相比整卖的水果要贵一些,但顾客还是喜欢买。

分析:"一元水果"比整卖的水果要贵一些,为什么顾客还是爱买呢?

二、案例分析

案例1:低价不好销,高价反抢手。

美国亚利桑那州的一家珠宝店,采购到一批漂亮的绿宝石。由于数量较大,店主担心短时间销售不出去,影响资金周转,便决心只求微利,以低价销售。本以为会一抢而光,结果却事与愿违。几天过去,仅销出很少一部分。后来店老板急着要去外地谈生意,便在临走前匆匆留下一纸手令:我走后若仍销售不出,可按1/2的价格卖掉。几天后老板返回,见绿宝石销售一空,一问价格,却喜出望外。

原来店员把店老板的指令误读成"按1~2倍的价格出售",他们开始还犹豫不决,就只提价一倍,这才使绿宝石一售而空。

分析:这个案例说明了什么?该珠宝店销售成功客观上用的是一种什么价格策略?

案例2:宝洁公司的定价策略。

宝洁公司是世界上最大的日化品生产厂家,经营的产品以花色品种繁多而闻名。在中国市场,就包括美容时尚类、健康类和家居类等不同产品大类,其中每个大类中又包含不同的种类。比如在家居类的洗涤剂产品中,就推出了定价不同的汰渍和碧浪洗衣粉,汰渍属于经济型定价,而碧浪则属于高端价位,而其中每种不同的汰渍洗衣粉的定价也是有所差别。而在宝洁健康类的剃须产品中,其收购的吉列剃须刀显然是名品牌,但市场定价其实很低,主要靠销售替换用的刀片赚钱,而刀片价值不菲。

分析:

1. 宝洁公司的定价属于定价策略中的哪一类?其主要内容是什么?包含哪些情况?
2. 具体阐述其洗涤剂和剃须刀各属于该定价策略中的哪种情况。

任务13 国际营销分销渠道策略

学习目标

- **知识目标**

(1) 了解国际营销分销渠道的类型和影响渠道选择的因素;

(2) 掌握选择国际分销渠道的模式和方法;

(3) 了解中间商的类型及特点;

(4) 掌握国际营销分销渠道的管理和控制。

- **技能目标**

通过对国际市场分销渠道策略的学习,能够设计国际营销分销渠道方案。

任务驱动,做中学

哈萨克斯坦是第一个支持中国"一带一路"倡议的国家,随着"一带一路"倡议的推进,两国的政治经济交往越来越频繁,很多中国产品进入哈萨克斯坦市场,越来越多的哈萨克斯坦人喜欢购买和使用中国商品。假设你是中国某知名品牌手机的销售经理,该手机品牌在中国国内非常畅销,品质过硬,技术领先,产品线有高中低档手机。随着哈萨克斯坦新首都努尔苏丹的建设,公司派你入住努尔苏丹的手机市场,打开销售渠道。请你设计一条进入努尔苏丹的手机分销渠道。

随着互联网和科技的发展,世界进入高速发展阶段,产品从生产者到消费者手中,越来越快捷。与产品的传统国际营销渠道相比,电子网络分销渠道具有更多的优势。从目前来看,在全世界范围内,传统国际市场分销渠道和电子网络分销渠道并驾齐驱,优势互补,熠熠生辉。

13.1　国际市场分销渠道影响因素

📖 情境导入

疫情之下的天猫海外

2020 年 4 月 9 日,记者从天猫海外平台获悉,为应对疫情对中小外贸商家的影响,推出"全球分销平台"和"全球包邮服务"两项服务。

天猫海外平台介绍,在搭建销售平台方面,天猫海外上线"全球分销平台"。中小商家可以与平台进行"一键签约",无须开店即可开通多个海外销售渠道。国内商家只需发布商品,平台将根据商品匹配专业的分销商来负责运营、推广。海外订单生成后,商家将商品一件代发到国内菜鸟中转仓即可。天猫海外通过在国际市场建立分销渠道,帮助了中小外贸商家拓销海外市场,减轻疫情带来的经济损失。

同时,只要海外消费者在淘宝上购买带有"满额包邮"标识的商品并选择"官方集运",就可享受免跨境运费。对加入"全球包邮服务"的商家而言,当遇到海外消费者退货时,可以享受平台提供的"本地退"服务。

资料来源:翟继茹. 天猫海外推"包邮服务""全球分销平台"服务 降低中小商家出海成本[J/OL].
(2020-04-09). https://www.donews.com/news/detail/1/3089051.html.

13.1.1　国际市场分销渠道的概念

产品或者服务从一国生产企业向国际市场转移的过程中,所有买卖环节联结起来的通道,就是国际市场分销渠道。国际市场分销渠道有双重含义:一层含义是指,生产企业进入国际市场的渠道,也就是在本国内的流通渠道,包括直接出口渠道和间接出口渠道;另一层含义是指,生产企业进入他国,在他国国内的销售渠道,也就是在最终消费者所在国,选择确定销售渠道类型、渠道模式、销售策略和中间商。

13.1.2　国际营销分销的系统

将一国企业生产的产品或者服务转移到他国市场,最终销售给该国消费者或者最终用户的所有机构和个人,包括产品或者服务在国际转移过程中,获得商品所有权或帮助所有权转移的机构和个人,构成了整个国际营销分销系统。即由营销中间商、生产者和消费者构成的国际分销机构,组成国际市场分销系统。

根据各营销中间商所处的国境不同,可区分为国内中间商和国外中间商。

根据各营销中间商的不同功能不同,可区分为经销中间商、代理中间商和营销辅助机构。那些不参与商品交换,但为实现商品交换提供支持的各种机构,就是营销辅助机构。例如,商业银行、运输公司、保险公司、仓储公司、管理顾问公司等。国际营销分销系统结构如图 13-1 所示。

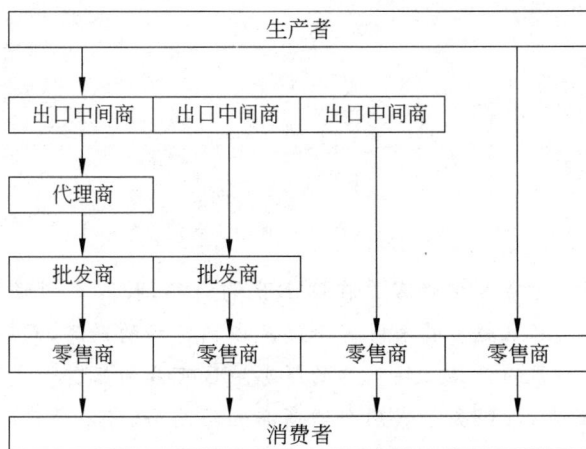

图 13-1　国际营销分销系统结构

国际市场分销渠道是企业国际销售整体策略的重要组成部分,实现产品从一国生产者手中最终进入他国消费者手中,要经过比国内产品销售渠道更加复杂和困难的国际分销渠道,必须解决如何设计国际分销渠道、如何选择中间商、何时以何种途径进入哪国市场等一系列国际市场分销渠道问题。

13.1.3　国际营销分销渠道模式的选择

1. 影响国际分销渠道选择的因素

在国际营销中,产品或者服务被直接出口或者借助中间商间接出口,直接出口的产品或服务要远远少于借助中间商间接出口的产品或服务。企业的产品以出口的方式进入国际市场时,产品需要经过国内的分销渠道和国外的分销渠道,才能最终到达目标市场国家的消费者和用户手中。因此,一次分销必须经过三个环节:①企业本国的国内分销渠道;②从本国进入进口国的分销渠道;③在进口国的分销渠道。

两方面因素影响国际分销渠道的选择,即宏观上整个国际销售渠道的选择和微观上中间商的选择。

2. 影响企业分销渠道选择的因素

(1)产品特性。包括产品价格、产品的体积和重量、产品的易毁性或易腐性、产品的技术性、定制品和标准品、新产品等。

(2)企业特性。企业特性涉及企业的规模、财务状况、产品组合、营销能力等。企业的资金能力、企业的规模与销售能力、企业的产品组合、企业提供服务的能力和企业的发货限额等,都直接影响企业的营销能力。如果企业奉行快速交货的营销政策,就需要选择尽可能短的分销渠道。

(3)市场特性。消费者购买的批量大小、消费者的集中程度、消费者需求量、消费者的购买习惯等。

(4)政策与环境因素。企业所在国和目的地国的有关政策和法规,以及经济环境,都将影响企业分销渠道的选择。

(5)竞争者的特性。

(6)经济效益。

(7)中间商特性。

情境延伸

代　　购

代购又称代理购买,通常是指为客户在网上代购商品,收取定额服务费,免费为客户订购、打包、配送。近些年,越来越多的消费者不满足国内市场的产品,而选择"代购"从国际市场选择更新颖、更与众不同的产品。按代购的服务地区可分为三种形式。

第一种是全球代购类,即服务于代购全球商品的网站,也可以通过一站式海外购物平台以支付宝结算,如淘宝全球购网站。

第二种是专注服务于部分国家的代购网,即可以实现代购部分国家商品的某一网站。

第三种是专注服务于一个国家的代购网,即只能代购该网站服务的国家的商品的网站。

13.2　国际分销渠道成员类型

情境导入

著名运动品牌的分销商——宝胜国际

宝胜国际作为阿迪达斯在中国的最大分销商,曾先后排上了各类机构的买入推荐名单。宝胜国际业务包括分销国际品牌鞋类及服装、代理品牌鞋类的设计及市场推广以及提供运动管理及体育赛事平台等。公司的核心业务包括品牌零售直营业务、品牌代理业务与运动城业务。直营业务是宝胜国际传统主营业务之一,是宝胜国际利用开设零售店铺来打通品牌产品到消费者的主要通道。目前宝胜国际直营业务覆盖整个中国大陆及港台地区,直营店覆盖阿迪达斯、匡威、李宁等多个国内外知名运动品牌。

作为多品牌经营模式的环节之一,品牌代理业务也是宝胜国际打造全价值链的基础环节之一。运动城业务是一项以提供运动产品零售的专业化场地、宣传、服务和管理而产生收益的商业模式。该业务是宝胜国际自有销售渠道之一,利用公司在商业物业洽谈管理、零售招商及零售自营方面的综合优势,近年来也取得了快速发展。宝胜国际的未来战略是扩展自有单一品牌及多品牌旗舰店、将大型运动城和网上商店组合成全渠道服务。

讨论：案例中出现的"中间商"是属于哪种类型的中间商？分享一下你所知道的中间商类型。

13.2.1 国际营销分销渠道的中间商

一、国内中间商

在进行国际贸易时，生产企业因缺乏资源或者缺乏国际营销经验，或者认为没有必要直接进入国外市场时，往往会与国内中间商合作。

国内中间商分为两类：一是出口商，即对出口商品拥有所有权的国内中间商。二是出口代理商，即接受企业委托，以委托人的名义买卖货物，对出口商品不拥有所有权，只赚取佣金。

国内中间商处在同一个国家内，彼此容易沟通，方便合作。但是远离目标市场和目标顾客，在提供目标市场信息方面存在一定问题。

（一）出口商

因为出口商可以对出口商品拥有所有权，能够以自己的名义买卖商品，所以，出口商可以自己决定商品的价格和种类，自己有资金的支配权，有库房存放大量的商品，并承担经营风险。

1. 出口行

出口行即国际贸易公司，我国称为"外贸公司"或"进出口公司"，在韩国、日本称为"综合商社"。出口行拥有一批精通外语、国际商务、法律知识的专业人才，熟悉出口业务，与国外的客户联系广泛，拥有较多的国际市场信息，享有较高的国际市场声誉。

2. 采购（订货）行

采购（订货）行主要是通过国外收到的订单向国内生产企业进行采购，或向国外买主指定的生产企业进行订货。采购（订货）行拥有货物所有权，只要收购数量达到订单数量时就可以直接运交国外买主。由于他们是通过先确定买主后进行采购订货的方式，并不需要长期、大量持有存货，也避免了大量储备货物，所以其风险较低，资金周转快，成本较低。

3. 互补营销

互补营销即是合作出口，或附带式出口，也可以称为"猪驮式出口"。互补营销是指一种将自己与其他企业的互补产品进行搭配出售的出口营销形式。一般情况下，某一生产企业利用已经建立起来的海外分销渠道，将另一合作企业的产品和自己的产品一起进行销售。对于企业本身而言，由于互补营销增加了产品的销售范围，或填补了季节性短缺等因素，从而可以为本企业增加利润。对于那些没有能力进行直接出口的小型合作企业而言，互补营销是一种简单易行、风险小的进入国际市场的形式。

（二）出口代理商

出口代理商是接受出口企业的委托代理出口业务的中间商。出口代理商只是接受国内卖主的委托，在双方的协议所规定的条件下，代理委托人开展出口业务。出口代理商以委托人的名义而不以自己的名义向国外买主出售商品，并在商品售出后向委托人收取一定的佣金。在国际市场上,出口代理商常见的类型有以下几种。

1. 综合出口经理商

综合出口经理商主要是为需要出口产品的生产企业提供如收集商业情报、帮助接洽客户、拟订销售计划等全面管理服务,并且能够以生产企业的名义向国外买主出售产品。综合出口经理商一般负责资金融通和单证的处理,有时还要承担信用风险,在实际运作上相当于生产企业的出口部。其获得报酬的形式一般是收取销售佣金,此外每年还会收取少量的服务费用。

2. 销售代理商

销售代理商是受生产企业委托,负责销售生产企业某些特定产品或全部产品的代理商。销售代理商通常替生产企业代销全部产品,但其只拥有销售代理权,而不拥有对代理商品的所有权,在规定销售价格和其他销售条件方面有较大的权力。销售代理商可以为生产企业提供较其他出口商更多的服务,与委托方的关系一般是长期稳定的。其收入来源是佣金而不是购销差价,在贷款汇回生产企业后才能从生产企业取得佣金收入,且佣金收入随代理额的浮动而浮动。

3. 制造商出口代理商

制造商出口代理商又称为制造商出口代表,是一种商品间接出口的贸易方式。他们与综合出口经理商的作用相似,是由生产企业与制造商出口代理商签订代销合同,制造商出口代理商负责寻找国外销路,生产企业自行承担风险,出口商品实现销售后付给出口代理商一定比例的佣金。制造商出口代理商通常在国外有自己的销售渠道和销售网点,并且拥有特别的推销方式。

在国际营销中,许多中小企业都是用制造商出口代理商,此外,有些企业在开拓海外新市场,推销新产品或市场潜力不大时,也常用制造商出口代理商。

4. 出口佣金商

出口佣金商是一种接受生产企业的委托代理出口业务的出口中间商。从事的业务主要是代理国外买主在国内采购其所需的商品后办理出口,或是代理国内企业向国外销售产品。出口佣金商代理国内企业开展出口业务时,通常是寄售。出口佣金商的职能与作用还可以相当于制造商代理商,先在国际市场上寻找客户取得订单,然后由国内生产企业供货。

5. 国际经纪人

国际经纪人是指从事出口国进口业务的经纪人,负责联系买卖双方达成交易。由于国际市场的复杂性、多变性以及国别文化、宗教等非经济因素的差异,从事跨国经纪业务变得更加复杂和困难。这种代理商只负责给买卖双方牵线搭桥,既不拥有商品所有权,也不实际持有商品和代办货物运输工作,在双方达成交易后收取佣金。

二、国外中间商

(一)进口经销商

进口经销商是拥有商品所有权的进口中间商,主要有以下四种类型。

1. 进口商

进口商又可称为"进口行",是指从事进口贸易的企业或商人。通常是以自己的资金从国外购入商品,然后出售给所在国的企业、批发商、零售商,或经过加工或稍作储存,再转口输往其他国家或地区销售。进口商既可以先卖后买,也可以先买后卖。其赚取的是商业利润,负责商品买进到卖出的一切风险。

2. 经销商

经销商是指在某一区域和领域只拥有销售或服务的单位或个人。这个就是经销商。经销商具有独立的经营机构,拥有商品的所有权,能够获得经营利润,经营活动过程不受或很少受供货商限制,与供货商责权对等。他们从国外购买商品,再转售给批发商、零售商等中间商,或者直接出售给最终消费者。

3. 批发商

批发商是指向生产企业购进产品,然后转售给零售商、产业用户或各种非营利组织,不直接服务于个人消费者的商业机构,位于商品流通的中间环节。进口国的批发商是专门或主要从事批发活动的中间商,是在进口国销售进口商品的重要分销渠道成员。批发商经营的商品主要由本国进口商或其他中间商供应,也有一些大批发商直接从国外采购商品,他们的商品主要批发给小批发商和零售商。一般来说,在国际市场分销中应尽量选择较大的批发商,从规模经济中获取规模效益。

4. 零售商

零售商是指将商品直接销售给最终消费者的中间商。相对于生产企业和批发商而言,零售商处于商品流通的最终阶段。零售商从进口商、进口代理商、批发商、国外出口商等处购买商品,然后卖给本国的最终消费者。按其经营方式可分为多种业态,如百货商店、超级市场、专卖店、便利店、购物中心等。不同的商品在国际分销中可能需要选择不同的业态,在地点、时间与服务方面,零售商方便消费者购买,同时又是联系生产企业、批发商与消费者的桥梁,在分销途径中具有重要作用。

(二)进口代理商

进口代理商是接受出口国卖主的委托,代办进口,收取佣金的生产制造商代理商,不承担信用、汇兑和市场的风险,不拥有进口商品的所有权。其职能主要有:一是代国内买主办理进口;二是代国外出口商销售寄售的商品;三是以代表身份代理国外出口商或制造商销售产品。

1. 融资经济商

融资经济商是新近发展迅速的一种代理中间商,除具有一般经纪商的全部职能外,还可以为销售、制造商生产的各个阶段提供融资,为买主或卖主分担风险。

2. 经营代理商

经营代理商在亚洲及非洲国家较为普遍,在某些地区也称作买办。经营代理商根据同产品制造国的供应商签订的独家代理合同,在某一国境内开展业务,有时也对业务进行投资。其报酬通常是所用成本加上母公司利润的一定百分比。

3. 制造商代理人

制造商代理人又称为销售代理人、国外常驻销售代理人、独家代理人等，是指接受出口国制造商的委托，签订代理合同，为制造商推销产品收取佣金的进口国的中间商。制造商代理人可以对一个城市、一个地区、一个国家或是相邻几个国家出口企业的产品负责，履行销售代理人的责任，为委托方提供市场信息并为出口企业开拓市场提供良好的服务。当出口企业无力向进口国派驻自己的销售机构，但希望对出口业务予以控制时，利用适当的制造商代理人是一种明智的选择。

（三）进口佣金商

进口佣金商是一种代办进口收取佣金的贸易企业，又称为进口代办行。进口佣金商可以同时接受多个委托人的委托，还可以同时接受互有竞争关系的委托人的委托。由于许多进口商与国内买主联系密切，并熟悉市场状况，进口佣金商的很多业务是由进口商兼营的。但随着经营产品增多，风险增大，从事一部分代理业务反而非常有利，有的进口商甚至从自营转向专门代办业务。

（四）国外经销商

国外经销商是指通过签订合同，在一定区域、时间内经营委托者所指定的有关商品，自负盈亏的中间商。他们一般会对出口国制造商的价格、促销、存货、服务及其他营销功能施加一定的影响和控制。出口国的制造商在选择国外经销商时，可以选择独家性分销、选择性分销或广泛性分销。国外经销商可分为两种类型。

1. 国外包销商

国外包销商在一定时间、区域里拥有委托方指定产品的独家经营权，但不能在同时、同地经营其他来源的竞争性产品，也不能把这种商品向其他地区转售，还要保证在这一时期内完成一定数量或金额的订购任务，并为委托人提供一定的情报服务和宣传服务等。但如果包销商"包而难销"或通过压价迫使委托人就范，则可能带来经营风险甚至丧失部分市场。

2. 国外定销商

国外定销商与国外包销商的区别在于：定销商不享有独家经营权利，委托人在同时、同地可自行经营或交由几家经销商经营指定的产品。而且，定销方式可弥补包销商因垄断经营带来的麻烦和"包而难销"的缺陷。但由于定销商的经营积极性较低，需要精心挑选、采用合适的定销商。

13.2.2　筛选国际分销渠道中间商

在国际市场营销中，生产企业的产品大多数经过中间商转移到消费者手中。因此，企业如何选择中间商是进入国际市场的一个重要问题。

一、筛选渠道成员的原则

由于中间商的质量和效率将影响产品在国际市场上的销路、信誉、效益和发展潜力，中间商的选择会直接关系到国际市场营销的效果甚至成败。如果企业决定使用中间商进入和开拓目标国家市场，在选择中间商时，企业需要有一个筛选的过程，充分评价每一个候选的中间商是否满足一些基本的条件。在国际分销渠道设计和管理中,需要结合产品的定位、企业目标市场、中间商不同的特点等对具体的中间商作出选择,以保证所选择的中间商具有高效率,能有效地履行所期望的分销职能,从而确保企业国际营销目标的完成。

二、筛选渠道成员应考虑的因素

企业应根据开展国际市场营销的需要、分销目标和自身条件等来制定选择中间商的标准,在筛选中间商时应考虑以下几个主要因素。

1. 信誉和合作态度

企业在国际营销中需要重视中间商的信誉和合作态度。中间商的信誉良好,才能充分利用已有的渠道和网络实现企业的销售目标,以免引起企业不必要的损失。合作态度好的分销商往往会重视本企业的产品销售,当产品销售情况不佳时会采取一定措施,避免在不知情的情况下给企业造成大的损失。

2. 经济实力和绩效

经济实力和绩效是筛选渠道成员应考虑的重要因素之一,因为中间商的经济实力将决定中间商是否能按时结算,甚至包括必要时预付货款。如果中间商的经济实力和绩效不佳,流动资金短缺,中间商就很难履约。企业可以通过审查其财务报表来判断中间商的资金实力、支付能力,还可以借助如历年的销售情况汇总等资料找到中间商绩效评价。

3. 处于经营中的业务

想要开拓国际市场的企业在筛选中间商时需要对中间商经营的业务有一定的了解,由于在同一个市场中的中间商可能也在同时经营竞争者的产品,一方面难以争取到与中间商的合作,另一方面会影响合作后的效果。

4. 市场覆盖率

市场覆盖率是一个与市场占有率相关的一个指标,是本企业产品的投放地区占应销售地区的百分比。市场覆盖率包括中间商的销售覆盖区域的大小、服务市场的质量、销售人员的特点、销售代理人的数目等各项指标。

5. 综合服务能力

企业在选择中间商时,还可以考虑其综合服务能力如何。有些产品需要中间商向顾客提供售后服务,有些在销售中要提供技术指导或财务帮助,有些产品还需要专门的运输存储设备。企业应根据产品销售所需要的服务要求来选择能够提供一致的综合服务项目与服务能力的中间商。

三、筛选渠道成员的方法

企业在筛选渠道成员时一般有以下几种方法。

1. 加权评分法

评分法就是对拟选择作为合作伙伴的每位中间商,就其从事商品分销的能力和条件进行打分。先根据不同因素对分销渠道功能建设的重要程度的差异,分别赋予一定的权数,然后计算每位中间商的总得分,从中选择得分较高者。

2. 销售量评估法

销售量分析法是通过实地考察有关分销商的顾客流量和销售情况,并分析其近年来销售额水平及变化趋势,在此基础上,对有关分销商的实际分销能力(尤其是可能达到的销售量水平)进行估计和评价,然后选择最佳"候选人"。

3. 销售成本评估法

利用中间商经销商品是有成本的,主要包括市场开拓费用,让利促销费用,因延迟货款支付而带来的收益损失,谈判和监督履约的费用等。这些费用构成了销售费用或流通费用,减少了生产商的净收益。企业可以通过控制流通费用来提高渠道的效益,进而增加净收益。因此,企业也可以把预期销售费用看作选择中间商的一种指标。常用的方法有以下3种。

（1）成本效率分析法

这是以销售业绩与销售费用的比值作为评价依据,选择最佳分销商。此方法采用的比值是某分销商能够实现的销售业绩(销售量或者销售额)除以该分销商总销售费用,称为成本效率。

（2）总销售成本比较法

在分析有关"经销商"的合作态度、营销战略、市场声誉、顾客流量、销售记录的基础上,估算各个"候选人"作为分销渠道成员,在执行分销功能过程中的销售费用。然后,选择其中费用最低的中间商。

（3）单位商品销售成本比较法

销售费用一定时,销量越多,则单位商品的销售成本越低,渠道成员的效率就越高。因此在评价有关分销商的优劣时,需要把销售量与销售成本两个因素联系起来综合评价。就是将分销商的预期总销售成本与该分销商能够实现的商品销售量(或销售额)之比值,即单位商品(单位销售额)销售成本作比较,选出比值最低者作为分销渠道成员。

情境延伸

跨境眼——专业解决跨境电商卖家海外仓需求

如今在跨境电商市场上,针对跨境电商卖家在海外仓选择上的困难,易仓科技推出跨境眼平台,助力跨境电商卖家寻找适合自己的海外仓服务。

跨境电商卖家可以通过跨境眼发布自己在海外本土市场上的业务需求,跨境眼会及时、迅速地对接到最优质的服务商资源。此外,跨境电商卖家还可以直接查看海外仓详情,方便卖家对各海外仓服务进行综合比对,从而选择最适合自己的海外仓服务。

对于入驻跨境眼的服务商来讲,跨境眼会通过平台帮助海外仓企业将优势业务展示给有海外仓需求的跨境卖家。同时,如果海外仓企业有增值服务能力,也可以解决卖家提出的海外增值服务需求。

据悉,尽管目前已有几十家海外仓服务商入驻跨境眼平台,后续也将会有更多其他类型的海外服务商入驻,为跨境卖家解决更多的海外需求。跨境眼还邀请多位跨境专家分享最新行业资讯,解读行业热点,为跨境卖家提供各种优质信息和服务支持。

四、海外仓的概念

海外仓是指建立在海外的仓储设施。在跨境贸易电子商务中,海外仓是指国内企业将商品通过大宗运输的形式运往目标市场国家,在当地建立仓库、储存商品,然后再根据当地的销售订单,第一时间作出响应,及时从当地仓库直接进行分拣、包装和配送。

简而言之,海外仓就是将国内的仓库移到国外,配合先进的 OMS/WMS 订单管理系统,实现在国外的一件代发或者批量转运的业务模式。

五、海外仓的优势和劣势

对海外消费者网购体验的优化,最直接的方式莫过于提升物流时效和服务,而这其中又以建设海外仓最行之有效。

(一)海外仓的优势

1. 加快物流时效

海外仓直接本土发货,拥有可与本土电商匹敌的空间、时间优势,若是在当地发货,消费者就可以在三天内收到货,大大地缩短了运输时间,加快了物流的时效性。消费者不仅可以更快地收到快递包裹,全程查询物流配送信息,同时由于转运流程的减少,快递破损丢包率也大大下降,购物体验得以大幅度提升,促进消费者的二次购买。

2. 降低物流成本

对于跨境电商卖家来说,海外仓采用传统的外贸物流方式,按照正常清关流程进口,大大降低了清关障碍,同时也突破了邮政大小包和国际专线物流对运输物品的重量、体积、价值等的限制,扩大了运输品类和降低物流费用。若是在当地发货,物流成本又能再次降低。

3. 提高产品曝光率

如果平台或者店铺在海外有自己的仓库,那么当地的客户在选择购物时,一般会优先选择当地发货,因为这样对买家而言可以大大缩短收货的时间,海外仓的优势,也能够让卖家拥有自己特有的优势,从而提高产品的曝光率,提升店铺的销量。

4. 提升顾客满意度

由于产品不能完全保证让消费者满意,例如出现货物破损、短装、发错货物等情况,对于退货、换货、重发等要求在海外仓内便可调整,大大节省了物流的时效性,在一定层面上不仅能够重新得到买家的青睐,也能为卖家节省运输成本,减少损失。

5. 有利于开拓市场

快捷的物流配送直接带来稳定的销量和更好的买家体验度,将有效地减少退货率,提升平台上的账号权重及表现,使其更稳定,订单量可持续增加。而海外仓更能得到国外买家的认可,如果卖家注意口碑营销,自己的商品在当地不仅能够获得买家的认可,也有利于卖家积累更多的资源去拓展市场,扩大产品销售领域与销售范围。

（二）海外仓的劣势

1. 必须支付的海外仓储费

海外仓的仓储成本费用在不同的国家，费用也会产生一定的变化。卖家在选择海外仓时必须计算好成本的费用，并且与自己目前发货方式所需要的成本进行对比来选择合适的海外仓。

2. 对库存量有要求

海外仓储要求卖家有一定的库存量，因此对于一些买家特别定制的这类产品，或者具有个性化的产品就不适合选择海外仓储销售。

3. 难以处理滞销库存

海外仓滞销库存难以处理，平均每个卖家有 10 万的滞销库存，有的甚至达到几百万之多，面对如此大量的库存，如何分类归纳、集中处理，再通过合适的渠道销售是一个大难题。

六、海外仓的形式

近年来随着电子商务的兴起，直接进出口运送货物的方式已经满足不了市场的实际需求了。为了更好地迎合消费者的需求，同时缩短货物运送的时间、降低成本，如今市场上的海外仓形式主要分为以下三类。

（一）卖家自建仓

这一类便是卖家自己建造的海外仓库。这类海外仓的优点是卖家能够自己掌控和管理，较为灵活。缺点是卖家需自己解决仓储、报关、物流运输等问题，同时自建仓的建造成本、风险等也较大，而且运送货量不大，在运输方面很难得到有优势的价格。

（二）亚马逊 FBA

这是亚马逊自身为卖家提供的一项服务。与此同时，亚马逊为卖家提供很多优惠政策，例如帮助卖家提高产品在亚马逊页面的排名，成为特色卖家等。但是收费不菲，客服不到位，灵活性差，也造成了一定程度上的困扰。

（三）第三方海外仓

跨境电商与第三方海外仓的实际合作中主要分为以下两种情况。

1. 租用

在这种情况下，会产生操作、租用、运输物流等多重费用。

2. 合作建设

合作建设只产生运输物流费用。

相较于上面的两种海外仓形式，第三方海外仓更适合广大卖家。选择这样的第三方海外仓，卖家既不需要像自建仓那般投入大的财力、精力等，同时也不用再为客服沟通不到位而苦恼了。

13.3 国际分销渠道的结构

📖 情境导入

风靡全球的"戴森"

黑科技代表——英国"戴森"吹风机,成了全世界"长得最特别、科技最逆天"的吹风机。尽管售价近 3000 元人民币,如此超高的价格却能风靡全球。在进入中国市场之前,戴森在国外已经有近 30 年发展历史。20 世纪 80 年代,戴森的产品就已进入欧洲、美国和日本市场。如今,戴森的产品遍布 65 个不同国家和地区。目前,戴森 SIS 店在全球有 3000 多家,在中国就有 710 家,占到了几乎 25%,而官方体验店的数量也占到全球总量的 1/3。

"在过去几年里,戴森在选择销售地点和沟通方式方面也做得很好。"欧睿国际分析师 Rachel He 表示:"通过适应市场环境的变化,学会倾听市场需求,以及积极与现代中国消费者交流沟通,它现在已经成为一种买得起的、购买方便的奢侈品。"

🔍 情境认知

企业进入国际市场的战略,也决定了其国际市场分销渠道模式的选择。国际市场分销渠道决策是企业管理层面临的最重要的决策,企业所选择的分销渠道将直接影响所有其他的营销决策。

13.3.1 影响传统国际分销渠道结构/选择的因素

影响国际市场分销渠道的因素简称为 6 个 C,即成本(cost)、资金(capital)、控制(control)、市场覆盖面(coverage)、特征(character)和连续性(continuity),被称为渠道决策的 6 个 C。

(1) 成本。成本是指建立国际分销渠道的成本,即开发渠道的投资成本和保持渠道的维持成本。

其中投资成本是一次性支出,维持渠道的成本是长期的、主要的、经常性支出。维持成本包括该企业推销人员的一切费用,提供给各中间商的佣金,支付给中间商的信用、广告、促销等维持费用,商品流转过程中的储运装卸费用,各种单据和文书费用,通信和洽谈业务等各种业务行为费用。

维持渠道的费用构成了国际企业主要销售成本。国际营销渠道费用过大,会严重影响企业开拓国际营销渠道的能力和效益。但是取消中间商,则需要企业承担中间商的全部职能。很多跨国企业采取创新营销渠道或者取消效率不高的中间商以缩短渠道,降低营销渠道成本。

评价国际分销渠道成本的基本原则是,能否用最少的成本达到预期销售目标,或者能否用一定的费用最大限度地扩展其他 5 个 C 的利益。

(2) 资金。资金是指建立国际分销渠道的资本要求。自建国际分销渠道,国际企业必须拥有自己的营销队伍和营销力量,同时需要投入大量的现金;如果使用中间商,则可以大大减少企业一次性的现金投资。因此,除了财力雄厚的企业有能力投入大量现金,建立自己的营销渠道之外,一般中小企业由于受企业资源的限制,更适宜通过中间商间接出口。

企业的国际业务不断扩展,或者需要建立该企业的国际分销渠道时,资金起到关键作用。除此之外,一般情况下,其他几个因素才是影响国际分销渠道选择的关键。

(3) 控制。对于分销渠道的控制力度是国际营销渠道选择时的重要考量。通常,企业通过自建渠道,可以实现对分销的较强控制,但成本较高。如果采用中间商进行分销,企业对渠道的控制力度相对较弱,为了达到有效分销的目的,企业就必须投入资本以激励和控制中间商。此外,大量中间商的采用还会导致企业对于市场变化的反应迟缓,以致因此错失良机。

分销渠道的长短和宽度也影响渠道的控制力,渠道越长,宽度越窄,企业对于售价、销售量、推销方式、顾客服务等的控制能力越弱。

分销渠道的控制与产品性质有一定关系。使用工业品的客户数量相对较少,分销渠道较短,中间商更多地依赖制造商对产品进行服务,所以,制造商对分销渠道的控制力较强。使用消费品的人数较多,市场分散,分销渠道较长、较宽,制造商对分销渠道的控制力较弱。

(4) 市场覆盖面。市场覆盖面是指企业在国外销售产品的市场区域。市场覆盖面的选择,以取得最大经济效益为前提,并不是越大越好。

许多国家的主要购买力常常集中在某几个人口密集、购买力强的中心区域或者城市,如将产品成功打入这几个区域,就可以以相对较少的分销成本获取较大的销售收益。例如,一些国际奢侈品品牌在进入中国市场时,最先锁定中国具有较高经济收入和较强的消费能力的东部沿海地区,而不是经济、文化发展水平远远落后的西部地区。同时,为了达到足够的市场覆盖面,在中间商的选择上,企业应尽可能与大批发商(或大代理商、大经销商)合作,配合各种适当的促销手段,推动企业产品销售,树立企业形象和产品形象。

📚 情境案例

迪士尼的布局

全球闻名遐迩的迪士尼,取名自其创始人华特·迪士尼,是总部设在美国伯班克的大型跨国公司,主要业务包括娱乐节目制作、主题公园、玩具、图书、电子游戏和传媒网络。其中,其主题公园业务在世界上目前仅建有 6 个迪士尼乐园:加利福尼亚州迪士尼、佛罗里达州迪士尼、东京迪士尼、巴黎迪士尼、中国香港迪士尼和上海迪士尼乐园。迪士尼乐园进入中国市场,选择的是经济和消费能力最强的香港和上海两个城市,尤其是上海迪士尼乐园的建立,能够达到辐射国内巨大市场的作用,以取得巨大经济效益。

(5) 特征。选择和开拓国际市场营销渠道,既要考虑本企业的资源特征、产品特征,还要考虑目标市场国的消费者购买特征、市场特征和环境特征等。

情境延伸

专注于便利——沃尔玛

世界最大连锁零售商沃尔玛公司,发现"中国是一个以市中心为居住和消费主体的国家","便利消费"是人们的"首要选择",而且,"中国消费者对会员店及其他的超市业态的接受程度不高"。消费者的购买特征大大影响国际分销渠道的选择,在中国市场的新店选择上,沃尔玛以在市中心开设购物广场作为中国业务发展的重点。

每个国家的市场都有其固有的或传统的渠道结构。如日本拥有世界上最复杂的多层次分销渠道,美国的分销渠道相对来说比其他国家短;德国的分销渠道多种多样;而中东国家的分销渠道简单。在进入不同国家市场时,应考虑当地的特征而选用相应的渠道。

(6)连续性。渠道的连续性是保证企业国际营销渠道顺畅的前提条件,对于企业管理者而言,是一项重要的任务和挑战。这里的连续性包含两层意思:稳定性和灵活性。稳定性是指渠道中的中间商,只要符合本企业营销目标的要求,就不宜轻易变更,因为他们已经具有了经营本企业产品的经验。灵活性是指随着竞争的需要和营销环境的变化,一个企业的国际营销渠道是可以改变的,灵活的渠道要比僵化的渠道更有效益。

跨国企业在进行国际营销渠道选择时,只有全面、均衡地考虑以上的 6 个"C",才能建立起符合企业长期营销目标和渠道方针的分销渠道。但是,需要注意的是,在国际市场营销实践中,由于各种分销渠道互有长短,各有利弊,很多企业采取复合型的分销模式,即几种分销模式混合使用。

情境延伸

联想集团的分销模式

PC 作为消费品,渠道联结的是生产与最终消费者,由于消费者数量大,分布广,需求差别大,大多数的 PC 厂商的销售渠道是采取分销方式,一般有一级渠道和二级渠道两种营销渠道,联想就是属于这一类分销型渠道,如图 13-2 所示。

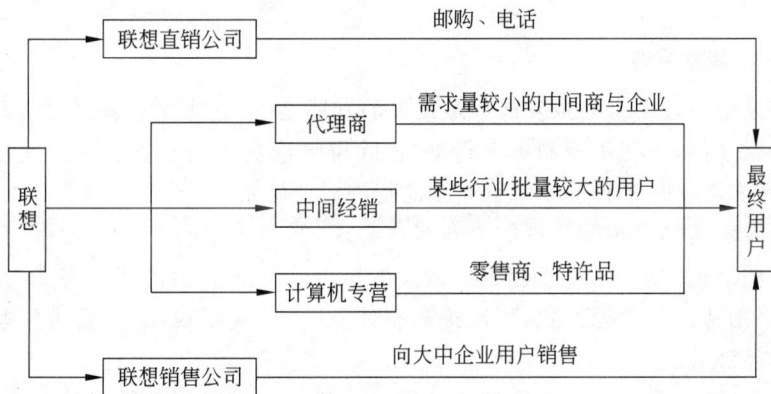

图 13-2　联想 PC 营销渠道构架

一、联想的分销渠道策略分析

联想作为市场领先者,能保持市场份额并不断增长,是与联想具有一流的分销渠道和渠道管理办法紧密相关的。联想的分销渠道策略主要有以下几种。

1. 细分市场,采用差别化的渠道战略

联想对渠道职能进行细分,对家用计算机和商用计算机采用两套渠道体系,家用计算机的分销商、经销商(代理商)专做家用计算机。商用计算机的分销商、经销商(代理商)专做商用计算机,由于其各自的目标顾客不同,可以充分发挥经销商各自的专长和能动性,通过对目标用户的透彻了解和精耕细作,可以与客户建立良好的关系,有利于开拓市场,同时也避免相互间恶性竞争。

2. 大力发展二级渠道,加强管理和控制二级渠道

二级渠道是直接面对顾客的渠道末端。联想在 1999 年提出了"大联想"渠道战略,就是建立以客户、代理、联想三位一体共同成长的开放型大架构,将原来的分销、代理、经销三级渠道压缩为分销、经销二级渠道。为加强渠道的控制力度,联想在进行二级渠道建设时采取的是选择性分销。一方面通过分销达到最大的市场覆盖面;另一方面通过选择并培养核心代理和经销商,为用户提供更多更优的解决方案。

通过发展二级渠道,使渠道结构扁平化,对分销、经销明确分工,要求分销商工作重点是发展二级渠道,淡化零售业务,并且要求经销商以直销零售为主,这有利于提高渠道运转效率,避免恶性竞争。

3. 对商用计算机渠道采取集成分销

这种模式主要是针对行业用户。在这种模式下,由分销商负责广泛的后勤工作,给联想保留了足够的空间与客户进行直接的联系,同时整体解决方案的提供则由联想和分销商共同负责。联想确立集成分销是对抗戴尔直销的一个重要手段。面对网络时代的来临,大客户将不再只是一次性购买几百台、几十台计算机,而是需要大量的网络工程即需要更多的增值服务,这就给增值代理商提供了舞台。戴尔作为生产厂商直接来完成客户网络工程是不易实现的。

4. 特许经营渠道策略

垂直营销系统是近年来渠道发展中最重大的发展之一,它将生产者、批发商和零售商组成一种统一的联合体,有利于控制渠道行动,消除渠道成员为追求各自利益而造成的冲突。联想的 1+1 专卖店就是这种基于垂直营销的特许经营体系。

联想建立专卖店的设想是:一是达到客户要求,客户要求有统一的价格,良好的服务;二是促使联想的渠道发展;三是"大联想"概念的进一步深化。由代理制转变为特许经营是市场的选择,采用特许经营的方式,可以提高整体竞争力,实现对品牌、管理经验的整合,产生"大联想"的品牌效应。

在联想专卖店里,有大量的实物产品可供消费者来感受联想计算机的品质与性能。从专卖的规划上,联想依据各城市的计算机购买力,依托代理,合理规划,让专卖深入社区。在产品上,在联想的专卖店中,用户不仅可以得到联想家用计算机的全线产品,同时也能方便地购买到软件、外设、信息家电等。在服务上,联想技术服务全面承担起专卖的售后服务工作。联想商用计算机采取精品店策略,覆盖全国三级以上城市,改变过去商用渠道靠打广告、等待客户上门的被动销售方式。

5. 以客户为导向做深做透区域市场

在区域市场方面,倡导客户导向,向服务转型转变。一方面,在各大区建立客户经理制;另一方面,转变客户攻关导向。由单纯以 PC 产品为主体的竞标,向以企业需求为导向转变。在此基础上,区域市场强调做深做透,细分区域,通过设立办事处等方式,更好地了解各地用户的需求,并提供相应的产品和服务,成为联想在区域市场谋求发展的重要思路。

二、分销的优势、劣势分析

1. 联想分销的优势

联想通过分销渠道的管理将生产商、代理商、经销商与零售店、消费者之间的价值链连接起来,实现分销增值。联想的成功很大程度是围绕分销增值系统展开的。通过近 4000 家代理商、经销商和遍及大、中城市的专卖店,扩大了市场占有率,联想的销售已经覆盖其大部分的目标市场。受利益驱动,经销商和代理商会积极地寻找用户,开拓市场,最终联想会成为最大赢家。专卖店体系进一步加强了渠道一体化建设,有效地降低了渠道运作成本,提高了产品的竞争力,降低了风险。

2. 联想分销存在的劣势

由于分销会增加存货成本,价格上升,不能与客户直接沟通,对市场信息反应不如直销及时。面对直销的强势进攻,分销厂商们已经做了最大的努力来改善渠道,以提高与直销竞争的能力。从 1999 年,渠道扁平化就成为厂商们说得最多的话题,不仅如此,很多分销厂商在看到直销的种种优势后,还进行了向直销方式的转型。

13.3.2 国际分销渠道的结构

分销渠道的结构可以用一个三维立体的渠道系统来表示,即分销渠道的长度结构、宽度结构以及广度结构。三者有机结合,构成了一个完整的国际分销渠道系统。

一、国际分销渠道的长度结构

国际市场分销渠道的长度是指产品或服务从生产者到最终消费者或用户所经历的渠道层数。包括直接分销渠道和间接分销渠道或者长分销渠道和短分销期道。

1. 直接分销渠道和间接分销渠道

按照有无中间商,可将国际市场分销渠道分为直接分销渠道和间接分销渠道。

(1) 直接分销渠道就是没有中间商的分销渠道,企业直接把产品销售给消费者。是工业品分销的主要类型,部分消费品也采取直接分销渠道。

📖 情境案例

在消费品市场,一些企业采取直接分销的销售方式,例如世界知名的直销企业安利(Amway)、天狮、雅芳(AVON)、玫琳凯(Mary Kay)等,早已进入中国市场,家喻户晓,其直接分销渠道为其获得了超额的销售业绩。

（2）间接分销渠道是指企业经他国中间商间接把产品或服务传递到消费者手中，一般有三个或三个以上的中转层次。企业产品以出口方式进入国际市场时，大多数选用的间接分销渠道为：制造商—出口中间商—进口中间商—经销商—最终消费者。

2. 国际市场的长分销渠道和短分销渠道

依据分销渠道的长度结构，即按照其包含的渠道中间商（购销环节），渠道层级数量的多少来定义的一种渠道结构。产品在国际市场流通过程中，经历的渠道层次越多，分销渠道就越长，即长分销渠道，简称长渠道；渠道层次越少，分销渠道就越短，即短分销渠道，简称短渠道。一般国际分销渠道长度有四种类型：零层渠道，一层渠道，二层渠道，三层渠道。除此之外更长的分销渠道不多见。零层渠道即直接渠道，其余三种渠道为间接渠道。长渠道和短渠道优缺点比较如表 13-1 所示。

表 13-1　长渠道和短渠道优缺点比较

渠道类型	优　点	缺　点
长渠道	企业的销售网络长，中间商多，企业的分销能力强	企业对销售网络的控制力较差，中间商多发降价、倾销产品、窜货等问题
短渠道	渠道层次少，企业控制渠道能力强，杜绝了经销商间压价、倾销、窜货等问题	企业分销能力差，投入人力、物力成本高昂

情境案例

戴尔公司的直销模式

在 IT 产业链中，一些国内外知名 IT 企业，比如联想、IBM、HP 等公司设立的大客户部或行业客户部就属于短分销渠道。戴尔（Dell）公司的直销模式，更是一种典型的短分销渠道。它的直销模式使消费者可以实现计算机的量身定制，而不是购买一个标准化的非定制性的产品，戴尔公司直销模式如图 13-3 所示。

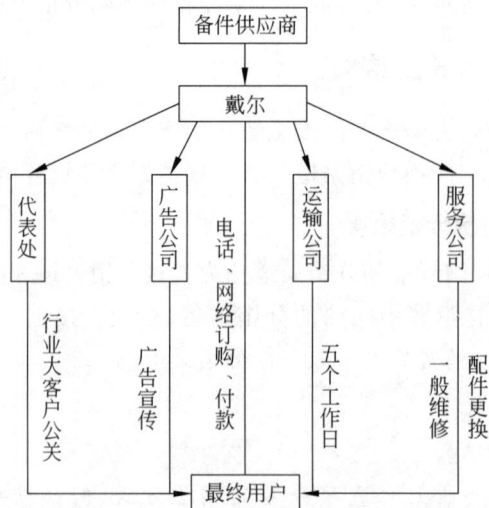

图 13-3　戴尔公司直销模式

二、戴尔的直销渠道策略分析

戴尔采用的是零级渠道——直销,即企业跨越中间商直接将产品售给消费者,这是一种长度最短、流转最快的渠道方式。戴尔的直销不仅使渠道环节各种资源重新配置优化,更是让用户直接参与到 PC 产品的生产中,使个性化的 PC 产品得以实现。戴尔的直销模式有两种:一是通过与客户洽谈实施面对面销售,主要针对大客户,如政府机构、大企业、银行业等;二是通过拨打戴尔的 800 免费电话或访问戴尔网站在线订购,这主要针对普通消费者。在我国普通消费者购买戴尔计算机的四步骤如下。

(1)看戴尔广告,记免费订购热线电话号码。

(2)拨打订购电话,和戴尔销售代表确定订购计算机型号。

(3)从银行汇款。

(4)戴尔送货上门。

戴尔承诺在顾客订购后一周内将计算机送到顾客处。由于我国消费者习惯于看完货物再下单购买,为了适应这种采购习惯,戴尔不但增加了 800 免费电话服务,而且在国内设立了很多分支机构,以增强与用户面对面的机会。

戴尔公司在几个主要的大城市设有办事处,并有实力将销售及市场拓展到其他主要城市、二线城市和城属区域。客户可通过各地的 800 免费电话直接联系到戴尔的销售代表订购产品,也可直接在戴尔的 www.dell.com.cn 网站购买。

戴尔还在商场举办现场体验促销活动,让消费者消除电话购物的疑虑。对大客户,戴尔主要用销售代表上门面对面销售方式。针对许多没有使用信用卡或不太习惯于在网上使用信用卡的消费者,戴尔已与我国的一些银行协调建立相关的付费体系,允许顾客多种方式付款,并允许部分城市消费者货到付款。

三、直销的优势、劣势分析

(一)戴尔直销的优势

1. 直销的价格优势

一是减少交易成本。制造商具有对渠道的绝对控制权,直销模式能在生产成本大致相同的情况下,使制造商省去了给代理商的佣金,打破了原先业界由制造商、经销商、零售商等销售的层层环节,节省了中间商的成本。

二是降低运营成本。由于制造商采用按单生产的模式,因此可以以零库存模式,以最快的速度,应用最新的零组件,避免在制造、分销过程中的价格下跌。不但可以摆脱降价的恶性循环,还能削减存货水平,也没有产品中间转仓、占仓的费用。

三是可以随时调整产品价格。由于库存时间短,可以减少产品降价风险对企业的影响。

2. 直销的服务优势

直销模式有很强的服务优越性:一是"量体裁衣",根据用户的需求为他定制专门的产品,能真正了解和满足客户的需求。二是能保证最佳服务。厂商自己培训服务队伍,不管是从技术水平还是服务态度,肯定高于代理的服务水平。三是能建立客户数据库,便于今后向客户发送产品信息和提供服务。直销与用户建立了一种更密切的联系,对看重服务的行业客户具有更强的吸引力。

(二)戴尔直销存在的劣势

(1)渠道功能完全由制造商负担,将增加销售人员数量,增加开支。

(2)厂商与消费者之间缺少缓冲环节,容易形成尖锐的矛盾冲突。当双方存在利益分歧时,由于缺乏灵活的处理机制容易加深消费者的不满。

(3)对成本控制的过度追求,削弱了戴尔对客户服务的保障能力。由于零配件库存缺乏、生产线高负荷运转,都使企业的售后服务大打折扣。

(4)关键服务的外包增加了服务流程的复杂性,服务质量不能保证。

情境延伸

经营国际产品的企业应依据国内外进出口政策条件、优惠措施、目标国际市场容量、中间商营销能力、产品自身特点、生产企业自身状况、目标国际市场消费者需求等国际市场环境,确定分销层次。进出口商的营销能力强、信誉高,企业就可以减少中间层次,甚至可以在目标国际市场设定特约经销商或独家代理商;某些国家的特殊政策法律规定,致使企业必须建立特定的符合该国政策法规的分销渠道。

(三)国际市场分销渠道的宽度结构

国际市场分销渠道的宽度结构,是在国际市场中,根据每一层级渠道中间商的数量的多少来定义的一种渠道结构,可分成密集性、选择性和独家三种类型的分销渠道。表13-2列举了三种分销渠道的优缺点。

(1)密集性分销渠道,也称为广泛性分销渠道,就是指产品的制造商在同一渠道层级上选用尽可能多的中间商,来经销自己的产品的渠道类型。密集性分销渠道,多数是价格低廉、购买频率高、一次性购买数量较少的产品,例如,消费品领域中的日用品、商品等,再如牙膏、牙刷、饮料等,以及工业品中的标准件和通用件,如润滑油、小五金器件等。

表 13-2　国际市场三种类型分销渠道的优缺点

类型 ＼ 特点	分销渠道宽度	优　点	缺　点
密集性分销渠道(又称广泛分销)	最宽	销售网络的市场覆盖率高,方便购买,推动销售	(1)容易导致经销商间压价倾销、窜货等不良竞争,甚至导致经销商降低对制造商的忠诚度和对消费者的服务水平 (2)制造商需要花费大量精力培训经销商,评估分销系统
选择性分销渠道	居中	(1)比独家分销面宽,有利于扩大销路,开拓市场 (2)比密集性分销节省费用,渠道易于管理,企业可以获得经销商的广大支持	难以确定经销商的区域重叠度。高区域重叠度会造成经销商间的冲突,低重叠度会增加经销商对企业的忠诚度,但会降低消费者购物的便捷性

续表

类型 / 特点	分销渠道宽度	优　　点	缺　　点
独家性分销渠道	最窄	生产厂家能有效管理和控制经销商,有利于确保经销商的利益,有利于加强品牌形象,增加利润	(1) 容易导致市场被独家经销商控制,该经销商有可能会挟市场反控企业 (2) 缺乏竞争,影响销售业绩的提升

📖 情境案例

善用密集性分销渠道——屈臣氏

起源于 1828 年的屈臣氏集团,采用的就是密集性分销渠道。屈臣氏当时是一家中国南部广东省的小药房,经过漫长岁月,集团经过不断的发展,建立了遍布全世界的密集性分型渠道。现已成为全球引导健康、美丽和时尚生活的零售业翘楚。集团于全球 33 个国际市场经营 20 个零售品牌,旗下超过 10800 家零售商店,每周为超过 2700 万名顾客服务。

资料来源:屈臣氏. https://baike. baidu. com/item/％E5％B1％88％E8％87％A3％E6％B0％8F/1024844?fr=aladdin.

(2) 选择性分销渠道(selective distribution channel)是指企业在某一渠道层级上有条件地选择少量的渠道中间商,来进行商品分销的一种渠道类型。该渠道适用于各类产品,尤其适用于消费品中的选购品和特殊品。在 IT 产业链中,许多产品都采用选择性分销渠道。

(3) 独家分销渠道(exclusive distribution channel)是指在某一地域内,企业选用唯一的一家中间商经销或代销产品的一种渠道类型。

独家分销渠道是最窄的分销渠道。在 IT 产业链中,这种渠道结构多出现在总代理或总分销一级。此外,许多新品的推出也多选择独家分销的模式,当市场广泛接受该产品之后,许多公司就从独家分销渠道模式向选择性分销渠道模式转型。

(四)国际市场分销渠道的广度结构

分销渠道的广度结构,实际上是渠道的一种多元化选择。也就是说许多公司实际上使用了多种渠道的组合,即采用了混合渠道模式来进行销售。比如,有的公司针对大的行业客户,公司内部成立大客户部直接销售;针对数量众多的中小企业用户,采用广泛的分销渠道;针对一些偏远地区的消费者,则可能采用邮购等方式来覆盖。

13.4　国际市场分销渠道管理

🔍 情境认知

为避免和减少国际分销渠道成员间的矛盾冲突,企业需要不断协调渠道关系,进行有效的渠道管理。

13.4.1　国际营销分销渠道管理的概念

国际营销分销渠道管理是指跨国企业制定渠道目标和选择渠道策略,在国际营销中对现有渠道进行管理,选择、激励、评价、控制渠道成员,以确保渠道成员间、企业与渠道成员间相互协调、通力合作,并实现企业国际分销目标的一切活动。

企业不经过目标市场国家的中间商,而直接将产品或服务销售给国外的消费者或用户的,即直接分销渠道,这时的国际市场分销渠道管理相对简单。但是,企业进入国际市场必须利用国内外的中间商实现其销售目的时,企业的管理者必须控制和管理好整个从制造商到最终消费者或用户的分销过程。

13.4.2　国际营销分销渠道管理的内容

国际营销分销渠道管理的内容也就是企业对经销商的管理内容。具体包括以下几方面。

(1) 供货管理。企业应保证给经销商的供货及时,协助经销商建立和管理好下一级销售网络,加速商品流通。

(2) 对经销商负责。在做好供货管理的基础上,企业还要协助经销商,妥善处理销售过程中产品损坏变质、顾客投诉、顾客退货等问题,减少损害经销商利益的行为。

(3) 订货管理。要加强对经销商订货处理的管理,减少因此环节导致的发货问题。

(4) 加强对经销商广告、促销等活动的支持,减少商品流通阻力,促进销售。

(5) 结算管理。规避结算风险,保障制造商利益,并避免经销商利用结算便利制造市场混乱。

(6) 其他管理活动:企业要负责对经销商进行业务和对企业的忠实度培训;企业要负责协调与经销商之间、经销商之间的关系,妥善处理价格涨落、产品竞争、产品滞销、外围市场冲突或低价倾销等突发事件等。

13.4.3　国际营销分销渠道管理的任务

国际市场分销渠道管理的首要任务是,明确国际分销渠道的目标。国际分销渠道的目标包括企业对顾客服务水平的预期、中间商功能的发挥程度、能够取得大量分销的渠道(例如超级市场)、实现分销数量规模增长的最低投资额、市场渗透率的提高等。即除了必须考虑 6 个 C 等因素外,更重要的是必须考虑目标市场的顾客对分销服务的需要。

13.4.4　国际营销分销渠道的控制

企业要加强对经销商的控制,是管理分销渠道的重要内容,主要包括专门专人管理、建立诚信档案、实施有效激励、定期评估、有效监督和及时反馈调整等工作。

一、专门专人管理

为加强对分销渠道的专业化、系统化管理,尤其是大型跨国企业一般都设立专门机构管理国际营销分销渠道,至少也需派专人负责此项工作。

二、建立诚信档案

随着国内外征信业的迅猛发展,各国企业非常重视合作经销商的信用等级,并建立经销商诚信档案,拒绝与信誉不好的经销商合作。

情境延伸

企业信用报告

企业信用报告又称企业征信报告、企业信用调查报告,是企业征信系统提供对外服务的主要征信产品之一。它向查询者提供企业全面、准确的综合信用信息,为各类信用交易提供重要的决策参考,减少不必要的信用风险和损失。

目前,企业信用报告查询对外服务方式包括在线查询和离线查询两类。信用报告内容主要分为三大类信息:基本信息、信贷信息、非银行信息。其中基本信息主要有概况信息、出资人信息、财务报表信息、关注信息、诉讼信息等;信贷信息包括未结清信贷信息、未结清不良负债等银行信用信息;非银行信息包括法院、公积金、电信、社保等信息。

企业信用评估报告在对评估对象信用信息广泛收集的基础上,由信用分析师对其信用等级进行判断并给出对应的信用等级,在一定周期内判断评估对象的综合风险水平。评估报告通常被管理机关、金融部门采纳,并制订针对评估对象的相应政策或投资方案。国内信用评估机构主要有:绿盾、新华信、华夏邓白氏、联信远东、大公、联合等,国际著名的信用评估机构包括邓白氏、穆迪、标普、惠誉等。

第 631 号国务院令——国务院《征信业管理条例》于 2013 年 1 月 21 日颁布,并于 3 月 15 日正式实施。该条例明确规定征信机构法律任务;赋予征信机构法律支持;标志着中国信用经济时代到来。

国家发改委、中国人民银行、中央编办《关于在行政管理事项中使用信用记录和信用报告的若干意见的通知》(发改财金〔2013〕920 号)。要求各级政府部门在政府采购、招标投标、行政审批、市场准入、资质审核等行政管理事项中要依法要求相关市场主体提供由第三方信用服务机构出具的信用记录或信用报告。

资料来源:中国人民银行征信管理局. 现代征信学[M]. 北京:中国金融出版社,2015.

情境案例

中脉被列入严重失信企业名单
赵雅芝、刘国梁、郭富城等明星"躺枪"

2019 年 11 月,南京中脉被列为失信人名单的消息上了热搜,要知道作为一家企业,只要被列入黑名单就意味着这家企业已经严重失信。如今中脉已经成为众多网友热议的焦点,一件价值数百元的内衣,床垫被卖到数千元和数万元。依靠虚假宣传功能和疗效来兜售商品,甚至靠拉人头赚会员费。这样的行为已经严重侵害了消费者的利益。

当初和中脉合作过的明星也受到了网友的关注。大家第一个想到的就是德云社,此前中脉曾和德云社一起合作过商业演出,德云社获得中脉的独家冠名赞助,中脉得到德云社众会场宣传和布置权,甚至弟子们还亲自为中脉产品做宣传。刘国梁、赵雅芝、郭富城都曾是中脉的宣传大使。

资料来源：中脉被列入严重失信企业名单，赵雅芝，刘国梁，郭富城等明星"躺枪"[EB/OL].(2019-11-11). https://www.360kuai.com/pc/97854863220133aaf? cota=3&kuai_so=1&sign=360_57c3bbd1&refer_scene=so_1.

三、实施有效激励

企业要对经销商给予有效的物质或精神激励，友好合作，互利互惠。

主要的激励方法有以下几种。

（1）根据经销商的区域特点和不同的需求等，为其提供适销对路的产品，并不断进行产品改良。

（2）给予经销商多种形式的信贷支持，帮助其开拓市场、化解金融危机。

（3）提供经销商促销支持，在开展广告宣传方面，提供一定比例的广告费用和推广补助等。

（4）为经销商提供特殊权利支持，如经销商在某一地区或产品方面的专营权。

（5）尽可能给予经销商丰厚的利润回报，对于新的经销商要给予政策、资金倾斜，提高其积极性和对企业的忠实度。

（6）通过各种业绩评比、推销竞赛等，给予经销商折扣、提成、奖金等物质和精神激励。

（7）帮助经销商做市场调查，提供经营咨询、商业信息和技术援助，培训营销人员等。

（8）允许经销商之间、经销商与企业之间相互购买需要的商品。

四、定期评估

企业需要定期进行评估。一是从经济效益角度，需要评估企业自身的分销渠道模式和结构；二是要对经销商进行评估，包括：经销商的履约率、资信状况、销售能力、合作态度及经营效率等。

五、有效监督和及时反馈调整

企业必须有效监督瞬息万变的国内外市场环境，对分销渠道的评估、市场环境和内部变化等要及时传达，适时调整，涉及从增减渠道或中间商，到调整整个国际营销渠道系统。

情境延伸

不同产品的国际市场渠道推广方法见表 13-3。

表 13-3　不同产品的国际市场渠道推广方法

新产品上市	销售旺季	销售淡季	多产品
先要营造声势，抢占先机	要趁热打铁，借机造势	是蚕食竞品客户的机会，挤占市场份额	组合式推广。这是一种交叉营销方法，将不同产品组合起来，以畅销产品带动滞销产品或者畅销产品互相带动，目的是向同一消费群体销售尽可能多的产品
配合投放媒体广告或者宣传活动，策应渠道的推广活动，使产品能顺畅地流通到终端	强化市场基础，自然带动销售	发动淡季攻势	

新产品上市	销售旺季	销售淡季	多产品
避其锋芒,循序渐进		巩固市场基础	分品类经营。充分重视企业的每个产品,将不同产品分给不同的经销商经营,集中经销商对产品的推广资源,同时对经销商也造成压力,促使其提高业绩

13.4.5　对国际营销分销渠道冲突的控制

规避和控制渠道冲突,是国际营销分销渠道管理的重要工作。

渠道冲突是指国际营销中,渠道成员间为争夺利润而出现的不正当行为,包括企业与企业之间、企业与中间商、中间商与中间商之间甚至企业与其直销办事处的冲突。其基本类型主要有三种:①不同品牌的同一渠道冲突;②同一品牌内部的渠道冲突;③渠道上游与下游冲突。基本类型也可以划分为水平冲突和垂直冲突(见表13-4)。

表 13-4　水平冲突和垂直冲突

冲突类型	定　义	表　现	控制方案	冲突解决难度
水平冲突	发生在同一分销渠道内成员间的冲突	中间商间因越区销售的不正当竞争、零售商间为抢夺顾客的矛盾等。突出表现为:窜货	企业限制中间商销售区域或其他内部控制措施	难度较小
垂直冲突	发生在不同分销渠道成员间的冲突	企业与批发商之间、批发商与零售商之间的冲突	明确渠道各层次成员的权利义务,搭建沟通、配合、支持的合作平台	难度较大,很难避免冲突

情境延伸

窜　货　冲　突

窜货英文为 bugsell,是 bug 和 sell 的合成词,含臭虫乱窜、破坏销售环境之意。窜货也称为冲货,是指在国际分销渠道系统中,为了实现各自的营利目的,经销商跨过自身覆盖的销售区域而进行的有意识的销售。窜货将导致市场倾轧、价格混乱、影响企业声誉等恶性营销现象。

资料来源:窜货. https://baike.baidu.com/item/%E7%AA%9C%E8%B4%A7/9775473?fr=aladdin.

一、窜货的类型

(一)从性质上分

(1)恶性窜货:经销商主观上蓄意向非辖区倾销货物,以获取非正常利润。

(2)自然性窜货:非经销商恶意所为,多发生在辖区临界处或物流过程中。

(3)良性窜货:因经销商销售业绩好、商品流通性强,商品在正常买卖过程中流向了非经销商的销售辖区。

（二）从市场角度上分

（1）同一市场内部的窜货：不同经销商间互相倒货。

（2）不同市场之间的窜货：两个同一级别的总经销商之间相互倒货。

（3）交叉市场之间的窜货：因经销区域重叠导致的窜货。

二、窜货的危害性

（1）影响渠道控制力和企业形象。

（2）影响销售业绩。

（3）损害品牌形象，使先期投入无法得到合理回报。

（4）使竞争品牌乘虚而入，抢夺销售市场。

（5）影响决策分析：发往甲地的货物被悄悄销往乙地，其"业绩"体现在了甲地，在公司未确定窜货时，总部会得到这样的虚假数据，因而造成公司决策分析的失误。

三、解决窜货的机制

窜货的发生需要三个条件：即窜货主体、环境、诱因。所以，要想从根源上解决窜货问题，就必须从以下三点入手。

1. 选择好经销商（窜货主体）

（1）对于新经销商，企业一定做到款到发货。

（2）企业除了从经销商的规模、销售体系、发展历史考察外，还要详细考察经销商的资信和职业操守，尤其是该经销商的征信报告，防止有窜货记录的经销商混入销售渠道。

（3）企业必须独立承担渠道拓展人员的基本工资与补贴，不允许经销商给市场拓展人员发工资。

2. 创造良好的销售环境

一方面要制订科学的销售计划，另一方面要合理划分销售区域。

3. 制定完善的销售政策

完善的营销政策可以从根本上杜绝窜货现象，包括完善的价格政策、完善的促销政策和完善的专营权政策、完善的返利政策。

四、预防窜货的策略

1. 制定合理的奖惩措施

（1）交纳保证金。如果经销商窜货，按照协议，企业可以扣留其保证金作为惩罚。

（2）对窜货行为的惩罚进行量化。企业可选择下列模式：警告、扣除保证金、取消相应业务优惠政策、罚款、货源减量、停止供货、取消当年返利和取消经销权。同时奖励举报窜货的经销商，调动大家防窜货积极性。

2. 建立监督管理体系

（1）成立专门机构，由专人监督窜货行为。

（2）企业的财务部门、售后服务部门等多部门配合，防止窜货的发生。

（3）利用社会资源进行防窜货。主要方式包括：①利用政府"地方保护行为"。②组成经销商俱乐部，不定期举办沙龙，借此增进经销商之间的感情。③采取抽奖、举报奖励等措施。④把防伪防窜货结合起来，利用消费者和专业防窜货公司协助企业防窜货。

3. 减少渠道拓展人员参与窜货

（1）建立良好的企业培训制度和企业文化氛围。企业应尊重人才、理解人才、关心人才，讲究人性化的方式方法，制定人才成长的各项政策，制定合理的绩效评估和酬赏制度，真正做到奖勤罚懒，奖优罚劣。

（2）建立内部监督渠道，同时不断培训和加强对市场监督人员的管理。

4. 培养和提高经销商忠诚度

企业与渠道成员之间的这种良好关系的建立，在一定程度上可以控制窜货的发生，经销商为维系这种已建立好的关系，轻易是不会通过窜货来破坏这份感情的。有条件的或无条件的允许经销商退货，尽量防止经销商产品出现积压而窜货。

5. 利用技术手段配合管理

利用技术手段弥补营销策略缺陷，建立销售服务防窜货平台，对窜货现象进行适时的监控。（详见"知识扩展：产品防窜货管理系统"）

📖 知识扩展

产品防窜货管理系统

近年来，跨国企业在国际营销分销中，借助防窜货管理系统助力科学防范、处理窜货问题。该系统包括库房管理、权限管理（企业规定不同负责人在系统中的权限不同）、代理商管理（企业可以实现一级/二级/三级等代理商的无限极管理）、产品管理（企业对产品进行统筹管理）、订单管理（经销商通过系统可以直接在网上下单）、物流管理（企业对产品从出库到入库整个周期的管理）、数据统计管理（企业将产品销售信息、查询信息等形成报表形式）、用户管理（系统内可以实现添加、删除和修改管理用户分配不同权限）、批量管理导入（系统支持无线扫描枪手持终端以及采集器等设备）等。防窜货专用管理标识如图13-4所示。防窜货管理系统的各个环节都以防窜货码表示，见图13-5。

图 13-4　防窜货专用管理标识

产品防窜货管理系统可以实现企业产品在不同国家、不同区域间窜货自动提醒、经销商分销商动态监控和窜货产品地区数量报表自动统计等功能。

图 13-5　防窜货管理系统

情境案例

独特的新加坡模式

新加坡地处热带,常年高温多雨的气候条件催生了遍布新加坡全境的林林总总的购物中心。购物中心环境优美,空调开放,产品琳琅满目,种类齐全。购物中心由便利的公共交通系统串联,形成了遍布全境的便捷的购物网络。世界各国的产品直接从企业或经各级经销商进入了新加坡大大小小的购物中心,各国企业必须严格遵守新加坡的零售业规定,否则将受到严厉的惩罚,甚至勒令退出新加坡市场。在新加坡,任何产品在任何一家购物中心销售时,其定价、广告宣传、促销活动、售后服务等都是统一的,这样就能够极大地避免了窜货现象的出现,也造就了"亚洲四小龙"之一的新加坡发达、健康的零售市场和可观的销售业绩,在国际营销分销系统中形成了独特的新加坡模式。

13.5　国际市场物质分销的目标及策略

13.5.1　国际市场物质分销的重要性

物质分销又称实体分销、物质流通、物流等,是指完成产品实物从生产者手中运送到消费者手中的空间移动过程。物质分销通过选择一种可靠的运输方式在方便的时间和地点,以适当的价格向购买者提供所需要的产品。由于国际市场物质分销较复杂,因此在国际市场营销中,企业必须适应和协调众多因素。

其重要性体现在以下几方面。

1. 保证销售

交易的达成主要是产品所有权的转移,只有在产品的实体转移后才能最终完成整个销售。换言之,交易的达成是物质分销的前提,物质分销则是销售的保证。

2. 影响营销效用

物质分销作为营销过程中的一个重要环节,它的运行状态会直接影响和制约其他营销工具的效用,甚至会对企业本身造成不良的影响。如果不能将产品及时、安全准确地交付给顾客,将影响企业产品的销售并影响整个营销系统的效率。对企业而言,不仅可能失去销售机会,而且还会影响企业的形象和声誉。

3. 营销顾客满意度

物质分销的效率和质量关系着消费者的满意度,对企业的销售成果有重要的意义。物质分销是在产品的可获得性、产品的安全性、分销过程的经济性三个方面营销顾客的满意度。

4. 影响企业竞争力

分销渠道的成本与效率和物质分销有着直接关系,物质分销的畅通运行不仅能提高销售的效率,建立在消费者心中的特别优势,物质分销的有序运行还能降低分销渠道的成本。因此,物质分销可以认为是直接影响企业竞争力的重要因素。

13.5.2 国际市场物质分销的目标

随着社会分工越来越细,物质分销已经成为任何一个营销渠道中连接生产企业、渠道中介商、连接渠道中介商与消费者不可缺少的一个重要环节。物质分销的最终目标是以最低的成本,将产品在适当的时间,运到适当的地点。若进行目标细分,国际市场物质分销的目标主要可分为以下几个。

1. 灵活性目标

灵活性目标是指企业以保证和提高物质分销系统的灵活性和应变能力作为国际市场物质分销的目标。面对庞大的国际市场,尤其是环境变化快的市场中,确保物质分销系统的灵活性往往是企业在国际市场物质分销决策和管理中的首要目标。

2. 经济性目标

经济性目标是指企业以降低储存、装卸、运输的成本费用作为国际市场物质分销的目标,经济性目标的一种具体体现就是追求物质分销中的规模经济效益。

3. 安全性目标

安全性目标是指企业以确保按照正确的数量与质量,准确、及时、完整地将产品运送到指定的地点作为国际市场物质分销的目标。一般情况下,如果物质分销的安全性越高,那就代表着其服务水平越高,而顾客的满意度也会随之提高。

4. 方便性目标

方便性目标是指企业在建立国际市场物质分销系统时,有时会选择以尽可能方便顾客购买作为国际市场物质分销的目标。

13.5.3 国际市场物质分销策略

企业在开展国际市场物质分销活动时,必须以市场为出发点,充分考虑目标市场用户的位置、中间商和消费者对产品流通的便利性需求以及竞争者的服务水平等方面,并在此基础上制定出有效的国际物质分销策略,具体策略包括以下内容。

1. 仓库策略

依据企业是否拥有仓库的所有权,仓库可分为自有仓库和公共仓库,根据仓库的业务性质又可分为储存仓库和分配仓库。

自有仓库又称自营仓库,是指由企业自己拥有并管理的仓库。自有仓库初期投资较大,但在以后的日常运行中成本很低。企业对自有仓库具有较强的控制能力,一旦顾客的需求或市场状况发生变化,就能够对仓库进行直接的控制和管理,较容易地将仓库管理集成到企业的整个物质分销系统中。

公共仓库则由专业的仓储经营机构所拥有。使用公共仓库的最大优点就是可以节省资金的投入,减轻企业财务方面的压力。除了可以免去仓库建设和运行的资金投入,对季节性比较敏感的企业而言,公共仓库能够缓解市场需求高峰期的存储压力,在需求淡季,企业可以节省资金,从而带来明显的成本优势。

在国际市场营销中,企业还要对仓库位置作出选择,需要注意以下几点。

(1) 用户的地理分布和要求的运输量

由于运费等于运输量、运输里程和单位运价三者的乘积,所以仓库位置应选在运输吨公里最大的用户的位置。

(2) 用户要求的服务水平

在运输方式既定的情况下,仓库位置应尽可能选在能够满足主要客户订货要求的位置。

(3) 仓库位置与仓库数量的配合关系

仓库数量多,较容易满足客户的需求,总运输费用也相对较低,但仓储费用会增大。仓库数量少,仓储费用会低一些,但运费会增加,运输时间会延长,因此可能会降低顾客服务水平。

2. 存货策略

企业在制定国际市场物质分销策略时,需要在服务水平与服务成本间寻求一个平衡点。为了提高物质分销的服务水平,企业则需要增加存货。在物质分销的成本不断增加的情况下,企业必须确定科学的订货量和订货点。

(1) 确定订货量

由于库存量过大会因增加仓库面积和库存保管费用而提高了产品成本,占用大量的流动资金,造成资金呆滞,造成企业资源的闲置,影响其合理配置和优化。库存量过小会因订货次数增加而提高了订货成本,或造成服务水平的下降,影响销售利润和企业信誉。因此企业需要对进货费用和储存费用进行权衡考虑,达到经济合理的储存量。进货费用包括订购费用、运输管理费用、行政管理费用和货品检验费用等,这些费用与进货频率(次数)有关。储存费用包括财务费用、保管保养费、搬运费等,它们与进货数量有关。

(2) 订货点

当存货随着销售下降到一定数量时,就要求购进下一批商品,这一数量水平称为订货点。其计算公式为:

$$订货点存储量=(备运天数+误期天数)×平均销售量$$

其中备运天数包括提出订单、办理采购手续、在途运输和验收入库等时间,误期天数乘以平均销售量实际上是企业根据历史资料和管理水平而确定的保险储备量。

3. 运输策略

运输策略是指根据影响配送运输成本的经济因素和配送运输合理化的目标,制定相应的配送运输策略。国际市场物质分销对商品运输的基本要求是使商品按照合理的流向,以最短的运输里程、最少的转运环节和最低的运输费用、安全完好地从产地运送到销地。为此,要做好以下工作。

(1) 合理选择商品运输方式

物质分销的运输方式主要有航空运输、铁路运输、公路运输、管道运输和水路运输。

① 航空运输的最大特点是速度快,适宜运距长、时间性强的商品的运输。缺点是运费高,且受航线和机场影响,服务面较窄。

② 铁路运输的特点是运量大,运输速度快,费用较低廉,安全可靠,比较准时,适用于长距离运输。缺点是不够灵活机动,调度比较缓慢。

③ 公路运输灵活机动,服务面广,随着高速公路的发展,速度也较快,但费用较高,它一般适合中小数量商品的短距离运输。

④ 管道运输具有运送速度快、运量大、损耗小等优点,适用于液气体商品的运输,但管道运输货物单一,机动性小。

⑤ 水路运输可分为远洋运输、沿海运输、内河运输三种形式。它的优点是运量大,运价低,适用于数量庞大、价值低的商品的运输;缺点是速度慢、安全性和准时性较差。

在具体组织商品运输时,企业应根据商品的特征、数量、价值、市场需要的缓急情况等,结合各种运输方式的特点进行正确的选择,主要标准应是运费低和运送快。

(2) 组织直达运输和"四就直拨"运输

直达运输是指产品自生产企业直接运往销售地和主要用户手中,中间不经过任何转运环节和中转仓库。"四就直拨"是指就站就港直拨和就厂就仓直拨。就站就港直拨是指产品由生产企业运送到目的地车站或港口后,直接送交需用单位,无须经中转仓库分装整理。这样可以减少商品的装卸次数,加速商品运送。就厂就仓直拨是指按销售合同,就厂或就仓将商品验收分装后,直接发送给需用单位,或由需用单位自提。这样也减少了中间环节,可以缩短运送时间。

(3) 加强商品运输的计划性

对于简单的运输系统,通过比较运输路线的长短、运输单元的填充率、运输时间和运输费用,可以很快得到最优运输计划。对于复杂的运输系统,实施运输优化有一定的难度。做好物质分销计划工作的目的不仅是降低运费、加快商品运送速度、提高运输效率,还有实现产、运、销整合。销售计划或销售合同是整个计划工作的起点,运输计划是完成销售计划的保证,而生产计划的完成又是保证按计划发货的前提。加强运输的计划工作需要处理好运输计划与生产计划和销售计划或销售合同之间的衔接。

情境延伸

电子网络国际分销渠道策略

20 世纪 50 年代,安利公司创始人杰·温安洛和理查·狄维士通过上门推销开始了伟大的销售,逐渐发展成为世界上做大的直销企业,是直销渠道的鼻祖。直到 20 世纪 90 年代,安利业务不断扩展,安利在世界各地的分公司推出电子商务网站,将安利事业机会延伸到网络上,开创了"安利云购"。安利海外购、掌上安利、安利易联网等电子网络分销渠道,使安利通过不同途径大步走向世界。

一、电子网络国际分销渠道的概念

电子网络国际分销渠道就是借助互联网,将产品或者服务从一国生产者手中转移到他国或多国消费者手中所需的中间环节。随着电子商务技术的突飞猛进,传统国际营销渠道受到了极大的影响。

二、电子网络国际分销渠道的类型

在互联网条件下,电子网络分销渠道可以分为以下两大类。

1. 网络直接销售

网络直接销售是指生产者通过互联网直接把产品销售给顾客的营销渠道,与传统直销渠道一样,都没有营销中间商。与传统直销渠道不同的是,企业可以通过建立企业电子商务网站,让顾客直接从网站订货,再通过与一些电子商务服务机构如网上银行、认证中心合作,直接在网上实现支付结算,最后通过物流配送系统将商品转移到买方手中并提供售后服务,完成商品的交易。

2. 网络间接销售

网络间接销售是指通过网络商品交易中间商销售商品。在这种交易过程中,网络商品交易中心利用先进的通信技术和计算机软件技术,把商品供应方、购买方和银行紧密联系起来,为客户提供市场信息、商品交易、货款结算和物流配送等全方位的服务。

三、电子网络国际分销渠道的功能

以互联网络作为支撑的电子网络分销渠道,同样也应具备传统营销渠道的功能。不仅要为消费者提供产品信息从而进行选择,还能在消费者选定产品后能完成交易手续。因此,一个完善的电子网络分销渠道需要有三大核心功能。

1. 订货功能

订货功能依赖于电子网络分销渠道的订货系统。它为消费者提供产品信息,同时方便厂家获取消费者的需求信息,以求达到供求平衡。一个完善的订货系统,可以最大限度地降低库存,减少销售成本。

2. 结算功能

消费者在购买产品后,可以有多种方式方便地进行付款。电子网络分销渠道提供了多种结算方式,目的是方便消费者购买产品。电子网络支付手段还在不断进步,快钱就是这一进步的典型代表。

3. 配送功能

一般来说,产品分为有形产品和无形产品。像服务、软件、音乐等无形产品可以直接通过网上进行配送,如下载软件、下载 MP3 等。配送系统一般讨论的是有形产品的配送问题,对于有形产品的配送,主要涉及运输、仓储、订货控制和订单处理等问题。因此,专业配送公司的存在是电子网络分销渠道发展较为迅速的关键所在,良好的专业配送服务体系能够支撑电子网络分销渠道的运行。

四、与传统比较

与传统营销渠道相比,电子网络分销渠道具有更多的优势,从渠道的作用、结构和费用等方面看,这种优势特别明显。

(一)电子网络分销渠道的功能优势

在传统营销渠道中除了生产者和消费者,通常还有许多独立的中间商或代理商存在。传统营销渠道只是商品生产者向消费者转移产品的一个通道,消费者往往从广告等媒体中获取商品信息,从商家那里购买自己所需的商品,然而从渠道中得到的其他东西非常少。但是在电子网络分销渠道中,产品的生产者可以更多地直接面对最终用户。

1. 双向信息传播模式

电子网络分销渠道提供了双向的信息传播模式,使生产者和消费者的沟通更加方便畅通。生产者可以利用电子网络分销渠道向用户发布企业的概况、产品详细信息以及优惠促销活动等方面的信息,帮助消费者作出购买决策。同时还能及时统计产品和客户资料,使其在短时间内根据消费者的个性化需求进行生产、进货,有效地控制库存。对消费者来说,电子网络分销渠道使最终用户直接向生产者订货成为可能,加强了生产者和消费者之间的沟通交流。

2. 突破时空限制

由于互联网具有全球性、全天候性的特点,电子网络分销渠道一方面拓展了分销渠道的范围,打破了地域的限制。基于互联网的渠道网络,使企业的全球市场的整合成为现实,使产品的分销渠道能够扩展到更为广阔的世界市场,而非局限于局部区域市场。另一方面,电子网络分销渠道不受时间的限制,可以全天候 24 小时地实现在线服务,与传统渠道相比,大大延长了运营时间。

3. 提供多功能平台

电子网络分销渠道既是企业间洽谈业务、开展商务活动的场所,也是对客户进行技术培训和售后服务的理想园地。基于网络的在线服务是企业向客户提供咨询、技术培训和进行消费辅导的平台,对树立企业形象起到很大的作用。

4. 方便销售产品、提供服务

电子网络分销渠道是企业销售产品、提供服务的快捷途径。消费者可以在网上直接挑选和购买自己需要的商品,再通过互联网直接进行结算,这比传统渠道更加快捷方便。电子网络分销渠道的在线支付功能也加快了资金流通的速度,使渠道的效率有了明显的提高。

(二)电子网络分销渠道的功能劣势

电子网络分销渠道也有它自身的局限性。商品流通的过程包含信息流、商流、资金流和物流四个方面的传递,在网络比较发达的情况下,信息流、商流和资金流可以通过电子网络分销渠道来完成;但物流必须借助传统渠道通过储存和运输来完成。在一些发展中国家,由于现代物流业的发展滞后,企业不可能自己建立完善的物流配送系统,社会物流配送系统又不完善,因此,许多人不敢也不愿意从网上购物,反而传统渠道更让人觉得放心。

(三)电子网络分销渠道的结构优势

1. 传统营销渠道

传统营销渠道按照有无中间环节可分为直接分销渠道和间接分销渠道。直接分销渠道是生产者把其产品直接销售给最终用户的分销渠道;间接分销渠道则包括一个以上中间商的营销渠道。根据中间商数量的多少,又可以把营销渠道分为若干个级别。直接分销渠道没有中间商,可称为零级渠道;间接分销渠道则根据其包含的中间环节的个数,分为一级、二级、三级甚至级数更多的渠道。一般零级和一级渠道称为短渠道,二级以上称为长渠道。

在传统营销中,直接渠道更多地适用于生产资料市场,如大批量的原材料和零部件都通过直接渠道抵达用户。间接分销渠道在消费资料市场中占主导地位,这主要是有消费者购买商品的特点决定的。

2. 电子网络分销渠道

电子网络分销渠道根据是否利用中间商也可以分为直接分销渠道和间接分销渠道。但与传统的营销渠道相比较,电子网络分销渠道的结构要简单得多。对于直接分销网络渠道,无论是电子网络分销渠道还是传统营销都没有中间商存在,同属零级渠道,在这一点上两者没有多大的区别。而对于间接分销渠道而言,电子网络分销渠道与传统营销渠道有很大的不同。传统间接分销渠道可能有多个中间环节,而电子网络分销渠道中只有一个一级渠道存在,即只有一个信息中介商来沟通买卖双方的信息。也就是说,网络间接分销渠道只有一级分销渠道,不存在多级渠道。电子网络分销渠道不存在长渠道,只有短渠道。而且随着电子商务的发展,网络间接渠道将会减少,直接渠道的比重会逐渐增大。

小　结

随着时代和科技的发展,国际市场分销渠道也在不断地扩展和更新。国际市场分销是国际市场营销策略的重要组成部分,对于国际市场分销渠道策略的学习不可缺少。

(1)国际市场分销渠道是指产品或者服务从一国生产企业向国际市场转移的过程中,所有买卖环节联结起来的通道。既可以是指生产企业进入国际市场的渠道,也可以指生产企业进入他国,在他国国内的销售渠道。

(2)国际营销分销渠道模式的选择受到两方面因素的影响,分别是影响国际分销渠道选择的因素和影响企业分销渠道选择的因素。

(3)了解国际分销渠道的成员类型,学会筛选国际分销渠道成员。筛选国际分销渠道成员时,应从信誉和合作态度、经济实力和绩效、处于经营中的业务、市场覆盖率、综合服务能力等方面考虑,合理运用筛选渠道成员的方法。

(4)影响国际市场分销渠道的因素包括 6 个,即成本、资金、控制、覆盖、特征和连续性,并从分销渠道的长度结构、宽度结构和广度结构三个维度学习国际分销渠道的结构。

(5)国际营销分销渠道管理的内容包括供货管理、对经销商负责、订货管理、加强对经销商活动的支持、结算管理等,明确国际市场分销渠道管理的首要任务,并加强对国际营销分销渠道的控制,例如规避和控制渠道冲突。

(6)了解国际市场物质分销的重要性,在确立国际市场物质分销的目标后,可以根据产品属性、目标任务、市场需求等来制定国际市场物质分销策略,主要包括三个策略:仓库策略、存货策略、运输策略。

思考与练习

一、填空题

1.产品或者服务从一国生产企业向国际市场转移的过程中,所有_____,就是国际市场分销渠道。

2.海外仓就是将_____,配合先进的订单管理系统,实现在国外的一件代发或者_____的业务模式。

3.影响国际市场分销渠道的因素简称为 6 个 C,即_____、资金、控制、_____、特征和连续性,被称为渠道决策的 6 个 C。

4.国际市场分销渠道的宽度结构,是在国际市场中,根据_____的多少来定义的一种渠道结构。

5.物质分销又称实体分销、物质流通、物流等,是指完成品实物从生产者手中运送到消费者手中的_____。

二、单项选择题

1.一次分销必须经过三个环节,不包括(　　)。

A. 企业本国的国内分销渠道　　　　B. 从本国进入进口国的分销渠道

C. 在进口国的分销渠道　　　　　　D. 从异国到异国的分销渠道

2.筛选中间商时应考虑(　　)个主要因素。

A. 四　　　　　　B. 三　　　　　　C. 五　　　　　　D. 六

3.国际市场分销渠道管理的首要任务是(　　)。

A. 明确国际分销渠道的目标　　　　B. 加强对经销商的控制

C. 市场渗透率的提高　　　　　　　D. 规避和控制渠道冲突

三、多项选择题

1.国际市场分销渠道的长度包括(　　)。

A. 长分销渠道和短分销期道　　　　B. 集成分销渠道

C. 直接分销渠道和间接分销渠道　　D. 特许经营渠道

2.国际市场物质分销的目标可分为(　　)。

A. 经济性目标　　　B. 灵活性目标　　　C. 方便性目标　　　D. 安全性目标

四、判断题

1.企业可以通过审查其财务报表来判断中间商的资金实力、支付能力,还可以借助如历年的销售情况汇总等资料找到中间商绩效评价。　　　　　　　　　　　　　　(　　)

2. 在进行国际贸易时,生产企业因缺乏资源或者缺乏国际营销经验,或者认为没有必要直接进入国外市场时,往往会与国外中间商合作。　　　　　　　　　　　　　　（　　）

3. 评价国际分销渠道成本的基本原则是,能否用最少的成本达到预期销售目标,或者能否用一定的费用最大限度地扩展其他 5 个 C 的利益。　　　　　　　　　　　（　　）

4. 传统分销渠道提供了双向的信息传播模式,使生产者和消费者的沟通更加方便畅通。

（　　）

实训课堂

一、思维训练

2018 年 11 月 6 日上午,光明食品集团在国家会展中心 8.2H 馆隆重拉开"全球食品集成分销平台"的帷幕,一场"突出、凸显、精彩、惊艳"的全球食品领域的开放共享、对话合作的盛会在 2018 中国国际进口博览会上正式开启。全球优质食品资源和高端食材将在光明食品集团 2000 平方米的展区悉数亮相。

作为首届中国国际进口博览会战略合作伙伴及四大采购商联盟成员之一的光明食品集团,此次集展商、采购商、服务商身份于一体,全方位、全领域、全渠道参与首届中国国际进口博览会,组织了 20 个国家和地区的近 60 家海外知名企业参展,产品包括水产品、肉类、乳制品、蔬果、食用油、酒与饮料、休闲食品等十余个品类。

光明此次打造的"全球食品集成分销平台 The Smart Chain"的参展主题,旨在为客户提供智慧一站式解决方案,帮助全球食品买家和卖家快速建立对话协作机制,简化、优化贸易流程;同时通过汇聚全球优质资源,集成采购全球高端食材,链接全国分销渠道,以此来全面满足了中国市场对美好生活的需求。据悉,此次"进博会"上,光明食品集团将完成 20 亿元人民币的订单。

要求:发散思维,多角度思考此案例。

讨论:思考一下这样的分销平台对于大型企业和中小型企业分别能起到什么作用,对此平台你能提出什么建议吗?

二、案例分析

耐克的分销渠道

耐克是国际知名的运动用品制造商企业,其首创的气垫技术也曾给体育界带来了一场革命。在耐克的销售策略中,善于利用分销渠道起到了很大的作用。

在谈到耐克的分销渠道时,该公司不仅通过电子商务公司分销其产品,还通过与 Foot Locker(FL)、JD Sports 和 Intersport 等鞋类零售商合作,创建了特定类别的零售目的地。同时,批发和 DTC(直接面对消费者的营销模式)都是耐克重要的分销渠道。向批发商销售是耐克公司最大的收入类别,耐克最大的分销渠道就是向美国和国际市场的批发商销售产品。在其分销渠道中,耐克致力于通过 Nike Direct 向消费者直销,Nike Direct 进行的在线销售是该公司增长最快的分销渠道。

耐克的 DTC 方法有两个方面:耐克拥有的实体店和数字平台。截至 2019 财年末,耐克在美国经营 384 家零售店。其中,有 217 家是耐克品牌工厂商店,而 29 家是耐克品牌在线商店。在其余的商店中,有 109 家匡威和 29 家 Hurley 商店。

从耐克的国际分销渠道来看,耐克 2019 财年末在美国以外运营 768 家商店。其中,648家是耐克工厂商店,而 57 家是耐克品牌内联商店,其余 63 家商店是匡威商店。同时,在线销售已成为耐克在国际市场上主要的分销渠道。

分析:

1. 通过以上案例并结合实际,请你制作一张耐克的分销渠道模式图。
2. 试分析一下在实体分销渠道方面,耐克应如何完善它的分销渠道。

任务 14　国际营销促销策略

学习目标

- **知识目标**

(1) 了解促销的作用和影响促销的因素;

(2) 掌握促销的四个主要途径的相关知识;

(3) 学会制定和实施国际营销促销策略。

- **技能目标**

通过对国际营销促销策略的学习,能够设计国际营销促销策略方案,并掌握促销的整体流程。

任务驱动,做中学

伴随着消费的不断升级,体育运动服饰受到了消费者的广泛喜爱。国产运动品牌不仅在国内市场的潜力非常大的,也有不少的国产运动品牌走向了国际市场。在国际上有一定知名度和占有国际市场份额的一个中国运动品牌,希望向国际市场推出一个新产品,力求时尚知名度和口碑的提高。作为销售经理的你,请你为此设计一个大致的促销方案。

14.1　国际营销促销概述

📖 情境导入

"1:1:1"的金龙鱼调和油

2019 年 12 月,金龙鱼入选了 2019 中国品牌强国盛典榜样 100 品牌。金龙鱼是我们耳熟能详的品牌,是每家每户厨房的常客。然而在最开始的时候,金龙鱼并没有那么成功。

一开始,金龙鱼引进了国外已经很普及的色拉油,虽然有市场,但不完全被国人接受。这是因为色拉油虽然精炼程度很高,但没有太多的油香,并不符合中国人的饮食习惯。后来,金龙鱼又研制出将花生油、菜籽油与色拉油混合的产品,使色拉油的纯净卫生与中国人的需求相结合,使创新的产品终于满足了中国市场。为了打造强势品牌,金龙鱼全新推出"健康生活金龙鱼",然而虽然投入巨大,但这些模糊的品牌概念除了让消费者记住了金龙鱼这个品牌名称外,并没有引发更多联想,而且大家也还没有清楚地认识到调和油有什么好处。

为了改变现状和未来发展,在2002年金龙鱼全新打造"1:1:1"的促销理念。看似简单的"1:1:1"最佳营养配方,既形象地传达出金龙鱼由三种油调和而成的特点,又让消费者觉得只有"1:1:1"的金龙鱼才是最好的食用油,从而达到促销的目的。正是通过这个简单的促销概念,金龙鱼在2002年才真正让中国消费者认识了调和油,至此一直稳居小包装食用油行业第一品牌地位。

讨论:思考一下金龙鱼的促销策略是什么,试分析促销对金龙鱼起到了什么重要的作用。

一、促销定义

促销是指企业为了打开国际市场,扩大产品销售,通过适当的方式和手段向目标顾客传递,促使其了解熟悉信赖企业的产品和服务,从而达到激发顾客的购买欲望,达到企业销售目的的一系列活动。

促销实质上是一种沟通活动,即营销者发出能够刺激消费的各种信息,把信息传递到一个或更多的目标对象,以影响其态度和行为。常用的促销方式有公共关系、广告、人员推销和营业推广。

促销组合是指企业根据促销的需要,在市场营销活动中有计划、有目的地对公共关系、广告宣传、人员推销与营业推广等促销方式进行适当的选择和配合,形成一个完整的最佳促销策略。

促销组合是一种组织促销活动的策略思路,是各种促销方式的正确选择、组合和运用,使企业的全部促销活动能够互相配合,从而顺利实现企业销售目标。

二、促销的作用

在社会化大生产和商品经济条件下,企业竞争的加剧和产品的增多,消费者收入的增加和生活水平的提高,以及客观上存在着生产者与消费者间信息分离的矛盾,企业与消费者之间的沟通更为重要,因此促销成为一个重要的枢纽。

1. 缩短入市的进程

使用促销手段,旨在对消费者或经销商提供短程激励。在消费者选择余地增大的买方市场条件下,促销可使消费者感受到在促销企业购物的好处,使顾客尽快地了解产品,在一段时间内调动人们的购买热情,从而激发对企业和商品的兴趣,实现企业和消费者之间的沟通。

2. 刺激消费

在一般情况下,消费者的消费行为除受自身消费需求影响外,还会受到外界因素的诱导。消费者一般对新产品具有抗拒心理,多数消费者不愿冒风险对新产品进行尝试。由于新产品的推出需要让消费者产生兴趣和建立信任,促销利用向购物者提供额外利益的优势让消费者降低这种风险意识,降低消费成本并接受新产品,还可以吸引潜在消费者,激发其购买欲望,促成购买活动。

3. 带动相关产品市场

促销的首要目的是完成促销产品的销售。但是在产品的促销过程中,有时却能起到带动销售相关产品的作用,产生意想不到的促销效果。比如,在 20 世纪 30 年代的上海,美国石油公司向消费者免费赠送煤油灯,结果使其煤油的销量大增。

情境重现

"10 元店"名创优品

经历了全球金融风暴,同时人民币对外升值对内贬值致使中国外贸市场不振后,民众的口袋大大缩水,消费变得越来越理性。为了打破全球寒意料峭的零售业困局,吸引消费者购买,大多数商家都利用以量制价的手法,打出优质低价策略,刺激销售。以量制价最成功的例子之一,是来自日本最受欢迎的快时尚设计师品牌名创优品。在这一波市场不景气中,名创优品居然能逆势成长,实在是羡煞了不少企业。

名创优品以量制价,创造规模经济,放大边际效益。名创优品的商品售价位于人民币 10 元至 100 元的区间(其中约有 70% 的商品售价为 10 元),加上独特的促销手法,使其成功且迅速地打开各国市场。名创优品成为年轻人最爱逛的地方,不仅价格便宜,东西还很有质感,也很多元化,可以轻轻松松满足消费者生活的方方面面。名创优品贩卖的商品五花八门,从日常用品到文体礼品、食品、精品包饰、健康美容,还有创意家居、数码配件、纺织类商品等创意十足的商品,为人们紧张繁闷的生活增添了无限的乐趣,算是五脏俱全的生活方式集合店。

资料来源:名创优品的营销策略. https://m.sohu.com/a/31340618_133897.

三、促销组合的影响因素

企业在进行促销时,面临着把总促销预算、人员配置分摊到广告宣传、人员推销、营业推广和公共关系上,因此不同的因素都会对促销组合产生一定的影响。展开促销时应审时度势,全面考虑才能制定出有效的促销组合策略。

(一)促销目标

促销目标是影响促销组合决策的首要因素。广告宣传、人员推销、公共关系和营业推广等促销工具都有各自独有的特性和成本,然而相同的促销手段在实现不同的促销目标上,或不同的促销手段在实现同一促销目标上,其成本效益是大不相同的。营销人员在促销中需要根据具体的促销目标针对性地选择合适的促销工具进行组合,这样才能发挥出作用。

(二)产品和市场特点

除了考虑促销目标外,产品和市场特点也是影响促销组合决策的重要因素。从不同的角度看市场,市场会呈现不同的特点;由于产品性质的不同,消费者及用户具有不同的购买行为和购买习惯。所以,企业应该综合考虑产品、市场的特点来选择合适的促销工具,使不同的促销工具相互匹配,以达到最佳促销效果。

（三）产品生命周期

在产品生命周期的不同阶段，市场的环境不同，企业的促销目标不同，所以促销手段的配合结构也有所不同。

1. 产品入市前

在产品即将进入市场时，如果能够利用某一方面的宣传，把这一产品信息传播出去，往往会起到先声夺人的作用，消费者知道将有新产品问世，并留有记忆，就为产品上市奠定了基础，这一时期运用广告宣传是较为合适的。

2. 产品导入期

在产品正在导入市场的时期，主要的目的是需要扩大知名度。在此时投入资金用于广告宣传和公共关系，能在短时间内产生较高的知名度。

3. 产品成长期

在产品进入市场后逐步立足市场的时期，此时消费者对产品已经有一定的了解，促销活动可以适当减少。但是对于口碑的提高和影响力的扩大，仍然需要对广告宣传和公共关系继续加强。

4. 产品成熟期

在这一阶段，竞争达到高潮，促销的目的是努力巩固产品的市场地位。这时候的产品促销手段仍以广告宣传为主，同时辅以营业推广，逐渐起着重要的作用。工业品则更多地运用人员推销，并发动公共关系予以协助，扩大企业和产品的声誉，争取在竞争中取胜。

5. 产品衰退期

企业在产品的这一阶段，一般多采用营业推广的形式。公共关系宣传可以逐渐消退，但广告仍保持在提醒作用的水平上。

（四）促销费用

促销组合较大程度上受公司选择"推动"或"拉引"策略的影响。推动策略要求使用销售队伍和贸易促销，通过销售渠道来推出产品。而拉引策略则在广告和消费者促销方面投入较多，以建立消费者的需求欲望。企业的规模与资金状况不同，应该运用不同的促销组合，能以较低的促销费用带来较高利润的促销组合即为理想的组合。

（五）其他营销因素

影响促销组合的因素是复杂的，除了上述几种因素之外，企业的营销风格、销售人员素质、整体发展战略、社会和竞争环境等因素都在不同程度地影响着促销组合。

情境重现

OLAY 的翻身仗

1989 年 OLAY 以"玉兰油"这个十分接地气的中文名进入我国，正巧赶上了中国人第一波的消费升级。在相当长的时间内，玉兰油雄踞我国护肤市场之首。

也许是成功来得太容易了，在 2004 年之后，OLAY 并没有跟上中国化妆品市场的迭代速度,随着整个行业发展及消费者的转变,OLAY 销售呈现大幅度下滑态势。尤其在 2015 年,其成为十大化妆品集团中销售数据下滑幅度很大的品牌之一。更为危险的是,市场主流年轻消费者群对玉兰油不认可,并被冠以"妈妈品牌"。此时 OLAY 的转型迫在眉睫,无论是去中文名,还是砍产品线收效甚微。直至 2017 年的爆品计划及烟酰胺成分的深入人心,OLAY 打了一次漂亮的翻身仗。

OLAY 高举"黑科技""无惧年龄"的理念,抓住了年轻消费群的护肤理念和需求。众所周知,当下健身已经成为追求健康、有活力、正能量的年轻人首选。OLAY 由此深刻观察到获得紧致的面部肌肤同样重要,然而目前在化妆品护肤市场,"脸部锻炼"这个领域的教育和服务仍然存在着很多空白,拥有广阔的发展空间。通过使用特定的美容仪器小哑铃搭配旗下的护肤产品,给脸部肌肤进行锻炼,让消费者体验到不同于常规无聊的护肤模式。随着"明星辣妈的同款健面神器""何穗引领健面风潮""抖音全民健面"等不同阶段热点事件的出现,OLAY 的"健面神器"小哑铃也引发成百上千的达人大咖的种草热潮。

资料来源:李建子.曾三度易主的 OLAY,竟是前联合利华化学家所创立[EB/OL].(2018-10-28).化妆品财经在线,https://www.cbo.cn/article/id/46253.html.

14.2　国际市场公共关系

📖 情境导入

3·15 与无印良品的"乌龙事件"

2017 年 3 月 15 日,在央视 3·15 节目中,无印良品被曝光所售食品的真实产地为日本核污染区东京都。这个"日本核辐射区食品流入我国"的事件引发了舆论持续关注和消费者的愤愤不平。甚至,一些电商平台立刻对相关食品作了下架处理。

无印良品在 3 月 16 日迅速对此发表了声明,回应称,央视错把公司地址当产地,涉事食品所标示的"东京都"为母公司注册地址,并非食品产地。曝光食品中的无咖啡因香茅薏仁茶原产地为日本福井县,鸡蛋圆松饼原产地为日本大阪府,并在声明中附上了两款被曝光出自禁止进口地区食品的原产地证明书。在 16 日下午,上海出入境检验检疫局也作出回应,无印良品进口记录未发现核辐射地区产品。

这样虚惊一场的乌龙事件,无印良品通过有理有据的声明、寻求上海出入境检验检疫局证明的方式让损失和影响还没扩大就被扼杀在摇篮里。

资料来源:澎湃新闻,2017-3-16. https://m.sohu.com/a/129063844_260616。

讨论:试想一下这次事件没有及时有效的处理会给无印良品带来什么样的影响。试分析公关对于企业有什么重要意义。

一、定义

公共关系是社会组织和构成其生存环境、影响其生存与发展的那部分公众的一种社会关系,是指某一组织为改善与社会公众的关系,促进公众对组织的认识、理解及支持,为创造与公众相关社会环境间的和谐发展而采取的一种独特的管理活动。在企业中,公共关系被广泛用于配合市场营销,尤其是展开促销活动。

公共关系的职能包括争取对企业有利的宣传报道,维持企业与有关各界公众良好的关系和形象,扩大企业的知名度,及时处理对企业不利的谣言和事件,为企业营造一个和谐、友好的营销环境,从而间接地促进产品销售。

二、国际市场公共关系的类别

成功的国际化企业在进行国际市场促销活动时,对于公关方面有很多高明的处理方式,企业公关必须有一定的能力来帮助企业发展。面对市场的不同特点,通过对生产经营环境进行沟通和协调,企业需要为不同的目标市场选择最适宜的公共关系类别进行应用。

1. 交际型公共关系

交际型公共关系是一种有效的公关方式,是指在人际交往中开展公共关系,直接接触建立感情,建立良好关系的工作。其方式是进行团体交往和个人交往,能够使沟通进入情感阶段,具有直接性、灵活性和较多的感情色彩,有助于在较短的时间内沟通信息,促销产品。形式主要有对外开放、联谊会、座谈会、茶话会、沙龙活动、工作午餐会、信件来往等。此类公共关系的应用最多。

2. 宣传型公共关系

宣传型公共关系是指利用各种宣传途径、各种宣传方式向外宣传自己,提高本组织的知名度,从而形成有利的社会舆论。宣传型公共关系主要是运用大众传播媒介和内部沟通的方法,开展宣传工作,树立良好的组织或企业形象。这种公共关系活动的主导性强、时效性强、传播面广、推广组织形象效果好。

3. 危机型公共关系

在媒体环境和行业环境的影响下,例如企业的管理不善、同行竞争甚至遭遇恶意破坏或者是外界特殊事件的影响,企业不可避免会面临一些危机。企业针对危机所采取的一系列自救行动,包括消除影响、恢复形象、恢复大众信任感等方面。而危机型公共关系主要任务就是帮助企业破解危机公关的难题。

4. 营销型公共关系

营销型公共关系是指以公共关系为主要工具的市场营销,利用各种宣传途径、各种宣传方式向外宣传自己,开展宣传工作,树立良好组织形象的公关活动模式。这种以公共关系为工具进行导向性的传播公共关系的模式可以通过广播、电视等新闻媒介等宣传自己、树立形象,提高企业或产品的知名度,争取有关公众的好感,从而形成有利的社会舆论。

5. 社会型公共关系

社会型公共关系是以各种有组织的社会活动为主要手段的公共关系活动方式,通过利用组织举办各种社会性、公益性、赞助性的活动来塑造良好的组织或企业形象。例如,纪念会、庆祝典礼、社会赞助等活动,尽量扩大本组织的社会影响,具有公益性、文化性的特征,影响面较大。社会型公共关系不拘泥于眼前效益,重点在于树立组织形象、追求长远利益。

6. 服务型公共关系

服务型公共关系是指企业向社会公众提供的各种附加服务和优质服务的公共关系活动。这种公共关系以提供优质服务为主要手段,目的是以实际行动来获取社会的了解和好评,争取公众的支持,增强企业的市场竞争力,建立企业的良好形象。服务型公共关系是依靠本身实际行动做好工作,反应灵敏,并迅速进行调整,基本上仍是人与人之间的直接传播形式。

三、国际市场公共关系的作用

在日渐激烈的国际市场竞争中,商业组织越来越多,公众不再将目光投向大范围,去挑选对自己有利的商品,而是有针对性地选择一些品牌,所以公共关系在国际市场营销中能够起到非常大的作用。

1. 协调沟通与交流

信息是公共关系的基础,因而信息交流是公共关系最基本的作用。一个企业,面对激烈的市场活动,必然会有内外部的摩擦和矛盾,公关此时所起到的作用就是沟通协调双方的关系。对内,要使各种销售环节能够融洽合作,建立一个与供应商和经销商的长期的合作网络;对外,需要解决公众对企业的各种疑惑与冲突,减少公众对企业的不满,以维护企业长期的发展运作。

2. 树立企业形象

良好的企业形象对企业的生存和发展具有重要意义。企业形象是提高消费者的品牌忠诚度的桥梁与纽带,公共关系有助于树立良好的企业公众形象,良好的企业形象有利于使消费者对品牌形成依赖感、荣誉感,从而形成口碑效应。

3. 刺激消费需求

如今的市场竞争一直处于白热化的阶段,商品的差异越来越小,在价格和质量上都是大同小异,一个产品从被顾客知道直到购买使用需要一个过程。公众在越来越多的同样商品中,需要通过公共关系的引导作用,刺激那些有意顾客、潜在顾客的消费需求。

4. 增进企业之间的交流合作

在国际市场营销中,企业的生存与发展需要与其他企业进行交流合作。通过公共关系展开友好的互动活动,有助于增进企业之间的交流合作,提高企业在公众中的曝光率,赢得公众的好感,从而提高了企业的影响。

情境重现

中石化的危机

2018年12月27日,国内财经媒体纷纷报道,负责中国石化的石油和石化产品贸易的子公司两名主要负责人被免去职务,原因是在最近石油交易过程中出现较大亏损。

作为在上海、香港、纽约和伦敦四地同时上市的大型企业,此时的中国石化需要迅速作出处理,防止引起动荡恐慌。尤其是在信息披露上一定要迅速,不能让小道消息满天飞。

公关团队遵循了速度第一原则,在当晚9点发文回应,承认确实出现问题,表示了解到联合石化在某些原油交易过程中因油价下跌产生部分损失,公司正在评估具体情况。然后指出问题是在日常监管过程中发现的,从而向外界透露出一个重要消息:中国石化管理上没有问题,日常监管很严格,出现问题会及时出手,希望避免外界对公司管理产生误解。

同时,中国石化以雷霆手段,对责任人进行免职处理,体现出了企业的高效率。中国石化第二次发文回应是在一个星期后,时间虽然有点长,文章字数也不多,但是信息量很大,正式向大众澄清事实经过并公布结果,保证了大众的知情权。经过一番迅速处理,中石化的危机以极小的损失化解了。

四、国际市场公共关系的策略

公共关系作为一个完整的工作过程,在促销时的策略方案应用过程应该包括以下几个步骤。

1. 市场调查研究

市场调查研究是做好公关工作的基础,需要收集、整理、提供信息交流所必需的各种材料。公共关系是企业与公众沟通的桥梁,企业公关的第一步工作就是了解公众的意见和反映。

2. 确定公关目标

企业公关的直接目标是促成企业与公众的相互理解,影响和改变公众的态度和行为,建立良好的企业形象。公关工作是围绕信息的提供和分享而展开的,企业不同时期的公关目标,应综合公众对企业理解、信赖的实际状况,传递公众急切想了解的情况,改变公众的态度或唤起需求、引起购买行为。

3. 信息交流

公众工作过程是信息交流的过程,公共关系实际上是通过具有说服力的信息传播去影响公众。因而企业面对广大的社会公众,必须学会运用大众传播媒介及其他交流信息的方式,使用得当才能达到信息交流的目的,从而达到良好的公关效果。

4. 公关效果评估

在完成一次公关活动后,需要对公关效果进行评估,如是否实现了既定目标、还能如何改进方案等内容。评价结果的目的在于为以后的公关工作提供资料和经验,也可为企业提供新的方向进行公关活动。

五、国际市场公共关系的新模式

随着时代的发展和市场的变化,为了迎合市场和消费者的喜好,导致出现了新的公共关系模式。公共关系的新模式为企业展开促销和应对危机提供新的思路和途径,恰当地使用能够带来巨大的效果。

1. 网络模式

在互联网时代下,网络的普及让社会公众对网络的使用越来越频繁,可以说使用网络已经成为这个时代的习惯。网络对社会的舆论导向有巨大的影响力,也成为消费者对品牌或商品的了解和认识的重要渠道。由于网络宣传的营销力强大,网络日益成为企业日常公关活动的主要阵地。

2. 公关搜索引擎模式

公关搜索引擎优化主要是以互联网为平台,根据企业现状、产品特点和行业特征,综合利用各种网络媒体资源平台对企业新闻或宣传稿进行合理优化,使文稿在搜索引擎中处于较前的排位,从而达到有效宣传推广。

3. 新闻模式

新闻公关是以新闻报道的形式,实现宣传产品或企业的目的。新闻宣传的优势在于比起带有夸张色彩的广告,同样是将产品信息传达给消费者,新闻公关的表现方式更显得客观公正,尽量避免使消费者产生厌烦和不信任。

情境重现

果断承认错误的农夫山泉

2016 年是农夫山泉的二十周年,为了纪念这个整数周年,农夫山泉制作了一支二十周年广告宣传片——《一个人的岛》。然而没想到的是,这支广告宣传片引起了一场侵权的风波。就在 2016 年 6 月 23 日下午,著名乐评人邓柯发微博声称,农夫山泉这支二十周年广告片未经授权盗用了他人多首作品作为其背景音乐。事情被曝光出来之后,这支广告在各大视频网站被下架,农夫山泉官方微博的评论区也被网友们攻陷。

作为一个具有一定知名度的成功企业,农夫山泉在当晚就回应了此次侵权事件。农夫山泉非常坦诚地承认了错误,对版权方指出工作中的错误表示非常感谢,明天将在第一时间根据版权方的要求支付 10 万元版权费用。农夫山泉来这么干净利落的处理方式确实给业界带来了一股清风,这次公关的处理方式为企业赢得了不少的好感。

14.3　国际市场广告

情境导入

麦当劳与汉堡王的"相爱相杀"

在这个油炸食品当道的时代,快餐店品牌层出不穷。然而,有着较长历史的麦当劳和汉堡王早已经"相爱相杀"多年,而户外广告则成为两者的主要战场。

在 2020 年年初,日本一家位于秋叶原的麦当劳宣布于 1 月 31 日停止营业。他们在店外挂起告示海报,宣布停业消息,并附上了"麦当劳叔叔"潇洒挥手的背影。而在这家麦当劳不远处的汉堡王,为了回应这次麦当劳的离场,它也挂起了一张暖心告示,配上了汉堡王员工鞠躬致谢的画面。这张海报乍一看没有什么问题,不少人赞叹竞争对手之间的大度。但更细心的群众发现,如果把告示每一行的第一个字竖着读,则是另外一句话:"是我们赢了。"

实际上这种不动声色的"互怼",只不过是两者间长期掐架的一点水花而已。这些的广告招式并没有给汉堡王和麦当劳带去太多的负面影响,反而还为两者塑造出了活泼、果敢的品牌形象,这又何尝不是一种明智、极具巧思的广告宣传呢?

资料来源:麦当劳和汉堡王"相爱相杀"的这些年. https://www.sohu.com/a/373494604_120563658.

讨论:分享一下你还知道麦当劳与汉堡王哪些"相爱相杀"的故事,试分析这种反其道而行的广告宣传为两家企业带来了什么积极的效应。

一、定义

广告是指以营利为目的的广告,通常是商业广告,它是为推销商品或提供服务,以付费方式通过广告媒体向消费者或用户传播商品或服务信息的手段。国际市场广告是国际营销活动发展的产物,企业为了配合国际营销活动,以支付国际广告费用的形式向国外消费者传播企业产品和服务的信息,是一种常用的促销活动工具。

二、国际市场广告的特点

广告一方面适用于创立一个公司或产品的长期形象,另一方面它能促进快速销售。从其成本费用看,广告就传达给处于地域广阔而又分散的广大消费者而言,每个显露点的成本相对较低,因此,是一种较为有效并被广泛使用的沟通促销方式。

1. 公开展示性

广告是一种高度公开的信息沟通方式,广告公开地刊登在大众传媒上,能使目标受众联想到标准化的产品,增加国外消费者对企业和产品的信任度,帮助产品以值得信任的姿态进入国际市场。

2. 普及性

广告宣传着重突出了普及化、大众化的特点,销售者可以多次反复向目标受众传达这一信息,购买者可以接受和比较同类信息,消除消费者的顾虑。

3. 渗透性

广告宣传有许多可以利用的媒体和途径,能够提供非常多的线上线下广告宣传的地点。企业利用大众媒介的传播渠道走进国际市场,通过提高广告的渗透性能在短时间内迅速扩大知名度。

4. 艺术表现性

广告不仅仅是一种促销手段,成功的广告是一种艺术,具有美的或情感的表现力和感染力。在进入陌生的国际市场时,一个具有艺术表现性的广告比其他沟通方式更能表现国际产业或企业的价值,更能吸引国外消费者。

情境重现

伦敦国际广告奖

2017年伦敦国际广告奖(LIA)宣布推出首届华文创意竞赛单元,在盛会中将展示来自全球的中文创意设计。华文创意竞赛单元作为伦敦国际广告奖的一部分,将为获奖作品颁发带有伦敦国际大奖名字的红色奖杯。

伦敦国际广告奖是一个在广告、制作、数字、设计、音乐与声音、技术和品牌、娱乐等方面的创意和新想法的全球性嘉奖。伦敦国际广告奖是第一个真正的国际广告奖,这项国际大奖开始于电影、电视、平面和广播等广告宣传领域,自1985年正式创立以来,每年有近百个国家和地区参加,该奖项至今现已发展出18种独特的媒体类型。所有的获奖者均得到一座铜像,铜像为一个展翅欲飞、企图飞跃自我的超现实人类外形。评委来自世界各地,不同的文化,不同的背景(包括创意大师、电视/电视导演、录音编导及制作专家等),但创意作为共同且唯一的评奖标准。

一支成功的广告不应只体现了商业价值,还应兼并艺术价值。

资料来源:伦敦国际广告奖案例分享. https://www.sohu.com/a/167889797_99907740.

三、国际市场广告的作用

广告是企业促销必不可少的手段,在进入国际市场中能否有效地使用广告将直接关系到企业的成败。广告在促销中往往有着特殊的功能和效用。

1. 快速传递信息

广告是最大、最快、最广泛的信息传递媒介。广告通过信息传播,沟通生产与生产、生产与流通、生产与消费、流通与消费之间的联系,成为企业必不可少的信息通道。通过广告,企业或公司能把产品与劳务的特性、功能、用途及供应厂家等信息传递给消费者,沟通产需双方的联系,引起消费者的注意与兴趣,促进购买。广告的信息传递还能迅速沟通供求关系,加速商品流通和销售。

2. 激发和诱导消费

消费者对某一产品的需求,往往是一种潜在的需求,这种潜在的需要与现实的购买行动,有时是矛盾的。广告造成的视觉、感觉印象以及诱导,往往会勾起消费者的现实购买欲望。有些物美价廉、适销对路的新产品,由于不为消费者所知晓,所以很难打开市场,而一旦进行了广告宣传,消费者就纷纷购买。

3. 扩大知名度

广告本身不能改变产品的品质,但是却能通过塑造独一无二的品牌个性在消费者心目中提升产品的价值。成功的广告在消费者的心中必然会留下深刻的、标志性的印象。通过广告的反复渲染、反复刺激,企业或产品也会随之扩大了知名度,甚至会引起一定的信任感,导致购买量的增加。

四、国际市场广告媒体

在国际营销的广告促销活动中,可供企业利用的渠道和媒体有很多。良好的媒体广告宣传能够将企业促销的产品广泛传播,带来出色的销售业绩,见图14-1。

(一)国际市场广告媒体的类别

国际市场广告是以本国的广告宣传为母体,在进入国际市场时通过报纸、杂志、广播、电视、户外展示和邮件等大众传媒向国际市场传递产品信息或企业信息,促使出口商品迅速进入国际市场,从而实现销售目标。广告可以选择的媒体及其特性如下。

1. 视听媒体

视听媒体主要有广播、电视、互联网等。广播的覆盖面广,在适当的地区选择广播宣传的成本较低。但是广播的内容保留性差,受频道限制而缺少选择性和直观性,削弱了对消费者的吸引力。同样是覆盖面广的电视媒体传播速度快,而且生动直观,易于让消费者接受。但电视也面临内容保留性不强,对观众的选择性差,关键在于电视广告成本高。互联网已经

```
                                              ┌─ 视听媒体
                            国际市场广告        ├─ 印刷媒体
                            媒体的类别          ├─ 户外媒体
                                              └─ 邮寄媒体

                                              ┌─ 消费者习惯
                                              ├─ 产品的销售范围
              国际市场        国际市场广告        ├─ 产品的特性
              广告媒体        媒体的选择          ├─ 媒体的特性
                                              ├─ 媒体的成本
                                              └─ 竞争对手

                            国际市场广告        ┌─ 异国政治法令不同
                            媒体的限制因        ├─ 社会环境不同
                            素                └─ 文化环境不同
```

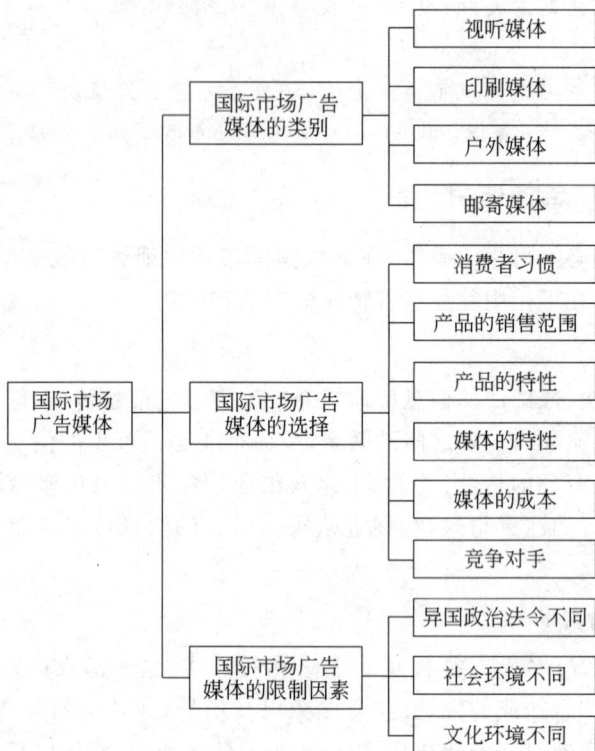

图 14-1　国际市场广告媒体

成为全球最大的传播媒体,互联网高速发展到如今已经形成了庞大的用户群,而且以稳定的速度增长着。互联网上的广告内容具有保留性,而且传播速度较快,其具有其他媒体所不具备的优势,而且互联网进行广告宣传的成本比较合适。

2. 印刷媒体

印刷媒体主要是报纸、杂志等印刷出版物,这类媒介是广告最普遍的承载工具。报纸能够及时传递信息,便于对广告内容进行较详细的说明,可信度高、制作简便是报纸的特点。但报纸的局限性是转阅读者少,印刷不够形象和生动,报纸作为广告媒体在不同国家或地区的使用受到限制。而杂志的读者对象比较确定,易于定位不同的广告对象。杂志普遍印刷比较精美,有较强的感染力。但杂志存在着信息传递的及时性差、发行范围窄等问题,对广告宣传的效果有一定的限制性。

3. 户外媒体

户外媒体包括招牌、广告牌、交通工具、霓虹灯等。户外媒体能够比较灵活地进行宣传,广告的展露重复性较强,而且成本低、竞争少。但是户外媒体在进行广告宣传时无法选择对象,而且信息容量小,不能使消费者清晰了解广告宣传的产品,广告内容的动态化也受到了限制。

4. 邮寄媒体

邮寄媒体是指遍布全国用至全世界的邮政网络。邮寄媒体的优点是广告对象明确,而且具有针对性和灵活性,便于提供全面信息。但邮寄媒体的时效性较差,在成本比较高的情况下容易出现滥寄的现象,造成消费者的厌烦心理,对宣传产生不好的影响。

(二)国际市场广告媒体的选择

国际市场广告媒体选择受影响的因素多,广告媒体的选择困难和复杂,因而广告媒体选择需要考虑以下几个方面。

1. 消费者习惯

目标消费者不同,其主要接触的或习惯偏爱的媒体也不同。因此国际企业在选择国际广告媒体时,必须注意目标消费者的习惯特点,配合消费者的性别、年龄、教育程度、职业及地域性等来决定应用哪种媒体。

2. 产品的销售范围

产品的目标市场的销售范围大小关系到广告接触者的范围大小,由此才可决定选择何种较经济有效的媒体,以免使用不适当的广告媒体而毫无传播效果。

3. 产品的特性

各种产品的特性不一样,需要明确产品的种类是什么,然后按照产品特性来考虑媒体。例如产品属于消费品还是工业品,是技术性产品还是一般性产品,是否需要反映产品的外观和色彩,这些问题都会影响广告媒体的选择,而不同的广告媒体的使用效果也会有所不同。

4. 媒体的特性

广告媒体众多,包括视听媒体、印刷媒体、户外媒体、邮寄媒体等,这些媒体的特性都不同,如果根据媒体的特性进行合理利用能产生不错的效果。

5. 媒体的成本

企业进行促销活动的预算需要合理分配,在广告上需要慎重考虑各媒体的成本费用,不仅要考虑媒体的实际支付费用,同时也应考虑能否达到期望的广告宣传效果。

6. 竞争对手

对于同行竞争者使用广告媒体的情况与战略也应列入媒体考虑范围,竞争对手的强大与否,对于企业选择媒体时资金的投入、策略的制定都有很大的影响,因此需要考虑竞争对手的实际情况。

(三)国际市场广告媒体的限制因素

由于国际市场比较复杂,各个国家的经济、文化、社会环境等情况又有着巨大差异,对广告的态度也各不相同,因此在策划国际广告时应该充分了解异国文化差异,避免文化风险,以具体受众为中心来策划广告。

1. 异国政治法令不同

异国的政治法令主要是指各个国家对外贸易政策和其他相关的政策法令,以及国家政局变化对国际广告的左右和影响。例如,对于广告内容的限制,在德国与竞争者产品比较的广告是被禁止的;在美国和英国,不能在电视上做香烟广告。还有对于广告媒介的限制,例如,在北欧的丹麦和挪威等国没有商业性广播和电视;在法国,每天只允许有几分钟的广告时间;户外广告的设置、张贴,要遵守当地城市管理机构的规定,不能妨碍交通或影响观瞻。

2. 社会环境不同

社会环境包括各国的风俗习惯、宗教信仰、价值观、审美观及心理因素等。不同的国家与地区,有不同的风俗习惯,形成对广告表现不同的心理要求。例如,法国人喜欢素洁的白色,认为白色象征纯洁;中国人喜爱红色,认为红色是吉祥之兆;非洲有些国家忌讳黄色,而东南亚国家喜爱明快的浅色。

不同的国家和地区,消费者有不同的消费观念。例如,日本追求新奇商品,私人汽车平均使用两三年后便要购买新的;而德国和法国的消费者比较保守,接受新产品比较慢。

对于有些国家,广告图案和商标设计要特别注意其宗教信仰和习俗。例如,在罗马尼亚,三角形和环形的图案更能吸引消费者;凡绘有猪或猪形状的图案在伊斯兰教国家是严格禁止的;非洲一些国家对狗和猫头鹰的形象很不欢迎。

3. 文化环境不同

国际广告是一种跨文化的传播方式,应该建立在充分认识和了解异文化现象及受众的基础上,如果认知上出现偏差,那么广告的表现也会出现偏差,无法让受众人群充分或正确理解广告想要表达的意思,也就无法达到预期的效果。文化教育程度不同,对广告的欣赏与理解水平也不同。如果国际广告的文化风险意识缺乏或不强,就难以事先发现和规避风险,容易忽视和没有防范,因此极易造成文化风险事故。

例如,名为"芳芳"的化妆品商标,拼音是"Fang",但在英文里的意思是"毒蛇的牙齿""狼牙""狗牙"等。

五、国际市场广告的策略

国际市场广告在发达国家和发展中国家极不均衡,国际市场广告业务多集中于发达国家或地区的大型跨国广告集团,发达国家或地区的国际市场广告进军发展中国家或地区的市场,对发展中国家或地区的广告业造成了相当大的压力。为了突破这个压力,需要制定正确的国际市场广告策略。

(一)确定目标

国际市场广告策略制定的第一步就是确定广告目标。广告目标的确定必须充分考虑企业制定的有关目标市场、市场定位和促销组合等整体的促销策略,使其吻合整体策略,配合发挥。

(二)制定广告预算

企业通常在新的年度开始时,根据往年的情况、结合当年的生产销售计划,确定全年所需要的广告费的总额和广告费的使用范围。

1. 目标达成法

目标达成法是根据企业的市场战略和销售目标,具体确立广告的目标,再根据广告目标要求所需要采取的广告战略,制订广告计划,再进行广告预算。这一方法比较科学,尤其对新上市产品发动强力推销是很有益处的,可以灵活地适应市场营销的变化。广告阶段不同,广告攻势强弱不同,费用可自由调整。

2. 利润百分率法

利润额根据计算方法不同,可分为实现利润和纯利润两种百分率计算法。这种方法在计算上较简便,同时,使广告费和利润直接挂钩,适用于不同产品间的广告费分配。但对新上市产品不适用,新产品上市要大量做广告,掀起广告攻势,广告开支比例自然就大。

3. 销售单位法

销售单位法是以每件产品的广告费分摊来计算广告预算方法。按计划销售数为基数计算,方法简便,特别适用于薄利多销的商品。运用这一方法,可掌握各种商品的广告费开支及其变化规律。同时,可方便地掌握广告效果。

4. 竞争对抗法

竞争对抗法是根据广告产品的竞争对手的广告费开支来确定本企业的广告预算。在这里,广告主明确地把广告当成了进行市场竞争的工具。

（三）选定媒体

在国际营销的广告促销活动中,可供企业利用的渠道和媒体有很多,可以根据媒体的不同特点来选择最理想、最合适的媒体进行组合使用。

（四）使用策略类别

1. 形式策略

国际市场广告的形式策略可以分为标准化策略和差异化策略、推送需求策略和拉引需求策略、满足基本需求策略和选择需求策略、产品广告策略和形象广告策略。

2. 内容策略

国际市场广告的内容策略可以分为强调理性为主还是强调情感为主、主题经常改变还是主题长期不变、陈述为主还是对比为主、全面陈述还是正面陈述为主。

在实施过程中,国际市场广告策略应该注意强调定位、合理分配预算、精选广告主、提高媒体利用效率等问题。

14.4　国际市场人员推销

📖 **情境导入**

人员推销的新途径——微信朋友圈

随着互联网的发展,人员促销的途径选择增多,顾客大多都有商场工作人员的微信,推销人员可以通过微信向顾客发送即时的促销活动信息,引起顾客的消费欲望。而线下的购物商城想推行线上商城活动时,推销人员就是最好的推销资源。

为了充分利用员工的客户资源,调动商场员工参与转发促销活动,华润旗下一购物中心的市场负责人引入互联网电商里转发获利的办法,轻松调动全体成员的自主转发,为活动传播提供了强大的能量。推销人员每天不仅发朋友圈,同时还将活动转发到附近其他商圈的顾客微信群里,以低成本投入的情况下实现了促销目的,吸引了众多消费者前往商场参与活动。

在快速发展的科技时代下,人员推销的效果也随之扩大,成为不可忽视的重要营销促销手段之一。

讨论:思考一下如今的人员推销还能往什么方向发展,试分析人员推销对于企业的重要意义。

一、定义

人员推销是一项专业性很强的工作,是一种独特的促销手段。它具备许多区别于其他促销手段的特点,必须同时满足买卖双方的不同需求,解决各自不同的问题,而不能只注意片面的产品推销。人员推销不是推销产品本身,而是推销产品的使用价值和实际利益。能否成功地将推销产品解释为顾客需要的满足,能否成功地将推销产品解释为解决顾客问题的答案,是保证推销效果的关键因素。

相对而言,人员推销较适用于推销性能复杂的产品。当销售活动需要更多地解决问题和说服工作时,人员推销是最佳选择。说服和解释能力在人员推销活动中尤为重要,它会直接影响推销效果。

二、国际市场人员推销的类别

人员推销是实现公司与消费者双向沟通的桥梁和媒介之一,它是公司生存和发展的支柱。越是在竞争激烈、复杂的市场上,企业越需要应变能力强、创造力强的开拓型推销人员。

(一)生产厂家的人员推销

在国际市场中,生产厂家是指派推销人员向国际中间商或其他厂家推销产品。日用消费品生产厂家的推销人员往往将国际中间商作为他们的推销对象;而工业品生产厂家的推销员则将他们的产品作为生产资料的其他厂家作为推销对象。

(二)企业经常性派出的外销人员

他们在国外专门从事推销和贸易谈判业务,或定期到国际市场调研、考察和访问时代为推销,这是国际市场人员推销的一般形式。

(三)企业临时派出的推销人员和销售服务人员

当国际目标市场出现特殊困难和问题时,其他办法不能解决,则需要由企业组织专业推销人员或其他人员前往解决。当企业突然发现了一个庞大的值得进入的市场,则需要派出一个专业推销小组进行集中推销。当企业建立一个后备推销小组和维修服务组织,可以出国推销兼做维修工作,或在国际市场维修时开展推销工作。

(四)直接针对消费者的人员推销

这类推销在国际市场人员推销中所占比重不大,但却是推销力量中的一个重要部分,能够切实地解决顾客的问题和进行直接有效的推销,有其特殊的优点和作用。

(五)利用国际市场的代理商和经销商进行推销

在许多情况下,企业不是自己派员推销,而是请国外中间商代为推销。但是请国外代理推销人员,也必须有适当的监督和控制。在必要的时候,企业应该直接了解目标市场顾客的有关情况,派自己的推销人员或派出专业人员陪同代理推销人员去推销。此外,企业还可以在主要市场派出常驻贸易代表,协助代理推销人员在该国市场上开展推销工作。

三、国际市场人员推销的作用

人员推销实际上是一种交际活动,在国际市场进行人员促销时,推销人员与消费者能够有良好的交流和互动,对于企业的口碑和消费者忠诚度都有极大的意义。而出色的人员推销活动,也能为企业带来许多帮助。

(一)获取顾客反馈

人员推销在执行的过程中,能够了解到顾客对本企业产品信息的接受情况以及市场需求情况,了解到目标市场和顾客对企业及其产品的反应及态度,可以迅速给企业反馈信息,提出有价值的意见,为企业研究市场、开发新产品创造良好的条件。

(二)提供针对性推销

人员推销形式最直接,也最灵活,可满足潜在顾客的特定需要。针对不同类型的顾客,推销人员可采取不同的、有针对性的推销手段和策略。

(三)给予顾客直观式了解

推销人员可当场对产品进行示范性使用,消除国际市场顾客由于对商品规格、性能、用途、语言文字等不了解,或者由于社会文化、价值观念、审美观、风俗习惯的差异而产生的各种怀疑。

(四)便于售后服务

人员推销可为顾客提供售后服务和追踪,及时发现并解决产品在售后和使用及消费时出现的问题,促进买卖双方的良好关系,通过友谊又可以争取更多的买主。

📺 情境重现

京东自主研发的"CRM"

京东作为电商中的综合类巨头企业,为了让服务更快一步,自主研发了客户关系管理系统(CRM)和知识库系统,以及客户问题追踪体系。

CRM 打通了底层的正向物流和逆向物流整个链条,让客服人员从系统里能够看到客户的购物行为轨迹,当客户在线或电话咨询时系统就能主动提醒客服人员。同时,CRM 还与知识库互联互通,能够精准匹配相关解决方案,比如订单的状态、几天能到货等,让客服人员以最快的速度解决问题。

据了解,京东客服部门建立了以 VOC(客户声音)为驱动的交流机制,通过每日一个案例的内参、早会通报,以及每月的投诉月报、不定期的通报等方式,及时反馈客户的问题。每个月客户关怀部还会推出当月的投诉月报,集中反馈各业务部门的投诉情况,各业务部门也会针对涉及的问题作出改善方案。根据不同的客户声音,京东成立了专业团队进行负责人分类,再与相应负责人进行沟通,追踪问题解决情况,最后检验效果,实现全流程联动,形成闭环式管理。

四、国际市场人员推销的策略

国际市场人员推销的策略简图见图 14-2。

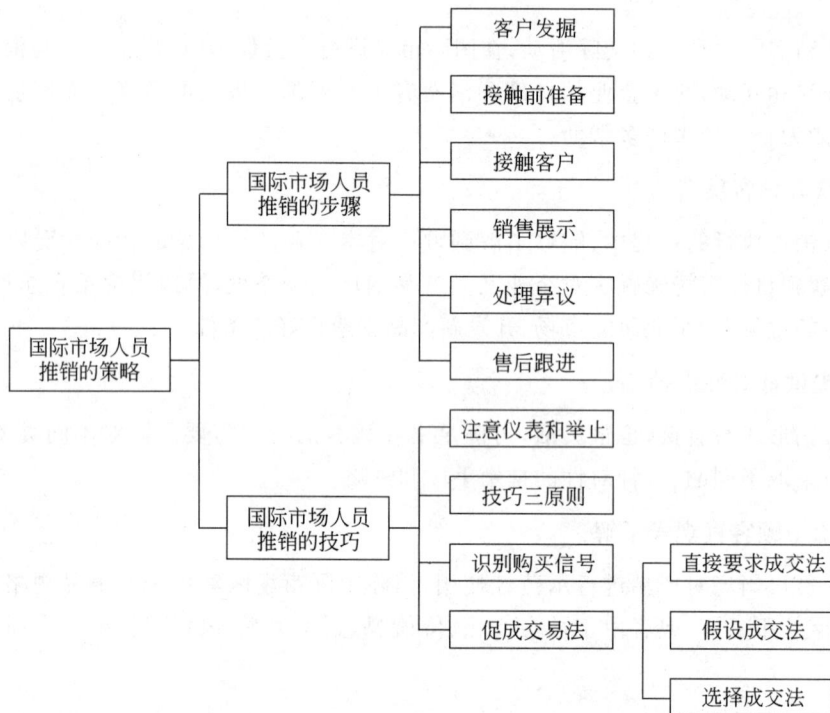

图 14-2　国际市场人员推销策略简图

（一）国际市场人员推销的步骤

国际市场人员推销一般分为以下几个步骤。

1. 客户发掘

如何能够在成千上万的客户中找到自己的理想客户，是一个优秀的推销人员应该具备的能力，也是推销活动成败的关键所在。客户的发掘包括两项内容：确认潜在客户和核实潜在客户。推销人员通过市场细分，分析企业历史客户和现有客户的数据库，可以确定理想潜在客户的特点，以此来确认潜在客户。依照潜在客户的特点找出潜在客户后，需要评估这些潜在客户是否有购买意愿，是否有购买力和购买权力。

2. 接触前准备

推销人员在接触客户前要求有提前的信息准备，包括对产品和对客户的信息。推销人员需要大致了解产品的参数、使用方法、生产流程与销售等方面，以及关于现有同类产品的市场价格和风评，能够熟练地为客户提供横向对比。推销人员需要了解客户的个人情况与对产品的了解程度，在推销前要进行访问预约，方式包括信息预约、电话预约、他人推荐等。推销人员应该要做好推销面谈计划，在客户的购买消费历史、目前需求、爱好等基础上，分析制订出自己的推销方案。

3. 接触客户

推销人员给客户的第一印象直接关系到以后的推销能否继续进行下去。推销人员在与客户初次见面时,应精心设计开场白,引起客户的注意并且得到客户的好感。顺利打开推销的局面后,推销人员可以借助一些问题来评定消费者的购买标准,并让客户了解产品的市场数据或者服务的周边价值,激发客户的购买欲望。此外,推销人员还应特别注意自己的服饰仪表和行为举止。

4. 销售展示

销售展示的主要目的是将顾客带到产品面前,通过实际物品的观看、操作,让顾客彻底了解其功能,促使顾客产生购买欲望,实现销售目标的整个过程。如果客户有明确的需求,并且正在寻找解决方式,则直接介绍相应的产品即可。如果客户没有明确的需求,推销人员应以产品性能为依据,着重说明产品给顾客所带来的利益。

5. 处理异议

客户在接受推销的过程中一般会表现出不同程度的抵触情绪并提出各种各样的问题,包括价格问题、保修问题、产品问题等方面,能够达成交易的关键在于找出客户的异议事项,并完善处理。因此,推销人员应该鼓励客户说出他们的异议所在。推销人员需要注意倾听顾客的意见,在洽谈中适当地提出优惠的方案给客户选择。只有站在客户的角度思考,才能达成交易。

6. 售后跟进

销售过程的最后阶段是一系列的售后服务,售后服务不但可以让客户产生好感,及时处理客户购买后出现的任何问题,也可以加深客户对企业和产品的信任,有利于客户重复买,也有利于企业通过老客户发展新客户,为未来的新推销工作打下基础。

(二)国际市场人员推销的技巧

推销人员在推销过程中需要运用大量的推销技巧,包括以下几个方面。

1. 注意仪表和举止

推销人员初次拜会客户时,开口说话之前,客户首先看到的是推销人员的仪表和举止。正如商品需要包装,仪表就是人的包装,而举止传达了人的礼貌和受教育程度,两者直接影响客户对推销人员的第一印象。

2. 技巧三原则

推销人员使用推销技巧时要遵循三个原则。一是主动,推销人员发现客户有购买欲望后,需要主动提出成交的要求,抓住成交的机会。二是自信,推销人员在向客户提出成交要求时,一定要充满自信,让客户产生信任感。三是坚持,一些推销人员把客户的一次拒绝就视为整个的推销工作失败而放弃继续努力,在不让客户感到厌烦的前提下,可以适当地多尝试几次。

3. 识别购买信号

购买信号是客户通过语言、行动、表情泄露出来的,当客户产生了购买意图并表现出购买信号时,推销人员要敏锐识别并作出回应。

4. 促成交易法

直接要求成交法:推销人员发现顾客的购买欲望很强烈时,可以直接地向顾客提出成交要求。

假设成交法:推销人员可以假设顾客肯定会买,然后向顾客询问一些关于如何包装、付款、保修以及保管产品等方面的问题,引导客户的购买意图。

选择成交法:推销人员可以向客户提出两个或两个以上的购买方案,让顾客选择如何购买,而不是直接问客户买不买。

五、国际市场人员推销的管理

推销人员在公司的营销活动,特别是促销活动中的地位和作用是不容忽视的,是公司里最重要、最宝贵的财富之一。在推销过程中,推销人员就是企业的代表和象征。国际市场推销人员的管理是环环相扣的,主要包括以下几个方面。

(一)推销人员的招聘

产品推销成败的关键首先是能否挑选到优秀的推销人员。优秀的国际市场推销人员除了要具有强烈的进取心、熟练的沟通技巧外,还要具备对文化的适应力及独立工作的能力。国际市场推销人员的招聘多数是在目标市场所在国进行,因为当地人对本国的风俗习惯、消费行为和商业惯例更加了解,或者与消费者或潜在客户有着各种各样的联系,当招聘条件确定后,企业可采取多种方式进行招聘。由于企业人员已经在企业工作过,熟悉企业的工作流程,企业也可以从国内选派人员出国担任销售工作,但是企业选派的外销人员要能适应海外目标市场的文化环境。此外,如有必要,企业还可以招聘第三国人员帮助展开推销工作。

(二)推销人员的培训

1. 国外推销人员培训的类型

国外推销人员培训的类型可分为两种,即对企业外派人员的培训和对外籍人员的培训。

2. 培训的地点与培训内容

推销人员的培训既可在目标市场国进行,也可安排在企业所在地或者企业地区培训中心进行,国外公司的推销人员培训多数是安排在目标市场所在国。可根据推销人员的来源确定培训地点和内容,培训内容主要包括产品知识、企业情况、市场知识和推销技巧等方面。若从企业现有职员中选派推销人员,培训重点应为派驻国市场营销环境和当地商业习惯等。

对于高科技产品,可以把推销人员集中起来,在企业培训中心或者地区培训中心进行培训。因为高科技产品市场在各国具有更高的相似性,培训的任务与技术要求也更加复杂,需要聘请有关专家或富有经验的业务人员任教。

3. 推销人员的短期培训

随着知识经济时代的到来,产品创新和更新换代步伐加快,国际营销环境也迅速地变化。对于这类性质的培训,企业既可组织巡回培训组到各地现场培训,也可将推销人员集中到地区培训中心进行短期集训。

4. 海外经销商推销员的培训

企业在国际市场营销活动中,经常利用海外经销商推销商品,为海外经销商培训推销人员,也是工业用品生产厂家常常要承担的任务。

(三)推销人员的激励

在国际人员推销的管理中,最普遍使用的激励措施是根据推销人员的业绩给予丰厚的报酬,并辅之以精神奖励,以调动他们的积极性。对海外推销人员的激励,需要考虑到不同的社会和文化背景,为不同来源的推销人员提供最有效的激励。

(四)推销人员业绩的评估

对于海外推销人员的激励,建立在对他们推销成绩进行考核与评估的基础上。但是企业对海外推销人员的考核与评估,不仅是为了表彰先进,而且还要发现推销效果不佳的市场与人员,找出问题分析原因,并加以改正。

企业在对人员推销效果进行考核与评估时,还应考虑到当地市场的特点以及不同社会文化因素的影响。若企业同时在多个海外市场上进行推销,可按市场特征进行分组,规定小组考核指标,从而更好地分析比较不同市场条件下推销员的推销成绩。

情境重现

阿里巴巴的推销人员管理

推销人员作为市场上的排头兵直接冲锋在最前线,对企业的价值不言而喻。阿里巴巴曾有一句名言:"宁可错过 100 万的推销机会,也不要错过一个优秀的推销人员。"

阿里巴巴推行"353"政策,即指阿里推销人员每日必须打 30 个有效电话,其中要有 5 个是非常有意向的客户,在这个基础上拜访 3 家客户。主管每天要对每个推销人员的日报进行检查和点评,核心目的在于总结和分享。总结出的经验日积月累,对新推销人员的培养起到了非常大的作用。阿里巴巴对推销人员除了日常事务考核、工作能力及日常表现考核、工作业绩考核以外,还有一项重要的考核方式——客户评价。通过调查客户的满意度和评价,来考核推销人员的工作表现与工作业绩。

同时,推销人员的激励分为物质激励和精神激励。物质激励主要包括薪酬及福利,以及其他物质奖励。常见的薪酬福利包括基本工资、销售提成、各种保险、费用补贴、节日福利、带薪休假等。其中,基本工资、各种保险福利用于保障销售人员的基本生活,而销售提成直接跟销售额挂钩,用于刺激推销人员努力提高销售业绩,也证明自己的能力。一些关键推销人员则应该启用股权期权激励计划,以争取其在公司长期发展,并最终成为公司股东之一。对于一些优秀的推销人员,应该明确其在公司的升迁途径。精神激励则是采用鼓励、赞许、表扬等方式认可销售人员的工作业绩。

六、国际市场人员推销的缺陷

在国际市场上开展人员推销,确实也存在着一些不足之处。

(一)人员推销范围小

公司经营的中心任务就是占领和开拓市场,而推销员正是围绕这一中心任务开展工作的。推销员的重要任务就是利用其"千里眼"和"顺风耳"在复杂的市场中寻找新的、尚未满足的消费需求。他们不仅要说服顾客购买产品,沟通与老顾客的关系,而且还要善于培养和挖掘新顾客。然而,推销人员不可能遍布国际市场,推销范围也不可能太大,往往只能作选择性和试点性的推销,有的效果不如非人员推销方式好。

(二)培养投入成本高

推销员必须对所代表的公司有一个全面了解。熟悉公司发展史,对公司历年财务、人员状况、领导状况及技术设备都了如指掌,因为这些知识都有助于增强顾客对推销员的信任感。推销员还必须掌握公司经营目标和营销策略,并能够灵活运用和解释它们。然而,这对于推销人员的业务要求较高,企业需要对此投入较大。人员推销的费用也比较高,增加了销售成本导致价格上升,这显然不利于企业在国际市场上开展竞争。

(三)难寻优秀推销人员

推销工作是一种复杂的社会活动,受到一定的法律法规制约,因此推销人员在工作中要有强烈的法律意识和丰富的法律知识,优秀的推销员还应具备良好的文化素质。国际市场推销人员的素质要求很高,而高素质的推销人员又很难得到,不易培养。

14.5　国际市场营业推广

情境导入

快时尚产业面临洗牌

一般来说,更新速度较快、设计时尚、价格亲民的品牌被称为快时尚品牌。快时尚品牌之一的 Old Navy 于 2014 年进入中国市场,主打美式休闲风格,价格较集团主品牌 GAP 要低。但是,有外媒称美国快时尚公司 GAP 旗下品牌 Old Navy 将于 2020 年退出中国市场。GAP 集团发布的最新季报显示,Old Navy 品牌销售额与上年同期持平为 19.47 亿美元,同店销售额下跌 4%。因此,业绩下滑是 Old Navy 撤出中国市场的主要原因。

实际上,Old Navy 并不是第一个退出中国市场的快时尚品牌,近年来已经有三家快时尚品牌撤离中国市场,整个行业正在洗牌。2018 年 8 月,TOPSHOP 宣布将提前终止与中国特许经营商的合作,随后关闭了天猫旗舰店。2018 年 12 月,New Look 宣布将关闭中国店铺和天猫旗舰店。2019 年 5 月,Forever 21 宣布退出中国市场。

业内人士指出,近年来消费者对服装质量要求逐渐增高,靠款式和低价吸引消费者的策略在逐渐失效,频繁的大促、大量派发优惠券这些营业推广的方式对消费者的吸引力也在逐渐降低。

资料来源:又一家!"GAP"旗下品牌"老海军"将撤出中国,快时尚品牌低价策略失效?[EB/OL]. (2019-12-10). 央视财经, https://baijiahao.baidu.com/s? id = 1652527752906111536&wfr = spider& for=pc。

讨论:试着总结快时尚品牌常用哪些营业推广的促销手段,你认为频繁的营业推广会对品牌或企业造成什么影响呢?

一、定义

营业推广也称为销售促进,是一种适宜短期推销的促销方法,能迅速产生激励作用的促销措施,也是企业面对一个较大的目标市场上,为了刺激需求、扩大销售而采取的除广告、公关和人员推销之外的所有企业营销活动的总称。

由于营业推广对刺激需求有立竿见影的效果,对于刚进入国际市场的产品,为了诱发消费者尝试一种新产品或新品牌,绝大多数企业在国际市场中都运用营业推广工具来进行促销活动。

二、国际市场营业推广的类别

在国际市场促销上,营业推广一般可分为三种类别,见图14-3。

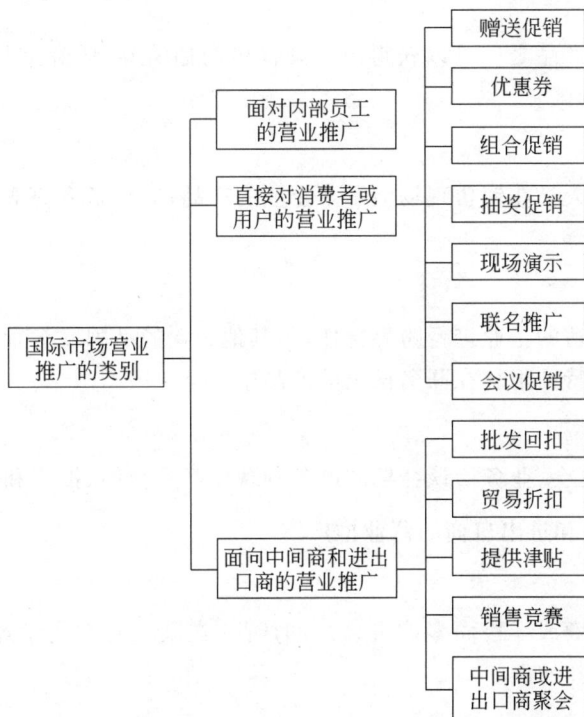

图 14-3 国际市场营业推广的类别

(一)面对内部员工的营业推广

主要是针对企业内部的销售人员,鼓励他们热情推销产品或处理某些老产品,或促使他们积极开拓新市场。一般可采用方法有销售竞赛、免费提供人员培训、技术指导等形式。

主要以前途、收入或荣誉等作为诱因,激发推销人员努力创造业绩。这种诱导的方法叫作推销奖金,又叫提成。例如,鞋子销售人员可能向顾客推荐某种鞋油或其他利润含量高的产品,每售出一件,他们便可得到一定的提成。

（二）直接对消费者或用户的营业推广

1. 赠送促销

向消费者赠送样品或试用品，赠送样品是介绍新产品最有效的方法，缺点是费用高。样品可以选择在商店或闹市区散发，或在其他产品中附送，也可以线上展开赠送活动。

2. 优惠券

在购买某种商品时，持有优惠券的消费者可以减免一定的金额。优惠券的形式包括纸质优惠券和电子优惠券，企业可以在线上线下同时投入一定量的优惠券赠送。

3. 组合促销

企业可以将有一定相关性的产品以较优惠的价格进行组合促销，让消费者在购买心仪产品的同时体验到别的产品，以此来达到推广目的。

4. 抽奖促销

顾客购买一定的产品之后可以获得由品牌提供的抽奖券，凭券进行抽奖获得奖品或奖金，抽奖可以有各种形式。

5. 现场演示

企业可以派推销人员在销售现场演示本企业的产品，向消费者直观地介绍产品的特点、用途和使用方法等。

6. 联名推广

企业可以寻找合适的企业进行跨界合作，与其他企业的品牌联合促销，将一些能显示企业推广产品的优势和特征附加在联名推出的产品中。

7. 会议促销

各类展销会、博览会、业务洽谈会期间的各种现场产品介绍、推广和销售活动。

（三）面向中间商和进出口商的营业推广

1. 批发回扣

企业为争取批发商或零售商多购进自己的产品，在某一时期内给经销本企业产品的批发商或零售商加大回扣比例。

2. 贸易折扣

企业与中间商之间设定某一幅度的贸易折扣，由企业向中间商提供短期折扣或资金上的优惠条件。

3. 提供津贴

推广津贴：企业为促使中间商购进企业产品并帮助企业推销产品，可以支付给中间商一定的推广津贴。

陈列津贴：企业为店铺提供店内安装陈列品的费用，包括柜台陈列、落地陈列、货架陈列和特制陈列架等为促销产品而经专业设计的宣传载体。

回购津贴：在推出新产品时，企业有时会向中间商或者进出口商提供回购津贴，购回尚未售出的旧产品。

广告津贴：企业为中间商或者进出口商补贴广告的全部费用或部分费用，以此作为广告津贴。

4. 销售竞赛

根据各个中间商销售本企业产品的实绩，分别给优胜者以不同的奖励，如现金奖、实物奖、免费旅游、度假奖等，以起到激励的作用。

5. 中间商或进出口商聚会

多数企业会举办聚会来推介新产品，公布营业推广方案或展示新广告战役，有时还举办销售和服务培训班。

三、国际市场营业推广的作用

在开展营业推广活动中，一般来说，只要能选择合理的营业推广方式，就会很快地收到明显的增销效果，营业推广方式的运用能使与其配合的促销方式更好地发挥作用，然而在实际使用中也存在着一些缺陷。

（一）吸引消费者购买

这是营业推广的首要目的，尤其是在推出新产品或吸引新顾客方面，由于营业推广的刺激比较强，较易吸引顾客的注意力，使顾客在了解产品的基础上采取购买行为，也可能使顾客追求某些方面的优惠而使用产品。这种促销方式向国际市场消费者提供了一个特殊的购买机会，它能够唤起消费者的广泛注意，具体、实在、针对性强、灵活多样，对想购买便宜东西和低收入阶层的顾客等颇具吸引力。

（二）奖励品牌忠实者

因为营业推广的很多手段，譬如销售奖励、赠券等通常都附带价格上的让步，其直接受惠者大多是经常使用本品牌产品的顾客，从而使他们更乐于购买和使用本企业产品，以巩固企业的市场占有率。

（三）实现企业营销目标

营业推广实际上是企业让利于购买者，它可以使广告宣传的效果得到有力的增强，破坏消费者对其他企业产品的品牌忠实度，从而达到本企业产品销售的目的。

（四）产生负面的作用

营业推广只是广告和人员销售的一种辅助的促销方式，能覆盖的影响面积较小。这是企业为创造声势获取快速反应的一种短暂促销方式，虽然对市场和消费者刺激较强烈，但时效较短。而且，如果过分渲染或长期频繁使用这种方式，容易使顾客对企业和产品产生疑虑，反而对产品或价格的真实性产生怀疑。

在国际市场上开展营业推广，必须在适宜的条件下，以适宜的方式进行，否则，会降低产品的身价，影响产品在国际市场上的声誉，使消费者感到卖主急于出售，甚至会使顾客担心产品的质量不好，或者价格定得过高。

情境重现

"第二件半价"的秘密

不知从何时而起,"第二件半价"似乎已经成为甜品店推销的标配。就连肯德基、麦当劳都没有放过这种营业推广方式,甚至有的时候还会展开更大力度的促销活动,让顾客加一块钱就可以获得两件。

以肯德基为例,肯德基把饮品、冰激凌这些产品的消费群体定位在了年轻人身上,而一般年轻人出来休闲娱乐都会结伴来的,比如情侣、闺蜜。这样如果刚好遇上新品第二份半价,两个人就可以一起买。这种购买方式会让两个人都有种很开心、很满足的感觉,不仅能够提升消费者的体验,还可以吸引到更多的年轻群体结伴而来。

这种营业推广的方式不仅能增加一些其他产品的销量,商家还可以将一些长期卖不出去的产品组合快速卖出,减少一些不必要的库存,同时又可以为自己打广告。

四、国际市场营业推广的策略

企业想在国际市场展开营业推广时,需要制定一套适合的国际市场营业推广策略,不仅是选择一种或几种推广方式,还需要结合产品、市场等方面的情况,慎重确定营业推广的策略方案。

(一)选择对象

企业通过市场和产品的分析,明确营业推广的促销对象。在国际市场促销上,营业推广选择的对象通常是产品的消费者。

(二)制定目标

推广目标主要是指企业开展营业推广所要实现的推广效果和达到的营业额等具体目标。营业推广目标的制定需要符合产品的定位和企业的发展计划,并且还要根据配合的促销方式来考虑。

(三)选择营业推广途径

根据企业对于产品的定位、目标人群、目标市场等,选择符合的营业推广类别作为营业推广的途径。

(四)考虑时机和安排配合

不同的商品在不同的促销市场中,营业推广的有效时机是不同的。在国际市场上想要达到出色的促销推广效果,需要看准时机进行投入推广,期间还需要其他的促销手段来配合。

(五)确定推广期限

营业推广的时效是短暂的,为了避免长期使用而出现不良影响,企业应考虑消费的季节性、产品的供求状况及其在国际市场的生命周期、商业习惯等因素确定营业推广的期限,以达到低成本、高回报的推广效果。

五、国际市场营业推广的主要限制因素

采用销售推广这一促销手段时,要特别注意不同国家或地区对营业推广活动有不同程度和不同因素的影响,以下是限制国际市场营业推广的三个主要因素。

(一)当地政府的限制

在不同的国家或地区,对营业推广方式在当地市场上采取不同程度的限制。例如,法国政府规定禁止抽奖,免费赠送的物品不得超过消费者所购买商品价值的5%。还有的国家对销售推广的形式进行限制,规定赠送的物品必须与推销的商品有关。因此,在各地出现了各式各样的推广方式。

(二)经销商的合作态度

企业国际市场营业推广活动的成功,需要得到当地经销商或者中间商的支持与协助。与中间商合作是扩展营销规模的有效途径,还需要有一定的促销活动。对于拓宽国际销售市场而言,能否由经销商代为分发赠品或优惠券,由零售商来负责现场示范或者商店陈列等问题,经销商的合作态度非常关键。

(三)市场的竞争程度

目标市场的竞争程度,以及竞争对手在促销方面的动向或措施,将会直接影响企业的营业推广活动。进行销售推广活动一般有两种情况:一是为了扩大市场份额;二是迫于竞争对手的压力。市场的竞争程度、竞争对手在促销方面的动向或措施,将会直接影响企业的销售推广活动。当企业在国际目标市场进行营业推广活动时,也有可能会遭到当地竞争者的反对或阻挠,甚至通过当地商会或政府部门利用法律或法规的形式来加以禁止。

14.6　国际营销促销策略的制定和实施

国际营销促销策略的制定和实施见图 14-4。

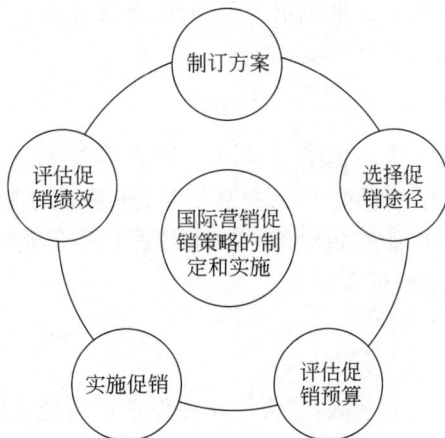

图 14-4　国际营销促销策略的制定和实施

一、制订方案

（一）确定目标对象和市场

企业通过市场调研，界定其产品的销售对象是现实购买者还是潜在购买者，是消费者个人、家庭还是社会团体。只要明确了产品的销售对象，也就明确了促销的目标对象。确定了目标对象后，企业需要对国际目标市场进行研究和分析，全面了解市场信息，评估进入市场能产生的价值。

（二）设计促销信息

在不同时期和不同的市场环境下，企业开展的促销活动都有着特定的促销目标。对此，企业需要重点研究促销信息内容的设计，让产品的特点和优势能够在促销中着重体现出来。

二、选择促销途径

（一）国际公关关系

国际公关是指企业针对国际公众所进行的公关活动或对国际有着显著影响的公关活动。在企业中，国际公共关系是企业为增进公众的信任和支持，利用传播的手段以及各种形式的国际交往，树立企业的良好形象，协调企业与社会、企业与消费者，以及企业与其他同行关系的活动。

（二）国际市场广告

国际市场广告是国际营销活动发展的产物，企业为了配合国际营销活动，以支付国际广告费用的形式向国外消费者传播企业产品和服务的信息，是一种常用的促销活动工具。由于国际市场广告是在国际市场范围内展开的，必须以有效的策略执行并实施广告信息的传播，包括一体化策略和本土化策略。

（三）国际市场人员推销

国际市场人员促销是指企业通过推销人员向顾客介绍商品以达到销售目的的活动，因此它又称为直接促销。但是由于各地风俗习惯不同，文化差异很大，因此进行国际市场人员推销的困难程度比国内市场人员推销要大。

（四）国际市场营业推广

国际市场营业推广是除了人员推销、广告和公共关系等手段以外，在一个比较大的国际目标市场上，企业为了刺激消费需求、扩大产品销售，而采取的能迅速产生激励作用的促销措施。虽然国际市场营业推广能在短时间内产生较强烈的促销反应，但是其在国际市场上的限制较多，需要详细周全地制订实行方案。

三、评估促销预算

企业应以自己的经济实力为基础，综合考虑在促销期内受干扰程度大小的状况、可支配资金的限度决定促销组合方式，还应该评估促销效果达到的经济效应值得多大程度的资金投入。如果企业促销预算费用宽裕，则可几种促销方式配合使用；如果企业促销预算费用紧张，则需要考虑选择耗资较少的促销方式进行促销活动。

　　企业还可以通过估算竞争企业对于相似产品的促销费用和促销效果,以此为基础来评估自己的促销预算,再根据自身的具体情况,确定适合本企业实际的促销预算方案。

四、实施促销

　　当以上内容确定并完善了国际营销促销策略方案后,企业可以根据方案内容组建一支有效的促销队伍,建立一套完整的程序来帮助展开和完善促销工作。促销工作包括分配人员安排、带领促销人员工作、控制活动进程、监督活动进行、监测促销费用的投入、及时发现促销工作中的问题并解决、根据实际情况调整方案等方面。

五、评估促销绩效

　　评估促销绩效是指对促销方案的执行过程、呈现效果、实际绩效作出评估,并指出整个促销过程应该调整和改正的地方。评估促销绩效的目的不仅仅是对促销工作的全面复盘,而是一次重要的促销经验总结,是企业为了以后再次展开促销活动的重要参考数据。

小　结

　　随着国际市场不断向全球化发展,国际营销促销的作用愈发凸显,了解并掌握国际营销促销的知识尤其重要。国际营销促销策略是企业或产品在进入国际市场时打开市场、提高销量的重要策略,促销的主要方式分为四个:国际公关关系、国际市场广告、国际市场人员推销、国际市场营业推广。不同的促销方式有不同的促销效果,在制订促销方案时需要依据目标的定位进行选择和搭配。同时,不能忽略后续工作的跟进和完善。本任务将从国际营销促销策略的整个流程进行讲解,以便同学们学习并掌握。

思考与练习

一、填空题

　　1.促销实质上是一种_____,即营销者发出能够刺激消费的各种信息,把信息传递到一个或更多的目标对象,以影响其态度和行为。

　　2.公共关系是指某一组织为改善与_____的关系,促进公众对组织的认识、理解及支持,为创造与_____的和谐发展而采取的一种独特的管理活动。

　　3.广告是指以_____的广告,通常是商业广告,它是为推销商品或提供服务,以付费方式通过广告媒体向消费者或用户传播商品或服务信息的手段。

　　4.能否成功地将推销产品解释为_____,能否成功地将推销产品解释为_____,是保证推销效果的关键因素。

　　5.营业推广也称为销售促进,是一种适于_____的促销方法,能迅速产生激励作用的促销措施。

二、单项选择题

　　1.下列各项中不属于促销的作用的是(　　　　)。

A. 缩短入市的进程　　　　　　　B. 提供针对性推销

C. 刺激消费　　　　　　　　　　D. 带动相关产品市场

2. 国际市场公共关系的新模式不包括（　　）。

A. 网络模式　　　　　　　　　　B. 公关搜索引擎模式

C. 语音模式　　　　　　　　　　D. 新闻模式

3. 国际市场广告媒体有（　　）种类别。

A. 四　　　　　　B. 三　　　　　　C. 五　　　　　　D. 六

三、多项选择题

1. 国际市场广告的特点是（　　）。

A. 渗透性　　　　B. 艺术表现性　　　C. 公开展示性　　　D. 普及性

2. 国际市场人员推销的管理包括（　　）等方面。

A. 推销人员的激励　　　　　　　B. 推销人员业绩的评估

C. 推销人员的工作时间管理　　　D. 推销人员的招聘

3. 国际市场营业推广的主要限制因素有（　　）。

A. 消费者的偏好　　　　　　　　B. 当地政府的限制

C. 经销商的合作态度　　　　　　D. 市场的竞争程度

四、判断题

1. 推销工作是一种复杂的社会活动，受到一定的法律法规制约，因此推销人员在工作中要有强烈的法律意识和丰富的法律知识，优秀的推销员还应具备良好的文化素质。（　　）

2. 在国际人员推销的管理中，最普遍使用的激励措施是给予推销人员精神奖励。

（　　）

3. 国际市场广告的内容策略可以分为：强调理性为主还是强调情感为主、主题经常改变还是主题长期不变、陈述为主还是对比为主、全面陈述为主还是正面陈述为主。（　　）

实训课堂

一、思维训练

正如亚马逊不只是"卖书的网站"那样，星巴克也希望自己不只是"卖咖啡"而已。为了保持一定的曝光率，星巴克通过展开一次次跨界联合的合作来推广品牌。

星巴克曾联手美国著名歌手 Lady Gaga，推出极富少女心的"善良杯"特饮，并承诺每卖出一杯特饮，就会捐出 25 美分给 Gaga"生来如此"慈善基金会。星巴克也不会放过中国那么大的市场，香港星巴克就曾与时装设计师 Vivienne Tam 合作推出联名限量系列，在产品的包装印上以水墨画形式打造的鸟雀、竹子树、梅花等具有东方特色的图案。星巴克的周边不只是杯子这么简单，还有各种五花八门的东西。

对已经有影响力的品牌来说，通过推出周边产品是一种加深品牌效应的方式。在星巴克西雅图的周边商品门店有不少直接打上星巴克 Logo 的周边产品，店内销售的产品包括绒线帽、鸭舌帽、T 恤衫、毛绒玩具、圆珠笔、钥匙扣等。除了基本都会出现的 Starbucks 字符，这些周边产品最醒目的是使用了识别度相当高的星巴克绿色的 Logo。

要求: 发散思维,多角度思考此案例。

讨论: 分享一下你有所耳闻的星巴克引发的抢购风潮,与同学讨论星巴克频繁推出周边产品的目的是什么。

二、案例分析

案例 1: 在功能饮料市场,有一个大家耳熟能详的品牌——红牛。红牛在国际市场上大获成功,创造了一个全新的价值数十亿美元的饮料品牌,与百事可乐、百威以及可口可乐这样的饮料巨头展开激烈的竞争。

在进入全新的市场之前,红牛赞助了法国红牛夏蒙尼滑雪比赛,借此类大型活动预热,树立品牌口碑。刚进入市场之时,红牛首先锁定潮流店铺、俱乐部、酒吧和商店,让文化精英先接触红牛产品,然后影响其他消费者,并且红牛把目标锁定在可能影响消费者购买的意见领袖,包括运动员和娱乐圈的名人。因此在上市之初,产品可以迅速触达这些先锋客户,可以得到大量的曝光和关注。

当其他产品试图以样品到达最大数量的消费者时,红牛只寻求在特定的条件下触达顾客。比如,红牛在音乐会、聚会、节日、体育节目、沙滩、高速公路服务区和大学的图书馆里以及大型颁奖典礼的豪华轿车内发放样品。红牛总是试图贴近高端场合,这个品牌在增加年轻人对使用品牌的骄傲和自豪感,总之一句:无论在哪个场合,不掉档次。

红牛在需要强化品牌时,就开始全面布局各大电视台广告和节目了,把"红牛疯狂无极限"传递给了所有的消费者。正如一名红牛营销主管说的那样,红牛其实已经在各类市场中沉淀了,但是媒体不是确定市场的工具,但是极其重要的一部分,是在发展的后续阶段发挥作用的。红牛对 YouTube 这样的媒体了如指掌,知道如何创造与网民产生共鸣的内容,并且拥有广大的粉丝。所以,不管是 PewDiePie、iJustine、Todrick Hall 还是 Michelle Phan,合作都值得一试。PewDiePie 的 YouTube 主页有 3600 万的订阅量、90 亿的视频点击量,加上 Twitter 和 Facebook 上的 600 万粉丝,不难想象品牌将大大受益于这些用户偏好等数据,更不用说,它可能会直接带来大量的广告用户的关注。

分析: 请你总结一下红牛在国际市场上的广告策略是如何一步步进行的,从以上案例中你得到了什么启示呢? 国际市场广告策略对红牛产生了什么影响呢?

案例 2: 2019 年 4 月 2 日,著名品牌匡威因为新鞋发售而登顶微博热搜榜。事情的起源是有网友发图爆料称,某匡威店张贴出的"发售预警"显示,新款 1970s 黑色高帮鞋将于 4 月 5 日启动抽签发售,"数量有限"等字眼开始刺激消费者。在公告中看到购买时需要带上本人身份证,还要穿上匡威的鞋子和衣服,且需要两者同时具备。这一系列不合理的着装要求和饥饿营销也让大家愤愤不平。

针对此事,匡威发布公告向公众致歉。匡威表示,由于未能预估 1970s 鞋款的受欢迎程度,对于部分消费者无法在第一时间买到喜爱的鞋款,致以诚挚的歉意。同时,致公众函称,匡威从未参与也绝不鼓励任何炒卖行为,品牌方已第一时间与相关授权经销商进行了严肃沟通,取消非联名款产品的排队和抽签,严禁一切配货行为。尽管匡威最后发布了官方函致歉,但在消费者心目中已经留下了不愉快的体验。

匡威这次实际上是一次失败的饥饿营销。饥饿营销本质上也是一种促销手段,它就像一场暴利活动,看准了消费者的普遍心理:别人有我也要有,没有我就输了。于是各大商家纷纷开启饥饿营销,但用户不是永远都愿意为饥饿营销埋单。1970s 数量有限,购买者要排队抽号。这年头有钱还不一定能买到鞋,运气也是很重要的,看来只有天之骄子才能穿得上匡威 1970s 了呢。

分析:请你思考一下为什么匡威这次促销会"翻车"呢? 试分析失败的原因是什么,从中你得到了什么启示?

案例 3:在"中国智造"出海团中,有一批依靠精准营销促销策略、稳扎稳打的本土品牌,在国际科技消费市场的红海竞争中后来居上,风头正劲。其中,一直号称"为发烧而生""性价比之王"的智能手机和生态链品牌——小米,就是一个好例子。不同于国内和亚洲地区早已被广为知晓的品牌力,小米在欧洲市场的品牌认知度可谓是从零起步,全都要在新世界新冒险中从头来过。

欧洲消费市场成熟度较高,消费者在科技产品的选择上相对更加理智冷静。以 2019 年 Note 10 在海外发布为例,考虑到这款手机在海外的产品定位中高端市场,小米选择保留使用知名度最高的 Mi 系列命名加持,通过长期在国际市场投放广告以强化其高端旗舰阵营的影响力,提升产品在海外市场的品牌辨识度。在围绕防抖特性打响创意的主题视频中,品牌牢牢抓住大批欧洲年轻消费者喜爱户外运动的日常爱好,让热爱运动的欧洲年轻人迅速找到了情感上的共鸣。在全方位视频直播的 Note 10 新品发布会上,品牌贴心提供了四国语言同声传译,让消费者关心的痛点问题能以最清晰直白的方式得到解答。而在 KOL 营销上,Mi Note 10 更是"霸屏"智能手机领域:从开箱视频到上手测评,欧洲每个国家的科技 KOL 都在积极参与,从 Note 10 在不同场景下的摄影能力进行点评,从分析处理器速度、实测运转游戏的处理能力以及上手质感和性价比等各方面给出最深度、最细致的意见。

从小米登陆西班牙开始,其业绩增长速度一直领先同档位竞品。在法国的冰雹天,消费者依然热情排队抢购,掀起了一股法兰西小米热潮。挑剔的欧洲消费者早已放下成见,接受并拥抱这个来自东方的年轻品牌。

分析:在国际市场上,小米为了推出新产品运用了哪些促销途径? 小米的一系列国际营销促销策略对品牌产生了什么影响? 请你试着分析一下。

任务 15　国际营销公共关系和政治权力策略

学习目标

● **知识目标**

(1) 了解国际营销公共关系策略;

(2) 了解国际营销政治权力策略。

● **技能目标**

通过对国际市场公共关系渠道策略和政治权力策略的学习,能够制订国际营销方案。

华帝厨具世界杯公关大放异彩

2018年足球世界杯之前，"华帝"的品牌很少有人知晓，经过了大赛之后，大部分中国人都认识了"华帝"。如此巨大差距来源于今年世界杯期间的一场公共关系营销：法国队夺冠华帝退全款。

2018年，华帝携手法国队冲冠世界杯，若法国国家足球队2018年在俄罗斯夺冠，则对在2018年6月1日0时至2018年6月30日22时期间，凡购买华帝"夺冠套餐"并在门店签订活动协议放弃赠品，选择"夺冠退全款"的消费者，可凭借活动协议及购机发票到指定门店，华帝将按所购"夺冠套餐"产品的发票金额退款。

华帝的微信指数在2018年7月16日法国夺冠当天暴涨3016.96％，华帝还霸占了微博热搜的头条。促销期间，华帝创下了10亿元的销售总额，增长了20％，而退款额只有不到8000万元，增长的销售收入远高于为购买"夺冠套餐"的消费者退全款的损失，华帝的公共关系营销无疑是非常成功的。

资料来源：本刊编辑部. 从华帝世界杯营销看品牌传播[J]. 公关世界，2018，No.432(13)：11.

讨论：华帝品牌的公关营销策略有何借鉴意义？

情境认知

公共关系是指企业为了促进销售，为了取得国际市场上的社会公众、顾客和政府官员的信赖和理解，在企业和公众之间建立良好关系而开展的各种活动的总称。公共关系主要包含五项内容，一是和新闻界的关系，二是进行产品宣传，三是传播企业信息，四是公关政府官员，五是接受各种咨询。通过多种沟通方式建立企业与公众、企业和客户之间的关系。良好的公共关系可以扩大企业的品牌宣传，扩大产品的销售市场。

企业营销管理中处理好公共关系是企业平稳运行和发展的关键。企业营销管理者在制订公共关系的计划中，要结合企业业务发展的目标，了解企业的目标受众对企业的看法、疑虑、意见和建议，制订相应的公共关系计划。其中包括媒介关系、向企业的管理层提供有关事件及政策方面的咨询、制订企业形象推广计划、处理政府与企业的关系、企业宣传资料的制作、举办大型会议和研讨会、树立企业"思想领袖"地位、赞助重要大活动和议题管理与危机管理等，进而处理好企业营销管理的公共关系建设问题，推进营销综合能力的提升。

15.1 国际营销公共关系策略

情境导入

海底捞道歉的背后，到底是危机公关还是营销手段

海底捞公司成立于1994年，是一家大型跨省直营餐饮品牌火锅店，全称是四川海底捞餐饮股份有限公司。

2020年3月下旬，中国的新冠肺炎疫情控制趋于稳定，海底捞门店重新开放堂食，复工后菜品涨价6％。有消费者直呼在疫情结束后本来就长时间没有复工、没有收入，感觉一顿

饭也吃不起了,有些消费者就在朋友圈晒单抱怨。

2020年4月10日,海底捞火锅官方微博发布致歉信称,海底捞门店此次涨价是公司管理层的错误决策,伤害了海底捞顾客的利益。对此我们深感抱歉。自即时起,中国内地门店菜品价格恢复到今年1月26日门店停业前标准。

随后,海底捞道歉的话题冲上微博热搜,并且赢得不少网友的好评。据统计,"海底捞道歉"话题截至发稿前话题阅读量已达4.9亿次。同时,在微博发文正在吃海底捞的用户也不断增加。

营销行业的业内人士认为,这一轮操作,海底捞有从一次市场销售策略变成一次营销策略的嫌疑。品牌通过涨价-道歉-恢复原价-促销活动,顺利把自己的品牌送上了热搜,并持续保持热度,尽管没实现提升利润,却做了一波品牌宣传,称得上是一次成功的营销策略。

资料来源:张香娇.海底捞的危机公关[J].魅力中国,2019(2).

公共关系是促销的补充形式,但其可靠性和真实性对促销的效果是十分有效的。公共关系策略和政治权力策略存在一定的互补性,政治权力策略带有一定的强制性,而公共关系策略则有一定的诱导性。公共关系营销,就是通过建立和维系与消费者及相关者之间的长期良好关系,充分利用和强化各种形式的关系网络来开展营销活动。

15.1.1　导入型公共关系策略

企业营销市场的效益增值一般要依靠"有形资产"和"无形资产"(声誉、信誉、形象、知名度、美誉度等),无形资产的竞争越来越明显,这在很大程度上要靠公共关系来实现。企业之间的竞争表现在市场、商品、服务等诸多方面,但实质上是对顾客之争,公共关系就是以树立企业营销形象,使消费者对企业产生良好的印象,造成对企业的偏爱为宗旨的。优质服务是企业营销市场树立良好形象的基础,而有效的公共关系活动正是塑造企业良好形象、争夺顾客的有效手段。开展有效的公关活动来树立良好的企业形象,又可以提高企业的竞争能力,使企业在激烈的市场竞争中立足。

公共关系策略层面,需要做好口碑营销,以此来提升品牌知名度。良好的信誉是企业的一笔巨大的无形资产和财富,它是市场经济条件下企业的制胜法宝。市场经济条件下主体之间最重要、最普遍的经济关系就是公平竞争和互利合作,竞争与合作的前提是相互信任,讲究信誉。因为企业市场经济的基本特征是竞争经济、交换经济、信用经济,这些特征从根本上要求遵循诚实守信原则,更是依赖企业的核心理念来主导其利益寻求方向,企业核心理念中的诚信是企业市场经济健康运行的基础。公共关系塑造组织形象离不开核心理念的指导,离开了核心思想的企业,其经济根本就无法长期运行;离开了"诚信守则、服务社会"这个核心理念,企业便无形象可言,因为信誉是企业的灵魂。企业的公共关系应当适应社会发展的规律,及时调整企业核心理念,这也有利于维护企业信誉。从国际市场广大社会的需求为中心的市场出发,向中亚地区以及"一带一路"为背景的市场调整企业管理的核心理念,建立先进的公共关系。以灵活的核心理念设计经济运行模式,并获得更多的国内和国际的合作机会。

对任何企业来说,口碑在国际营销中发挥着十分重要的作用。在一个新产品投放市场之后需要在短时间内在消费者心中建立良好的口碑,好口碑决定消费者的购买欲望。品牌的知名度是提高消费者关注度的重要因素。企业受困于品牌边缘化的困境,应重新进行思考,制定品牌战略,加强品牌影响力。第一,清晰品牌的价值,在发展过程中需要制定品牌提升路径,对品牌的发展方向有一定的认识。另外在公司内部建立品牌监测体系,通过对大量的数据进行分析,找到品牌发展过程中存在的不足。第二,明确品牌在竞争过程中的优势,品牌价值主要是为了向目标客户进行良好的沟通,通过与客户互动沟通的方式提升企业品牌影响力。现阶段企业在向消费者传递品牌形象的时候主要是用说教式的方式,实际效果不佳,因此在和消费者沟通的过程中需要对消费者进行相应的研究和调查,通过外部和内部的沟通将企业的品牌理想和企业文化进行有机统一,使消费者对品牌形象有进一步的认识。

口碑对很多产品来讲也是非常重要的影响因素。新产品口碑的成败直接决定着消费者是否决定购买。对目前的网络口碑维护,企业传统的维护主要是以论坛稿件传播、排行榜优化、负面抑制为主,缺乏长期口碑维护策略与管控指导。建立一套系统的口碑管理体系势在必行,可以从打造企业品牌粉丝文化方面入手。粉丝和用户有着核心的区别,用户是产品的使用者,有可能产生抱怨、投诉,制造负面影响。而粉丝则是忠诚度极高的一批用户,他们能够感染身边亲朋好友,维护、传播品牌及产品,对恶意言论进行有理有据的反击,正视产品的缺陷和不足,对产品、品牌提出建设性意见。在这方面企业可以学习在海外市场营销比较成功的小米,小米在印度市场的火热程度甚至超过了苹果在中国的热度,其中有很大一部分原因是小米十分注重公共关系的维护,不仅利用当地传播媒介、雇用本地员工,还结合当地文化风俗用心地维护公司和粉丝之间的关系,让"米粉"对品牌死心塌地。企业在这方面可以适当利用当地媒介或企业进行传播,不仅要用良好的服务稳固现有客户,也要合理宣传,适当"诱导"开发潜在客户。可以通过在当地适当做一些公益项目的投资达到企业品牌宣传的目的。如果市场进入困难且在企业发展战略允许的情况下,可以考虑与当地企业合作组成合营企业,这样既能避免关税、汇率等一系列国际营销风险,也能起到维护公共关系的作用。

情境延伸

章丘铁锅一夜走红

虽然济南章丘锻造铁锅的历史并不算悠久,但是章丘铁锅仍然以其特有的制作工序而在 2018 年春节期间的《舌尖上的中国 3》中崭露头角。这款铁锅需要历经 12 道工序,再过 18 遍火候,1000℃ 高温锤炼,经受 36000 次锻打,直到锅如明镜,才能产出一口铁锅。经过《舌尖上的中国 3》播出后口碑暴增,仅仅十分钟,"臻三环"章丘铁锅网店的 2000 余口库存卖光,在天猫网店订单销量更是飙升近 6000 倍,后续线下产生 10 万口左右订单。

资料来源:郭师绪. 章丘铁锅的网红经济学[J]. 新产经,2018(4):69-70.

商业广告不仅是商品促销的重要手段,而且具有鲜明的功利特征和强大的经济功能。商业广告也是一种社会文化现象,是社会文化的组成部分,因而也具有文化的特征和功能。我们在利用商业广告经济功能的同时,还应当把广告纳入社会文化的系统中加以考察,充分认识商业广告的文化功能及其所担负的文化责任,以便更好地利用它,使之在社会精神文明建设中也能发挥积极的作用。商业广告中蕴含着丰富的文化内涵。广告向人们所传递的有关商品、服务、企业等经济、科技、文化诸多方面的信息,本来就是人类所创造的物质文化和精神文化的反映。而广告主体采取"文化攻心"策略,利用文化的力量号召受众,在广告中注入文化内容,又为广告增加了文化含量。所以我们可以看到,现代商业广告不仅介绍各种商品和各类服务项目,说明广告商品的特点、功能、作用,向消费者作出利益的承诺,而且传播各种文化意识,展示多样的文化景观,介绍发达国家的时尚,说明广告商品与文化的关系。这些内容为广告商品增加了文化附加值,增添了文化吸引力,商业广告因此成为一种社会文化现象,呈现出商业功利和社会文化双重色彩,具有了经济和文化两方面的功能,不再是简单的促销工具。

准备好与潜在客户发生业务关系的各项准备;既然想成为世界一流的企业,就需要有成为世界一流企业的态度和诚意。客户需要可靠的产品,我们通过技术研发提供新产品,通过提高工艺水平确保质量,通过质检剔除不合格产品;客户想贷款买车,提高净值资产收益,我们可以提供金融服务方案;客户需要售后服务,我们可以建立服务站,配备资深维修工程师;客户想买配件,我们可以建立缓冲配件仓库,通过快递方式送货上门。建立营销系统的监督倒逼机制,形成系统的自我进化机制,最大限度地满足客户的需求。

需要注意的是,企业在学习其他企业先进的企业营销管理模式时,要熟练地学习,灵活地运用,但不能照搬。国际的社会环境、教育水平和国民经济环境可能不兼容发达国家的现行的成功的企业营销管理模式,因此需要制定符合企业实际的,科学有效的管理模式。学习相关企业先进的企业营销管理新思想,管理者需要解放思想,大胆追求管理创新,完全抛弃旧的营销管理理念,将借助科学的营销管理理念和方法统一引导和管理企业营销员工,使员工的思想、工作作风和企业发展提出自己的要求,积极参与管理,支持管理。结合自身实际的不断改进,一个好的管理体系绝不是一蹴而就的。无论先进与否,一切都是相对的。作为企业营销管理者,应该清楚地认识到,其他企业营销管理中最好的东西在企业中应用时不一定是最好的。企业营销管理者在实践工作中,应坚持学习,不断创新,积极检验自己在营销管理方面的缺陷和问题,不断通过总结和改进来提高营销管理水平,建立和完善真正的科学的现代企业营销管理模式。

15.1.2 稳定性公共关系策略

在国际市场营销中,公共关系策略是为了争取潜在客户的理解、信任和支持,树立良好的形象和声誉,衡量公众的态度,从公共利益出发确定企业的具体战略和工作。它是与潜在客户联络沟通的一种策略。在国际营销领域,公共关系具有两方面的任务:第一,向国外新闻媒介发布新产品信息,在企业和社会沟通间架起桥梁,把公司的行为公之于众。在策略实施过程中收集客户的反馈。第二,为国际分公司树立一个良好形象。

众所周知,维护公共关系是需要大量资源的持续投入,由于资源的有限,很多在分配资源时,往往优先考虑市场较大、现阶段发展较好的市场,而对较小市场,采取限制投入或不投入的策略,使公共关系维护陷入恶性循环。企业应当加大信息收集的力度,针对用户信息的反馈,了解到消费者的消费意愿,然后再由企业上层管理者根据这些信息调整企业的发展战略,为消费者提供更为优质的服务,提高消费者的满意度,增进与顾客之间的关系。

企业要加大对公共媒体的重视力度,与其建立良好的合作关系,邀请媒体经常性地到企业进行采访和报道。同时,企业也可以通过报纸和电视媒体等方式加大宣传力度,通过赞助等方式和当地的报纸企业、电视台进行合作,从而签署相关协议,进行定期的访谈和报道。这一方式在极大程度上宣传了企业的产品和文化,在公众面前营造了一个良好的形象。

情境延伸

美国公共事业企业挺进社交媒体时代

2013 年,美国《华尔街日报》网络版上刊登题为"公共事业借力社交媒体"(Utilities Tap Power of Social Media)的评论文章称,随着社交媒体的蓬勃发展,原本刻板的公共事业公司也开始融入这一趋势,利用这类平台为加强与用户的沟通,提升用户满意度,北美的公共事业企业挺进了社交媒体时代。

美国的多数公共事业公司都在利用 Twitter 与用户沟通,或是倾听他们的建议。在 Facebook 上,用户则争相学习提高能源使用效率的方法,并争夺各种奖项。有些公共事业公司还在 Flickr 和 Instagram 上发布照片,或是在 YouTube 上发布视频。

"公共事业公司已经彻底改变了对社交媒体的看法。"埃森哲能源客户服务(Accenture Energy Consumer Services)主管格雷格·古斯里奇(Greg Guthridge)说。曾经社交媒体似乎只是发布新闻稿和营销信息的一种渠道,但现在却成为很多公共事业公司与外界交流的主要手段,在改善用户满意度的过程中发挥着越来越重要的作用。根据美国公共事业咨询和研究公司 E Source 的调查,在 53 家受访的美国和加拿大公共事业公司中,有 92% 使用 Twitter,86% 使用 Facebook,高于 3 年前的 64% 和 52%。

资料来源:陈文佳. 社交媒体影响下的美国公共艺术[J]. 公共艺术,2017(6):50-55.

任何企业都是社会中的企业,必然受社会各方面关系的影响,企业在进行国际市场的营销活动中就必须重视公共关系的建立与维护,不能忽视各个阶层、各个媒介对企业业务的影响。对于公共关系建设基础较为薄弱的企业,更需要加大对公共关系建设的投入,在企业力所能及的范围内,在公共关系方面有针对性地进行资源倾斜,每年度设定专项公共关系维护资金,力争为企业在国际市场创造一个好的公共关系环境。

市场经济是讲究效益的经济,是以商品生产者实现最大效益为基础的。没有高效率的管理理念,商品生产者所要追求的利润就无法实现。在市场交换过程中,如果市场交易主体缺乏效率,交易者就会互相不具备可操作性,因此更要注重质量诚信和口碑。市场规律再次告诫我们"口碑和诚信"是无形资产,是市场经济活动中的安身立命之本,作为市场经济社会的一员,任何企业的核心理念管理如果只为了自己的短期利益,而违反市场游戏规则,都将最终难逃规则的惩罚,其教训也是惨痛的。如果人人都坚守诚信的核心理念,就会大大降低交易成本,提高合作质量和生产效益。可见,诚信的核心理念是确保市场经济得以高效运行的基本要素,损坏企业在消费者之间的口碑,会间接性地弱化企业在生产合作上的竞争优势,降低企业运营效益。

21 世纪人才最贵,这是一个笼统的概念。什么样的人才最贵,复合型的人才最贵。对于重型汽车行业,想做好一个销售员,你需要懂得汽车构造,懂得外语,懂得国际贸易,懂得财务知识,懂得市场营销,懂得社交礼仪,懂得经济学等。如何在工作或者生活过程中成为一名复合型人才,一是实践出真知,二是参与公司的培训,三是利用个人时间充电,打造完整的知识结构体系,让分散的各类学科能够相互产生作用,发生有益的联系,以提升工作效率。在建立了完整的知识结构体系后,就需要找准业务方向,这就需要解决业务层战略的问题。

业务层战略聚焦于具体的产品市场,公司以其所具有的竞争优势在目标市场开展的一系列营销的工作组合。公司在选择业务层战略时需要确定:谁是客户;客户的需求是什么;怎样满足这些客户需求。在特定的细分市场中较少地采用聚焦成本和聚焦差异化的战略,这是未来利润的增长点。要在日常的企业管理工作中,围绕相关的公共关系问题展开民主讨论,调动一切可以调动的力量,只有从思想意识上将企业公共关系的发展放在一个战略发展的高度,其在今后的发展中才会获得更大的资源支持,其所取得的公共关系的发展效果也能得到一个很好的保证。然而在把握公共关系管理方面企业需要顺应国民思想观念的发展,这就需要企业紧跟政治背景的宏观方向,这就需要把握企业的公共关系管理理念先进性。

15.1.3　危机公共关系策略

危机公共关系策略是指企业在某一市场内,避开和实力最强企业的直接竞争,而使自己企业的产品在特征和属性方面明显区别于竞争对手。企业进入欧、美、日主要发达国家市场,应当采取避强定位策略。

企业需要进一步加强企业内部资金的管理,优化企业内部的债务结构,准确把握生产原料的变化趋势,合理进行全球原材料的采购,降低产品价格波动对企业整体产出的影响。同时企业还需要结合市场实际情况,及时规避外汇风险。合理控制外汇风险不仅能够减少企业的整体损失,也能保证价格营销策略的稳定实施。企业在国际营销谈判中可以尽量采用货币保值的方式,或在成交的时候选择对企业有利的货币,或在成交时评估外汇风险适当选择延期或提前支付等方式规避外汇风险。

利用直接营销的方式进行国际营销,会让企业对国际市场的把握更灵敏,经过国际经销商的国际营销会让企业对市场的反应存在一定的滞后性。因此企业如果能将直接营销和利用国际经销商营销的方式相结合,就能在保证企业销量的同时,保持对市场的灵敏度,不至于出现信息不对等的情况下竞争对手抢占市场份额的现象。

近年来,受国际经济形势变化的影响,国家间贸易争端和摩擦呈现上升趋势,贸易保护主义抬头,对我国进出口政策产生了较大的影响。如未来国家进出口政策和税收政策发生不利变化,则公司所享受的出口税收优惠将受到影响,从而影响公司对国际市场开拓策略的制定。

情境延伸

大疆公司积极应对贸易战威胁

2018年以来,为追求"美国优先",为了达到其削减贸易逆差,阻止中国崛起的目的,美国一次次对中国科技巨头公司实施制裁。2019年5月22日,美国CNN的一篇最新报道,"国土安全部强烈担忧:中国产无人机在窃取数据"中说,美国国土安全部对来自中国无人机品牌发布了一份"警告",称中国制造的无人机会存在将敏感的用户信息传回到中国,进而被中国政府获取的嫌疑。虽然报告中并未明确说明是哪家无人机公司,但是美国有近八成无人机均来自中国知名无人机品牌,总部位于深圳的"大疆"。

大疆积极对美国国土安全部的"警告"进行了回应,公司的产品通过了美国政府的安全许可认证。美国内政部已发布的技术评估报告显示,大疆 DJI 的无人机设备通过超过一千小时的飞行,还有两年多的审查。虽然没有以官方声明形式发布,但将创建一个解决方案,允许各政府机构使用大疆 DJI 产品,并防止不必要的数据泄露。此外,大疆 DJI 为了获取美国政府的信任也做了很多,其承诺将供应给美国政府或企业的机种移到美国组装生产,这样既能消除监管疑虑,也能避免关税的打击。

资料来源:林雪萍.跳出"贸易战"思维,应对"科技战"新战场　看清美国"双线作战"的图谋[J].中国经济周刊,2019(10):16-19.

在当前较为复杂的宏观经济环境中,各国出于自身利益考虑,使国际贸易存在更多不确定因素:全球和区域性政治经济局势、出口国家产业政策和环保政策、双边和多边贸易关系等因素的变化均可能影响公司的出口业务,从而影响公司对国际市场开拓策略的制定。

出口业务基本都是用外币结算,这就需要考虑外币的汇兑损失。由于目前出口市场的产品价格利润空间比较小,因此汇率的变化会对利润产生影响。在原材料居高不下、企业利润空间越来越小的情况下,关注汇率变化,找准时间进行汇兑,会对利润有所贡献。国际市场不同于国内市场,考虑针对国外市场目前提供的有限的增值服务,具备竞争力的价格是目前拓展国际市场的有力法宝,面对原材料波动的风险,成本控制显得尤为重要;同时还需要关注复杂的国际环境下政策、关税和汇率的变动,根据不同情况来灵活调整海外政策。

企业需要在这个时候加强对市场的调研,了解市场的实际情况,结合市场变化改进营销策略,深入挖掘客户,进行精准营销。这样一来,企业不仅开发了新用户,抓住了新兴市场发展的机遇,也节省了盲目探索市场所带来的附加成本。企业在进行市场调研的过程中,既要从宏观角度把握市场形势,也要从微观角度发现市场变化。企业可以更深入地了解当地文化风俗,了解竞争对手的情况,了解顾客的具体需求等信息。调研信息的详细度和准确度,在一定程度上也决定了企业制定相关营销策略的可实施性和能给企业带来的盈利长远性。

15.2　国际营销政治权力策略

市场营销既要遵循市场经济发展的内在规律,也要考虑政策等多方面外在因素对营销的影响。这主要包括政策性营销和权力营销。社会无论发展到哪一个阶段,总会有一些产品作为政府指定或法律规定的消费品。同时,权力营销是指借助自身或他人的权力来开展的营销活动。权力,即控制力和影响力,不论是直接的还是间接的,是法定的还是非法定的,具有权力的一方在一定范围内和一定程度上对被作用的一方都会有控制力和影响力。

政治权力策略是企业在开拓国际市场中的重要手段,根据了解到的情况来看,目前国内企业进入国际市场常用的政治权力策略包括与政府、工会、当地知名人士及社团联络交流,研究各方政策,确定主要阻力来源和支持点,并制定相应的策略。总体来说主要集中在三个方面,在经济方面企业凭借自身经济实力赢得政府的支持,在政治方面企业可利用双边政府的交流合作以及现行的措施和政策,法律方面可结合相关法律、协定或条约。

通过双向的沟通、信息交流等来协调组织与内外部的公众关系,解决各种矛盾和冲突,维护好企业与客户的长期关系。包括与分销商、供应商、经销商等,长期建立起来的关系网,正是要通过公关来进行维护和保障,所以,公共关系在市场营销中发挥着非常重要作用。

当企业在生产运营中因为自身的过失而损害了消费者的利益时，必然会引发纠纷事件，造成企业的公共信任危机。如果企业没有正确地认识问题和有效地控制事态的发展，导致问题扩大化，则不仅会给企业造成负面影响，甚至会影响到整个社会形象。而此时企业应启动良好的公共关系机制，主动与客户进行双向的了解和沟通，化解两者之间的纠纷，发挥公共关系的积极作用，及时把企业修正错误的诚意和具体措施传递给社会和消费者，以求得谅解，方可化解公共信任危机，重塑企业形象，把企业的损失降到最低。由此可见，在危机处理上，公共关系的作用是无可替代的。只有危机处理好了，企业的营销活动才能继续正常进行。

15.2.1 国际营销政治环境策略

市场不仅受宏观经济环境影响，同时也与国家、政府颁布的相关政策密切相关。作为企业来说，及时关注相关法律法规、政策的最新消息动态，第一时间作出应对方案，方能立于不败之地。

情境延伸

美国汽车制造商组织敦促特朗普政府施压日本

2018 年 12 月，一个代表美国汽车制造商的贸易组织敦促特朗普政府推迟向日本汽车进一步开放美国市场，直到东京表明它致力于作出相应的回报。美国政府打算最早在 2019 年 1 月中旬与日本展开谈判。美方发言人称，日本是发达国家中最封闭的汽车市场之一，2018 年美国汽车制造商向这个亚洲国家出口的汽车不到 2 万辆，安全和燃料标准等监管障碍使美国公司很难打入市场。美方代表认为，与东京达成的贸易协议应该会放宽这些标准，同时以美国公司在日本赢得市场份额为条件，逐步取消对美国汽车公司征收的关税。

在特朗普退出"跨太平洋伙伴关系协定"（TPP）后，日本不愿与美国进行贸易谈判。该协定是与包括日本在内的亚太国家谈判达成的。汽车贸易预计将是一对一谈判中最有争议的问题之一。美国汽车工人联合会的一名官员敦促政府将汽车排除在与日本签署的协议之外。该联合会非常担心与日本的自由贸易协议最终可能进一步扩大美国的汽车贸易赤字，并损害美国的汽车工业。如果把汽车包括在内，美国应该迫使日本接受向美国出口汽车的数量配额，加强劳工标准，并对汇率操纵实施强有力的保障措施。

资料来源：佚名. 特朗普要求日车企在美生产更多汽车[J]. 中国汽车市场，2017.

企业不但要与本国政府部门建立良好的关系，从而获得政府的大力扶持，同时还要与当地的政府主管部门建立沟通机制，通过加强与政府之间的联系，获得政府的政策支撑，享受一系列的优惠政策，为企业的发展提供强大的外部动力。例如，食品类企业，舌尖上的安全一直是政府关注的问题，在所有生活问题中，食品问题应当被排在首位。政府要制定严格的生产标准，加强食品生产过程中的监督，切实保障食品安全，而政府也应当加强自身的约束能力，保障食品质量。

一般而言，企业对政治权力的影响较小，只有在涉及本行业的法规政策变更时，企业才能参与或小范围影响。根据体量大小以及所处行业地位，在政府制定或更新某项行业政策时，企业应积极参与，并力争朝着有利于本企业的方向提出针对性的建议。

受语言差异、文化差异等因素的影响,在以往的经营中,很多企业无法很好地理解各个国家政府对各项新政策法规的含义,为避免解读不充分的情况再次发生,企业在国际市场应寻找第三方咨询机构,并建立合作关系,利用外脑资源,对任何政府颁布的新政策进行解读,分析得出每项变化可能带来的影响,从而供企业总部决策。需要强调的是,国际的政策法规严谨性较差,利用外脑也能很好地利用政策法规中的灰色空间,为企业的经营带来最有利的影响。

15.2.2　国际营销政治风险策略

国家的政治局势不稳定,如政府换届选举、宗教冲突或者种族斗争引起的本国货币贬值,或国家安全受到威胁等等,使跨国企业无法偿付出口商的债务,导致跨国企业在国际的贸易遭受货物的灭失或资金的坏账。由于全球政治力量不断呈现多级化的趋势,国家之间的关系复杂多变,越来越多的不稳定因素聚集了跨国企业的政治风险。政治风险不受企业或者国家的控制,无法进行全面的评估。由于政治风险的特殊性,往往事后补救的空间有限,带来的不利影响更为严重,所以在提高销售的时候要了解所在国家的政治局势。

"一带一路"战略涉及的国家众多,国情和对轨道交通的需求也是多样性、差异性的。因此,企业必须对相关国家的需求进行充分的调研分析。在前期研究阶段,企业应当对目标国家的国情和项目落地可能面临的问题进行充分了解,并制订针对性的建设方案,从而满足目标国家对轨道交通的差异化需求。

在国际贸易中,广泛存在着汇率风险。由于汇率受国际经济形势的影响,具有不确定性。汇率损失会造成企业收益下降,投资预期下降等风险。另外,客户欺诈风险和破产风险也是影响出口业务的主要风险。客户欺诈风险主要指进口商在交易过程中隐瞒事实、制造交易假象,最终不履行付款义务而骗取货物,使出口商承担经济损失。客户破产风险是指进口商因无法兑付到期债务而被当地司法机关宣布破产,给出口商造成紧急损失的风险。这两种风险是可控的,能降低风险水平,但是恶意欺诈或破产的行为花样多变,使出口商难以完全避免。有国家对产品的进入实施技术壁垒和税收壁垒,通过执行较高的技术法规、增加审批程序、调整税收政策等手段,对进口产品的进入设置障碍。由于这种风险不具备商谈的可能,所以出口商只能被动地接受此种调整。一般情况下,这种政策调整一般会留出"时间间隔"给进口商或者出口商一定的应对空间,以避免在途或者到港的货物由于无法清关而面临的退货风险。

无论是政治权力的变更,还是法规政策的调整,对企业经营的影响都是重大的,甚至是致命的,例如,准入法规的调整,将直接决定企业的产品是否可以在市场上合法销售。这就要求企业在面对此种情况时及时响应。响应速度将直接决定企业的经营利益。企业应当充分重视任何政治权力的变更,第一时间积极响应,并立即采取针对性措施,确保企业的利益不受损失。对不同国家的政治体系、法律体系,并对目标国家的竞标程序、环保制度、劳工政策等法律法规进行深入的研究,并根据潜在的政治风险和法律风险制订规避方案,严格遵守法律法规,防止因为违反目标国家的法律法规影响项目的推进进程,甚至导致项目的终止。对已经识别的潜在风险,结合目标国家的特点,制订风险控制的方案,并使用不同的手段降低风险等级。

政治权力因素的重要性不言而喻,但企业在面对政治权力变化时,能采取的行为较为有限,这就导致部分企业忽视了政治权力对经营的影响。企业国际业务开展,需要充分重视政治权力的细微变化,提升敏感性,及时调整方向,力争实现企业利益最大化。

小 结

公共关系是指企业为了促进销售,为了取得国际市场上的社会公众、顾客和政府官员的信赖和理解,在企业和公众之间建立良好关系而开展的各种活动的总称。公共关系营销就是通过建立和维系与消费者及相关者之间的长期良好关系,充分利用和强化各种形式的关系网络来开展营销活动。国际营销公共关系策略分为导入型公共关系策略、稳定性公共关系策略和危机公共关系策略。国际营销政治权力策略分为国际营销政治环境策略和国际营销政治风险策略。

思考与练习

一、填空题

1. 公共关系是指企业为了促进销售,为了取得国际市场上的_____、_____和_____的信赖和理解,在企业和公众之间建立良好关系而开展的各种活动的总称。

2. 公共关系策略层面,需要做好_____,以此来提升品牌知名度。

3. 市场经济条件下主体之间最重要、最普遍的经济关系就是_____和_____。

4. _____不仅是商品促销的重要手段,而且具有鲜明的功利特征和强大的经济功能。

5. _____基本都是用外币结算,这就需要考虑外币的汇兑损失。

二、单项选择题

1. 公共关系是( )的补充形式,但其可靠性和真实性对促销的效果是十分有效的。
   A. 促销 　　　　　B. 优惠 　　　　　C. 国际营销 　　　　　D. 国际贸易

2. ( )就是以树立企业营销形象,使消费者对企业产生良好的印象,造成对企业的偏爱为宗旨的。
   A. 口碑 　　　　　B. 危机管理 　　　　　C. 公共关系 　　　　　D. 企业形象

3. 来华留学生的生源国仍以( )为主。
   A. 欧洲 　　　　　B. 非洲 　　　　　C. 亚洲 　　　　　D. 拉丁美洲

三、多项选择题

1. 公共关系主要包含( )内容。
   A. 和新闻界的关系 　　　　　　　　B. 进行产品宣传
   C. 传播企业信息 　　　　　　　　　D. 公关政府官员
   E. 接受各种咨询

2. 企业市场经济的基本特征是( )。
   A. 竞争经济 　　　　B. 交换经济 　　　　C. 信用经济 　　　　D. 共享经济

3. 市场不仅受宏观经济环境影响,同时也与( )颁布的相关政策密切相关。

| A. 国家 | B. 政府 | C. 民间组织 | D. 环保组织 |

四、判断题

1. 公共关系策略和政治权力策略存在一定的互斥性,政治权力策略带有一定的强制性,而公共关系策略则有一定的诱导性。　　　　　　　　　　　　　　　　　　（　　）

2. 公共关系营销就是通过建立和维系与消费者及相关者之间的长期良好关系,充分利用和强化各种形式的关系网络来开展营销活动。　　　　　　　　　　　　　　　（　　）

3. 在国际市场营销中,公共关系策略是为了争取潜在客户的理解、信任和支持,树立良好的形象和声誉,衡量公众的态度,从公共利益出发确定企业的具体战略和工作。（　　）

4. 市场经济是讲究效益的经济,是以商品生产者实现最大效益为基础的。　　（　　）

实训课堂

一、思维训练

2020 年 3 月 16 日,网民曝光一名从澳大利亚返京的女士,因未戴口罩外出与社区人员产生纠纷,引发公众关注。17 日晚,拜耳中国发布声明称,已辞退该员工。

3 月 16 日,网上传闻一名身在北京朝阳区的澳大利亚籍女士,不顾疫情防控要求,隔离期执意不戴口罩外出。当社区工作者提醒劝告时,她不但不听劝,反而大喊"救命"。随后,关于该女士在小区内跑步锻炼的视频也传播开来,更加引发网民不满,并有相识者表示,该女士系拜耳中国的员工。

17 日晚,拜耳中国回应称,一贯遵守经营地所在国的法律和法规,并坚定支持中国政府和民众的抗疫行动,对于网上流传的视频,在第一时间进行了核实。经查,该涉事人确为拜耳员工,对于该事件,公司已根据相关规定,对该员工作出辞退处理,立刻生效。

公开资料显示,拜耳是一家全球知名的跨国药企,总部位于德国的勒沃库森,在六大洲的 200 个地点建有 750 家生产厂,拥有 12 万名员工及 350 家分支机构。拜耳早在 1882 年就进驻中国,1936 年,拜耳开始在上海生产阿司匹林。在大中华区,拜耳的业务主要集中于三大子集团,即拜耳医药保健、拜耳作物科学及拜耳材料科技。

要求: 发散思维,多角度思考此案例。

讨论: 拜耳的公共关系处理是否妥当,分析国际营销中公共关系如何处理。

二、案例分析

2018 年,随着李宁在纽约时装周的一炮而红,李宁的多款产品都开始获得追捧。甚至有人排队许久就为了李宁的限量款"悟道"单品。2019 年,李宁公司财务报告显示李宁在 2018 年共收入 105.11 亿元,首次突破百亿大关,同比 2017 年增长 18% 的营业额。对于这次突破了百亿元营业额大关,总裁李宁也表示:这只是李宁的开始,未来的李宁将会发展得越来越好!

2019 年巴黎时装周上,李宁品牌推出中国李宁卫衣系列,巴黎时装周中国李宁系列男女同款套头连帽卫衣,运用简洁的色彩搭配,简单时尚。舒适面料,采用传统纺织工艺,保留其自然手感,辅以厚重质感。胸前采用刺绣工艺结合"中国李宁",同时也表达了李宁品牌对中国传统文化的崇敬之情。

2019 年下半年,李宁携手有熊猫合作推出环保系列产品,以中国首个大熊猫国际形象阿璞为设计灵感,利用手绘涂鸦的艺术演绎方式,将李宁品牌环保理念,与熊猫形象"阿璞"相结合,并融入"拯救海洋""可循环标志"等环保元素。内容丰富,形式新颖,环保标签别出心裁,宣扬环保新主张。

过去的李宁结构比较分散,不知道具体做什么能吸引客户。现在的李宁代表的是"中国时尚",在产品的输出中加入了很多中国元素,这就是李宁的营销。在数据上也有了最为明显的体现,除了跑步类的增长较去年相比为 8%,其他的品类增长都超过了 20% 以上,2018 年的增速较 2017 年来说实现了高增长。

现在的李宁已经不是那个"国产老牌子"了,现在的李宁正在走出国门,引领国际时尚潮流。

分析:李宁国际品牌转型过程中的公共关系营销策略对于其他企业来说有何借鉴意义?

项目 五

国际营销前沿动态

任务 16　留学生创新创业与国际营销

学习目标

- **知识目标**

(1) 理解留学生创新创业的重要意义和未来趋势；

(2) 了解留学生创新创业对国际营销的影响；

(3) 理解留学生创新创业在国际营销中面临的困难；

(4) 掌握留学生创新创业实现国际营销的措施。

- **技能目标**

通过对留学生创新创业与国际营销的学习，能够了解留学生创新创业形势，并掌握实现国际营销的可行措施。

任务驱动，做中学

随着"一带一路"倡议的推进，"一带一路"沿线国家成为来华留学事业发展的增长点，越来越多外国留学生来到中国学习。为了留学生创新创业事业的继续发展，我国推行了多项政策帮助留学生在华创业。你有一位留学生朋友，他有一个很好的创新创业项目，为了能够让他在中国顺利地展开他的事业，请你给他提出一些建议。

16.1　留学生创新创业

情境导入

海外人才创业大会

7月26日，2019年海外人才创业大会(OTEC)创业大赛在北京朝阳区郎园迎来全球总决赛。经过激烈角逐，来自德国柏林工业机器人项目 Wandelbots 夺得冠军，英国伦敦赛区的医疗领域项目 AINOSTIS 获得亚军，国内赛区的 Qury——基于 AI 的跨 App 搜索引擎项目获得季军。

为积极响应国家创新驱动发展战略,助力北京市建设具有全球影响力的科技创新中心,朝阳区依托高度国际化的资源优势,连续举办六届 OTEC。汇聚全球高层次创新创业人才,以科技创新培育壮大发展新动能,OTEC 以全球视野营造科技创新生态,加强国际合作,推动"人才、项目、资本、政策、服务"等创新创业要素全面整合,为海外人才归国或来华创新创业提供"一站式"服务,打造筑梦圆梦平台。创业大赛致力于发现全球的优秀项目,按照行业类别,大赛分设八条赛道,每个赛道邀请三至五家投资机构、头部企业重点参与,实现项目与市场、资本的精准快速对接。

资料来源:张敏.北京朝阳打造科创生态广聚天下英才[EB/OL].(2019-07-26).中国商务新闻网,http://www.comnews.cn/article/ibdnews/201907/20190700012755.shtml.

讨论:讨论一下举办这种创业大赛的现实意义,试着分析大赛会产生什么积极效应。

一、定义

留学生一般是指去母国以外的国家接受各类教育的学生,而留学生按本国流入流出学生可以分为出国留学生和外国留学生。我国在《高等学校接受外国留学生管理规定》中定义的外国留学生是指持外国护照在我国高等学校注册接受学历教育或非学历教育的外国公民,公民持有外国护照及有效学习类居留许可,可以在中国学习和生活。接受学历教育的类别为专科生、本科生、硕士研究生和博士研究生;接受非学历教育的类别为进修生和研究学者。

创新指的不仅是技术创新,还包括产品创新、品牌创新、服务创新、商业模式创新、管理创新、组织创新、市场创新、渠道创新等方面,创新创业是基于某一点或几点创新而进行的创业活动,既不同于单纯的创新,也不同于单纯的创业。创新强调的是开拓性与原创性,而创业强调的是通过实际行动获取利益的行为。创新是创新创业的特质,创业是创新创业的目标。

二、留学生现状

我国留学生教育事业的发展一直在不断进步,促进着不同文化的交流和提升,许多国家的大学都有中国留学生的身影。并且,随着我国综合国力的逐渐提升,国际知名度和认可度的提高,也吸引了越来越多的外国学生来到中国留学。

(一)出国留学生

1. 留学群体低龄化

随着出国政策逐渐放开,我国大学生出国留学的形式已由国家派遣为主转变为自费留学为主。近年来人们的受教育程度越来越高,家庭收入明显增加。人们对于教育程度也越来越重视,很多学生纷纷选择出国留学,以进一步完善和提高自己的学术能力。很多家长和学生都希望尽早到国外读中学甚至小学,尽早适应国外教育环境是高中及以下阶段的学生和家长选择出国留学的主要动因。在选择出国读高中的留学生中,大部分都是在初中阶段就萌生了就读国外高中的想法,并且开始为此努力,低龄留学趋势仍在延续。

2. 留学归国人数增长

随着中国综合国力的增强和国际地位的提高,中国人民的生活水平快速提高,生活质量得到了极大的改善。受中国经济增长、国家制定高端人才回归政策以及国外环境不确定性增加等因素的影响,我国出国留学归国人数及比例持续增长。

情境重现

出国留学生归国潮

2019年8月26日新华网报道,近日由欧美同学会(中国留学人员联谊会)主办、全球化智库承办的第14届中国留学人员创新创业论坛暨欧美同学会北京论坛在京举行。人力资源与社会保障部专业技术人员管理司副司长李金生出席论坛时表示,在各部门、各地方的共同努力下,党的十八大以来,已有累计283万留学人员学成归国,占改革开放以来回国总人数的2/3,形成了我国历史上最大规模的留学人员归国潮。中国实施留学人员回国创业支持计划,遴选发展潜力大、市场前景好的留学回国创业企业实现快速发展,全国已建成各级各类留学人员创业园367家。

资料来源:汪舟.人社部李金生:我国形成了史上最大规模留学人员归国潮[EB/OL].(2019-08-26)新华网,https://baijiahao.baidu.com/s?id=1642918577980882437&wfr=spider&for=pc.

(二)外国留学生

1. 总体数量逐年上升

在2013年9月,中国提出"一带一路"构想,中国企业积极响应"一带一路"号召,与沿线国家与地区开展合作交流,让沿线国家与地区可以搭上中国发展这一高速列车。"一带一路"倡议开始实施后,赴华求学的外国留学生数量也在快速上升。随着我国留学教育政策重心的转变,中国通过采取制定相应的政策和措施以吸引广大的留学生加入中国现代化建设中,从而促进中国综合实力的有效增强。

2. 就业创业意愿日益增强

通过在中国的生活和学习,部分留学生中文流利,对中国文化了解较深,具有较强国际交流能力和创新能力,对中国有着较深的感情,尤其是与中国往来日益密切的"一带一路"沿线国家的在华留学生留下来就业创业的意愿更为强烈。但由于留学生培养层次不均衡,留学生就业指导服务缺失,对外宣传和介绍不足等原因,留学生在创新创业过程中存在诸多问题。

情境重现

中国增加了国际学生的工作选项

《印度时报》在2018年8月7日写下一篇文章:中国增加了国际学生的工作选项,中国超越英国和美国成为外国学生越来越钟爱的目的地。现在,为了使自己更有吸引力,中国又增加了一些试点政策,让国际学生在华创业就业更便利。中国政府已在探索允许北京和上海的国际学生在校外兼职或者实习,条件是他们要先获得批准——来自他们所在的学术机构和出入境管理部门。在上海,一项试点政策允许刚毕业的国际学生从事实习或者毕业两年后在创新区创办自己的企业。多亏这样的政策变化,中国接收的印度学生比英国还要多。

资料来源:谢拉贾·内拉坎丹.印媒:更多外国留学生选择在中国创业[N].陈一,译.环球时报,2018-08-09.

三、留学生创新创业的重要意义

随着知识经济新时代的到来,人才资源成为各国争夺的重要资源,创业是一国保持经济活力和提升综合竞争力的体现。不论是出国留学生还是外国留学生,他们既是一国宝贵的人才资源,也是重要的创业力量。

(一)引流人才资源

人才是实现创新、驱动发展最为宝贵的资源,在全球化背景下的今天对提高本国经济的国际竞争力有重要意义。留学生是一群不可忽视的力量,他们也是潜在的高层次人才的一个组成部分。留学生就业创业符合国际化开放经济的发展趋势,带来显著经济效益的同时,在推动经济结构优化、增强就业人口的国际化比例、提升中国毕业生国际竞争水平等方面发挥着不可或缺的作用,引导留学生的健康发展也将对中国高校毕业生的就业创业产生促进作用。

(二)缩小人才逆差

我国目前在高等教育这一服务行业上存在着十分巨大的"人才逆差"。中国是世界范围内最大的留学生生源输出国,我国部分高素质人才在前往发达国家留学、生活、取得学位之后,往往留在该国继续工作生活,逐渐取得永久居留权乃至国籍,融入当地社会,这对我国而言是一笔巨大的人才损失。随着中国对留学生事业的重心转移,我国不断提高对留学生的吸引力,出台多种政策并鼓励出国留学生归国创业、外国留学生在华创业,争取缩小人才逆差。

(三)构建人才智力库

留学生是一种不可或缺的人力资源,对于中国来说,更加广泛地扩大类似创业就业机会是明智的,这将使中国劳动力发展再次充满活力。我国高校应当结合我国发展战略目标对外国留学生进行培养和教育,对外国留学生的流入和留住进行动态管理,保障外国留学生的质量与数量,努力将外国留学生转化成我国发展所需要的人才。同时,还应重视各大高校内通过政策支持而出国交流或进修的出国留学生资源,在学业完成后进行有效的引进。两者并行有利于实现我国人才智力库的可持续发展。

作为全球留学最热门的目的地之一,美、德、日等国吸引了大部分优秀的留学生毕业后选择留在该国创业。例如,美国就十分善于利用其教育资源的优势,吸引各国的留学生到美国去学习、工作,留学生带着自身的资源生活在美国,从而构成美国人才智力库。

🖥 情境重现

"留学上海"

"大众创业、万众创新"的中国 2019 年毕业季有九百多万应届高校毕业生,其中自主创业者是正在增长的"少数派",而留华学习并且留华创业的外国留学生也不断出现。受到"留学上海"的品牌影响,来自上海市教委的最新统计,在 2018 年共有来自 185 个国家和地区的 60870 名外国留学生。从生源结构看,全年共接收 72 个"一带一路"相关国家和地区的来华留学生 30380 名,占来沪留学生总人数的 50%。被称为沪版"创业签证"的上海"私人事务类居留证件(加注创业)"正在陆续发放,它开启了外籍人士来沪创业的全新里程,其中包括第一批外国留学毕业生。海纳百川的上海,越发欢迎留学生在这座城市"双创"。

四、留学生创新创业的未来趋势

目前,国际化进程已经进入新的阶段,随着科学技术的不断高速发展,各国之间的竞争也愈加激烈,各国也不断加大对创新创业的投入力度来推动本国的发展水平,对高层次人才的需求也不断增加,对人才引进的竞争也越来越激烈。这种情形下,我国政府充分认识到人才(尤其是高层次人才)的重要性,积极制定人才发展战略,出台人才引进政策,吸引高端人才或外国留学生驻留本国、出国留学生归国进行创新创业。

中国以国际化的心态去定义和打造创新创业的环境,为营造一个更优良的创新创业环境在不断努力。大规模的海归潮将不断推动中国的创新创业发展,外国留学生的创新创业将在全球化、软实力建设、人类命运共同体共建和促进民族和睦相处中起到巨大的推动作用,把世界引到中国,把中国介绍给世界。

16.2　留学生创新创业的国际营销

📖 情境导入

中国留学人员创新创业论坛暨欧美同学会

2019 年 8 月 17 日,由欧美同学会(中国留学人员联谊会)主办,全球化智库(CCG)承办的第 14 届中国留学人员创新创业论坛暨欧美同学会北京论坛在北京成功举行。来自国内外知名企业界、创投界、学术界等近 50 位创新创业精英和专家、学者围绕"新中国成立七十周年——新时代留学人员发展的机遇与挑战"主题深入研讨,有近 800 位留学人员和海归共襄盛会。广大留学人员在创新创造、促进对外交流方面发挥出巨大的作用。中国高校要努力探索培养国际化人才,中国企业要吸纳更多了解当地文化、经济、社会的区域研究人才,国家要为国际组织输送更多植根中国文化、了解国际体系、有超越国家和民族的情怀和理想的中国人才。

资料来源:季昕.2019 年中国留学人员创新创业论坛在京举行[J/OL].神州学人,2019-08-19.

讨论:思考一下这个特别的活动有什么重要的意义,试分析这个活动对于留学生创业带来的影响。

一、定义

国际营销是企业根据国外顾客的需求,将生产的产品或提供的服务提供给国外的顾客,最终获得利润的贸易活动。这种国际商业行为,既受到世界经济技术发展的影响,又受到目标市场的国家或地区的政治、社会、文化、法律等营销环境的影响。因此,国际营销的含义也随社会的变化和发展而进步。

留学生创新创业的国际营销是指通过留学生基于创新的开拓性、原创性和发展性而进行的创业活动,将生产的产品或提供的服务提供给国外顾客的贸易活动。

二、留学生创新创业现状

中国一系列创新发展政策如"中国制造 2025""一带一路"等为出国留学生回国就业、创业提供了众多机会和良好契机。同时,这些政策的实施和相关项目的发展也需要大批视角广阔、思维多元、业务精进的创新性复合型高素质人才。

随着外国留学生的人数不断增加,外国留学生在华就业的意愿也不断增加,越来越多的外国留学生希望在中国高校毕业后可以继续在中国工作生活。高校对于外国留学生的招生规模日益扩大,越来越多的外国留学生来到中国这块创业的沃土。外国留学生在华面临的首要问题是跨文化适应,他们不得不面对两种或两种以上的文化认同,即生源国文化认同和中华文化认同。

不论是出国留学生还是外国留学生,他们对于创新创业文化的认知较为单一和片面,创新创业文化渗透意识都需要增强。还有一点不能忽略的是,留学生大多都缺乏创业必需的人际关系网,缺乏可以合作的企业,在人际和企业方面社会提供的支持不足。

🖥 情境重现

大学生创新创业大赛拓展"国际赛道"

中国"互联网＋"大学生创新创业大赛自 2015 年起已成功举办了五届,逐步成长为全球参赛规模最大的大学生创新创业比赛。为了进一步激发大学生创新创业热情,促进创新创业教育国际融合发展,推动项目、投资、市场等创新创业相关资源要素交流与共享,搭建各国大学生携手解决全球共同挑战的合作平台,进一步扩大中国教育对外开放,在 2019 年第五届中国"互联网＋"大学生创新创业大赛中拓展了"国际赛道",允许跨校、跨国组建团队,国际赛道特别设置了组织、宣传奖,鼓励对参赛项目组织或宣传作出突出贡献的机构或个人颁发证书及奖牌。并且,在参赛项目要求中明确提出了要鼓励中国各高校推荐本校外国留学生、海外出国留学的校友、国外合作高校师生参赛的要求。

第五届大赛国际赛道邀请全球创新创业优秀青年一同参与这一盛事,汇聚创新思维、激发创业勇气,同场竞技、交流协作、共同成长。大赛期间,超过 1000 位中外投资人、企业家、创业孵化器导师、创新创业教育专家参与评选和指导工作。一大批优质项目脱颖而出,获得了更广泛的市场知名度,以更好的估值和更快的速度获得投资。"国际赛道"的拓展,也在海内外留学生中引起不小的波澜,也为吸引高层次海外留学人员归国开辟了一条蹊径。

三、留学生创新创业对国际营销的影响

2018 年 3 月底中国移民管理局的正式成立,意味着中国也开始向美国、加拿大这些移民接收大国看齐,这也是中国与国际接轨、深入参与全球治理的体现。在全球这个统一的市场中,不同国家之间的文化、经济交流融合才会使国家变得更加强大。

(一)出国留学生

1. 引领高科技创业大潮

随着国务院推动"大众创业,万众创新"政策的出台,创新创业的黄金时代已经来临,创业的星星之火渐成燎原之势。中国留学人员凭借其独有的国际视野和敢于冒险的精神,新

一波的创业大潮正在涌来。留学归来的海归们创建了大批在新经济、高科技领域的新企业。在 1992 年邓小平视察南方谈话以后至今，留学生们踊跃回国创业，推动了国内在新经济、新技术、互联网、IT、通信、传媒等诸多领域的发展。一大批由留学生领衔的企业在崛起，引领中国科技和经济的发展，带来了新技术、新经济和新活力，向世界输出"创业中国"和"中国创造"的技术和产业。

2. 促进国际交流合作

越来越多的留学生在引领我国科学技术国际化，促进国际交流合作方面发挥着举足轻重的作用。由于在国外的学习和工作经历，留学生在促进国际交流合作方面更有优势，广泛的人脉关系使他们在促进国际交流合作中起到积极作用。在国际交流合作日益加速的今天，留学生由于自身的优势，成为国际交流合作的催化剂。例如海归辜嘉曾在韩国三星研究所进行科研工作，主要研究方向为计算机视觉和医学图像处理。

3. 推动中国企业走出去及跨国公司本土化

在经济全球化、多边贸易兴盛的时代，一国的企业只有走出去，并且尽力吸收国外先进的经验和技术，才能保持旺盛的生命力和持久的竞争力。在对外投资的过程中，中国企业遇到了不少困难与挫折，面临诸多水土不服的症状，中国的企业要避免诸多问题就一定要使用大量的国际化的、具有国际商务经验的留学生人才，发挥他们在引领中国企业走向世界的征程中不可替代的作用。例如，在美国高科技板块著称的纳斯达克上市的中国企业，大部分都是由留学生人才创办和管理，有的留学生自己创业并带领企业在海外上市。同时，海外留学人才熟悉两边文化，有利于跨国公司顺畅地实现本土转化，同时也有利于改变国内产业生态，提升中国企业在国际分工中的地位。他们对推动跨国公司在华投资、加速中国和国际经济接轨，起到了举足轻重的作用。

情境重现

防止空气污染的纳米科技

在《福布斯》公布的 2018 年度全美 30 岁以下优秀创业者榜单中，美国费城的中国留学生张逸晖因创办保护人类免于空气污染的纳米科技企业 Oxy2.com，入选公益创业类榜单。同时，19 岁的张逸晖也入选年度全美 15 名最年轻的创业者榜单。张逸晖在深圳初中毕业后，15 岁到费城就读当地的一所私立高中。从高中三年级开始在斯坦福大学纳米制造实验室进行空气净化方法的科学研究，重点研制可以有效净化空气而不消耗能源的新材料。这也是目前空气净化方法中的主攻方向。

为了达到对建筑物发出的污染物和人体呼吸的纳米级过滤，他利用吞噬污染物的微生物和锂电池内的储能材料研制了两种产品。一种是可以滤除污染微粒的新型建筑材料；另一种是抗污染口罩，目前两种产品正在专利申请过程中，研究项目也获得了英特尔 STS 奖项，他也创建了自己的企业。

资料来源：陈燕妮.福布斯：19 岁中国留学生入选 30 岁以下优秀创业者榜单[J/OL]. (2017-11-09). 观察者网，https://www.guancha.cn/TMT/2017_11_29_437091.shtml.

（二）外国留学生

1. 产生竞争和激励的效应

外国留学生在中国进行创新创业，减少了相应领域原本的工作岗位和就业机会。为了提高自身的优势和竞争力，这会激励国内高校学生不断学习去提升自身的技术水平。国内高水平人才的增多和个人能力提升，对国内其他人产生同样的激励效应，从而提升了社会人力资本水平。

2. 扩大人力资本和人际网络效应

留学生除了可以给国内直接输入知识技术和人力资本以外，由于他们还熟悉两个国家的文化环境，会形成一定的商业网络，因此可以加强流出国与流入国之间贸易的联系，放大外国留学生的技术溢出效应。比如，华裔商业网络在东南亚国家中非常强大，外国留学生将有助于中国吸引其母国的国际直接投资，国际直接投资的流入也伴随着技术溢出，这能够产生更大的效应。

3. 促进科技与经济效应

国家致力于发展高科技产业，积极推动科技创新，然而科技创新的关键是人才的创新，智力资源一跃成为国与国之间竞争的关键。我国需要转变经济增长的驱动方式，需要由"人口红利"带来的劳动力成本优势驱动转向由"工程师红利"带来的技术优势驱动。我国改革开放和自主创新急需的人才资源现已变成留学人才，并且这是我国创新创业人才资源的重要组成部分。留学创业园的建立，吸引了留学生进行高新技术研发及产业化，孵化了高新科技企业，逐渐成为高新产业化和经济新的增长点，在我国自主创新进程中发挥着关键的作用。

🖥 情境重现

重塑"糖界"的甜叶菊

南京创业潜力新星和百所高校在华留学生创新创业大赛在南京举行，大赛于 2019 年4 月启动，先后前往多个城市对接 153 所高校，吸引到俄罗斯、德国、加拿大、澳大利亚、韩国、南非、土耳其、印度尼西亚等 110 个项目报名。选手覆盖五大洲地区，来自清华大学、中国人民大学、上海交通大学、浙江大学、浙江工商大学等众多高校，项目涉及制造、信息、贸易、文化、服务等多项领域。

浙江工商大学伊朗籍国际生 Kamyab Azizi 带领团队以"重塑'糖界'良好生态、致力人类美好生活——特立独行之甜叶菊生产商"项目获得大赛一等奖。甜叶菊干叶中的主要成分为甜菊糖苷，不仅甜度高、热量低，还具有一定的药理作用，最重要的是它可消除蔗糖的副作用。项目负责人 Kamyab 的家族企业 ENB 是伊朗甜菊糖产业的领航企业，团队已取得伊朗驻中国独家代理授权。该创业项目将伊朗甜叶菊与中国研发的先进技术相结合，为大众提供优质价廉的甜叶菊产品。据悉，已有多家民营企业与创业团队接洽合作事宜。

四、留学生创新创业在国际营销中面临的困难

推动大众创业、万众创新，是国家应对经济下行压力、打造经济增长新动能的重大关键

性举措。在"双创"视野下,现阶段留学生创新创业在国际营销方面面临着许多困难,也打击了留学生创新创业走向国际市场的主动性与积极性。对于出国留学生或者外国留学生而言,在走向国际市场中都有无法回避的困难阻碍。

(一)申请异国创业签证困难

中国尽管各类人才新政已经在一定程度上体现了"放管服"的指导思想,但从实际操作的情况来看,外国留学生在办理相关手续过程中,经常需要重复提交材料,材料要求不一致,办理程序也较烦琐。由于实际情况的差异,对于存在文化差异的外国留学生而言,更是增加了难度系数。

中国是世界主要的留学生输出国之一,每年有大量的学生出国进修,不少留学生在国外实现了创新创业,试图将中国产业推向国际市场。但是,出国留学生在国外想拿到创业签证并驻留在当地进行国际交流是有困难的。不同国家的要求不同,可相同的是,随着劳动力在全球范围内流动,英、美等国家更加注重本国国民的就业率,纷纷提高了签证的门槛,对本国国民实行保护政策。

这是留学生创新创业的一大阻碍,影响了留学生创新创业项目的国际营销。

(二)国际营销输出方向单一

外国留学生的生源国仍以亚洲为主,招收的留学生在专业上没有充足明确的部署规划,追求短期经济效益的现象很大程度上存在着,并且缺乏立足本国经济社会发展实际、长期开展人力资源引进的观念,使外国留学生创新创业方向呈区域化、单一化发展。

为了吸引出国留学生回国发展,政府有关部门出台了大量政策法规,鼓励留学人员回国创新。但是国内许多政策措施基本上有一种"重创新轻创业"的倾向,在政策制定上忽视了真正有效的创新必须依托大量的创业才能进行。因此,在吸引人才归国的各项政策措施制定上,往往都是以学历或科研成果作为待遇标准,导致了归国的海外留学生大多在相似的领域,归国后的创业类型和方向也相似。

这两种情况导致了留学生创新创业项目的整体质量不高,国际营销的输出方向局限在一部分地区或某一领域内,无法在更大的国际市场有效地实现营销目的。

(三)缺乏社会资源支持

创业本身就是一种有风险的投资项目,不论是出国留学生还是外国留学生,他们的创业普遍缺乏资金,给创业带来了很大的局限性。留学生对于创业需要的优质人脉比如投融资方、实战企业家等接触渠道有限,很难借助这些人脉资源助力自己创业成功。对于留学生而言,创新创业需要政企双方的支持,才能进行国际营销上的跨国互动,社会资源的缺乏导致了多数留学生不能充分发挥跨国的人力资本效应和国际营销能力。

五、留学生创新创业实现国际营销的措施

中国的创新创业不仅是出国留学生归国的创新创业机会,也是全世界的外国留学生在华的创新创业机会。留学生的创新创业实现国际营销将是不可阻挡的趋势,吸引国际市场的关注和投入才能做到有效的成功创业,中国的创新创业才有希望。

（一）政企共同形成资金帮扶体系

资金是留学生创业的基础，常常决定其创业的成败。在构建留学生创业服务体系的过程中，政企合作对留学生优秀的创新创业项目给予大力支持，提倡高校与政府、企业共同培养国际创新创业、建立政产学良性国际互动发展模式，为留学生创新创业、展开国际营销提供充足资源。

（二）实施留学生多元融合创业项目

留学生拥有多语言优势和专业背景，能够帮助扩展海内外市场，实现国际营销。从目前在大学开展创新创业的现状出发，结合"一带一路"倡议、留学生的背景，应该对留学生的创新创业项目进行多元的融合，尝试开展增进跨国交流、促进跨国合作的融合性创业项目，或者与国际企业合作，为留学生的创业融合拓展新的空间，便于直接向国际市场输出。

（三）以大赛为途径接轨国际

许多国家都有举办各种形态的留学生创业大赛，各种创业大赛的奖励有资金、扶持政策，也涌现出一些为创业赛事服务的综合性平台。创业大赛整合了创新创业资源，促进了新技术、新产品、新业态和新模式的出现，为留学生提供国际化的展示平台。留学生的创新创业项目在大赛中能够吸引内外优秀团队助力发展，不论是外国留学生还是出国留学生，参与大赛是创业项目吸引国际市场关注和走向国际市场的重要途径。

（四）合理利用留学生创业园

与发达国家相比，我国留学生创业园的建设重视加工内容，忽略了对留学生资源的开发与利用。当来自不同国家的留学生聚集在创业园中，各自的人际网络和资源相互叠加会产生巨大的效应，有利于留学生创业项目与国际需求对接。为了促进留学生创新创业事业能够实现充分的国际营销，应加强对留学生创业园的建设和资源整合利用，引导留学生基于国际市场进行创新创业，为留学生创新产业向国际发展提供保障。

▣ 情境重现

跨 贸 小 镇

2018 年年初，杭州下城跨贸小镇就举办了一场特别的活动——浙江跨贸小镇建设投资发展有限公司与浙江西联云想投资管理有限公司战略合作签约仪式正式举行。这两家公司强强联手，有个共同的目的——资源整合，打造一个帮助扶持外国人在华创业的平台，让更多中国的好商品好想法走出去，也让国外的优秀商品优秀理念走进来。

在下城的跨贸小镇的来华留学生们已经成为一股新兴的力量，不少留学生在跨贸小镇通过社会实践的方式积极参与到跨国贸易的各个环节。下城区主动融入"一带一路"倡议的创新实践，跨贸小镇管委会已经打造了"来华留学生创业园"，这里不仅是来华留学生进行贸易实操的重要平台，也是下城区为培养未来国际贸易伙伴的孵化平台。通过镇校联动引才、贸易伙伴计划等多维支撑，让越来越多来自不同国家的留学生在这里体验"买卖全球"的乐趣，共享地球村生活。

资料来源：王丽，陈波宇.外国人在华创业，这里帮你打造了"孵化园"[N].钱江晚报，2018-01-24.

小 结

　　在经济全球化过程中,人才使用的国际化要求人才培养的国际化,导致了人才标准的国际化。随着中国教育事业发展和综合国力提高,来华留学和海外留学生归国人数都在不断增加。在全球化背景下,留学生创新创业项目走向国际市场对于提高本国经济的国际竞争力等方面有着重要意义。然而,留学生创新创业在国际营销中存在着一定的困难,阻碍了项目事业走向国际市场。对于这方面的问题,本任务也提出了几点可行措施。留学生创新创业的国际营销是创新创业事业的重要发展方向,通过本任务的学习,希望能给同学们带来新的启示。

思考与练习

一、填空题

　　1. 留学生一般是指_____接受各类教育的学生。

　　2. 创新强调的是_____,而创业强调的是_____的行为。

　　3. 我国目前在高等教育这一服务行业上存在着十分巨大的"_____"。

　　4. 留学生创新创业的国际营销是指通过留学生基于创新的_____而进行的创业活动,将_____提供给国外的顾客的贸易活动。

　　5. 国家致力于发展高科技产业,积极推动科技创新,然而科技创新的关键是_____,智力资源一跃成为国与国之间竞争的关键。

二、单项选择题

　　1. 下列不属于留学生创新创业的重要意义的选项是(　　　)。

　　　A. 引流人才资源　　　　　　　　　B. 培养高端人才

　　　C. 构建人才智力库　　　　　　　　D. 缩小人才逆差

　　2. 留学生在华面临的首要问题是(　　　)。

　　　A. 语言交流　　　　B. 社会资助　　　　C. 就业问题　　　　D. 跨文化适应

　　3. 来华留学生的生源国仍以(　　　)为主。

　　　A. 欧洲　　　　　　B. 非洲　　　　　　C. 亚洲　　　　　　D. 拉丁美洲

三、多项选择题

　　1. 外国留学生的现状是(　　　)。

　　　A. 留学群体低龄化　　　　　　　　B. 就业创业意愿日益增强

　　　C. 留学归国人数增长　　　　　　　D. 总体数量逐年上升

　　2. 留学生创新创业对国际营销产生了(　　　)等影响。

　　　A. 促进国际交流合作

　　　B. 相关政策手续办理烦琐

　　　C. 竞争和激励的效应

D. 推动中国企业走出去及跨国公司本土化

3. 留学生创新创业的国际营销需要（　　）措施。

A. 实施留学生多元融合创业项目　　　　B. 政企共同形成资金帮扶体系

C. 扩大留学生招收数量　　　　　　　　D. 提高教学质量

四、判断题

1. 我国需要转变经济增长的驱动方式，需要由"人口红利"带来的劳动力成本优势驱动转向由"工程师红利"带来的技术优势驱动。（　　）

2. 留学生可以给国内直接输入知识技术和人力资本以外，但不会放大外国留学生的技术溢出效应。（　　）

3. 在经济全球化、多边贸易兴盛的时代，一国的企业只有走出去，并且尽力吸收国外先进的经验和技术，才能保持旺盛的生命力和持久的竞争力。（　　）

4. 为了促进留学生创新创业事业能够实现充分的国际营销，不应对留学生创业园的建设和资源整合利用，但需要引导留学生基于国际市场进行创新创业，为留学生创新产业向国际发展提供保障。（　　）

实训课堂

一、思维训练

在高科技云集的南山区科技园，不到 30 层的深圳市留学生创业大厦孕育出了许多优秀的海归企业。最新数据显示，截至 2018 年 12 月底，深圳市留学生创业园累计孵化企业 1021 家，其中国家高新技术企业 111 家，涉及电子信息、生物医药、新材料、新能源、环境保护、光机电一体化及其他知识密集型高科技项目。深圳市留学生创业园办公室主任刘海涛透露，在创业园内，除了入园企业清一色由留学人员创办外，管理方也是一批具有留学经历的高层次人才，是全国唯一由留学生机构参与建设和管理的留学生创业园。

创新的管理模式不仅在全国几百个留学生创业园中开了先河，也为园区企业的发展奠定了良好的基础。比如，朗科创始人邓国顺到深圳市留学生创业园时，带来了一个打火机大小的东西，说可以抵 10 张软盘，当时大家都觉得不可思议。今天已经难以寻到有软盘驱动器的计算机，人均几个 U 盘一点都不夸张。

要求：发散思维，多角度思考此案例。

讨论：分享一下你知道哪些地方有留学生创业园，试分析创业园起到了什么作用。

二、案例分析

案例 1：以"师从千百专家，海归创业报国"为主题的 2018 年首场"创立方"大学生创业路演周会在省军培大厦热火朝天地举行。湖北省人才服务局特邀 2 位"千人计划"专家和 12 家知名的风投机构，与 6 位优秀的海归创业者，面对面地研究创业项目、探讨创业体会。

武汉科创天使投资基金管理有限公司的项目经理熊杰提出："过去，留学人才回国创业，只要将国外成功的商业案例稍作本土化修改，就能获得巨大成功。现在，随着科技发展，世界趋于'扁平化'，只要出现'风口'就会迅速被业内乃至 BAT 等互联网大鳄捕捉，纷纷效仿。留学人才如果挑'风口'创业,已不是最优选择。关键是要明白自己的优势和专长在哪里,是否具有足够的不可或缺性。"国家"千人计划"专家、华世通生物医药公司高级副总裁施雄伟说,创业既要有专长、有市场,还要有情怀、有社会责任。

分析:从以上案例中,你得到了哪些关于创新创业的启示? 对于熊杰和施雄伟的说法,你有什么新的见解吗?

案例2:在 2019 年,南京航空航天大学的肯尼亚留学生马森从南京市出入境管理部门领到了俗称"创新创业签证"的私人事务类居留许可(创业),成为该市第一位获得此类签证的外国来华留学生。在南京创新周上,马森带着他的创业项目"ABCSTEM 当英语遇上幼儿编程"成功从"全国百所高校在华留学生创新创业大赛"的 110 个参赛项目中脱颖而出,荣获大赛一等奖。在马森看来,和英语一样,编程也是一种语言。他表示,"ABCSTEM"的主攻方向就是 4 至 8 岁孩子的全英文编程学习,以图形化编程和项目式学习的方式,让孩子们在有趣、互动的环境掌握编程技能。

南京航空航天大学一直高度重视留学生的职业生涯规划和创新创业,鼓励留学生融入学校创新创业氛围中,让留学生们了解南京创新创业模式,激发他们的创新创业意识,为留学生们在华创新创业和未来职业生涯提供指导。

分析:思考一下项目创新点在哪里,试分析留学生创新创业大赛对留学生的指导意义。

案例3:2020 年 3 月 20 日,上海市委召开"推进归国留学人员创新创业平台建设"专题座谈会,就如何充分发挥致公党侨海特色与优势,通过政策创新、机制完善、服务优化等方面,更好地建设创新创业平台,服务好广大归国留学人员开展研究和探讨。市委专职副主委兼秘书长马进对党员发挥企业技术优势积极抗击疫情予以充分肯定,对提出的诸多宝贵意见表示感谢并作了回应。他说,如何充分发挥致公党侨海特色,做好留学生的服务工作,建立好沟通的平台,一直是致公党市委的主要工作。此次,致公党中央留学生委员会按照工作要求,开展"推进归国留学人员创新创业平台建设"调研工作就是做好留学生工作的重要任务。

市委将进一步丰富为归国留学人员搭建信息共享、资源交流的工作形式,不断提高凝聚力和向心力,提供更好的优化政策环境的建议,精准服务人才,增强人才归属感,共同为助力上海打造海外人才创新创业聚集地建言献策。

分析:上海市为什么如此重视留学生创新创业事业? 这对于上海有什么积极的作用吗? 请你思考并分析一下。

任务 17　融媒体与国际营销

学习目标

● **知识目标**

(1) 理解融媒体的相关概念;

(2) 了解融媒体营销的发展现状和优势;

(3) 了解融媒体国际营销的困难和影响;

（4）掌握融媒体国际营销的未来发展形态；

（5）学习融媒体在国际营销上的策略。

- **技能目标**

通过对融媒体与国际营销的学习，掌握融媒体的相关知识，并且能够学会如何利用融媒体进行国际营销。

任务驱动，做中学

"世界因互联网而精彩，生活因互联网而丰富。"在移动网络万物互联的今天，许多新媒体、新形式不断出现在我们的眼前。融媒体是一种新型传播媒体，合理地使用能够为企业、品牌或产品的国际营销增添一股助力。中国某知名服饰品牌希望提高其在国际上的知名度，并且在近期要向国际市场推出一个系列新产品，请你为品牌方设计一个运用融媒体展开国际营销的初期宣传工作的大致方案。

情境导入

"微博快跑"

2018 年 8 月 28 日，新浪微博成立一周年，这一天，一场"微博快跑"活动绕城举行：十辆造型各异的微博车队，载着特色礼物和八名网上征集的微博用户，穿越北京地标性场所，将微博"随时随地分享"的精神传递给每一个路人。"微博快跑"是国内微博产品第一次大规模从线上延伸到线下，充分利用微博创新的特点，大胆突破常规的活动模式，以活动造事件，让博友自己创造内容并帮助传播。

从 8 月 20 日开始，"微博快跑"官方微博 ID 成立，通过话题讨论、悬念设置、投票 PK、礼品激励等为活动预热。活动当天，车队每到一站都会组织车内、现场和线上的网友进行互动，共产生了 3 万多条微博内容，引发各大媒体高度关注和报道。活动结束后第三天，百度搜索"微博快跑"获得 71 万条相关结果。通过裂变式的传播，"微博快跑"的信息瞬间传递给更多网民，用户品牌好感度、忠诚度大幅提升。因此，从某种意义上来说，这不只是一场成功的庆生秀，更是新浪微博发展的新起点。

资料来源：孙珺、杨丽媛、赵斌，等.微博快跑[G].成功营销，2010：10.

讨论：思考一下如今传播新闻的途径有哪些，试分析以微博作为媒体媒介有什么鲜明的特点。

17.1　融媒体

一、定义

融媒体是从 2014 年以来中国融媒体环境下产生的一种新型词汇，是充分利用媒介载体，把广播、电视、报纸等既有共同点，又存在互补性的不同媒体，在人力、内容、宣传等方面进行全面整合，实现"资源通融、内容兼融、宣传互融、利益共融"的新型媒体。在媒体融合态势下，传统媒体将与互联网、移动互联网等新媒体传播渠道有效结合，实现资源共享、集中处理，能够衍生出多种形式的信息产品，多渠道广泛传播给受众。

📖 知识扩展

广播电视台融媒体中心：自2014年中央提出媒体融合发展战略到如今，媒体融合已走入第五个年头，在中央大力推进媒体融合、建设全媒体平台的政策指引和战略部署下，我国传统媒体加快融合步伐。如今，我国媒体融合发展已经跨越艰难的起步期，进入了快车道。2018年以来，各级广电系媒体也开始加快推动以融媒体技术平台和内容产品为核心的平台建设，成立广播电视台融媒体中心，广电媒体融合呈现出"升级下沉""跨区域联合""触网跨界融合""全媒体生态系统""短视频主战场"等一些新的特点。

新媒体：新媒体是利用数字技术，通过计算机网络、无线通信网、卫星等渠道，以及计算机、手机、数字电视机等终端，向用户提供信息和服务的传播形态。从空间上来看，新媒体特指当下与"传统媒体"相对应的，以数字压缩和无线网络技术为支撑，利用其大容量、实时性和交互性，可以跨越地理界线最终得以实现全球化的媒体。

二、融媒体的特点

1. 传播速度加快

高效是融媒体最显著的特点之一，相较传统媒体，融媒体省略了很多烦琐流程，往往在事件发生后几分钟内，相关媒体便通过手机客户端、公众号等将现有信息传播，让用户在第一时间了解事件，满足了舆论需求。

💻 情境重现

支付宝"锦鲤"

支付宝在2018年举行了"中国锦鲤"的转发抽奖活动，在网络形成了病毒式传播。而吸引如此众多网友的转发最大的原因是被抽中的这位中国锦鲤，可获得全球免单大礼包。结果，该微博一不小心就破了两项新纪录：不到六小时转发量破百万，周累计转发破三百万，成为企业营销史上最快达成百万级转发量、迄今为止总转发量最高的企业传播新案例。

2. 传播方式多样化

传播方式的多样化，一方面主要以文字化和图片化方式传播的传统媒体，以及新媒体音频、动画等多样化的传播方式，为受众丰富了多维度的感官体验，另一方面接收信息的渠道多样化，包括手机、计算机、平板等，如微信公众号、短视频、自媒体等。

💻 情境重现

苹果《三分钟》微电影

在2018年新春之际，苹果公司联手陈可辛导演发布中国春节营销微电影《三分钟》。在正式发布前，这部微电影就已经在微博、微信、抖音短视频等各大社交平台发酵，赚足了噱头，博得了极大的关注。这部微电影以中国春节为主题，从春运列车员的视角展现了她和孩子在站头相聚的"三分钟"。这种情节本身具备情感共鸣，掳获了大量人心之际也深化了拍摄工具iPhone X的产品特性和苹果品牌的形象，以情感内容传达了品牌价值理念。

资料来源：思琳.苹果X陈可辛《三分钟》中的广告营销策略[EB/OL].(2018-02-27).https://new.qq.

com/omn/20180227/20180227G1IA3X.html.

3. 受众范围拓宽

在媒介融合迅速发展的当下,信息传播的范围已经打破了空间与时间的限制,人们通过各种方式获取信息,传播信息。而在互联网新闻传播方面,新闻采编的难度降低,用户拥有手机或账号就可以成为信息的传播者。这增快了传播的速度,同时在一定程度上拓宽了受众范围,让更多的受众参与到融媒体时代变革中。

💻 情境重现

"法国队夺冠,华帝退全款"

在世界杯开赛前,厨电企业华帝发起了"法国队夺冠,华帝退全款"的劲爆促销活动。随着法国夺冠,曾经许下这一承诺的华帝再次进入网民视野,得到大量关注,当天"华帝退全款"便被顶上微博热搜。不仅是引起了微博热议,许多人的微信朋友圈也被刷屏,抖音平台也涌现了一批调侃华帝要破产的搞笑短视频,各种猜测遍传围观群众的社交平台。连平时不怎么关心足球的群体,也被这一场精彩的营销豪赌吸引。一次促销活动,掀起了一场全民狂欢。

4. 与受众互动性增多

融媒体可进行多渠道信息传播,与受众互动性增强,在多个平台都设置了评论、留言等功能,例如微信公众号下方设置留言功能,为受众提供反馈机会,微博中也可评论,提供自己的简介,多元化进行互动。提升受众的积极性与参与度。

💻 情境重现

新春"红包"多互动

微信在 2015 年推出了"摇一摇"红包,并登上了当年央视春节联欢晚会的舞台。于是产生了站在电视机前疯狂摇手机和全国人民一起抢红包的场景,这样的玩法男女老少都跃跃欲试。而支付宝在 2016 年年底的"AR 实景红包"尝试之后,把 AR 和去年的五福红包结合,放出了"AR 五福红包"的新玩法。用户可用支付宝内置的 AR 功能扫描"福"字,扫描完有机会收集到福卡,或者通过"顺手牵羊卡"从好友那里抽福卡。支付宝集五福的活动一直延续到 2020 年也没有大的变化。从此以后,越来越多平台加入其中,快手作为 2020 年《春节联欢晚会》独家互动合作伙伴,在快手平台上,用户只要消耗在快手站内获得的红心就能参与抽卡,集齐"缤纷快手,点赞中国"对应字符的 8 张卡,就能瓜分 1 亿现金和大量快币,而且还在除夕当晚发放总额 10 亿元的现金红包,成为春晚"红包史"金额最大的红包雨。不论是哪个平台的活动,都大大加强了应用和用户的互动性。

三、融媒体的影响

1. 完善传统媒体系统

在管理机制上,融媒体为传统传媒制度创新预设了可能性,为向现代企业转型提供了空间;在新闻生产上,融媒体是各种媒体信息整合的具体方式、报道形态,以多媒体素材集成报道;在传播渠道上,全媒体是整合传统媒体向各种平台终端强力渗透的产品,汇聚新一代受众群体;在商业模式上,全媒体是对传统媒体广告之外的市场布局的完善。

2. 推动媒体人深层发展

媒体融合的进展不断促进新闻从业者信息获取方式的改变,促进着媒体人采访报道方式的改变,促进着媒体人新闻发布方式的改变,促进着媒体人新闻理念的改变,甚至促进着传统媒体从业人员向融媒体领域的转型。

3. 加强辨识真伪信息

融媒体传播速度快、范围广、涉及面大,导致网络上出现大量冗余、虚假信息,而真正有价值的信息被大量虚假信息所覆盖。"去中心化"的融媒体为网民提供了自由发表言论的平台,一件很小的事件会随着舆情的裂变式传播而被迅速扩大。传播过程中谣言和流言的产生,有时会给社会带来更大的危机。

4. 造就传播新格局

互联网新技术、新应用的发展使传播形态更加丰富,推动了自媒体、私媒体、草根媒体、公民媒体、独立媒体、参与式媒体、社会化媒体等各种传播形态的形成。融媒体造就了信息开放的新格局,即一人一媒体、所有人向所有人传播的新格局,同时也造就了信息爆炸和信息迅速更替的新格局。

情境重现

海底捞的"老鼠门"

于 2017 年 8 月,记者在海底捞劲松店后厨发现老鼠的踪迹,报道出现后,舆论也炸开了锅,纷纷指责海底捞。而后的 3 小时内,海底捞对外声明,表达"这个错我们承担,这些问题我们改正,犯错的员工们我们进行教育,不会开除"的态度,并立刻停业整改。

随后,海底捞在整顿卫生情况的同时,同期在各大平台,如微博、小红书,打出"海底捞网红吃法"的噱头,吸引大批顾客。事件到现在,我们依然看到各家海底捞门庭若市,曾经的"老鼠门事件"已经完全淡化在公众视线中,海底捞营业额依旧持续上涨。

资料来源:王雪娇.新媒体时代下危机公关写作的原则与方法探究[J].传播力研究,2019(22).

情境认知

融媒体传播速度快、范围广、涉及面大,而企业反应时间短,面对的情况复杂,事件会随着舆情的裂变式传播而被迅速扩大。由于信息的迅速传播,以及网络传播的弱审查,企业无法更快地辨别真假信息,传播过程中谣言和流言的产生,会给企业带来更大的危机。如果企业没有应对危机能力,将会给企业带来巨大损失。

四、融媒体的发展趋势

在融媒体的技术冲击下,手机客户端、网络平台上的融媒体传播渠道正在以一种加速的态势蚕食着属于传统媒体的话语控制权。在政策的推行之下,媒体融合已经进入"快车道"。对于新闻报道而言,融媒体可以通过不同传播渠道及时快速地传播;对于广告宣传而言,其多种不同途径的宣传方式,在灵活的宣传内容的基础上,更能够吸引不同层次、不同人群的兴趣。

情境重现

"万科天琴湾"的营销

重庆"万科天琴湾"的营销中,不仅采取报纸、户外、电台等传统的媒体广告宣传,还运用影院贴片广告、微电影、微博等方式进行宣传,满足中高阶层消费群体的消费体验。同时,"万科天琴湾"借助于微电影的宣传,实现了一系列的事件营销,聚集了大量的网络人气,有效提高了项目的知名度,形成了全媒体整合传播的趋势,提高了市场的传播影响力。

资料来源:臧传强.融媒体时代房地产企业营销创新[J].中国房地产,2019(21):42-44.

情境认知

随着新媒体技术的快速发展以及媒介传播环境的深刻改变,广告的类型、创意、营销和制作发生了翻天覆地的变化。传统媒体与新媒体的融合程度逐渐加深,两者互相补充、相互促进,有效地提升了宣传的效果与质量,同时还能够更好地实现企业营销的创新,为企业带来更多的经济效益。

17.2　融媒体的营销

情境导入

一碗面与融媒体

在 2016 年获得戛纳金狮奖的中国台湾统一面人气系列广告"小时光面馆",以微电影的方式述说了 10 个心情故事和创意料理。从几条故事短视频扩散到网络传播,颠覆方便面"不健康""方便即食"的固有印象,将速食食品与精致料理联系起来塑造话题,到线下开快闪店,把天上地下的手段都用了,使一碗面得以成功营销。2019 年 3 月 29 日,"小时光面馆"微电影又上新了一部名为"妈妈迟来的生日礼物"的微电影。这次微电影共分为三小部,并根据三位主人翁的不同视角讲述了同一个故事。从这个微电影中,我们依旧能看到品牌方希望借此传递的品牌观念:用心做好每一份面,以心情调味。

所有小时光面馆微电影系列的老板对待每个顾客,都像是自己相交数年的老友,无论对待有着怎样情绪或境遇的顾客,老板都有自己的办法作出最让人满意的料理。品牌方借用生活情感故事,将产品不经意间插进情节中其实是不失为好的传销策略,也十分迎合主题"用心做好每一份面,以心情调味"。

资料来源:小时光面馆.https://www.sohu.com/a/59849169_384107.

讨论:试分析情境中运用了哪几个营销形式,结合当下,思考一下还可以用什么新的方式进行宣传营销。

一、定义

单一地从字面上理解,融媒体营销是指通过新媒体进行的运作与营销活动,是指通过一切新媒体手段,帮助产品或服务进行推广、促进用户使用、提高用户认知。具体来说,融媒体营销是指社会组织通过采用网络技术、数字技术和移动通信技术进行信息传递与接收的交流平台,将其投入的资源转化、增值为社会用户所需要产品或服务的过程。

二、融媒体营销的发展现状

融媒体时代的到来对各行各业都造成了非常大的影响,不知不觉中融媒体营销已经植根在我们生活里。融媒体的互动性和即时性、大规模性和共享性、多媒体和超文本、个性化和社交化等特点更适合现代信息的获取优势,使单一媒体的竞争力变为多媒体共同核心能力。

目前的媒体生态趋向于从全媒体转向融媒体,融媒体的运营不再局限于看新闻、看视频、听广播等,更多则是突出人与人的沟通,并在此基础上用最小的投资创造最大的收益,迅速地衍生经济服务链与价值链的生态系统。融媒体的营销活动围绕人们的商品需求、消费行为、人格特质等层面,使消费者高效地接受对的消费与对的服务。利益共享与内容共享,产生具有特色的产业绩效。因此,如何有效地通过融媒体进行数字化营销就成了各行各业需要面临的问题和未来的突破方向。

三、融媒体营销的优势

(一)用户覆盖面积大

随着智能手机、平板电脑等新媒体的普及,各种手机应用软件通过网络迅速传播开来。比如,腾讯公司在 2011 年年初推出的一款智能手机应用软件——"微信",在短短几个月内实现用户量过亿,成为手机 APP 市场下载量最大的应用软件之一。在带来大量广告收益的同时,微信也因其区别于一般网络媒介的特点为企业的网络营销提供了一种新的渠道。

(二)实现精准定位

当下用户的需求越来越个性化,商家难以通过市场调查了解每一个用户对产品的需求,达到定制的需求。而新媒体却可以在一定程度上满足这种需求,新媒体为商家提供了了解客户信息的机会。例如,今日头条通过人工智能算法,给用户推送感兴趣的内容,并测试用户的兴趣宽度,以保证信息的丰富性。今日头条独特的定位,结合精准需求广告方式获得盈利。

(三)让消费者自主参与互动销售

在融媒体时代,用户是市场的中心,消费者的需求直接决定着市场的导向。融媒体营销是面向每一个具体的消费者,通过人际传播方法,对每个用户进行精准服务。运营主体将产品信息传递给消费者,再经由他借助社群力量转发,从而引起其他好友的关注和分享。因此,营销主体只有在海量的信息中进行科学决策,精准运营,让用户能够不断参与到运营过程中,才能完成用户转化,实现盈利。例如,2013 年魔漫相机上线,仅一年用户数就达到了1.6 亿。同时,该应用还创造过当天从微信、微博激活了 300 万下载用户的纪录。

(四)有效降低营销成本

与传统媒体要投入大量营销成本购买广告时段,建立、维护企业网站,雇用大量营销业务员不同,融媒体时代的运营主体有更多可选的营销渠道,且大部分渠道都是免费和开放的。例如,在百度上建立关键词,在豆瓣上定期推出话题,在微博、微信上发布产品信息,与用户实时互动等。

(五) 有效面对危机公关

面对舆论危机,融媒体运营有着传统媒体面对碎片化信息传播、回馈不及时和舆论控制力差等问题无法比拟的优势。在融媒体时代的公关危机中,可以通过智能技术在任何时间、地点及时回复。如今每个人都可以通过网络、手机渠道发表各自的意见和看法,这时危机公关也可以根据舆论对事件的导向或需求进行公关写作,及时止损,重塑企业或个人形象,让危机消失在萌芽期。

17.3　融媒体的国际营销

情境导入

故 宫 文 创

自融媒体营销开展以来,故宫文化产品开始接地气,成为传播古典文化、让文物活起来的使者。通过不同文化公司广泛开展新媒体营销,利用微信、微博、官网、电商等多种渠道,开展市场营销。除此之外,故宫还加强并还拓宽了线上售卖渠道:开设官方网站、电商"故宫淘宝"、官方微博、微信等文化产品销售平台,对故宫系列文化产品进行数字化处理、电子化传播以及新媒体营销推广。故宫文化产品的形式也从以复制、拓印为主开始逐步过渡到多媒介传播,多内容、多维度展示。这些包含了故宫元素的文化产品,不但具有很强的实用性和审美性,它的时尚感和趣味性也受到了广大消费者的喜爱。2019 年第 38 届美国国际授权博览会在拉斯维加斯举行,此次授权博览会上,故宫博物院典雅高贵的东方气韵让越来越多的海外授权业同行了解并喜爱上中国文创产品。早在 2016 年,故宫博物院设计团队带着研发的产品和全新的展台形象,得到授权博览会组委会以及国际授权行业的认可。

资料来源:宋青.故宫系列文化产品的新媒体营销策略研究[D].济南:山东大学,2018.

讨论:结合当下,试总结一下近年来故宫还通过了哪些方式推广文化产品,而你对故宫文创的产品又有什么看法呢?

一、定义

国际营销是商品经济高度发展的产物,随着国际市场的形成和国际经济交往的增加逐步发展起来的。国际营销是企业根据国外顾客的需求,将生产的产品或提供的服务提供给国外的顾客,最终获得利润的贸易活动。

融媒体的国际营销是指通过以融媒体作为媒介的方式,向国际市场进行宣传推广,达到营销目的。这种国际商业行为,既受到世界经济技术发展的影响,又受到目标市场的国家或地区的政治、社会、文化、法律等营销环境的影响。

二、现状

在当今产品同质化越来越高的残酷竞争环境中,营销渠道已成为企业最重要的战略资产之一。与国内营销渠道相比,国际营销渠道的建立和管理则面临更为复杂的双重环境,不同国家的营销系统和渠道受各国营销环境的差异影响也各有差异。各个国家的营销系统形式、规模、运作方式各有不同,加之语言和文化差异等,增加了国际营销渠道的管理难度,使企业在制定渠道策略时更复杂。

三、融媒体国际营销的主要困难

(一)网络信息建设困难

面向国际融媒体营销与国内融媒体营销在营销渠道上有所不同,对于社交平台运营机制和流程需要有专业的团队指导。这要求融媒体营销团队具有优秀的融媒体运营经验,善于运用各种融媒体营销工具,能够在影响力比较广泛的互联网网站以及受到普遍欢迎的移动软件上进行营销。同时,团队不仅能够为多媒体的发展创造有力的发展硬件条件,对官方网站信息进行及时更新,还能对客户信息进行及时反馈,积极促进企业融媒体的营销管理,加强对企业营销队伍的充分建设,这样才能实现提升企业融媒体营销的效能。因此,建立一支针对国际营销的具有丰富融媒体知识与融媒体营销经验的团队就显得十分关键。这对于网络信息的建设和形成推广效益有着极为重要的意义,但实际上要建立这样的团队是有困难的。

(二)文化与法规的冲突

由于每个国家和民族文化遗产及文化背景不同,这些特有的文化背景和文化遗产也同时向这个国家成员提供了他们特有的准则和价值观念,只有充分了解并尊重这个国家和民族的文化背景和价值观念,才能制定出适合当地的营销策略。还要考虑不同的国家对营销手段和宣传也有不同的法律约束,比如在一些中东地区和阿拉伯国家,女性是不能做广告的;在英国刊登广告的报纸可以发行到全国各地,可在西班牙就不能这样做,他们的广告只能在当地报纸上刊登。更有意思的是,有些广告在美国司空见惯,但在澳大利亚和意大利就有很多限制,而在德国、意大利、比利时却是违反国家法律的。所以在进行国际营销中,一定要充分了解当地关于营销环节中的一些法律条文,避免给自己的营销活动带来不必要的麻烦。

(三)国外平台合作困难

海外的推广渠道不少,但较大的平台标准一般较高。首先是维护成本很高,长期保持需要大量的预算,在谷歌搜索出来的广告一定会打出广告的字样,而且针对不同行业审核也比较严格。这对于我们国内想要进行海外推广的人来说也是一个比较难的问题。其次是有被官方处罚的风险,官方推荐位一般有着自己的一套选择标准,且不受开发者控制,大多数推荐资源属于可望而不可求,看重的更多是产品本身的素质,不过观察上榜作品也能找出一些内在规律。最后激励流量引入的用户并不会有很高的留存率,对于产品长期的健康不利。

四、融媒体国际营销的影响

(一)为全球化社会经济系统注入新活力

融媒体的出现不仅为社会带来了新的传播沟通方式,融媒体迅猛的发展速度形成了规模逐渐庞大的融媒体产业。作为传播媒介的新成员,融媒体一诞生就是以独立经济实体的形式进行运营。如今以互联网产业、移动通信产业、数字媒体产业为代表的融媒体产业在进行国际营销中,在全球化的社会经济系统中发挥着举足轻重的作用。随着融媒体产业的进一步发展以及融媒体产业链的进一步整合,融媒体国际营销经济系统必将在全球化的社会经济领域占据更重要的地位,为全球化的社会经济系统注入新的活力。

(二) 带动其他相关产业的发展

社会经济系统各组成部分之间关联紧密,任何一个社会行业或产业的发展都会影响到相关产业的发展,甚至会带动新的产业的出现和旧产业的升级。进入 21 世纪以来,融媒体产业不断发展壮大,营销产业规模从国内转向国外持续扩张。融媒体营销产业的快速发展带动了融媒体的营销衍生产业,以及其他相关行业如网络建设、网站维护、文化创意、内容提供、物流、技术服务等行业的发展,形成庞大的融媒体国际营销产业链。

(三) 为中国"走出去"提供参考

由于企业的竞争及市场的竞争日趋激烈,企业的营销组织能否对动态市场作出迅速、准确的反应,直接影响到整个企业的兴衰。在当前信息社会,国际经济环境的变化、市场空间的扩展、营销技术的改进和销售渠道的变革,都对企业营销组织提出了新的要求,新经济的竞争归根结底是掌握新技术的人才的竞争。在信息技术进入营销活动、高科技领域竞争加剧的时代,还要具备信息处理能力及一定的产品专业知识。我国涉外企业需要培养和配备这方面的专门人才,构建自身的网络营销体系,在国际营销上登上一个新台阶,以加速对外经济贸易的发展。

(四) 提高文化传播力

与传统媒体的对比下,融媒体面向国际的营销过程中,对文化传播产生了一定的影响。互联网和移动终端在人们生活中的普及,使产品较容易向国际展现,而产品一般潜在附着有文化价值,在国际营销中借助融媒体推动作用的同时,实现了文化传播速度和质量的提升。同时,融媒体传播渠道规模较大,增加了人们接触到中国文化的可能性,展现文化的维度性,更好体会文化价值和内涵。

情境重现

"熊"出没在国际

深圳"华强方特"出品的《熊出没》系列动画片在动画作品创作期间,同步译制多国语言,并先后进入俄罗斯等国播出。华强方特加快进入全球化步伐,深耕已有国际渠道,在国际平台上加强《熊出没》系列作品传播,例如在全球社交平台如 Facebook、Twitter 上进行联合推广。除了电视动画,华强方特还将相关领域有机结合,广泛开展文化衍生品的自主创意开发设计、品牌授权跨界合作、市场销售渠道搭建。迄今为止,熊出没上市销售产品类别已达到二十多类两万余种,形成了动漫开发的全产业链。完整的故事情节,强大的制作团队,使《熊出没》斩获了多项大奖,也成为近年来输出海外的动画中最为成功、最受观众喜爱的动画之一。而《熊出没》的周边产品也受到了国际市场的欢迎,第一笔国际订单就是来自俄罗斯的一个小男孩。

《熊出没》的剧情颇具中国特色,光头强的子承父业,以及火锅店里热闹的八卦气氛,都让人有着一种亲切感,浓浓的中国风尽显眼前。这些中国特色就在《熊出没》走向国际市场的过程中传播了出去,让各国真切了解中国的人文风情,提升中国文化的软实力。

资料来源:"熊大熊二"带国产动画走世界. https://www.sohu.com/a/233163206_161623.

五、融媒体国际营销的策略

📖 情境导入

Burberry 的数字化营销进程

在 2006 年,Burberry 高层就发表声明说,他们希望 Burberry 成为第一个数字化奢侈品品牌。如今,数字化已经成为 Burberry 所有业务的核心组成部分,以至于在整个数字化领域,Burberry 都有着不可小觑的影响力和代表性。

在 2013 年与谷歌合作推出"Burberry Kisses",用户可通过网络向世界各地的任何人送去一枚"真实的吻",这一活动引起了全世界的谷歌用户的参与。对于在中国的营销,Burberry 在 2015 年与微信合作,在平台内嵌入时装秀的 APP 应用,直播秀场并收录当红明星的语音点评。三年后与时尚博主包先生合作,推出联名限量款背包于微信发售,当天即抢购一空。

资料来源:曹亚婷.融媒体视域下奢侈品品牌博柏利的数字化营销策略研究[D].长春:长春工业大学,2019.

🔍 情境认知

品牌是用兼顾传统媒体和新媒体的模式,全覆盖式传播品牌内容,提升其知名度。就现在"流量为王"的融媒体时代而言,的确可以达到传播目的和长线发展的效果最大化。Burberry 身为一个极具英国传统风格的奢侈品牌,对于国际市场都有不同的营销方式,在融媒体的大背景下利用数字化营销和融媒体,创造出适合不同地区使用的营销模式,在国际市场上如鱼得水。

融媒体国际营销的策略可分为以下几个方面,如图 17-1 所示。

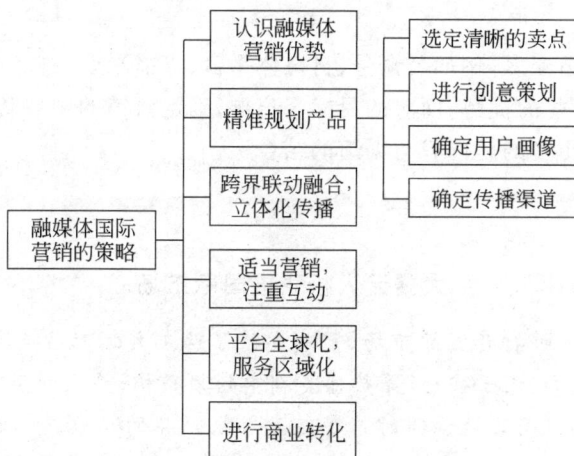

图 17-1 融媒体国际营销的策略

（一）认识融媒体营销优势

企业想要把自己的信息准确无误地发送给顾客，或者企业想要知晓市场的需求与供给，顾客想要从成千上万的类似产品中找到符合自己要求的产品。这个时候，网络营销成为企业与顾客之间的纽带，带给企业和顾客很多便捷。这种新兴营销方式的优点在于它的投入量适中，但是回报却是非常可观的。

（二）精准规划产品

融媒体营销下我们更加有重点地围绕目标客户展开有针对性的推广，这就让我们有更灵活的方式，营销的思路也会更加开阔，与用户建立更加紧密的联系与互动，让你的营销形式更加生动。营销做到位很重要的一个因素就是要对产品有清晰的定位和规划，我们可以考虑从以下几点着手。

1. 选定清晰的卖点

不管是不是做融媒体，任何一个企业或产品都必须有清晰的卖点，让用户知道你卖的是什么，做融媒体营销也是一样的道理。例如"美的空调：一晚一度电"，企业广告与营销都有一个清晰的卖点；"代驾就找 E 代驾"结合场景来对号入座也是一个清晰的卖点。

2. 进行创意策划

产品有了卖点之后，需要结合卖点进行策划，策划一个有创意的营销广告点，创意决定一个产品的推广效果，一个好的创意广告会让更多的人帮你分享与宣传。最关键的是呈现了优质的营销内容，以内容为核心，去获取有利于企业盈利的潜在销售线索。但是值得注意的是，在这个广告满天飞的网络时代，过于直白的广告会让用户反感，从而达不到宣传的效果。

3. 确定用户画像

融媒体时代下的用户倾向于通过社交媒体来获取信息，并且从 PC 端转向移动端。做融媒体营销要分析产品面向的目标用户，知道他们有什么需求，了解他们的使用习惯、阅读习惯是什么。针对目标客户有了明确的定位，我们就会有方向性地吸引大批潜在客户。

4. 确定传播渠道

新媒体的传播渠道众多，例如公众号、自媒体平台、直播平台、视频平台、论坛平台、微博平台等，我们要根据产品的优势、面对的目标客户群，确定营销的主要传播渠道，进行精耕细作。融媒体营销其实更多的是内容与渠道的结合。

情境重现

大疆无人机飞进国际市场

大疆无人机为了能够打开国际市场，赞助支持了两部美国独立电影，令其无人机在《神盾局特工》《摩登家庭》和《国土安全》等热播美剧中频频亮相，并且利用"无人机飞入白宫"等热点事件营销，将产品广而告之。同时消费级无人机产品的用户是一群内容创造力和传播能力俱强的群体，使用无人机拍摄的作品通过 Facebook、YouTube 等都是大型流量平台传播，能够达到二次宣传的效果。在 2018 年大疆创新入选联合国工业发展组织认定的"国际信誉品牌",品牌的国际认可度可见一斑。

资料来源:杨秋文.大疆无人机国际营销案例研究[D].南宁:广西大学,2019.

(三)跨界联动融合,立体化传播

多频道时代,立体化已经成为每一个组织机构的标配。多向度的传播渠道,目标受众的特征有所区别,传播方式也不尽相同,叠加使用可以极大限度地占有规模受众。全网营销对企业来说能够更快速地提升品牌知名度,对获取口碑也会带来很大的好处,不论什么方式都能看到企业的相关信息,大大地提高信赖度,而且这种持续性的营销,能够让客户通过不同渠道找到用户,既增强了用户与企业间的黏度,也提高了企业品牌知名度。

情境重现

上海迪士尼多元化传播

作为全球第六座迪士尼乐园,上海迪士尼乐园自落成之初就备受关注。除了品牌在各类影视、视频、院线、日常消费的植入外,通过"秒拍""一直播"等新兴互联网媒介形态,上海迪士尼将景区亮点与短视频的"现场感"自然融合。例如30秒"迪士尼花车巡游",1分钟"手绘迪士尼东航飞机",1分钟"迪士尼清洁小哥无厘头太空舞"等秒拍视频,通过网络传递出迪士尼丰富有趣的现场氛围。

上海迪士尼依托内容的主导优势,打出精彩纷呈的传播组合拳,将优质资源与多元渠道高度整合,实现不同媒介的价值联动,综合提升传播聚合力。而短视频的碎片化传播将时间压缩为焦点,通过与社交媒体的高效衔接,使话题在微博舆论场中持续发酵,激活受众的个人传播能量,实现多媒体联动效应。

资料来源:张雨涵,严功军.上海迪士尼乐园传播策略分析[J].新闻界,2016(24):21-25.

(四)适当营销,注重互动

前互联网时代,传统媒体难以与受众形成互动,而融媒体可以极大限度地实现互动。受众最感兴趣的内容和最容易引起讨论的话题经投入受众中后,会快速引起复制、热烈讨论和参与,从而形成连绵不断的传播浪潮,把用户引流到新媒体渠道上,结合用户需求、产品质量、品牌影响力来做线上线下营销闭环。企业也不必再消耗巨大的人力、物力在传播的每一个环节艰难推进,只要创造出适当的话题,再将话题发送到受众群体中,就可以等待受众在话题的原始形态和构成上,自由发挥、创造,不断扩充其内容。

(五)平台全球化,服务区域化

目前在国内融媒体发展过程中,大型融媒体平台需要逐步放眼全球,通过YouTube、Twitter、Facebook等海外视频、社交平台上开设官方频道,进入海外视听新媒体市场。在地方融媒体的营销中,更多地聚焦到本地,充分发挥区域化与用户近距离对接的优势,为用户提供多元化服务,解决用户难题,从而体现融媒体的长尾效应。

(六)进行商业转化

在融媒体时代下,产品的营销是按照商业项目来规划的,营销的最终目的就是实现商业转化。不论营销策划如何成功,最终需要能够完成变现。而当影响积累到一定程度时,品牌价值得到了极大的提升后,价值的直接附着物——商品也就应运而"出",进入销售的环节。

💻 情境重现

"李家有女,人称子柒"

借着互联网发展的东风,视频营销如雨后春笋般疯长,带来所谓的"网红"现象。但在信息量庞大、市场变化速度快的情况下,为实现迅速变现,网红模式被大量复制,粗糙、廉价的内容使网红品牌质量参差不齐,观众体验感变差。有了低质量网红品牌的衬托,专注做内容的博主显得更加珍贵。

2019年对于李子柒来说,是具有魔力的。李子柒在微博上发布的自身制作中国美食的104条视频,把一个原本平凡平淡的女孩带到了世界的目光之中,在全球拥有七千多万名粉丝。李子柒以乡村的自然生活环境为蓝本,将自己的日常生活记录下来,看她的视频就像在看一部纪录片,就像任何人身边的一个有格调懂生活的姑娘,让人觉得亲切温暖,这就是李子柒品牌的基调。她将人伦孝道和传统文化融入视频中,让视频有了文化的土壤,引起同样受这片土壤熏陶的消费者的共鸣,也将视频与没有经过熏陶的消费者进行差异化的分离,使视频更加引人注意,得以发展传播。随后"柒家"品牌的美食也上线销售,李子柒个人也开始作为嘉宾频繁出入各类社会活动。可以说,如果评选2019年的品牌成长度,"李子柒"当属优选。

在"网红""粉丝经济"几成社会共识的当前,"李子柒"现象更加清晰地展现了迥异于传统营销传播的特点,透过融合媒体手段和方法,把整合营销传播推到时代高度。

资料来源:熊忠辉.个人IP的视频媒体化与传播品牌化——以李子柒现象为例[J].传媒观察,2020(2):22-26.

六、融媒体国际营销的未来发展形态

依靠媒体技术革新,媒介的发展正在进入第三个时代,即Web 3.0时代。Web 3.0时代信息传播会比Web 2.0时代更加快捷高效和智能化,实现价值均衡分配。因此,我们可以推测出未来融媒体运营的走向将会紧紧地与Web 3.0时代相结合,发展成以下几种的形态。

(一) 数据运营

Web 3.0时代将会延展网络互联特性,包括网络与网络、媒介与媒介、信息与信息的多向互动,不同网络即时对接不同媒介终端互联、个体之间多向互动等。这些交互基本依赖于个人、网络与信息形成的痕迹等信息的深度挖掘来实现,通过数据挖掘的方式转化和衔接之后又返回到网络与个人中,经过不断循环后最终形成自由交互与链接。因此如何利用数据进行信息整合、定位与服务精准化运营将会成为Web 3.0时代数据运营的重点。

(二) VR运营

VR(Virtual Reality)即虚拟现实技术。在虚拟现实技术发展和提高之下,沉浸式传播将不断实现升级,人与社会的媒介化程度也将不断提升,由此实现真实的跨时空交互,地域与认知边界将消失。因此,如何运用VR技术破解传统产业链,实现线上、线下全面运营,将会成为这一时期的新媒体运营焦点。

不少公司已经开始将其用于品牌推广,如沉浸式采访、试驾体验、旅游实感等VR内容现在都能在计算机、智能手机或 VR 头显设备上看到。例如,the North Face 就让观众有机会和登山运动员一起"亲临"尼泊尔展开冒险。由于全景体验非常新颖,一般来说它们相比普通视频更能吸引观众,有些全景视频甚至达到了 1500 万次的播放量。

(三) AI 运营

AI(Artificial Intelligence)即人工智能。如今人工智能技术逐渐成熟,并且通过数据挖掘及预测的智能系统推进了网络的进化,可以预测 AI 的发展将在不久的未来改变人类的生活环境。因此,如何借助 AI 发展之势,利用语音识别、人机交互等技术抢占用户流量及转化率,必将成为新媒体运营的一个重要发展方向。

例如,线上的无穷无尽的营销渠道和方式令人眼花缭乱,产品做了自媒体,但是收录效果却很差;产品占领了各大论坛,但发出去的信息在网络世界里就像石沉大海,再也找不着。这就是 5G 时代的宣传困境。而在 5G 时代,"AI 搜索排名"这样一项黑科技,无疑成为无数中小企业的镇静剂与救心丸。"搜索排名"是指用户在搜索引擎上输入关键词所呈现出来的链接排序。网总管 AI 搜索排名,则是以 AI 人工智能、云计算为支撑,利用大数据分析出客户搜索词,帮助企业实现海量关键词快至一天排名在首页。

小　结

在互联网时代下,网络已经成为新时代生活的一部分。应运而生的融媒体作为一种新型传播媒介,补充了传统媒体原本所具有的缺陷,同时又通过媒体融合得到了传统媒体的一些优势,为企业、品牌等国际营销工作提供了新方向和新渠道,对于企业、品牌等的发展有着重要的意义。融媒体在国际营销上的应用模式越来越丰富,在进入国际市场时能够起到有效的推广和营销,逐渐成为企业、品牌、产品等进军国际不可缺少的策略之一。但由于融媒体在国际营销中面临着一些现实困难,一定程度上影响了融媒体的营销作用,在未来的融媒体发展中需要逐步克服。本任务全面讲解了融媒体与国际营销的相关内容,并总结了融媒体国际营销策略,以便同学们进行学习和掌握。

思考与练习

一、填空题

1. "融媒体"是从_____年以来中国融媒体环境下产生的一种新型词汇。

2. "融媒体"是实现"_____、_____、宣传互融、利益共融"的新型媒体。

3. _____是融媒体最显著的特点之一。

4. 融媒体的国际营销则是指_____作为媒介的方式,向_____进行宣传推广,达到营销目的。

5. 融媒体营销是指通过一切新媒体手段,帮助产品或服务进行_____、促进_____使用、提高用户_____。

二、单项选择题

1. 传播方式的多样化包括的传播方式是(　　　)。

    A. 以视听化和图片化方式传播的传统媒体、新媒体音频、动画等

    B. 以视听化和图片化方式传播的传统媒体、传统媒体音频、动画等

    C. 以文字化和图片化方式传播的传统媒体、新媒体音频、动画等

    D. 以文字化和图片化方式传播的传统媒体、新媒体音频等

2. 在( )方面一定程度上拓宽了受众范围。

    A. 信息传播途径增多、新闻采编难度降低

    B. 信息碎片化、平台多样化

    C. 传播速度加快、用户增多

    D. 信息传播途径增多、平台多样化

3. 对( )而言,新媒体造就了信息开放的新局面。

    A. 传统媒体   B. 社会大众   C. 传播格局   D. 新闻工作者

三、多项选择题

1. 融媒体的特点有( )。

    A. 传播方式多样化   B. 受众范围拓宽

    C. 传播速度加快   D. 与受众互动性增多

2. 以下( )是融媒体国际营销的策略。

    A. 精准规划产品   B. 能有效面对危机公关

    C. 让消费者自主参与、互动销售   D. 跨界联动融合,立体化传播

3. 融媒体国际营销的主要困难是( )。

    A. 网络信息建设困难   B. 进行商业转化

    C. 文化与法规的冲突   D. 国外平台合作困难

四、判断题

1. 目前,布局海外的运营路径已经成为国内融媒体"走出去"的主要方式。   ( )

2. 多向度的传播渠道,目标受众的特征没有区别,叠加使用可以极大限度地占有规模受众。   ( )

3. 只有充分了解并尊重这个国家和民族的文化背景和价值观念,才能制定出适合当地的营销策略。   ( )

4. 融媒体国际营销的未来发展形态包括搜索引擎运营、数据运营、AI 运营、VR 运营。   ( )

实训课堂

一、思维训练

    2019 年,电影《小猪佩奇过大年》上映前夕放出了自己的宣传片——《啥是佩奇》。一经播出,立刻在各大主流媒体渠道刷屏了,引起了大众的关注。

    宣传片选用的是春节前夕,回家探亲,爷爷为孙子准备礼物的一个场景,这是一个看似普通的生活场景,却自带亲切感,观众很容易代入。故事的起源是一个小孩想要佩奇,然而

生活在贫困山区的爷爷没有见过,于是爷爷四处询问,经过了一系列的波折,最后一个看似诙谐,实则感人的结局,把这个场景推向了高潮。佩奇,并不是一个新的IP,甚至略显过时,但是,用在这个宣传片中却同样产生了巨大的传播效应。

这是进行精准规划产品的好例子,春节——送礼,小孩——佩奇,孙子——爷爷,宣传片的每一帧的切入点都有很好的代入感。

要求:发散思维,多角度思考此案例。

讨论:除了进行精准规划产品,还有什么?佩奇这个IP还能往什么方向发展?

二、案例分析

案例1:《大鱼海棠》作为一部无明星非热门IP改编的动画电影,凭借成功的营销策略杀入强敌环伺的暑期档,并以5.65亿元位列暑期票房排行榜第八位。宣传团队在各个网站上发出推文,介绍动画制作背后的故事,以"十二年之约"为宣传重点,制作物料占据微博热搜榜,以至于没去观看的观众也曾多少听说过这部电影,电影最终凭借3000万元的制作成本拿下了五亿多元的票房。在当下信息技术高度发达的时代,在新媒体渠道上进行营销,不仅可以节约成本,同时还便于扩大动画作品的影响力,因此,当下国产动画片营销更青睐于在新媒体平台上展开。

分析:从《大鱼海棠》中,你得到了哪些营销启示?在网上了解电影的宣传全程后,请你深度分析营销的成功之处。

案例2:每年5月在深圳举行的文博会,是中国唯一一个国家级、国际化、综合性的文化产业博览交易会,以博览和交易为核心,全力打造中国文化产品与项目交易平台,促进和拉动中国文化产业发展,积极推动中国文化产品走向世界,被誉为"中国文化产业第一展"。

第十五届文博会于2019年5月16日至20日在深圳会展中心举办。主展馆共有2312个政府组团、企业和机构参展,第十次实现全国31个省、区、市及港澳台地区全部参展,第六次实现广东省21个地市全部参展。海外参展单位132个,来全球自50个国家和地区;海外采购商共22167名,主要来自美国、英国、法国等103个国家和地区。参与本届文博会主会场、分会场、相关活动的总参观人数达700余万人次,境内外媒体对本届文博会高度关注,共有400多家境内外媒体1800多名记者参与报道。

分析:文博会对国际营销起到了什么推动作用?试分析一下举办文博会的意义。

案例3:在美国,继华盛顿大学第一个宣布因新型冠状病毒疫情线下停课后,斯坦福大学官网发布消息:从3月9日开始的冬季学期的最后两周,斯坦福大学的课程将不在线下举行,尽可能地转移到线上授课。

Zoom是斯坦福大学现有的一个软件工具,所有教师、工作人员和学生都可以使用,可以方便远程出勤。教师可以使用Zoom的视频会议来提供在线部分和/或讲座,还可以记录这些会话并共享一个链接供学生查看。课后通过Canvas分发作业或考试内容的PDF格式,学生们可以在自己的房间里完成,然后使用GeniusScan之类的应用程序将答题内容扫描成PDF上传到Canvas作业或Gradescope上。当Gradescope接受学生作业的扫描后,会使用人工智能将其分解成多个问题,这些问题可以由多个评分员同时评分,也可以由人工智能自己评分。

通过网络新兴媒体或平台的合理运用,线上课程将有序展开,让学生保持高效高质量的课程学习。

分析：融媒体时代下传统式课堂能更容易被取代，试分析线上授课有什么优势，你认为线下课程能够被线上课程所取代吗？

任务 18　跨境电商与国际营销

学习目标

- **知识目标**

（1）理解跨境电子商务定义，掌握跨境电子商务的分类，了解国际营销与跨境电商的关系；

（2）掌握跨境电子商品定价机制及跨境电子商务商品定价的影响因素，了解跨境电子商务的国际营销发展趋势；

（3）了解跨境电子商务对国际营销的影响；

（4）了解中国电子商务的发展及国际营销的应用。

- **技能目标**

（1）熟悉跨境电子商务的分类；

（2）掌握及运用电子商品定价机制对国际营销的影响。

任务驱动，做中学

跨境电子商务是传统线下贸易与互联网发展的结合，我们很容易理解对具体商品的国际营销及其模式。就个人而言，你认为跨境电子发展过程中国际营销扮演什么角色？请举例具体说明。

18.1　跨境电子商务的定义

跨境电子商务（Cross-border E-commerce）被定义为在线交易或出售的两个实体，网上卖家和客户（消费者）的位置设在不同的国家，这种电子商务模式允许在线卖家将产品销售给遍布全球的客户。从广义上看，跨境电子商务基本等同于外贸电商，是指分属不同国家的交易主体，通过电子商务的手段将传统进出口贸易中的展示、洽谈和成交环节电子化，并通过跨境物流送达商品、完成交易的一种国际商业活动。狭义的跨境电子商务基本等同于跨境零售，是指分属于不同的交易主体，借助互联网达成交易，进行支付结算，并采用国际快件、小包邮寄的方式等跨境物流将商品交付到消费者的交易过程。跨境电子商务活动流程如图 18-1 所示。

在跨境电子商务活动范畴内，中国商家通过跨境电商平台将产品、技术、服务等卖到世界各地。相反，中国的消费者对其他国家的产品需求也能通过跨境电商平台实现购买。在此过程中，中国的产品、技术、服务等被外国消费者所熟知，并且中国消费者能够购买到称心如意的外国商品，对这些商品、技术、服务等的国际市场营销活动扮演着重要的角色。因此，

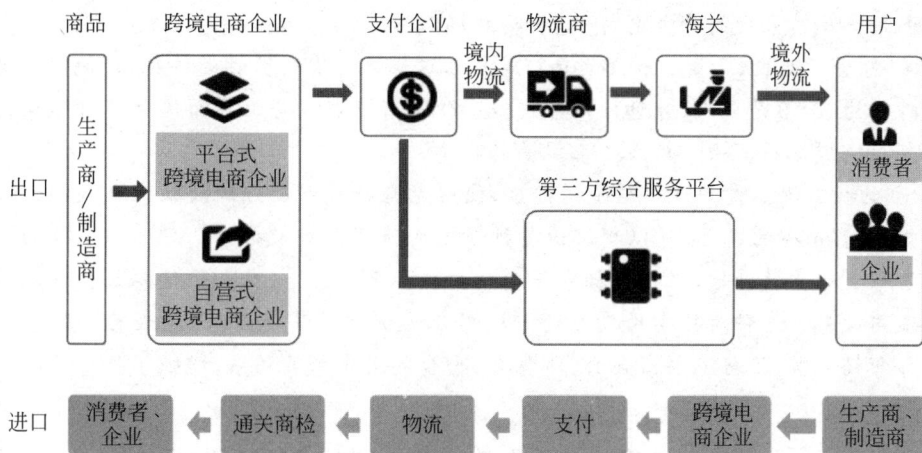

图 18-1　跨境电子商务活动流程

对于商品的国际市场营销是跨境电子商务非常重要和不可缺少的一个环节。

📖 情境导入

"网红"推动跨境商品销售

　　国外的网络红人大致可以分为三个类型,其粉丝数量、创作风格和营销方式都很不一样,因此所擅长的营销领域也各有千秋。第一种类型:名人明星。知名人士或者是拥有较强号召力的公众人物,他们拥有海量粉丝,而且具有公信力,适合长期提升品牌认知度。第二种类型:行业意见领袖。他们是"职业网红",创作专业度高,很多都是博客主或者新闻工作者。意见领袖粉丝量大,在一定领域有话语权,被相关群体所接受或信任,能够直接推动粉丝们的购买决定。第三种类型:"热点网红"。"热点网红"更加平民化,其粉丝量不一定很多,但是受众相对更加细分、单一化,粉丝参与度和互动率更高,带来真实自然的交流和购买体验。"热点网红"不参与原创内容制作,会以转帖、留言、参与活动宣传竞争、带动话题来提升投放效果。

　　中国出海企业想要从众多的海外网红中找到理想人选,首先要考虑"你的目标是什么?"如果想要提升品牌知名度,可以选择"行业意见领袖"或名人明星;如果注重于投放效果,"行业意见领袖"或"热点网红"则是更好的选择。Wotobuy(网红平台)帮助巴拉巴拉(Balabala)电商,通过"网红营销"将他们的童装产品成功分享给海外地区的消费者。

　　资料来源:福步外贸论坛[N/OL].(2018-04-27). https://bbs.fobshanghai.com/thread-7340466-1-1.html?btwaf=24267562。

18.2　跨境电子商务分类

📖 情境导入

跨境电商国际营销策略:CRO

　　CRO(Conversion Rate Optimization)是指优化转化率或者转化率优化,主要是通过使用数据和用户反馈来提高跨境电商平台(网站)的表现效果。

CRO 包含了 CTA (Call to Action),是指通过设计具有吸引性的按钮,让使用者自己想要做某种行为,而不是要求、呼吁使用者去做。使用者可以在登录页面优化各种不同的网站内容,比如按钮、标题、设计、格式等来提高转化率。

CRO 的核心思想是测试网站不同内容,使网站运行达到最好的效果。这种测试可以使用一个叫 Optimize 的工具,可以测试出各种精准的使用和投放方法。比如,CRO 的一种形式包含了社交媒体的标题,根据某社交平台的推文和更新,可以在上面获取数据来测试各种标题的不同效果。这种对提高跨境电商平台转化率优化的手段,极大地改善了跨境电商平台的国际营销效果,使跨境电商企业、消费者、平台之间建立了联系,增强了跨境商品和服务的销售。

基本的跨境电子商务有 3 种类型,即企业对企业(business-to-business,B2B)、企业对消费者(business-to-customer,B2C)、消费者对消费者(customer-to-customer,C2C)。但随着跨境电商的不断发展和完善,跨境电商又增加了企业对政府(business-to-administration,B2A)、消费者对政府(customer-to-administration,C2A)的内容。

企业对企业(B2B):电子商务涵盖了公司之间进行的商品或服务的所有电子交易。生产者和传统商业批发商通常使用这种类型的电子商务进行操作。

企业对消费者(B2C):企业对消费者类型的电子商务的特点是企业与最终消费者之间建立了电子商务关系。由于网络的出现,这种类型的商业得到了极大的发展,并且互联网上已经有许多虚拟商店和购物中心,它们出售各种消费品,例如计算机、软件、书籍、鞋、汽车、食品、金融产品、数字出版物等。与在传统商业中购买零售产品相比,消费者通常可以获得更多的信息,而且消费者普遍认为,他们将以更低的价格购买商品,而不会危害到同样个性化的客户服务以及确保快速处理他们的订单交付。著名的跨境电网企业如图 18-2 所示。

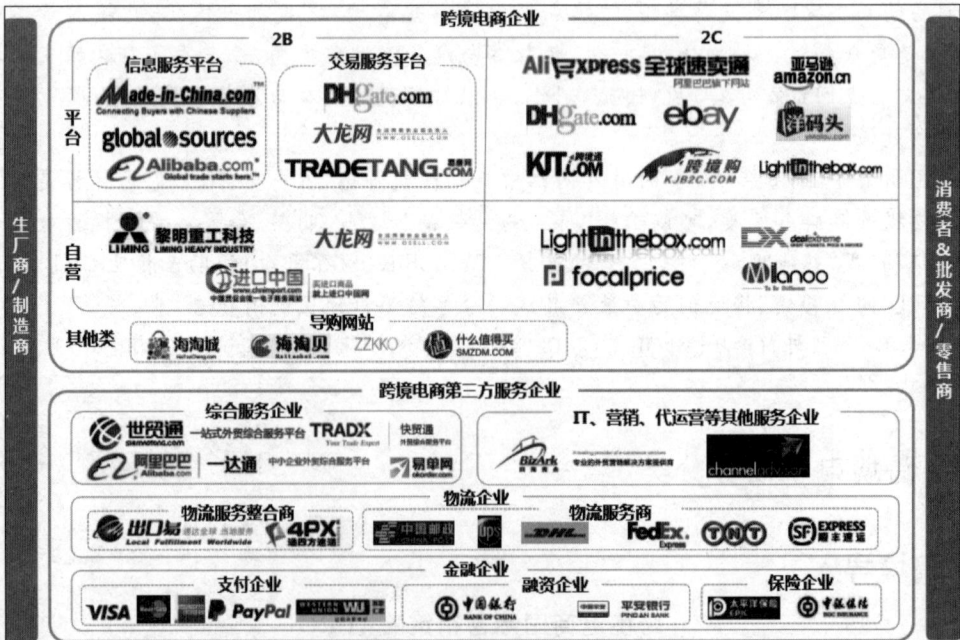

图 18-2　跨境电商企业

消费者对消费者(C2C)：这类型的电子商务涵盖了消费者之间进行的商品或服务的所有电子交易。通常这些交易是通过第三方进行的,第三方提供了实际进行交易的在线平台。

企业对政府(B2A)：电子商务的这一部分涵盖了公司与公共管理部门之间在线进行的所有交易。这是一个涉及大量服务的领域,尤其是在财政、社会保障、就业、法律文件和登记注册等领域。近年来,随着对电子商务的投资,这些类型的服务已大大增加政府工作内容。

消费者对政府(C2A)：涵盖了个人与公共管理之间进行的所有电子交易。如教育——传播信息、远程学习;社会保障——通过信息分发;税——提交纳税申报表;健康——疾病信息,医疗服务付款等。跨境电商企业分类如图18-3所示。

资料来源：陈岩,李飞.跨境电子商务[M].北京：清华大学出版社,2019:4.

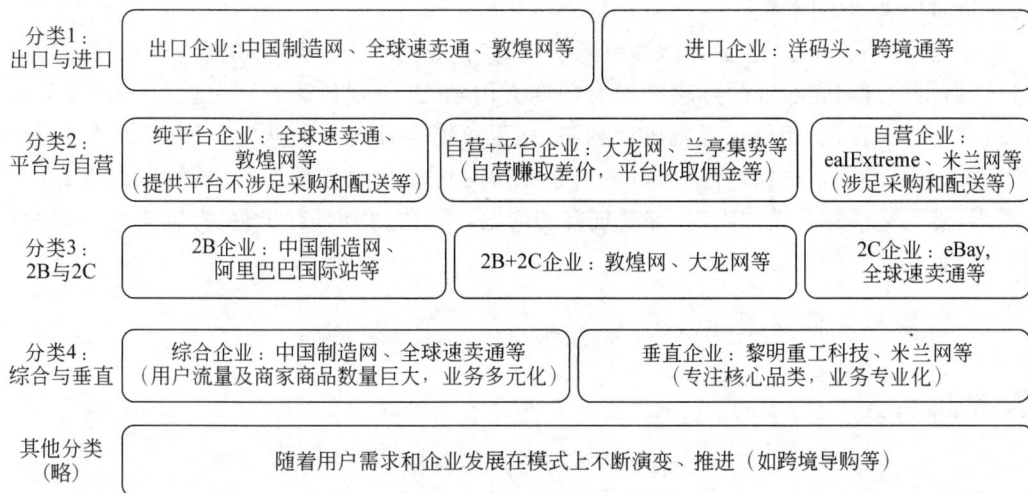

分类1: 出口与进口	出口企业:中国制造网、全球速卖通、敦煌网等		进口企业:洋码头、跨境通等
分类2: 平台与自营	纯平台企业: 全球速卖通、 敦煌网等 (提供平台不涉足采购和配送等)	自营+平台企业: 大龙网、兰亭集势等 (自营赚取差价,平台收取佣金等)	自营企业: eaIExtreme、米兰网等 (涉足采购和配送等)
分类3: 2B与2C	2B企业:中国制造网、 阿里巴巴国际站等	2B+2C企业：敦煌网、大龙网等	2C企业:eBay, 全球速卖通等
分类4: 综合与垂直	综合企业:中国制造网、全球速卖通等 (用户流量及商家商品数量巨大，业务多元化)		垂直企业:黎明重工科技、米兰网等 (专注核心品类，业务专业化)
其他分类 (略)	随着用户需求和企业发展在模式上不断演变、推进（如跨境导购等）		

图 18-3 跨境电商企业分类

18.3 跨境电子商务国际营销

一、跨境电子商品定价机制

定价的目标是使产品适合市场的需求,符合企业的发展战略。归纳来说,成本、需求、竞争及目标国家的相关政策是跨境出口电商应考虑的四大因素。

(一) 成本因素是定价的基础

成本可分为生产成本与销售成本。成本不是一成不变,原材料价格的变动,出口退税的调整,进货渠道的改变,计价货币或支付货币汇率的变动,还有跨境平台运营商收费调整都会影响到成本的改变,企业必须清楚了解成本的构成,及时掌握相关费用的变化情况才能准确制定价格。

(二) 需求因素影响价格的高低

需求增加,产品价格的上涨,需求减少,产品价格下降。了解市场的需求情况,要求跨境出口电商深入分析目标消费者,包括其消费偏好、收入情况、消费群体预期等,同时还应了解互补及替代商品价格。

（三）竞争因素影响消费者的选择

定价的目的是让消费者接受你的价格，购买你的产品。面对越来越激烈的国际营销竞争环境，跨境出口电商不可能自由定价，企业必须权衡利弊，分析竞争对手的定价策略，思考企业在市场中所扮的角色，找出自己的竞争优势，才能在市场中立足。

（四）目标国家的政策因素

不同国家对不同商品会有不同的规定，如阿根廷政府规定制药公司的标准利润为11％，有些国家对中国的某些商品收取高额关税，有些要求中国进口商品需提供质量认证书等，这也是定价时应考虑的因素。

跨境电商模式拉近了企业与国际市场的距离，企业要进入国际市场需要有步骤、有策略地进行，而定位策略是企业国际营销组合的四大因素之一，定价影响到企业的国际竞争力，定价过高会错失良机，定价过低则压低利润，甚至可能会被进口国认定为倾销，加收高额的反倾销税，不利发展。因此，跨境出口电商在定价时应改变原有的思路，不但考虑本身的成本、费用，更要从国际营销的角度，克服现有的问题，不盲目竞价，有步骤、有策略地进行价格的制定。

二、跨境电子商务国际营销

情境导入

跨境电商与国际营销

在2018年7月的电商高管峰会上，Facebook便独家发布了和研究咨询公司Forrester联手制作的《2018全球跨境电商营销白皮书》，深入解析跨境买家在各个购买环节所遇到的痛点，更针对性地提出多项改良方案。

受中国带动，亚太地区在进出口方面都将成为规模最大的跨境电商市场。由于跨境购买能够让消费者找到更便宜或是在本土市场没有的商品，全球买家对跨境电商将会越来越感兴趣，而中国卖家的商品也将吸引越来越多的海外消费者。

在发展迅速、竞争日益激烈的跨境电商时代，提高商业信誉、赢取客户信任将是跨境电商企业的立命之本。而各大市场和客户群的不同特点，也决定了企业将无法继续采取"一刀切"的策略，而是必须针对目标受众群体量身定做、打造个性化的购物体验，尤其要关注跨境买家在进行购买决策时最为重视的领域，不断改善和提供优质的购物体验，这些都是让跨境电商企业脱颖而出、成功制胜的关键因素。

（一）搜索引擎营销

搜索引擎国际营销是基于搜索引擎平台的网络营销，利用大众对搜索引擎的依赖和使用习惯，在检索信息时将信息传递给目标用户。搜索引擎国际营销的目的是让用户发现信息，并通过点击进入网页，进一步了解所需要的信息，是跨境电商海外市场推广最重要的手段。以谷歌为代表的搜索引擎服务正成为跨境电商提升品牌影响力和流量转化的入口。搜索引擎营销主要包括关键词竞价排名、搜索引擎优化、关键词广告和点击付费四类。在全球很多国家和地区的消费市场中,尚未形成依赖跨境电商交易平台的网购消费习惯,很多海外消费者通过搜索引擎搜索商品,因此搜索引擎推广对于电商网站引流非常重要。跨境电商出口零售主要通过独立和第三方平台进行销售,搜索引擎推广目前主要针对独立的站外引流,其最核心的衡量标准是投入产出比(Return on Investment,ROI),ROI 的高低主要取决于曝光量、点击率、转化率、复购率四个关键指标。在跨境电商迈入精细化运营的阶段,搜索引擎营销推广应注重以下四个方面。第一,推广策划。基于公司、产品及市场定位分析,确定推广目标,选择推广渠道及组合方式,通过目标市场投放关键词,评估成本,制定相关预算。第二,创意广告。包括创意与文案的撰写,广告素材设计及制作。第三,投放管理。首先要对账户进行管理与设置,然后进行广告投放操作,进而对广告效果实施监控和调整。第四,推广优化。全程跟踪广告效果,结合数据表现及市场变化定期优化。

(二)社群营销

跨境电商社群营销是依托线上社交工具所形成的,以社交关系为纽带的流量传递方式,借助社群的传播和信任机制,提升交易或品牌影响力。社群营销工具包括 Facebook、Twitter、Instagram 等。

社群营销的突出优势在于:第一,目标用户的精准获取。社交媒体用户个人画像和行为基于其个人账户信息数据,存在于一个闭环的社区空间内。随着移动互联网的发展,社交用户使用移动终端的比例越来越高,移动互联网基于地理位置的特性,使用户的信息维度越来越丰富,用户数据的完整复原成为精准广告投放的基础。第二,信息传播的路径更广。基于社群营销的社交属性,每个用户都是信息的传播节点,并且以放射状方式对外传播,不再是传统媒体的单路径传播,而是以网状方式在社群内流动。第三,广告传播效果的可视化。由于社交传播具有开放性,国际营销人员可以通过广告的转播和评论直观地看到投放效果,也可以通过数据分析计算自己的投入产出比,适时调整广告策略。

社群营销的要点:第一,选择社交网络。社交媒体拥有自己独特的风格和用户群,在选择时,需要找到最适合投放需要的社交网络。第二,完善信息。确保头像、封面图、简历和简介信息是完整且及时更新的。一个完整的资料会显示商家的专业程度和品牌一致性,它向访客说明了企业参与社交媒体的认真度。第三,内容输出。内容输出要从企业的定位和目标受众出发,以确保传播内容与目标受众相吻合,同时也需要考虑内容输出的频率。第四,反复分析、测试。通过数据统计,对内容进行反复分析,包括每个投放带来了多少点击量、分享量、点赞和评论等,以数据为基础,进一步调整优化内容的输出。

(三)视频营销

视频营销是指基于以视频网站为核心的网络平台,通过精心策划的视频内容实现的产品营销与品牌传播。表现形式主要包含电视广告、网络视频、宣传片、微电影等。

视频营销的价值在于灵活性强、传播范围广。传统媒体的广告投放,发布后很难更改,而视频广告能够及时变更广告内容和改正错误,使经营决策的变化可以及时得到实施和推广,视频广告的传播范围极其广泛,不受时间和空间的限制,成本相对较低。网络视频营销投入的成本与传统的广告价格相差悬殊,特别是用户原创(User Generated Content,UGC)创意短片视频可以在低成本的情况下完成制作。目标受众明确。视频营销比其他传统媒体的营销方式更精准。区别于传统营销方式,网络营销能够更加精确地接触目标用户,受众数量可跟踪监测。传统的电视广告是被动观看,受众不能集中注意力,而网络视频多数是主动观看,关注度和黏度更高。此外,电视广告很难准确地知道有多少人接收到广告信息,而视频广告可以统计出用户的停留时间和次数,视频被点击数、转载数及评论数,以及用户点击观看的时间分布和地域分布。借助分析工具,能够准确统计广告行为收益,帮助正确地评估广告效果,优化投放策略,实现精准投放。

资料来源:中国(杭州)跨境电子商务综合试验区建设领导小组办公室.跨境电子商务创新研究报告[R].亿邦动力研究院,2018.

18.4 跨境电商的国际营销发展

一、国际营销提升产品价格

跨境电商企业也要面临战略调整的挑战和压力,要想尽办法拓展跨境电商企业的海外市场,就要通过加强与国内外大品牌企业的合作,带动跨境电商企业自主品牌的研发和建立,解决跨境电商企业战略调整的困扰,更好地提升跨境电商企业平台的质量和水平。同时,跨境电商企业自主品牌的研发与营销,可以给跨境电商企业带来较大的价格优势,节约跨境电商企业用于广告推销、销售环节的成本,从而较好地帮助跨境电商企业降低营销总成本,更好地增加产品利润和提高经济效益。在跨境电商企业自主品牌的建立和国际市场营销推广中,减少中间环节的费用,不仅使跨境电商企业保有自身的利益,而且还可以使终端的消费者享受到更多的价格优惠。

二、国际营销增加海外市场份额

跨境电商企业在拓展海外市场的过程中,单纯依赖于"价格战"的营销策略略显单薄,还要进行产品生产技术的创新,实现对自主品牌的研发和营销,增加产品营销定价的自由度,使终端消费者享受到更多的优惠,较好地培养海外终端消费者的忠诚度和信任度,获得终端消费者的更多青睐。同时,为了更好地实现跨境电商自主品牌的国际营销,还要以创新的研发技术为支撑,采用新技术、新方法,实现对传统产品的改良和优化,更好地提升跨境电商企业自主品牌的形象,提升跨境电商企业的海外市场竞争力,从而增加跨境电商企业产品销售的海外市场份额。

三、国际营销实现战略调整

随着跨境电商浪潮的不断涌入,企业要想获得自身的长远、可持续发展,还要关注自身的战略调整和经营方式的转型,要转变原有的经营理念和模式,要由传统的双边贸易转变为多边贸易,并逐渐联结各个生产链,形成一种自主品牌产品的营销网络,并通过在线消费需求分析,促进跨境电商企业的经营方式的转型,增加跨境电商企业自主品牌产品的附加值。

18.5 跨境电商对国际营销的影响

一、国际营销成本降低

对企业来说,电子商务可以促进开展国际营销活动。电子商务在全球范围内的普及,使交易的双方在更广阔的范围内搜寻目标,从而使营销过程更具针对性,能及时地接收到用户的反馈,从而对营销的方式以及渠道进行合理的调整和改进。电子商务作为新型的商业模式和终端渠道,正在改变着传统企业的产品推广模式。跨境电商平台有效地节省企业的广告成本,避免实地参加展会等。利用跨境电商建立企业的销售渠道,不仅可以节约成本,还可以提高工作效率,如及时看到营销的效果数据,随时作出调整。同时利用跨境电子商务平台,用图片、视频、文字等生动地展示企业实力、产品的加工流程,增强国外买家的信任感。

二、国际营销方式转变

传统营销把所要销售的产品通过电视、广播和报纸等媒体传播给消费者,还可以通过电话等形式与消费者进行互动,而跨境电商国际营销只能通过搜索引擎营销等形式与消费者建立联系。跨境电商平台分为站内营销和站外营销。以"速卖通"为例,站内营销主要有"直通车"。"直通车"主要通过充值钱来给产品核心关键词调价,使产品排名靠前,这是点击付费的一款工具;"速卖通"在促销产品时,通过会采用限时限量打折的促销方式。卖家选择固定的产品在某个时间内设置促销折扣,其目的就是推出新产品、打造爆品,清除积压的库存等。其次,站外营销也是很重要的一部分,主要包括国外的一些常用社交软件。常见的跨境电商营销社交平台有:①Facebook。全球最大的社交网站里,每天网站浏览人次超过4000万。很多小公司也喜欢使用该社交网站,其中超过150万家企业在该社交网站以付费的方式打广告。如B2C平台兰亭集势利用该社交网站对本企业进行宣传,很多跨境电商也在不同程度地关注此社交网站;②Twitter。Twitter的注册用户约为5亿。在此网站,用户发布信息不能超过140个字符,但是企业却巧妙地利用这有限的字符对自身的产品进行宣传推销。

三、通过国际营销提高利润

调查统计分析,在跨境电商模式下,商品净利润率能够提高50%左右,是传统跨境贸易利润率(约5%)的10倍。在营销方面,跨境电商摆脱了传统国际贸易营销在地理空间上的限制,受贸易壁垒以及贸易保护主义的影响非常小。这促使一些跨境的大型企业,可以适当削减在海外的分支机构,保存其仓储功能。一方面,能够极大程度地降低企业在海外的运营成本;另一方面,能够满足跨境电商的贸易需求,有利于转变企业的盈利模式。

18.6　中国跨境电商及国际营销

情境导入

中国跨境电商企业海外推广计划

"中国跨境电商企业海外推广计划"是由中国国际贸易促进委员会于 2015 年提出的国家财政项目,已获得政府 2015 年、2016 年、2017 年财政预算支持,其主导的跨境电商项目,利用贸促会在海外的品牌优势、渠道优势和业务资源优势,以线上线下相结合的方式,帮助企业在海外进行宣传推广,加快企业海外市场的开拓。

便捷性为中国消费者带来的增值,跨境电子商务在中国的受欢迎程度成倍增长。2015 年,在线购买海外产品的中国客户的年增长率与 2014 年相比,增长了 70% 以上。在此十年中,客户数量预计将继续稳步增长。2010—2017 年中国进出口贸易及跨境电商交易规模如图 18-4 所示。

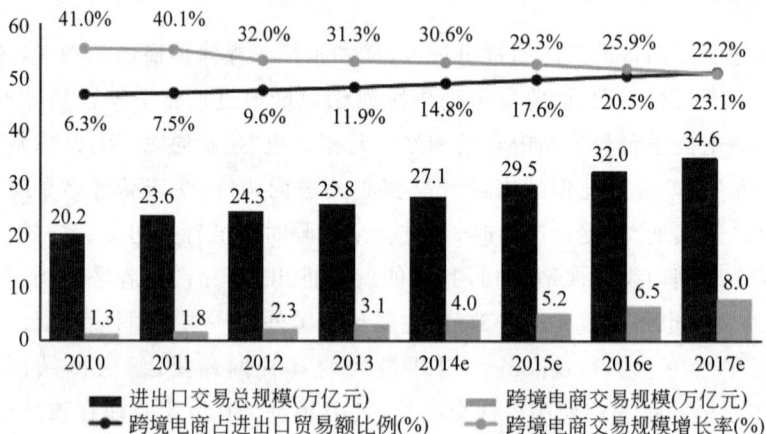

图 18-4　2010—2017 年中国进出口贸易及跨境电商交易规模

注:中国跨境电商交易规模含跨境电商零售和跨境电商 B2B 两部分。

资料来源:综合国家统计局数据。

2016 年,这些在线跨境购买的价值估计超过 850 亿美元。到 2020 年,将有 2.92 亿中国在线消费者从国外购买商品,销售额有望超过 1570 亿美元。众所周知的潜在社会因素,例如生活水平的不断提高和对外国产品的更多接触,促使中国跨境电商的销售突然激增。2013 年,上海是第一个入选作为跨境电子商务和监管的试验区。2015 年年初在杭州建立了税收优惠政策和第一个跨境电子商务综合试验区。2016 年 1 月 12 日,国务院正式批准在中国其他城市建立 12 个跨境电子商务试验区。

资料来源:Ireseach 艾瑞咨询.中国跨境进口零售电商行业发展研究报告[R].2018.

中国电子商务每年都在增长(根据麦肯锡的数据,2015 年在线零售额为 6300 亿美元),消费者和品牌也从 C2C 转向 B2C 平台,这被认为更加专业和值得信赖,并且有助于促进外国商品的在线销售。当最大的参与者阿里巴巴集团和京东分别于 2014 年推出天猫国际和

2015 年成立京东环球时,新的"跨境市场"为国际购物打开了大门。这些新的跨境电商资源为欧美企业提供了巨大的机会,使其在中国出售商品。因此,众多欧美企业在跨境电商出口业务上,在国际营销领域展开了白热化的竞争。

情境重现

李佳琦"卖口红"

李佳琦曾于 2018 年 9 月,成功挑战"30 秒涂口红最多人数"的吉尼斯世界纪录,成为涂口红的世界纪录保持者,自此被称为"口红一哥"。2018 年双 11,李佳琦与马云 PK 直播卖口红,5 分钟就卖掉 15000 支,直接卖断货。截至 2020 年 3 月 1 日,李佳琦的"抖音号"已经有 4181 万名粉丝,收获了 2.5 亿次点赞。而在小红书上,关于"李佳琦"的笔记多达 1.3 万条,不少博主还整理出来李佳琦推荐的口红清单。由此可见,李佳琦被誉为"史上第一带货王"。李佳琦卖口红属于 KOL(Key Opinion Leader,关键意见领袖)"种草营销",以网红或某一领域的头部账号发起种草的文章,从而带动销售的一种内容营销。而李佳琦的成功,则是内容营销的成功的一种典型案例。无论是李佳琦"种草"卖口红,还是完美日记在小红书全面开花,我们看到的都是互联网时代内容营销超乎常理的带货行为。这种"网红"带货和"互联网直播"的模式是跨境电商商品销售非常流行的国际市场营销手段之一。

资料来源:百度百科. 李佳琦〔N/OL〕. https://baike.baidu.com/item/％E6％9D％8E％E4％BD％B3％E7％90％A6/23373642?fr＝aladdin。

小　结

中国加入 WTO 以后,外贸型产业的发展非常迅速,中国商家在把中国制造的产品卖到国外后,同时将国外的产品进口销售到中国。这种"走出去"与"引进来"的模式和近二十年来飞速发展的互联网产业相结合,增加了国际市场营销背景下跨境电子商务的发展体量。本任务介绍了跨境电子商务的分类和发展,跨境电商对国际营销的影响,中国跨境电商的发展和国际市场营销等情况,并最终提出,全球商业一体化的今天,跨境电子商务带给消费者便利的同时,跨境商品的国际市场营销在消费者需求、商品销售中扮演着重要角色。

思考与练习

一、填空题

1.跨境电子商务广义上和狭义上的含义分别是_____。

2.基本的跨境电子商务有_____、_____和_____等类型。

3.跨境商品定价机制遵循_____、_____和_____原则。

4.常见的跨境商品营销方式有_____、_____和_____。

5.国际营销在跨境电商中的优势有_____、_____和_____。

二、单项选择题

1.跨境电子商务的应用领域是(　　)。

    A. 外贸商品　　　　　　　　　　　B. 政府指定商品

    C. 网络热销商品　　　　　　　　　D. 奢侈品

2. 跨境电子商务国际营销,不能有助于(　　　)。

    A. 销售电商商品　　　　　　　　　B. 提升产品知名度

    C. 形成市场竞争　　　　　　　　　D. 减少外汇储备

3. 未来跨境电商营销市场最有潜力的国家是(　　　)。

    A. 中国　　　　　B. 日本　　　　　C. 马来西亚　　　　D. 泰国

三、多项选择题

1. 跨境电子商务国际营销内容有(　　　)。

    A. 对跨境商品的营销　　　　　　　B. 对跨境设备的营销

    C. 对跨境服务的营销　　　　　　　D. 只是在线产品营销

2. "网红"对跨境商品销售的影响有(　　　)。

    A. 提高跨境商品的知名度　　　　　B. 促进跨境商品的销售

    C. 更加迎合本国消费者　　　　　　D. 有利于国际商品的销售

3. 中国跨境电商的发展趋势是(　　　)。

    A. 跨境电商的规模扩大　　　　　　B. 跨境电商商品种类多

    C. 电商国际营销空间大　　　　　　D. 中国跨境电商体量小

四、判断题

1. 跨境电子商品销售规模不受国际市场营销的影响。　　　　　　　　　(　　)

2. 跨境电子商务只是将中国的产品卖到国外去。　　　　　　　　　　　(　　)

3. 跨境电子商务具体包括出口电商和进口电商。　　　　　　　　　　　(　　)

4. 中国跨境电子商务的交易量巨大,今后仍有上升空间。　　　　　　　(　　)

实训课堂

一、思维训练

    分组讨论:跨境电商对国际营销的影响有哪些? 反之,国际营销对跨境电商的影响有哪些? 并举出具体例子,加以说明。

二、案例分析

    跨境电子商务活动在中国的广泛发展对外国品牌和产品提出了很高的要求。在全面考虑了为什么品牌商品可以成功吸引中国消费者,对电子市场进行初步扫描,并检查了适用于某人产品的规则和法规之后,企业应该准备好通过其销售渠道,实际销售它们的产品。

    中国在线消费者通过各种渠道寻找和购买外国产品。在当前走向官方 B2C 渠道的趋势之前,跨境电商到中国主要是采购代理的领域,即代购。这些采购代理通过淘宝等 C2C 平台出售少量海外产品,这些产品是直接从国外购买的。然后将这些产品(例如奶粉)通过直接邮寄的方式发送给客户,无须支付任何进口关税,也无须通过强制性海关检查,就像通常的贸易一样。由于进口程序通常是一个漫长的过程,税收可能激增至产品价值的50%,因此对传统贸易的替代品的需求量很大。

根据艾瑞咨询全球调查,2012年通过B2C渠道和C2C进口商品的在线零售百分比分别为98.9%和1.1%。仅四年后的2016年,C2C的这一比例为43.6%,而B2C的这一比例为56.4%。不用说,由于必须在国外建立B2C平台上的商家并获得其授权,因此这些公司和贸易商被认为更值得信赖。即使存在这些B2C跨境电子商务的可能性,中国消费者也很少通过独立网站或中国境外的第三方平台购买海外产品。高昂的运输成本,交货缓慢,付款方式不同,海关被封锁的风险以及缺乏客户服务(例如退货政策),更不用说语言障碍了,是造成这种不情愿的原因。

相反,中国客户使用中国的独立网站,或者中国内部的第三方平台。由于快速、廉价的交货,客户服务,中文付款方式的集成以及对订购产品实际上即将到家的信任感增强。最近,中国几乎所有主要的电子商务平台都专门为国外产品开辟了新的B2C渠道。例如,阿里巴巴的Tmall.com和京东的京东(JD.com)是中国国内电子市场上最大的公司,它们开辟了跨境电商的专门业务及平台,如Tmall.hk和JD.hk。天猫环球和京东环球(除其他外)分别通过直接采购或通过中国大陆的保税仓库直接从国外向中国客户出售外国产品。

讨论:假设你是中国某电商平台的商家,你所从事的交易内容为从国外某畜牧业大国进口婴幼儿奶粉和奶制品,卖给国内有需求的人群。结合所学内容,并且查阅相关资料,设计一套采购、支付、物流运输体系,从而体现跨境电子商务的基本含义和便利程度等优势。

任务19　前沿技术发展与国际营销

学习目标

- **知识目标**

(1) 了解人工智能的发展趋势;

(2) 了解虚拟现实的发展趋势;

(3) 了解区块链技术的发展趋势;

(4) 掌握人工智能与国际营销的结合;

(5) 掌握虚拟现实与国际营销的结合;

(6) 掌握区块链技术与国际营销的结合。

- **技能目标**

通过对人工智能,虚拟现实和区块链技术的学习,能够运用这些前沿技术进行国际营销。

任务驱动,做中学

巨头介入,人工智能营销加速

作为全球科技巨擘,谷歌和微软在人工智能领域发力已久。不管是学术成就,还是产业应用,最近几年谷歌和微软还开始研发利用 AI 技术来提高广告业务收入。

众所周知,许多在线广告只有在用户点击了情况下才会向平台付费。所以,预测广告点击率(CTR)成为 AI 应用的一个重要目标,因为 CTR 准确度的一点提升都能带来巨额营收。据微软必应搜索部门最新发布的一项研究报告指出,即使某种产品只提高了 0.1% 的预测精准度,都能产生数亿美元的额外收入。

2018 年 2 月 22 日,谷歌宣布将旗下的 AdSense 广告系统进行高度自动化,利用人工智能的深度学习,参考用户的行为,决定用户看到哪些广告,这个系统甚至还能决定广告的投放方式具体位置等。谷歌表示,根据长期的测试表明,采用人工智能投放的广告主收入提升了 10%。

目前,微软、谷歌和阿里巴巴都利用深度学习来预测广告点击率,并在此获得重大收益,这种机器学习技术也引发了风险资本对 AI 投资领域的关注。

资料来源:综合新华网、科技日报. 人工智能引领新风向 科技巨头争相布局智慧城市[J]. 今日科技,2019.

讨论:讨论一下微软谷歌和阿里巴巴如何利用 AI 进行广告营销,思考 AI 怎样能更好地进行国际营销。

19.1　人工智能 AI 与国际营销

📖 **情境导入**

中国的人工智能 AI 巨头——百度

2020 年年初的《哈佛商业评论》中文版发起的《2019 人工智能专项调研报告》遴选出"2019 全球 AI 公司五强",分别是谷歌、苹果、微软、百度和亚马逊。该报告表示,这五家公司凭借他们在人工智能技术、商业化及生态方面的能力脱颖而出,引领了这一波人工智能技术在全球范围内的商业落地、发展和变革。百度位列榜单第四,是唯一进入全球 AI 五强的中国企业。

《哈佛商业评论》指出,百度是全球领先的人工智能平台型公司,是中国 AI 领域投入最早、技术最强、布局最完整的企业。百度大脑是中国唯一的软硬一体 AI 大生产平台,在语音、视觉、知识图谱、自然语言处理等核心技术层面保持世界领先水平。以智能云为载体,百度正在积极推动 AI 应用落地,广泛落地应用于金融、客服、城市、医疗、互联网、工业等领域,成为中国产业智能化的引领者。百度还打造了中国最大的对话式人工智能操作系统小度助手,小度系列智能音箱出货量位居全球第二、国内第一;并拥有代表中国最强自动驾驶实力的 Apollo,在车联网、智能交通等领域拥有完备的解决方案。目前,百度 AI 在专利数、深度学习开源平台、AI 日调用量、开发者生态规模、AI Cloud 等各方面都位列中国第一。

未来,AI 将无处不在,但 AI 落地场景,中国具有用户规模、数据和应用场景优势,使中国科技企业异军突起,对于有 AI 基因和深厚技术积累的百度来说,从技术、到产品、到应用多个方面走在了业界前列,凭借人工智能浪潮有望迎来爆发式发展。

资料来源:张婷. 全球科技巨头的人工智能(AI)发展策略[J]. 科技中国,2019(9):44-50.

19.1.1 人工智能

1950 年,一位名叫马文·明斯基的大四学生和同学一起建造了世界上第一台神经网络计算机,被看作人工智能的起点。人工智能(Artificial Intelligence)英文缩写为 AI。它是研究、开发用于模拟、延伸和扩展人的智能的理论、方法、技术及应用系统的一门新的技术科学。"人工智能"一词最初是在 1956 年达特茅斯(Dartmouth)学会上提出的。人工智能是计算机科学的一个分支,是人类试图了解智能的实质,并生产出一种新的能以人类智能相似的方式作出反应的智能机器,该领域的研究包括机器人、语言识别、图像识别、自然语言处理和专家系统等。

人工智能发展的过程可以归纳为人类不断研究用机器来代替人工的过程,AI 是一门技术的概念,需要辅助各种工具具体技术来实现,随着计算机技术的飞速发展、自主学习、启发式搜索、并行处理、机器学习、人工神经网络、量子计算等应用技术在应用中得到了很大的推广。

19.1.2 人工智能 AI 在国际营销中的应用

人工智能自从诞生以来,理论和技术日益成熟,应用领域也不断扩大。正在翻天覆地地改变着人们的工作和生活方式。特别是在电子商务领域,人工智能技术已逐渐发展成为助推销量增长和优化电子商务运营的强大工具。当然,人工智能也已经渗透到了国际营销领域的应用主要体现在以下几个方面。

1. 智能客服

现在,国内外的许多销售网站和金融机构的服务网页都提供用户与客服在线聊天的窗口,但其实并不是每个网站都有一个真人提供实时服务。在很多情况下,和你对话的是一台人工智能机器。大多时候聊天机器人能够自动解答一些客户关心的问题,其中原因是这些机器能够从网站里学习客服知识,在客户有需求时将内容展现在用户面前。这些聊天机器人需要擅长理解自然语言,能够将自然语言转变成计算机能够操作的指令,转换过程中所以这项技术十分依赖自然语言处理(NLP)技术,一旦这些机器人能够理解不同的语言表达方式中所包含的实际目的,那么很大程度上就可以用于代替人工服务。

智能客服机器人涉及了机器学习、大数据、自然语言处理、语义分析和理解等多项人工智能技术。智能客服机器人主要功能是自动回复顾客问题,消费者可以通过文字、图片、语音与机器人进行交流。智能客服机器人可以有效降低人工成本、优化用户体验、提升服务质量、最大限度挽回夜间流量,以及帮助客服解决重复咨询问题。此外,据市场调研公司 Gartner 预测,到 2020 年有超过 80% 的零售业消费者互动都将由人工智能来完成。

👥 情境延伸

亚马逊软件客服接听电话

2017 年,亚马逊的云服务部门 AWS 为常设客服岗位的各类企业开发了一套云端软件,让亚马逊给自己开发的人工智能语音助手 Alexa 去客服中心接电话。让 Alexa 接听用户打进来的电话,或者用文字回复顾客咨询。这个开发代号为 Lily 的软件,据称包括亚马逊 2016 年推出的文本和语音互转服务 Lex 和 Polly。这是 Alexa 商业化过程中的一次尝试。

亚马逊不是第一个把人工智能技术用在客服业务上的公司。IBM 早在 2013 年就试着让旗下的 AI 机器人 Watson 接听客服电话,现在有越来越多的公司采用人工智能客服来提升客服的工作效率。

资料来源:Tom Warren 赵嘉怡. 亚马逊智能家居,正在全面接管你的家[J]. 中外管理,2016.

2. 智能推荐商品

国际营销的商家可以利用人工智能算法根据消费者的个人信息以及历史浏览行为,进行海量数据集的深度学习,分析消费者的行为,并且预测哪些产品可能会吸引消费者,从而为消费者推荐商品,从而有效降低了消费者的时间成本和选择成本。

如果所有的国际经销商能够提前预见到客户的需求,那么就能节约很多备货时间,销售时间,收入一定会比现在有大幅度的增加。美国的国际营销平台亚马逊目前正在研究这样一个的预期运输项目:在你下单之前就将商品运到送货车上,这样当你下单时甚至可以在几分钟内收到商品。毫无疑问这项技术需要人工智能来参与,需要对每一位用户的地址、购买偏好、愿望清单等数据进行深层次的分析之后才能够得出可靠性较高的结果。

虽然这项技术尚未实现,不过也表现了一种增加销量的思路,并且衍生了许多别的做法,包括送特定类型的优惠券、特殊的打折计划、有针对性的广告,在顾客住处附近的仓库存放他们可能购买的产品。

3. 图片搜索

电商平台的商品展示与消费者的需求描述之间,是通过搜索环节产生联系的。不过,基于文字的搜索行为有时很难直接引导用户找到他们想要的商品。通过计算机视觉和深度学习技术,可以让消费者轻松搜索到他们正在寻找的产品。消费者只需将商品图片上传到电商平台,人工智能能够理解商品的款式、规格、颜色、品牌及其他的特征,最后为消费者提供同类型商品的销售入口。

4. 虚拟个人助理

经常使用手机的你一定对 Siri 或者 Cortana 这些虚拟个人助理不会陌生。只要你说出命令,他们就会帮助你找到有用的信息。例如,你可以问"今天天气怎样?","附近有加油站吗?","提醒我上午给妈妈打个生日祝福电话",然后,虚拟个人助理就可以通过查询信息,然后向手机中的其他 APP 发送对应的信息来完成指令。

这一看似简单的过程实际上就有人工智能的介入,并且扮演着重要的角色。在语音唤醒虚拟个人助理时,人工智能会收集你的指令信息,利用该信息进一步识别你的语音,并为你提供个性化的结果,最终会让你觉得越来越好用,达成越用越好用的结果。苹果公司表示,自家的 Siri 可以"通过不断的学习在不断地了解主人",最终将培养出预测用户需求的能力。

5. 库存智能预测

多渠道库存规划管理是困扰电子商务最大的问题之一。库存不足时,补货所浪费的时间会对商家的收入带来很大的影响。但是如果库存过多,又会使营业风险和资金需求增加。因此,想要准确预测库存并不是一件容易的事情。这时人工智能和深度学习算法可以在订单周转预测中派上用场了,它们可以识别订单周转的关键因素,通过模型计算出这些因素对周转和库存的影响。此外,学习系统的优势在于它可以随着时间的推移不断学习而变得更加智能,这就使库存的预测变得更加准确。

6. 智能分拣

智能机器人分拣不仅灵活高效还适用性很强,机器人对场地要求比较低,数量也能根据场地条件进行增减。与人工分拣相比,在相同分拣量的情况下,货物分拣更及时、准确,分拣环节的减少让货物搬运次数相应减少,货物更有安全保障。

7. 趋势预测

一般来说,图片中会隐藏着大量的用户信息。所以,根据用户浏览的图片,利用人工智能的深度学习算法可以从中分析推测出最近某品类的流行趋势,如颜色、规格、材质、风格等,这也是电商平台与供货商进行谈判的重要依据。

8. 商品定价

传统模式下,企业需要依靠数据和自身的经验制定商品的价格。然而,在日趋激烈的市场竞争环境中,商品价格也要随着市场的变动作出及时调整。这种长期持续的价格调整,即便是对于一个只有小规模库存的线上零售商来说,也是一项很大的挑战。而这种定价问题正是人工智能所擅长的,通过先进的深度学习算法,人工智能技术可以持续评估市场动态以解决商品定价问题。

情境延伸

动 态 定 价

"动态定价"的概念产生于 20 世纪 80 年代,在平台有足够的实时数据之后,在云平台上运行的客服管理软件(CRM)可以与人工智能工具相结合,人工智能会采用动态定价算法并与最先进的销售自动化系统相结合。目前,动态定价算法为旅游公司、体育公司甚至是 B2B 等市场设置了实时定价。

动态定价是公司匹配当前市场供需的策略。美国打车软件优步(Uber)的打车费比普通出租车要低得多。但是,如果有一场比赛或者棒球赛要开始了,此时打车需求激增,价格也会飙升。要想去看比赛,你得花与需求相匹配的车费。

在当今科技驱动的世界中,像优步这样的打车软件公司已经开始实时利用获取的数据。用户在一个城市中的不同地区、一天中的不同时段都可以看到不同的价格。价格动态调整的依据就是司机的实时数据以及对用户位置、该地区交通状况以及天气等因素的预测。

19.2 虚拟现实与国际营销

19.2.1 虚拟现实

虚拟现实技术是 20 世纪末逐渐兴起的一门综合性技术,是从英文 Virtual Reality 翻译过来的,简称"VR",它是由美国 VPL Research 公司创始人 Jaron Lanier 在 1989 年提出的。

Lanier 认为：Virtual Reality 是指由计算机创造的三维交互环境，用户参与这些环境中，获得角色，从而得到体验。1993 年，美国科学家 Burdea G 和 Philippe Coiffet 在世界电子年会上发表了一篇题为"Virtual Reality Systemand Application"的文章，在文章中，他们提出了虚拟现实技术三角形，即"3I"特征：Immersion（沉浸感）、Interaction（交互性）、Imagination（构想性）。虚拟现实是指采用计算机技术为核心的现代高科技手段生成一种三维空间的虚拟环境，提供使用者关于视觉，听觉，触觉等感官的模拟，用户借助特定的输入/输出设备，与虚拟世界中的物体进行自然的交互，从而通过视觉、听觉和触觉等获得与真实世界相同的感受。虚拟现实技术是仿真技术的一个重要方向，是仿真技术与计算机图形学人机接口技术、多媒体技术、传感技术、网络技术等多种技术的集合，是一门富有挑战性的交叉技术前沿学科和研究领域。

VR 主要包括模拟环境、感知、自然技能和传感设备等方面。模拟环境是由计算机生成的、实时动态的三维立体逼真图像。感知是指理想的 VR 应该具有一切人所具有的感知。除计算机图形技术所生成的视觉感知外，还有听觉、触觉、力觉、运动等感知，甚至还包括嗅觉和味觉等，也称为多感知。自然技能是指人的头部转动，眼睛、手势，或其他人体行为动作，由计算机来处理与参与者的动作相适应的数据，并对用户的输入作出实时响应，并分别反馈到用户的五官。传感设备是指三维交互设备。

典型的 VR 系统主要由计算机软、硬件系统（包括 VR 软件和 VR 环境数据库）和 VR 输入、输出设备等组成。VR 技术三角形 VR 的交互性，主要借助于各种专用设备（如头盔显示器、数据手套等）产生，从而使用户以自然方式如手势、体势、语言等技能，如同在真实世界中一样操作虚拟环境中的对象。VR 的沉浸感，影响沉静感的主要因素包括多感知性，自主性，三维图像中的深度信息，画面事业，现实跟踪的时间或空间响应几交互设备的约束程度等。VR 的想象力，对式导航的应用对象加上虚拟现实的创意和想象力，可以大幅度提高生产效率，减轻劳动强度，提高产品开发质量。

按照不同的分类标准，VR 的种类也就不同。根据目前的发展来看，最常见的 VR 分类标准是按照其功能高低来进行划分。大体可分为 4 类：桌面级 VR、沉浸式 VR、分布式 VR、增强现实性 VR（AR）。

AR（Augmented Reality）即增强现实。增强现实技术是一种实时地计算摄影机影像的位置及角度并加上相应图像、视频、3D 模型的技术，这种技术的目标是在屏幕上把虚拟世界套在现实世界并进行互动。这种技术 1990 年提出。AR 是一种将真实世界信息和虚拟世界信息"无缝"集成的新技术，是把原本在现实世界的一定时间空间范围内很难体验到的实体信息（视觉信息、声音、味道、触觉等），通过计算机等科学技术，模拟仿真后再叠加，将虚拟的信息应用到真实世界，被人类感官所感知，从而达到超越现实的感官体验。真实的环境和虚拟的物体实时地叠加到了同一个画面或空间同时存在。

增强现实技术，不仅展现了真实世界的信息，而且将虚拟的信息同时显示出来，两种信息相互补充、叠加。在视觉化的增强现实中，用户利用头盔显示器，把真实世界与计算机图形多重合成在一起，便可以看到真实的世界围绕着它。

增强现实技术包含了多媒体、三维建模、实时视频显示及控制、多传感器融合、实时跟踪及注册、场景融合等新技术与新手段。增强现实提供了在一般情况下，不同于人类可以感知的信息。

虚拟现实呈现的是一种完全虚拟的图像,同时再使用头部以及动作检测技术来追踪用户的动作,以反映到内容中,提供了一种沉浸式的体验。增强现实是基于现实环境的叠加数字图像,同样具有一些动作追踪和反馈技术。但与虚拟现实明显不同的是用户会看到现实的景物,而不是双眼被罩在一个封闭式头戴设备中。增强现实设备的表现形式通常为具有一定透明度的眼镜,同时还集成了影像投射元件,让人在现实环境中看到一些数字图像。

虚拟现实和增强现实目前存在的最大问题体验内容的缺乏,随着5G无线、高传输速度、优质的大数据计算能力和电子产品CPU运算能力的提升等商业化落地后,预期虚拟现实增强现实的用途将会越来越广。

情境延伸

虚拟艺人演出

2019年7月的两个周末,数十位基于虚拟现实(VR)和全息摄影技术的虚拟艺人在上海连开三场演唱会,吸引了数以万计的观众。初音未来、洛天依、2233娘……这些颇受年轻人欢迎的动漫形象像真人一样,在舞台上又唱又跳,还不时与粉丝互动,热闹程度和任何一场"真人秀"演唱会没有差别。这三场没有真人、完全由虚拟艺人担当主角的演唱会来自年轻人文化社区哔哩哔哩(以下简称"B站")主办的大型线下活动 BML VR(BML全息演唱会),它作为一种新兴的演出形式,演出嘉宾均为二次元的虚拟艺人。不过,这些平时出现在平面上的虚拟艺人通过前沿的虚拟现实技术和全息真实化摄影技术后,可以像真人一样出现在舞台上,并且与观众互动,呈现出充满科幻既视感的演出。

虚拟艺人的兴起和虚拟现实技术的发展值得我们思考,制作和发展更好的内容,赋予虚拟艺人以正确的价值观和表现形式,虚拟现实也可以传播优秀的文化。比如,虚拟艺人洛天依之前参加了央视的文化音乐节目《经典咏流传》,和京剧名家王珮瑜共同演绎了经典曲目《但愿人长久》。

资料来源:周博文. AI虚拟偶像常伴左右 HE 琥珀智能音箱[J]. 微型计算机,2019(10):27-29.

19.2.2 虚拟现实 VR 与增强现实 AR 对国际营销的影响

虚拟现实技术和增强现实在国际营销领域的应用现在已非常普遍,智慧物流信息系统、客流统计、无人仓库和企业员工营销培训等。

虚拟技术识别则将人工智能应用运用于客流统计,根据面部识别客流统计作用,店面能够从性别、年龄、表情、新老消费者、逗留时间等层面创建到店人流量客户画像,为调节经营对策提供数据基本,协助店面经营从配对真实到店人流量的视角提高转化率。

无人仓库可以选用很多自动化物流机器人开展协作与协调,根据虚拟现实技术、深度神经网络、图像自动化鉴别、大数的应用等工艺,让工业机械手能够开展独立的分辨和行为,进行各类繁杂的任务。在货品分拣、运送、出入库等阶段保持智能化。

虚拟现实(VR)可以为企业提供大量机会——从员工培训到产品开发和性能优化。2020年初,福特最近表示,该公司将使用 VR 技术来培训即将发售的 Mustang Mach-E 电子跨界车的经销商服务技术人员。

19.3 区块链技术与国际营销

19.3.1 区块链技术发展

区块链(Blockchain)起源于比特币,2008年11月1日,一位名叫中本聪(Satoshi Naka-moto)的人发表了《比特币:一种点对点的电子现金系统》,这篇论文阐述了基于P2P网络技术、加密技术、时间戳技术、区块链技术等的电子现金系统的构架理念,这篇论文,为世界带来了比特币,和它的底层技术-区块链。两个月后论文的理论步入实践,2009年1月3日第一个序号为0的创世区块诞生。几天后2009年1月9日出现序号为1的区块,并与序号为0的创世区块相连接形成了链,标志着区块链的诞生。

区块链目前没有统一的定义,通常认为区块链是一个去中心化的分布式公共数据库,是一连串使用密码学方法产生关联的数据块,利用数据存储、点对点传输、共识机制、加密算法等,让每个数据块都包含某一时间内网络上交易的数据信息,以用于验证信息是否有效,并产生下一个区块。区块链的节点间互联互通,共同维护一个共同账本。

区块链可以通俗地理解为一场全民参与的记账,所有系统背后都有一个数据库,数据库可以看作一个巨大的账本,不过这个账本不是靠人来记账,而是通过软件算法来记账,并会对每一步的数据通过多方交叉校验核对,准确无误才会记录到账本中。区块链的网络信息节点,每个客户端都有机会参与竞争记账,参与的人越多,数据越准确。

区块链具有分布式结构、点对点连接、不可篡改和可追溯的特点,无须借助其他介质来建立相互信用,简化了流程,能显著提高工作效率,降低交易参与方的信用风险,降低成本,提升资本利用效率,能够提升监管效率,避免欺诈行为的发生。

按照参与方的不同,区块链可以分为公共链(public blockchain)、私有链(private block-chain)和联盟链(consortium blockchain)。从链之间的连接可以分为主链和侧链。

公共链对外公开,用户不用注册就可以参与,无须授权即可访问网络和区块链。公共链一般适合与虚拟货币、面向大众的电子商务、互联网金融等B2C,C2C和C2B等应用场景。

私有链是指写入权限由某个组织或机构控制的区块链,读取权限可以对外开放或者限制开放,由写入权限的组织或机构控制。私有链可以看作区域范围的公有链。

联盟链的网络范围介于公共链和私有链之间,实用在多个成员组成的联盟中,仅限联盟成员参与区块链读写权限,参与记账权限也由联盟制定,例如2015年多个跨国金融机构之间成立的R3联盟、跨国公司的跨国交易结算等。

主链和侧链是指对于比特币系统来说,比特币是最早出现的区块链因此称为主链,能和比特币区块链实现交互,并且与比特币挂钩的其他区块链称作侧链。

区块链技术被认为是继蒸汽机、电力、信息、互联网科技之后第五个最有潜力引发颠覆性革命的核心技术。区块链技术自诞生之初就获得了全球范围内的普遍关注。目前,区块链正在被各国认可,世界各国政府、产业界和学术界都高度关注区块链的应用发展,并在多领域积极探索技术的推广和应用。英国、美国、韩国、澳大利亚出台相关政策来支持区块链技术的发展,迪拜建立全球区块链委员会,并成立含Cisco、区块链初创公司等30多名成员的区块链联盟。目前,在国际范围内区块链应用加快落地,助推传统产业高质量发展,加速产业转型升级。此外,区块链技术正在衍生为新业态,成为发展的新动力,正推动着新一轮的商业模式变革,成为打造诚信社会体系的重要支撑。

19.3.2 区块链技术对国际营销的影响

对于国际营销从业人员来说,区块链技术与之前的互联网、社交媒体和移动服务的发展机会一样,都是国际营销领域非常珍贵的机遇,国际营销与区块链技术结合能够有效降低营销成本、提供创新型用户体验、进一步优化客户关系,从而帮助企业降低业务经营风险。2017 年 9 月,美国广告与市场营销公司 Never Stop Marketing 做了一次针对 22 家借助区块链技术优化企业营销的创新企业进行了调查分析。随后一年多,该领域又持续涌现出了更多创新企业。到 2018 年年底,数量已经达到 88 家。2019 年第一季度,又出现了爆发式增长,达到 290 家。在短短 18 个月内,区块链企业介入营销领域已经实现了 13 倍的增长。具体来说,这 290 个区块链项目或企业,主要针对五大营销领域:程序化广告(progrmmataic advertising)和去中心化广告(decentralized advertising)、内容营销(content marketing)、社交营销(social marketing)、商务(commerce)、数据(data)。这五大营销领域和区块链技术结合可以使国际营销效果得到事半功倍的效果。

程序化广告发展至今仍然没有形成统一的定义,目前是市面上有些定义很宽泛,如程序化广告是指通过技术手段进行广告交易与管理。程序化广告通常是指广告主通过数字平台从受众的匹配的角度由程序自动化完成展示类广告的采买和投放,并实时反馈投放分析的一种广告投放方式,实现了整个数字广告的自动化。广告主可以程序化采购媒体资源,并利用算法和技术自动实现精准的目标受众定向,只把广告投放给对的人。媒体可以程序化售卖跨媒体(电视、报纸、杂志等)、跨终端(计算机、手机、平板、互联网电视等)的媒体资源,并利用技术实现广告流量的分级,进行差异化定价(如一线城市的价格高于二三线城市、黄金时段的价格高于其他时间段)。程序化广告可以为广告主和媒体提供高效、智能、精准的营销机会,带来营销效率和广告效果的双提升。

去中心化广告是通过区块链技术和广告的结合,使程序化的广告效果数据公开透明,使广告主能够明确地掌握自己的广告费投放效果而不必侵犯消费者的隐私。网络并不会将用户数据存储在一个中心化的数据中心;相反,它将允许用户在自身设备上进行广告决策设定,从而保证数据的完全私有化。就特定的用户而言,广告主会创建机器学习模型,并将其部署到广告网络中。然后,一个私人化的人工智能 AI 代理将会使用每个用户的个人识别信息来运行这些模型,并经过加密确认或者否认用户是否在所需要的队列中。如果确认无误,代理商就会把相关的广告拉进来,但并不会透露关于用户的任何信息,对于这种"无须信任"的方式,不仅可以完全保护消费者隐私,还可以很大程度上提高投放的精准度。利用区块链技术构建的去中心化的广告生态系统,可以使广告主和媒体之间的无须信任的交易得以保证。

内容营销结合区块链技术从内容生产到信息分发,既为营销人员的内容生产提供助力,也提供了更多抵达用户的方式:在精准适宜的信息分发之上,增加了更加贴近的交互属性。成立于 2016 年的 Steemit,灵感来源于内容分享社交网站 Reddit。Steemit 希望用户在社区里产出优质内容,并鼓励用户给其他人生产的内容"点赞""评论",这些行为同样被视为"付出"。老牌的 Reddit 会给优秀内容创作者发放金币、积分和激励勋章,以鼓励用户在社区中持续不断地产出优质内容；在区块链的基础之上，像 Steemit 这样的网站，每一个"赞"都表示着真正的金钱价值，给用户发放的福利就变成了限量流通的代币 Steem。每一天，Steemit 都会在网站上发放一笔奖金，用户发布文章后，会根据所得到的赞占全站总赞数的百分比，从而计算得出应得的激励。在 Steemit 的用户看来，它的内容激励模式是正向、可持续的。有别于将内容据为己有、坐享广告收入、用户未得到实质回报的垄断式社交平台，在 Steemit 创作内容，版权归作者所有，用户也能够通过写作获取实实在在的收益。通过使用区块链技术，Steemit 网站内有一套社交礼仪规则用以约束，并且还有防止作弊的手段，如提供"否决票"、给每个人打"信誉值"、限制投票速度等。

未来区块链技术促成的社交网络和加密数字货币的结合将造就出一个诱人的社交平台的未来。当去中心化的平台开始变得流行，社交网络的用户可以自行选择需要建立网络的平台。区块链使人们有可能创建更多的分散式社交网络，这将使企业更容易接触到更多的受众，并允许他们对营销信息有更多的自由裁量权（当然自由裁量也必须明确地遵守所有适用的法律）。建立在区块链上的社交网络将更加安全，因为不会有中央托管服务器，因此缺少中心意味着所有节点都会广播信息，信息流通将变得自由。区块链使社交平台的付费客户的传输效率更高。区块链技术可以扩大社交媒体营销人员的视野，让他们能够在世界偏远地区挖掘人才。

区块链技术可以解决目前国际营销中存在的有关支付，供应链管理，数据安全和市场透明等问题。区块链技术可以为电子商务行业的金融交易提供低成本金融交易、高安全标准和令所有客户满意的体验。一个透明的的区块链网络将能提供一个透明的供应链，让消费者可以看到他们购买的产品的订单流，从而帮助增加消费者的信心。传统的电子商务客户的数据存储在易受网络犯罪分子攻击的中央服务器上。一旦电子商务公司遭受了网络犯罪分子的攻击，大量数据可能被窃取，造成巨大的损失。但是，基于区块链的电子商务平台，由于区块链平台是分散的，所以实际上不可能遭受这种攻击。破解区块链平台的所有节点几乎是不可能的，因此基于区块链的电子商务平台上的数据被认为是相对安全的。目前很多大型电子商务商店存在着操作不透明，切断消费者和卖家之间的直接联系，借助区块链技术提供的解决方案，能够帮助解决电子商务行业市场不透明的问题。

随着大数据的迅猛发展，加上即将来临的 5G 时代个人智能设备的普及，商务数据正在呈几何倍数增长。很多电子商务网站的个人数据被泄露，数据存储和获取的方式也受到了质疑。全面数字化时代的个人信息应该如何管理以发挥效能并降低滥用的风险，不仅是各类企业，更是各国政府必须解决的监管难题。区块链是分布式的存储，用户可以随时随地建立节点，加入区块链网络同步数据，甚至可以贡献自己的存储和算力获得奖励。共识机制能够防止作恶，使数据都公开透明，可以解决数据的安全存储因此区块链通常被认为是隐私的同义词，可用于保护构成数据的信息。

小　结

人工智能是研究、开发用于模拟、延伸和扩展人的智能的理论、方法、技术及应用系统的一门新的技术科学。人工智能在国际营销中的应用主要有智能客服、智能推荐商品、图片搜索、虚拟个人助理、存智能预测、智能分拣、趋势预测和动态定价等。虚拟现实技术（VR）主要包括模拟环境、感知、自然技能和传感设备等方面。虚拟现实在国际营销中主要应用在客流统计、无人仓库和企业员工营销培训等方面。区块链是一个去中心化的分布式公共数据库具有分布式结构、点对点连接、不可篡改和可追溯的特点。区块链技术在国际营销中主要应用在五大营销领域：程序化广告和去中心化广告、内容营销、社交营销、商务和数据等。

思考与练习

一、填空题

1. AI 是研究、开发用于＿＿＿＿、＿＿＿＿和＿＿＿＿人的智能的理论、方法、技术及应用系统的一门新的技术科学。

2. 虚拟现实技术（VR）主要包括＿＿＿＿、＿＿＿＿、＿＿＿＿和＿＿＿＿等方面。

3. 区块链目前没有统一的定义，通常认为区块链是一个＿＿＿＿的＿＿＿＿。

4. 区块链具有分布式结构、点对点连接、不可篡改和可追溯的特点。

5. 去中心化广告是通过＿＿＿＿和＿＿＿＿的结合，使程序化的广告效果数据公开透明，使广告主能够明确地掌握自己的广告费投放效果而不必侵犯消费者的隐私。

二、单项选择题

1. 下列不属于人工智能 AI 在国际营销中的应用的是（　　）。

    A. 智能金融　　　　　　　　　　　B. 智能推荐商品

    C. 图片搜索　　　　　　　　　　　D. 智能客服

2. 下列（　　）不属于按照其功能高低来进行划分的 VR 分类标准。

    A. 桌面级 VR　　　B. 沉浸式 VR　　　C. 分布式 VR　　　D. 嵌入式 VR

3. 车载系统和智能手机系统是典型的（　　）系统。

    A. AI　　　　　　B. VR　　　　　　C. AR　　　　　　D. MR

三、多项选择题

1. 人工智能 AI 领域的研究包括（　　）。

    A. 机器人　　　　B. 语言识别　　　C. 图像识别　　　D. 自然语言处理

    E. 专家系统

2. 虚拟现实技术三角形，"3I"的特征：（　　）。

    A. Immersion（沉浸感）　　　　　　B. Interaction（交互性）

    C. Imagination（构想性）　　　　　　D. Infection（传染性）

    E. Institution（机构性）

3. 区块链具有（　　）特点。

    A. 分布式结构　　B. 点对点连接　　C. 不可篡改　　　D. 可追溯

    E. 区块链数据库庞大

四、判断题

1. 人工智能发展的过程可以归纳为人类不断研究用机器来代替人工的过程。　　（　　）

2.通过先进的深度学习算法,人工智能技术可以完全代替企业解决商品定价问题。

(   )

3.虚拟现实呈现的是一种完全虚拟的图像。   (   )

4.比特币就是区块链。   (   )

实训课堂

一、思维训练

2020 年 1 月以来,全球新冠肺炎疫情肆虐,在全国人民的共同努力下,国内新冠肺炎的疫情发展终于放缓,但是在防控过程中,还有很多事情要做,其中第一步便是疑似病例的诊断。目前,对新冠肺炎的诊断方式中,病毒核酸检测作为病理学证据,被认为是新冠肺炎诊断的主要标准,医生需要使用专用的测试盒检测病人的呼吸道样本,如果核酸检测呈阳性,即确诊为新冠肺炎。但是这种诊断方法存在一定的短板,单单检测时间就需要 2 小时左右,再加上送样和出报告,时间会更久。

随着疫情的发展,确认病例样本越来越多,临床诊断数据也丰富起来,因此,新冠肺炎的影像学大数据特征也越来越清晰,在这种情形下,CT 影像作为一种新的诊断方法,在被越来越多的医生使用。CT 诊断有着方便快捷的优点,在基层医院也很容易普及,一名患者的肺部 CT 图像数量有 300 张,通过 CT 诊断,需要耗费医生 5 分钟到 15 分钟不等的时间。CT 可以作为辅助诊疗手段。

为了更快地提高诊断效率,2020 年 2 月 15 日,阿里达摩院联合阿里云共同研发了一套针对新冠肺炎的 AI 诊断技术。这种技术可以在 20 秒内对新冠肺炎疑似病例的 CT 影像作出研判,从而为临床医生提供辅助诊断依据,大大提升诊断效率,目前,这种 AI 诊断技术的准确率可以达到 96% 以上。利用大数据也就是新冠肺炎患者的 CT 影像样本,通过识别几千个病例的样本,再结合人工智能学习样本的病灶纹理,最终建立了一套针对新冠肺炎 CT 样本的 AI 算法。算法训练的结果可以让 AI 以 96% 的准确率从待诊断患者中识别出新冠肺炎患者的肺部 CT。

要求:通过发散思维,多角度思考此案例。

讨论:分享一下你所知道的人工智能 AI 应用案例,试分析人工智能 AI 在新冠肺炎疫情控制方面起到了什么作用。

二、案例分析

案例 1:迪信通曾经是全国最大的手机商城。随着人们习惯于线上或者专卖店买手机,这类手机卖场似乎已经淡出我们的生活。不过迪信通并不想被遗忘。2020 年 3 月 29 日,迪信通宣布将与北京领航员科技携手,共同打造"百城千店汽车城市数字展厅"。据官方介绍,数字展厅将向顾客提供赏车、看车、体验、汽车销售、金融、租赁等全链条解决方案。"数字展厅"将不同于传统的汽车卖场或者 4S 店,而是采用虚拟现实技术的线下场景,与主机厂共享的后台资源,和获客过程中的大数据处理,打通"流量引流—线索收集—线索处理—线索培育—成交转化—数据沉淀"的营销全环节,实现线索转化率提升的目的。数字展厅是通过店内设备吸引用户看车,收集信息后再卖给车企或 4S 店。

迪信通在全国拥有 3000 多家直营门店,以及超过 1 万家加盟店和合作店。2017 年,迪信通发布了"迪信云聚"计划,把 20 万家私人小店都纳入统一管理。这 20 万家店,未来也将成为"数字展厅"渠道之一。

分析:从以上案例中,你得到了哪些关于虚拟现实营销的启示?

案例 2:2020 年 3 月 2 日,北京税务局发布了《国家税务总局北京市税务局关于推行区块链电子普通发票有关事项的公告》。为降低纳税人经营成本、节约社会资源、方便消费者保存使用发票、营造健康公平的税收环境,根据相关规定,国家税务总局北京市税务局决定在北京市开展区块链电子普通发票应用试点。

在北京税务局的主导下,东港股份控股子公司北京东港瑞宏科技有限公司(以下简称东港瑞宏)提供了基于区块链技术的应用和支持,瑞宏网根据授权提供查询验证服务,于 3 月 3 日开具出了北京市第一张区块链电子发票。

据悉,北京市税务局将在全市范围内逐步开展区块链电子普通发票的试点推广工作。目前,选取了部分纳税人的停车类通用发票、景点公园门票启动推广,后期适时将其他行业纳税人纳入区块链电子普通发票的试点范围。

分析:试分析区块链发票在营销中的作用。

参 考 文 献

[1] 陈岩,李飞. 跨境电子商务[M]. 北京:清华大学出版社,2019.

[2] 中国(杭州)跨境电子商务综合试验区建设领导小组办公室. 跨境电子商务创新研究报告[R]. 亿邦动力研究院,2018 年.

[3] 道林. 国际人力资源管理(英文版)[M]. 北京:中国人民大学出版社,2010.

[4] 陈文汉. 国际市场营销理论与实务[M]. 北京:人民邮电出版社,2011.

[5] 王晓东. 国际市场营销[M]. 5 版. 北京:中国人民大学出版社,2019.

[6] 许海清,申秀清,金桩,等. 国际市场营销案例精选[M]. 北京:经济科学出版社,2019.

[7] 李海琼. 国际市场营销:理论与实训[M]. 2 版. 北京:中国人民大学出版社,2019.

[8] 杨杜. 企业伦理[M]. 北京:中国人民大学出版社,2019.

[9] 陈奕奕. 中国企业伦理建设研究——理论与实践[M]. 北京:中国社会科学出版社,2019.

[10] 黄孟芳. 企业形象与伦理[M]. 北京:社会科学文献出版社,2019.

[11] 刘光明,高静. 企业文化研究的新发展[M]. 北京:经济管理出版社,2020.

[12] 张德. 企业文化建设[M]. 3 版. 北京:清华大学出版社,2019.

[13] 菲利普,R. 凯特奥拉(Philip R. Cateora),玛丽 C. 吉利(Mary C. Gilly). 国际市场营销学(原书第 17 版)[M]. 赵银德,沈辉,钱晨,等译. 北京:机械工业出版社,2017.

[14] 严旭. 国际市场营销[M]. 上海:上海财经大学出版社,2016.

[15] 甘胜军,肖祥鸿. 国际市场营销学教程[M]. 广州:中山大学出版社,2016.

[16] 施拯. 上海市外国留学生在华就业服务管理创新研究[D]. 上海:上海师范大学,2019.

[17] 童依然,冯琰棣. 发达国家留学生创业服务体系的构建及启示[J]. 中国集体经济,2019(5):167-168.

[18] 李琳莎,孟令春. 发挥高校留学生在青年创新创业中的"火石"效用[J]. 新疆社科论坛,2016(3):70-73.

[19] 刘亮. 高校留学生就业创业服务体系构建研究——以海南省为例[J]. 智库时代,2019(52):152-153.

[20] 许青,卢丽影. 创新创业文化在留学生群体中的传播研究——以温州大学城为例[J]. 江苏科技信息,2019(6):63-67.

[21] 陈鄂,金鑫. 新媒体运营[M]. 重庆:西南师范大学出版社,2019.

[22] 田甜. 融媒体时代主流媒体在突发公共事件中的舆论引导研究[D]. 长春:吉林大学,2017.

[23] 邓然溪. 融媒体环境下短视频的发展研究[J]. 传媒论坛,2020,3(2):29-31.

[24] 薛邦熠. 融媒体时代下新闻失实的原因与应对策略[J]. 传媒论坛,2020,3(2):163-165.

[25] 曹亚婷. 融媒体视域下奢侈品品牌博柏利的数字化营销策略研究[D]. 长春:长春工业大学,2019.

[26] 陶瑞. 文化差异对国际营销策略的影响研究——以联合利华在华营销为例[D]. 沈阳:辽宁大学,2015.

[27] 公务员核心能力提升培训教材编写组. 公务员核心能力提升培训教材[M]. 北京:中国言实出版社,2014.

[28] 张洪增,高荔. 市场营销理论的起源、发展与展望[J]. 企业改革与管理. 2006(5).

[29] 谢琼,吴明杰. 国际市场营销[M]. 北京:北京理工大学出版社,2015.

[30] 顾颖. 从国内手机的"出海之路"探讨国际营销思路与策略[J]. 延安职业技术学院学报,2019(3).

[31] 李方正. 自然与环境[M]. 长春:吉林出版集团有限责任公司出版社,2009-04-01.

[32] 王沥慷. 习近平:开辟合作新起点 谋求发展新动力[N]. 新华社,2017-05-15.

[33] 周文,包炜杰. 经济全球化辨析与中国道路的世界意义[J]. 复旦学报(社会科学版),2019,61(3):139-146.

［34］Methodology：Standard country or area codes for statistical use（M49）［EB/OL］. https：//unstats. un.
org/unsd/methodology/m49/. United Nations Statistics Division.

［35］涂永式,江若尘,李颖灏. 国际市场营销［M］. 北京：科学出版社,2009.

［36］吕向生,胡兴龙. 国际市场营销［M］. 西安：西安交通大学出版社,2011.

［37］李润发,苏慧杰,杨海. 国际市场营销理论与实物［M］. 北京：北京理工大学出版社,2013.

［38］李湘滇. 国际市场营销项目教程［M］. 北京：北京大学出版社,2013.

［39］李海琼. 国际市场营销实物［M］. 北京：高等教育出版社,2010.